(8-5-02)   20,75

VARGAS LLOSA
El vicio de escribir

J. J. Armas Marcelo

VARGAS LLOSA
El vicio de escribir

ALFAGUARA

ALFAGUARA

© 2002, J. J. Armas Marcelo
© De esta edición:
   2002, Santillana Ediciones Generales, S. L.
   Torrelaguna, 60. 28043 Madrid
   Teléfono 91 744 90 60
   Telefax 91 744 92 24
   www.alfaguara.com

• Aguilar, Altea, Taurus, Alfaguara S. A.
Beazley 3860. 1437 Buenos Aires. Argentina
• Aguilar, Altea, Taurus, Alfaguara S. A. de C. V.
Avda. Universidad, 767, Col. del Valle,
México, D.F. C. P. 03100. México
• Distribuidora y Editora Aguilar, Altea,
Taurus, Alfaguara, S. A.
Calle 80 nº 10-23
Santafé de Bogotá. Colombia

   ISBN: 84-204-4286-0
   Depósito legal: M. 5.097-2002
   Impreso en España - Printed in Spain

   Diseño:
   Proyecto de Enric Satué

© Cubierta:
   Jesús Sanz

© FOTOGRAFÍAS DE CUBIERTA:
   Morgana Vargas Llosa

Índice

I. EL ESPÍRITU DE LA CONTRADICCIÓN

II. EL PASAJERO DE LA POLÍTICA

III. «MADAME BOVARY C'EST MOI»

IV. DEL CHINO AL CHIVO. EL REGRESO DEL DEICIDA

A Carlos Barral, in memoriam

Nota para esta edición

En los primeros días de mayo de 1991 se publicó en la editorial Temas de Hoy, en España, la primera edición de *Vargas Llosa. El vicio de escribir,* que fue presentada, en Madrid y en esa misma fecha, a los medios informativos y al público lector por Camilo José Cela, en medio de una expectación que podía calmar los excesos del más vanidoso de los escritores durante el bautizo de su libro. En sus palabras, como puede constatarse consultando cualquier hemeroteca, Cela alabó la trayectoria artística de MVLL y al mismo tiempo le recomendaba que no leyera el libro que estaba presentando «porque todos los que nos vamos convirtiendo en carne de disección necesitamos de una paciencia infinita». Con el mismo *animus iocandi* y con parecida complicidad, MVLL contestó que en ese momento se sentía «francamente incómodo. Creo —añadió— que el autor ha tenido que sobornar a miembros de mi propia familia para conseguir datos sobre mí». Dijo también que no había leído el libro que se presentaba, de manera que no podía juzgarlo en ninguno de los sentidos: ideológico, literario y biográfico.

Una vez más, y a preguntas de los medios informativos, contesté que *Vargas Llosa. El vicio de escribir* tenía como objetivo fundamental el viaje de mi propia memoria por la literatura y la vida de uno de los novelistas que había llegado a parecerme, a lo largo de más de veinticinco años de lectura de sus obras y su cercanía personal, «uno de los más relevantes paradigmas del escritor contemporáneo». Advertí públicamente desde entonces que la escritura del libro sobre MVLL estaba teñida, sin duda, por unas dosis razonables de mi propia pasión de lector de sus obras y que el momento más decisivo de la determinación de escribirlo se produjo en mi visita a Lima, en julio de 1976, para conocer, acompañado por el novelista peruano, los escenarios reales de *La ciudad y los perros,* porque esa pasión mía por su literatura había surgido tras releer la novela, hasta el punto de que llegué a memorizar muchas de sus anécdotas, episodios, lugares y personajes esenciales. La verdad es que, en origen, había comenzado a redactar *Vargas Llosa. El vicio de escribir* procediendo por acumulación de textos, sin mucho orden y con menos concierto, sin presupuesto metódico y sin saber qué dirección exacta ni qué cariz definitivo iba a tomar la escritura producto de la pasión de la lectura de las obras del novelista peruano.

Señalé entonces que mi intención primera sobre este libro, durante el año 1971, fue escribir algo que tuviera que ver con un ensayo entre académico y universitario que permitiera, al final, que mi trabajo *sirviera* de doctorado de mi licenciatura en Filosofía y Letras, para lo que me entrevisté en privado con Manuel Alvar López, José Sánchez Lasso de la Vega y Luis Gil Fernández. Dificultades de orden burocrático dieron al traste finalmente con esa intención. En un segundo *proyecto* preparé el material con que ya contaba para *transformarlo* en una larga conversación con MVLL, con la idea de convertirlo en libro más tarde, pero el escritor peruano se encargó de disuadirme de aquel propósito. «Eso sería una autobiografía compartida», me dijo con muy buen tino. Finalmente, opté por una labor en cierta medida sincrética, a caballo de las realidades, las pasiones y las contradicciones del escritor, un texto desde mi propia visión de la figura, la verdad (la que yo veo, no la que ven los demás) y la imagen pública del novelista, a caballo entre *lo biográfico, lo político y lo literario.* El libro devino entonces en una memoria personal donde se describe, entre entrevistas, sucesos, anécdotas, lecturas y estudio de los libros del autor a quien en ese momento definí, siempre *animus iocandi,* como una suerte de *indio londinense,* un mestizo del Perú que desde muy joven quiso ser un nuevo Gustave Flaubert que recalaba también en Honoré de Balzac; un escritor del *boom* de la novela latinoamericana de los sesenta que desarrollaba además un discurso político y un papel similar al que en su tiempo ejercía, como conciencia y como literatura, Victor Hugo.

Algunas notas críticas que se escribieron al socaire de la primera edición de este libro, tal vez sin leerlo ni digerirlo, ni mucho menos *reflexionarlo,* tengo para mí que provocadas en cierto sentido por una celotipia excesivamente prejuiciosa (amparadas en mi amistad con MVLL), lo señalaron como una suerte de *biografía oficial* que, tanto el novelista peruano como yo mismo, nos encargamos de desmentir seguramente sin conseguirlo. En todo caso, no fue ésa —la de una biografía oficial— ni entonces ni ahora la intención intelectual de esta escritura, sino la descripción de la vida y la obra de un novelista —y amigo cercano— que se había convertido en uno de los más reconocidos del mundo entero precisamente por los avatares de su vida, más propia de un aventurero más o menos romántico, y la escritura de sus obras. Más nada, y nada más que eso fue entonces el proyecto y el resultado de veinticinco años de estudio. Nada más y más nada que eso es hoy también el objetivo de esta nueva edición corregida de *Vargas Llosa. El vicio de escribir,* y aumentada con un último capítulo, «Del Chino al Chivo. El regreso del deicida», título suficientemente expresivo que abarca la vida y la obra del peruano desde su abandono de la política activa, a mediados del año 1990 y tras perder las elecciones presidenciales del Perú, hasta ahora mismo, cuando después de escoger Madrid como una de sus residencias *estables,* y tras la etapa que termina con la publicación de *La Fiesta del Chivo,* su definitivo e inequívoco regreso a la literatura, está inmerso en la redacción de los capítulos finales de uno de sus ya viejos proyectos narrativos, *El paraíso en la otra esquina,* la novela sobre las vidas de Flora Tristán y su nieto el pintor Paul Gauguin.

Madrid, 15 de octubre del 2001

Una aproximación

Conocí personalmente a Mario Vargas Llosa en el puerto de Santa Cruz de Tenerife, en uno de los viajes que el novelista peruano acometía de regreso al Perú, el incesante y eterno retorno al que, durante su larga estancia en Europa, vivió sometido por la memoria de su futuro destino. Era una noche clara y tranquila, a principios del año 1972. MVLL cruzaba el océano Atlántico en el *Verdi,* desde Barcelona, su última residencia en el Viejo Continente, a El Callao, Lima. Vivía yo entonces en Las Palmas de Gran Canaria, acuciado por un proceso militar en la causa que, subsidiariamente, se seguía contra mí por haber publicado en Inventarios Provisionales Editores el libro de relatos de José Ángel Valente titulado *Número trece.* En «prisión atenuada» como estaba, no dudé en acudir a la cita que MVLL me brindó para conocerlo y, contraviniendo las órdenes del Juzgado Militar, tomé un avión desde Las Palmas y esperé toda la tarde en el bar Atlántico de Santa Cruz de Tenerife a que el barco que traía a MVLL apareciera en el horizonte.

Pero mucho antes de esta fecha había conocido yo muy de cerca la obra literaria de MVLL, todo cuanto había publicado hasta ese momento del primer encuentro. De manera que la lectura apasionada de sus novelas llegó a fascinarme tanto que terminé por sentir una necesidad *intelectual* de relacionarme amistosamente en cuanto tuviéramos ocasión de conocernos. Tanto *La ciudad y los perros* (1963), como *La casa verde* (1965), *Conversación en La Catedral* (1969), como *Los jefes* (1959) y *Los cachorros. Pichula Cuéllar* (1967) fueron títulos de libros de relatos y novelas que consiguieron que el nombre de MVLL se colocara a la cabeza —el cogollito, como la llama, entre irónico y cariñoso, José Donoso en su libro *Historia personal del boom* (1972)— de la *nueva novela latinoamericana,* que habría que definir ya como la conjunción de talentos literarios que el azar y la necesidad llevaron a cabo en la década de los sesenta.

El último de los libros que había leído con fruición antes de conocer a MVLL era *García Márquez. Historia de un deicidio* (1971), un monumental y controvertido ensayo literario sobre la figura y la obra narrativa de quien, hasta ese momento, había sido su mejor amigo en el mundo de la literatura. Supe entonces, mientras cenábamos en un restaurante de la Rambla Pulido en Santa Cruz de Tenerife, que Gabriel García Márquez y MVLL vivían casi puerta con puerta, en el barrio de Sarrià, en Barcelona; el peruano en la calle Osio, el colombiano en la calle Caponata. Y esa misma noche del mes de febrero de 1972 me quedó perfectamente claro que el ejercicio intelectual que MVLL había llevado a cabo al dedicar uno de sus mayores esfuerzos de escritor a Gabriel García Márquez implicaba, además de otros muchos factores de variada índole, una gran dosis de talento generoso y de intuición literaria.

García Márquez. Historia de un deicidio fue, pues, el método de aproximación que escogí esa noche de febrero para acercarme a MVLL, mientras caminábamos por la calle de San José, en los aledaños del puerto de Santa Cruz, porque el novelista peruano quería comprar una máquina de escribir Olympia, portátil, cuya necesaria presencia entre los útiles del escritor pasara desapercibida. Víctor Ramírez, un escritor canario que me acompañaba en esa ocasión, eligió para la conversación a Mallarmé, y Sabela Torres, mientras tanto, no paraba de sacar fotografías que dejarían cumplida constancia del paso por Canarias de MVLL. Si escogí *García Márquez. Historia de un deicidio* no lo hice por halagar los oídos del escritor peruano, sino porque todavía andaba yo hipnotizado por su reciente lectura y, sobre todo, porque creía entonces —y sigo creyéndolo ahora— que las ideas literarias del novelista MVLL estaban encerradas en ese texto ensayístico o, por lo menos, él lo había intentado apasionadamente.

Cinco horas con MVLL —que estaba en esa ocasión también acompañado por su esposa Patricia Llosa— fueron suficientes para que la aproximación quedara inscrita en mi memoria como el principio de una larga y profunda amistad, por encima de efervescencias instantáneas o de infatuaciones que el tiempo iba a ir diluyendo hasta reducirlas al recuerdo. Al contrario. Aquel encuentro en Santa Cruz de Tenerife fue más que una exaltación del escritor que empieza hacia el escritor ya consagrado por una obra magna y en marcha. Significó la constatación de muchas intuiciones que yo había sentido mientras leía los cientos de páginas escritas por MVLL con una sabiduría *intelectual* y una pasión literaria que dejaban pocas dudas a los expertos, exégetas o chamanes de la crítica especializada, académica y universitaria. Era obvio que MVLL levantaba admiración incluso en espíritus poco dados a las gratuidades arbitrarias a las que la misma crítica literaria, en todas las latitudes del mundo, nos tiene acostumbrados. Así, José María Valverde no tuvo reparos en afirmar que *La ciudad y los perros* de MVLL era la novela más sólida que se había escrito en castellano después de *Don Segundo Sombra.* Y, para que quedara constancia de su sorprendente convencimiento, repetía y confirmaba su criterio al escribirlo en el prólogo de la primera edición de *La ciudad y los perros,* publicada al ganar dicho original el Premio Biblioteca Breve que otorgaba entonces la editorial barcelonesa capitaneada por Carlos Barral, Seix Barral.

Desde esa fecha más o menos lejana en el tiempo —los primeros años setenta— data este proyecto que ahora se publica. De manera que siempre tuve, entre mis proyectos prioritarios, escribir una biografía de MVLL en la que analizara no sólo objetivamente cada uno de los episodios que, en mi criterio, habían ido modificando y solidificando una personalidad apasionante y contradictoria, sino también el sentimiento subjetivo y múltiple que la lectura de sus obras novelísticas y la reflexión que se expresaba en sus ensayos había dejado en otro novelista que tenía a MVLL precisamente como el paradigma del escritor contemporáneo.

De entonces a hoy han pasado casi veinte años. Muchos cambios extraños han sorprendido al mundo en el camino del final de siglo. Como en los momentos más controvertidos de la Ilustración, la política y la literatura han vuelto a mezclarse para contribuir a la confusión entre ambas pasiones, a las que el propio MVLL ha considerado como *exclusivas y excluyentes* en muchas de sus declaraciones, ensayos, conferencias y artículos. Todavía recuerdan los más conocedores de la obra y la personalidad de MVLL aquel arrebatado discurso que asombró a propios y extraños, un discurso riguroso, profundo, lúcido, demostrativo de la pasión del escritor por la literatura. Lo pronunció MVLL en Caracas, en 1967, con motivo de la concesión a *La casa verde* del Premio Rómulo Gallegos. Se titulaba *La literatura es fuego,* y en ese brillante alegato en defensa de la condición del escritor MVLL convocaba al espíritu de un poeta olvidado, Oquendo de Amat, para reivindicar en esa hora la naturaleza descontenta del escritor y su sartreana obsesión por la sociedad en la que habita como un ser más o menos marginal.

«Dentro de nuestra sociedad —escribía MVLL entonces— y por el camino que nos precipiten nuestros fantasmas y demonios personales, tendremos que seguir, como ayer, como ahora, diciendo no, rebelándonos, exigiendo que se reconozca nuestro derecho a disentir, mostrando, de esa manera viviente y mágica como sólo la literatura puede hacerlo, que el dogma, la censura, la arbitrariedad son también enemigos mortales del progreso y de la dignidad humana, afirmando que la vida no es simple ni cabe en esquemas, que el camino de la verdad no siempre es liso y recto, sino a menudo tortuoso y abrupto, demostrando con nuestros libros una y otra vez la esencial complejidad y diversidad del mundo y la ambigüedad contradictoria de los hechos humanos. Como ayer, como ahora, si amamos nuestra vocación, tendremos que seguir librando las treinta y dos guerras del coronel Aureliano Buendía, aunque como a él nos derroten en todas.

»Nuestra vocación ha hecho de nosotros, los escritores, los profesionales del descontento, los perturbadores conscientes o inconscientes de la sociedad, los rebeldes con causa, los insurrectos irredentos del mundo, los insoportables abogados del diablo. No sé si está bien o si está mal, sólo sé que es así. Ésta es la condición del escritor y debemos reivindicarla tal como es. En estos años en que comienza a descubrir, aceptar y auspiciar la literatura, América Latina debe saber, también, la amenaza que se cierne sobre ella, el duro precio que tendrá que pagar por la cultura. Nuestras sociedades deben estar alertadas: rechazado o aceptado, perseguido o premiado, el escritor que merezca este nombre seguirá arrojándoles a los hombres el espectáculo no siempre grato de sus miserias y tormentas»[1].

Los encendidos párrafos que acabamos de transcribir traducen y patrocinan la vocación del escritor como un ser *distinto* dentro de la sociedad; un profesional cuyos objetivos están en recordar perennemente a sus semejantes que su papel en la historia es precisamente el de ser un *insurrecto irredento,* en la orgía perpetua que significa el hecho de escribir en los tiempos contemporáneos. Más cerca de Victor Hugo, Honoré de Balzac, Fiodor Dostoievski y Leon Tolstoi que de Faulkner o García Márquez, en lo que se refiere a su pensamiento literario, MVLL hizo vibrar con aquel discurso, *La literatura es fuego,* a una sociedad y a un mundo que, hasta entonces, habían mantenido con el escritor vocacional y profesional una especie de rechazo o de alabanza contradictoria, lo que en ambos casos el novelista peruano acaba por mantener en la distancia.

El primer proyecto de mi trabajo sobre MVLL se titulaba exactamente *Mario Vargas Llosa: la literatura como fuego,* y arrancaba casi exclusivamente de las ideas expresadas por el novelista peruano en algunos discursos y artículos, y en las más desarrolladas que podían interpretarse al trasluz de la lectura de sus novelas y del ensayo *García Márquez. Historia de un deicidio,* donde el escritor —para MVLL— es no sólo un aguafiestas que señala «a los hombres el espectáculo no siempre grato de sus miserias y tormentas», sino también *el deicida* por antonomasia, aquel ser que no sólo se atreve a suplantar a Dios en el instante de imaginar un mundo distinto al que ve, sino que además mata a la divinidad en el momento exacto de la creación literaria, el acto totalitario de escribir. La reciente aparición de *Contra viento y marea* (1ª edición, 1984; tomos I y II, 1986; tomo III, 1990) marca la delgada frontera que hay entre la escritura literaria de MVLL y su discurso político; entre lo que piensa el escritor exigente, *exclusivo y excluyente*, y lo que le dicta esa conciencia, en principio sartreana, que hace correr su biografía hacia la contradicción y la síntesis paradójica. De modo que, en multitud de ocasiones, no sabemos si estamos ante las páginas literarias y el discurso político de un escritor político o ante el discurso literario y las páginas políticas de un político que también es escritor. A sus cincuenta y cinco años, MVLL se ha visto abocado a la actividad política. El hombre supera la contradicción, se impregna de esa actividad política *exclusiva y excluyente* como la literatura e ingresa en un mundo que antes sólo había sido descrito por él como una compleja crítica de una realidad sumamente contradictoria. Si es verdad, como salta a la vista luego de una reflexiva lectura de sus obras, que en MVLL siempre ha estado presente —latente y riguroso— un pensamiento político que va desde *La ciudad y los perros* y su metáfora literaria, hasta sus últimas novelas, con referencia especial a *La guerra del fin del mundo* (1981), es en *Contra viento y marea* donde ese pensamiento político, tan contradictorio a veces, sale a la luz con más fuerza hasta el punto de considerarlo como la síntesis evolutiva de las ideologías que sucesivamente han habitado la mente de MVLL en estos más de veinte años de apasionante biografía de escritor.

Su ruptura con Cuba, ocurrida con ocasión del conocido caso Padilla, no es más que la explosión final de un proceso largamente larvado en el que MVLL se había ido instalando en los últimos años sesenta, a raíz de la creciente estalinización del régimen revolucionario cubano. Sus cambios de postura ideológica, sus polémicas con escritores como Günter Grass, sus perspectivas políticas para América Latina, para el Perú y para las demás regiones del área, lo han llevado a exigir para esos países una democracia real y formal, a imagen y semejanza de las europeas, sin consentir —al menos en su discurso político— en ningún momento que las peculiaridades tercermundistas de América Latina tengan que ser resueltas a partir de soluciones *distintas* a las de las democracias occidentales. No soy el único que tiene cartas en su poder, escritas en los primeros años setenta por MVLL, en las que el novelista peruano muestra sus claras dudas con respecto al castrismo y a la Revolución Cubana. Tampoco creo que sea yo el único que, ante los acontecimientos históricos que vive el este de Europa, los países del hasta ahora llamado telón de acero, con el acceso al poder de irredentos aguafiestas como Vaclav Havel, en Checoslovaquia, volvamos los ojos hacia esa evolución ideológica que ha tenido lugar en MVLL, desde la célula comunista de *Cahuide* —cuya relación se narra en *Conversación en La Catedral*— hasta las posturas liberales, absolutamente contrarias al mesianismo político que se genera desgraciadamente en muchas partes del llamado Tercer Mundo. No deja, pues, de ser una sorpresa y un cántico —tal vez peligroso— a la imaginación el que los escritores de ahora mismo no pongan en manos exclusivamente de los políticos profesionales, casi siempre nacidos como caudillos en el interior de partidos políticos arcaizantes y carcomidos por la vejez burocrática, la actividad de la política, irrumpiendo en ese campo con la fuerza renovada de sus personalidades públicas, desde el citado Vaclav Havel hasta MVLL, cuya obra literaria y apasionante biografía son objeto de este trabajo.

Más allá de la literatura, sin embargo, hay en MVLL otros factores humanos que consolidan su imagen y su realidad. La familia que construyó en su entorno (su mujer, Patricia; y sus tres hijos, Álvaro, Gonzalo y Morgana) ocupa en la existencia del escritor y del político —del hombre— un lugar y un papel preeminentes. Desde las declaraciones más o menos juveniles de MVLL, según las cuales lo más esterilizante para un escritor es tener hijos (tal era el concepto sacerdotal que MVLL tenía en la década de los sesenta del novelista y del escritor, en general) y encargarse de la familia, hasta la existencia de esa misma familia influyendo y modificando lentamente la mentalidad y la actividad del escritor, MVLL ha evolucionado en sus posturas, aparentemente tajantes e inflexibles; ha ido madurando no sólo su pensamiento sino sus formas de actuación. De modo que hoy, cuando el tiempo casi marca ya la hora de un final de siglo sorprendente, MVLL se consagra no sólo como uno de los escritores más solicitados del mundo, por la calidad y el reconocimiento de su obra literaria, sino también como una de las personalidades políticas más controvertidas e internacionales de América Latina.

Cuando decidió ponerse al frente del Movimiento Libertad, en primera instancia para evitar la nacionalización de la banca en el Perú —acometida por el presidente aprista Alan García—, MVLL fue criticado ampliamente por los sectores progresistas e izquierdistas de nuestra opinión pública y de nuestras élites. Estupefactos ante la determinación del escritor de entrar firmemente en política, la izquierda tradicional y sus apóstoles —institucionales o no— decidieron a su vez *anatematizar* tal determinación de MVLL, a partir del argumento más o menos extendido entre nuestra progresía del error que comete cualquier escritor al tomar parte activa en política, esfuerzo siempre destinado al fracaso. Tengo para mí que temían más el irresistible ascenso del escritor hacia posiciones de decisión política, gracias a su estimulante y reconocida capacidad dialéctica, que el fracaso anunciado que —según ese criterio— llevaba consigo la determinación de MVLL de llegar a ser presidente de la República del Perú.

De modo que del escritor de *La ciudad y los perros* —radicalmente antimilitarista, acusador de la barbarie en los microcosmos metafóricos y reales del Perú y de América Latina— hemos pasado al político fascinado por Popper, el activista que fabricó paso a paso su candidatura a la Presidencia de su país desde un movimiento —Libertad— por él mismo fundado, y al que se han ido adhiriendo algunos partidos, tradicionalmente conservadores y centristas, así como personalidades independientes, del espectro político peruano.

No cabe duda de que nos encontramos ante un apasionante personaje cuya biografía cobra dimensiones paralelas en la política y en la literatura. Y eso a pesar de las afirmaciones de MVLL, según las cuales su estancia en la política no era más que una coyuntura, una circunstancia temporal, «porque yo —confirma MVLL— seré escritor durante toda mi vida». Tal vez ese llamativo funambulismo, a veces contradictorio y nada convencional, forma parte del atractivo que las masas lectoras y los seguidores cívicos sienten por MVLL en este momento crucial de su propia existencia.

Lo que en adelante nos depare esa biografía —sus nuevas sorpresas, triunfos o fracasos— pertenece al campo del oráculo profético. No vale hoy condenar de antemano lo que no sabemos si va a ocurrir mañana, porque ese error de cálculo que pesa siempre sobre las élites y los expertos es más o menos el mismo que encontramos ya en las mitologías de todas las antiguas civilizaciones. Por tanto no intentaremos aquí un desguace de las posibilidades futuras de MVLL como escritor o como político, sino que nuestra labor quedará reducida al desarrollo de la interpretación de una biografía, desde el dato concreto a la anécdota que cobró posteriormente categoría de episodio, y de la obra literaria por la que se conoce y reconoce hoy en el mundo entero la figura intelectual y política de MVLL.

Pero la relación con MVLL se inició mucho antes de que yo llegara a conocerlo en aquella noche de febrero en el puerto de Santa Cruz de Tenerife. Confieso que leí por primera vez, sin mucho interés, *La ciudad y los perros* en los alrededores del año 1967. En los círculos universitarios de Madrid, a punto de la explosión violenta del 68 y en los prolegómenos del Mayo francés, se empezaba a hablar con respeto del llamado *boom* de la nueva novela hispanoamericana. Uno de los nombres más sorprendentes de ese movimiento era MVLL, un muy joven escritor peruano que había alcanzado una gran notoriedad entre los más exigentes estudiosos y lectores de nuestras literaturas contemporáneas a partir de la publicación en la editorial Seix Barral de *La ciudad y los perros,* ganadora del Premio Biblioteca Breve en 1962. Así, a través de conversaciones con otros universitarios (estudiábamos Filología Clásica en la Universidad Complutense, pero sentíamos una atracción especial por la literatura narrativa contemporánea, mientras más combativa mejor) el nombre de MVLL y el de *La ciudad y los perros* flotaba casi siempre en el ambiente que quería ser refinado e informado. No hubo más remedio que acercarse a *La ciudad y los perros* en los ratos libres que dejaban los estudios de las disciplinas clásicas, severamente impartidas por una pléyade de especialistas muy difícil de olvidar: José Sánchez Lasso de la Vega, Luis Gil Fernández, Francisco Rodríguez Adrados, Manuel Fernández-Galiano, Sebastián Mariner Bigorra, entre otros.

Tal vez esa primera lectura de *La ciudad y los perros* la realicé de manera descuidada, a salto de mata, sin mostrar mucho interés por el relato y sin aplicarme a la sorprendente sintaxis literaria que MVLL, avasallador y heterodoxo, imponía en cada página de la novela. Volví a acercarme a la novela en los primeros meses de 1969, terminada mi carrera universitaria y mientras cumplía como recluta en el Campamento de Hoya Fría (Tenerife) el servicio militar obligatorio, que ya desde entonces detestaba. Una extraña asociación de ideas me hizo acordarme de aquella novela, *La ciudad y los perros,* escrita por alguien al que ya casi había olvidado, MVLL. ¿Qué mecanismo mental saltó en esos momentos en mi cabeza para que yo recordara entonces aquella novela antimilitarista que, aparentemente, no había dejado huella alguna tras su lectura en pleno tiempo universitario? Probablemente fue el rechazo visceral que me provocaba el servicio militar obligatorio. Recordé vagamente los personajes brutales y fieramente humanos de *La ciudad y los perros.* Recordé entonces que aquel relato describía parecidos acontecimientos a los que, cotidianamente, se daban en un campamento militar para reclutas en el régimen del general Franco. Y lo primero que hice cuando encontré lugar para salir a la calle con permiso de horas fue correr a una librería y adquirir un ejemplar de *La ciudad y los perros.*

Releí con fruición todas sus páginas. Me aprendí de memoria anécdotas, episodios, nombres de lugares, personajes. Me fasciné ante las peripecias del Jaguar y la marginalidad del cadete Alberto. Comprendí en la lejanía las diferencias de clase, las distantísimas frecuencias raciales y culturales del Perú. Llegué incluso a sentir la necesidad de visitar ese país, entrar en el Leoncio Prado, si es que ese Colegio Militar, «donde los muchachos entraban para hacerse hombres» —más o menos como en todos los campamentos militares que había en España en ese momento—, existía en los alrededores de Lima, tal como describía MVLL en la novela. Pero lo que más me deslumbró, obsesionado como estaba entonces por la *forma* gramatical —no se olvide que mis raíces literarias proceden de los estudios de lenguas clásicas—, fue el empleo de aquella sintaxis española completamente distorsionada, hecha trizas y pedazos a voluntad de su autor, dueño y señor de cada uno de los recursos lingüísticos y sintácticos que aparecían en la novela. Me imaginé que MVLL era un escritor de novelas cuya contundencia, en la forma, el estilo y el contenido del relato, quedaría adscrita para siempre a la de los heterodoxos que hicieron prosperar la lengua literaria a través, precisamente, del atrevimiento que significaba destrozarlo todo luego de haberlo amado y conocido profundamente.

Sólo un año más tarde de aquella epifanía —incluso en las guardias *imaginarias* leía y releía *La ciudad y los perros,* mientras el frío tenebroso de enero arreciaba en las madrugadas llenas de soledad de aquel siniestro campamento militar—, escribí a Barcelona una carta dirigida a MVLL. Como no conocía su dirección personal, la envié a su editorial, Seix Barral, con la esperanza de que le fuera entregada. En aquella corta misiva le pedía que nos enviara algún cuento para su publicación en Inventarios Provisionales. Habíamos comenzado a publicar aquellos cuadernillos *exquisitos* a mediados del año 1970 en Las Palmas de Gran Canaria. En la carta —a la que acompañaban algunos títulos de Inventarios ya publicados— le pedía, al menos, contestación. Mis compañeros de aventura juvenil se sonreían de mi aparente ingenuidad. ¿Cómo iba a contestar MVLL a un grupo de jovencísimos escritores que, desde las islas Canarias, lo invitaban a colaborar con ellos?

Pero el número siete —mágico y premonitorio guarismo— de Inventarios Provisionales era *El avaro,* de Luis Loayza, funcionario internacional en Ginebra, peruano como MVLL, de quien era un gran amigo y con el que, junto al crítico Abelardo Oquendo, en grupo semejante al de Inventarios —*mutatis mutandis,* desde luego— había publicado en Lima los *Cuadernos de Composición* (*plaquettes* colectivas dedicadas a un solo tema de ficción) y la revista *Literatura* (1958-1959). El original de *El avaro* y el contacto con Luis Loayza llegó de la mano de José Ángel Valente, residente entonces en Ginebra. Supimos entonces que *El avaro* —compuesto por siete cortísimos relatos, más o menos borgianos, y excelentes— había sido publicado por primera vez en 1955, en Lima, dentro de aquella aventura de signo insurgente perpetrada por «un grupo nuevo que ensayaba una reacción moderada contra la generación del 50, predominantemente social y documentalista, e invocaba la responsabilidad del escritor en el terreno mismo de su arte».[2]

MVLL contestó por carta desde Barcelona a los pocos días de recibir mi nota. Agradecía los libritos enviados y me recordaba, entre nostálgico y alborozado, que *El avaro* había sido publicado por aquel grupo de escritores «en los días grises de Lima», al mismo tiempo que me hacía ver que Luis Loayza era uno de los dos amigos a los que él, MVLL, había dedicado *Conversación en La Catedral* como claro homenaje a aquellos tiempos de lucha difícil y casi sin esperanza que significaron sus primeros esfuerzos literarios. Tras leer su carta, fui entonces a mi pequeña biblioteca, cogí el ejemplar de *Conversación en La Catedral* y leí la dedicatoria, que entrañaba al paso del tiempo algo más que un simple recordatorio. Era una declaración de amor y memoria a quienes lo habían acompañado en sus primeros tiempos de escritor y habían creído incuestionablemente en él:

«A Luis Loayza, el borgiano de Petit Thouars, y a Abelardo Oquendo, el Delfín, con todo el cariño del sartrecillo valiente, su hermano de entonces y de todavía.»

Así rezaba la dedicatoria de *Conversación en La Catedral.* De modo que, probablemente gracias a aquella vieja relación entre «el borgiano de Petit Thouars», Luis Loayza, y «el sartrecillo valiente» que entonces era MVLL, por esas concatenadas casualidades que más parecen categorías necesarias urdidas por el destino que determina por encima de nosotros, yo entraba en relación directa con MVLL, el escritor que me había sorprendido gracias a la relectura de *La ciudad y los perros* algunos meses antes.

Las cartas mutuas se repitieron muchas veces. MVLL me decía en todas ellas que no podía escribir nada para *Inventarios,* porque todo lo que se le ocurría «es cada vez más largo». Después, cuando leí *La casa verde* y *Conversación en La Cate-*

dral, nos hablábamos con cierta frecuencia por teléfono, sobre todo por la angustia que se había desencadenado en mi interior por culpa del proceso al que estaba supeditado por haber publicado en aquellas *plaquettes* de Inventarios, tan insólitas y provocativas, el *Número trece,* de José Ángel Valente.

Y algunos meses más tarde, MVLL descendía del *Verdi* en el puerto de Santa Cruz de Tenerife. Había llegado el momento de conocerlo personalmente, aunque desde mucho antes me sentía dispuesto a estudiar su biografía y su obra con el fin de escribir algún día sobre aquel escritor peruano, que —contra viento y marea— se había convertido en uno de los más excelentes y felicitados novelistas de la lengua española a partir de la publicación de *La ciudad y los perros.*

I. El espíritu de la contradicción

«A través de la literatura,
lo que se expresa es una rebeldía,
una crítica, un cuestionamiento
de la realidad.»

MARIO VARGAS LLOSA

1. París era una meta o *Une bête à écrire* (1960-1966)

Carlos Barral se aburría aquella tarde en su despacho editorial. Quería sobreponerse a la rutina del trabajo paseando en torno a la mesa de su oficina, en Seix Barral, en Barcelona. Era como si, de repente, no tuviera nada que hacer allí. A pesar de las epifanías literarias y de sus ocurrencias personales, Barral a veces se aburría al hacer de editor en las tardes grises de los primeros sesenta, probablemente porque en su interior se sublevaba en esas ocasiones el riguroso poeta que siempre llevó dentro. Decidió entonces pasar la tarde *releyendo* algunos de los originales de novelas que los lectores de la editorial ya habían condenado al silencio. Esos originales descansaban el sueño iluso de sus autores en los anaqueles del olvido que existen, todavía, en muchas editoriales del mundo.

Barral abrió uno de esos originales y lo abandonó a las pocas páginas de lectura. Seleccionó otro y, poco después, tuvo que hacer lo mismo: abandonarlo, luego de leer el informe de su lector editorial y coincidir plenamente con él. Más tarde hojeó un tercero, como hacen los lectores rápidos: dos páginas por la parte final, algunas de «la tripa» novelesca y algunas de la parte delantera. Su instinto le dijo en ese momento que debía perseverar en ese intento. Y ahí decidió empezar por la primera página. «—Cuatro —dijo el Jaguar», leyó Barral mentalmente. Después siguió leyendo. La novela lo iba ganando a toda velocidad. Inmerso en su lectura, Carlos Barral no se dio cuenta de que la noche se estaba echando encima. Ensimismado, comenzó a imaginar que tenía entre sus manos un original narrativo extraordinario y que el informe negativo que había elevado su lector rechazando la novela podía ser un gravísimo error. Cuando acabó con el texto, largo y complejo, Barral quiso mirar por enésima vez el nombre del autor y el de la novela: *La morada del héroe,* Mario Vargas

Llosa. Todo le sonó perfectamente desconocido. Pero estaba sorprendido. Aquella tarde había tenido lo que él mismo llamaba una *epifanía* literaria, un descubrimiento sensacional. Tenía que conocer cuanto antes al autor. Debía hablar con él a la mayor brevedad posible. Iba a proponerle algo, necesariamente. Hipnotizado por el texto de la novela que se llamaría definitivamente *La ciudad y los perros,* Barral tomó nota del lugar de residencia del novelista incipiente. Estaba en París, vivía en París y era peruano. Y, asociando irremisiblemente ideas literarias, pensó por unos segundos en César Vallejo.

Algunos años después de este suceso, aparentemente sin importancia, Carlos Barral me contó esta misma versión. Esa tarde había decidido pasarla hojeando algunos originales de las decenas que llegaban a la editorial Seix Barral con la ambición de ser publicados y que, por una u otra razón, suelen ser destinados al fracaso que acaba con muchos diletantes de la literatura para siempre. Entonces encontró *La ciudad y los perros.* «Me bastaron sólo unas páginas para comprender que estaba ante una gran novela, ante un gran descubrimiento. No sabía nada del escritor, y lo primero que hice fue tratar de ponerme en contacto con él. Tenía que ir a París por aquellos días, y sabiendo que vivía allí le envié un telegrama para encontrarnos y conocernos. Cuando lo vi por primera vez, con aquel bigote ocupándole casi todo el gesto y una mirada profunda y desconfiada al mismo tiempo, creí que estaba ante un tanguista argentino más que ante un escritor peruano», me contó entre bromas y veras.

En 1967, Carlos Barral daría la *versión oficial* de su encuentro con MVLL, en un pequeño texto que preparó como introducción para la primera edición —publicada por Editorial Lumen, en Barcelona— de *Los cachorros. Pichula Cuéllar.* «Cuando yo lo conocí, Vargas Llosa vivía en la *rue* de Tournon —escribe Carlos Barral— de espaldas al Jardín de Luxemburgo. Para llegar a la casa había que escoger, un poco al azar, entre distintas puertas de un patio interior muy balzaciano, en cuyos adoquines brillaban todavía las chispas de las antiguas herraduras. La puerta de cristales azulosos y verdes, tembloroso modelo impresionista, se abría sobre una escalera tortuosa y pina, milagrosamente suspendida, cuyos arqueológicos peldaños, decía Vargas, la casera protegía de la intemperie con rigurosas instrucciones de mantener la puerta cerrada para evitar la corrosión. En el rellano inferior al de Vargas vivía un *demi-solde* en cuya puerta se cruzaban dos sables y un estandarte de dragones». Y Barral continúa su espléndida y novelesca —a la manera balzaciana, como a él le gustaba— descripción de la casa de MVLL en París: «Los peldaños gemían como para desesperar a los conspiradores y a los adúlteros. El apartamento era minúsculo. El mínimo de espacio organizado según las necesidades de sobrevivir en torno a la máquina de escribir, el instrumento literario. Un instrumento de presencia absolutamente central; en distintas ocasiones he dormido en un diván en casa de los Vargas las siestas nerviosas del viajero desbordado por las entrevistas sin placer ni cuartel; en cualquier momento, la máquina daba razón de su existencia según un extraño ritmo de pulsaciones y silencios. Vargas, dice uno de nuestros amigos comunes, *c'est une bête à écrire.* Yo creo, más bien, que es un escritor determinado por una forma de vocación poco común en nuestro tiempo».

Dos anécdotas —quizá indiscretas— que señalan «esa forma de vocación poco común en nuestro tiempo» se cuentan de MVLL. En una de esas «siestas nerviosas de viajero», el propio Barral recaló en la casa de MVLL, en la *rue* de Tournon. El novelista peruano, imperturbable y disciplinado, estaba solo en su casa en esa ocasión. Barral se tendió a descansar en el diván o en la misma cama de MVLL y se quedó medio dormido. Quizá recordaba el primer encuentro con MVLL y la extrañeza que le produjo un escritor que no probaba una copa de alcohol. «Nos pasamos toda la tarde hablando de literatura —me contó Carlos Barral—. Como es lógico, ronda tras ronda, yo pedía ginebra con tónica y Mario leche sola, vaso tras vaso de leche sola». Adormecido, Barral oyó que tocaban al timbre de la casa. Prestó una lejana atención. MVLL se levantó de su trabajo y se dirigió a abrir la puerta. «Hola», oyó Barral que hablaba una voz femenina. «Hola», contestó MVLL al saludo. Para luego añadir, siempre imperturbable en el tono de su voz: «Estoy trabajando». El rigor del novelista con su oficio no pareció arredrar a la visitante anónima, que entró en la casa y debió —imaginaba Barral en la penumbra— sentarse en alguna silla cercana al escritor. Inmediatamente, Barral quedó de nuevo sorprendido: MVLL había reiniciado su trabajo de novelista sin hacer caso alguno a la presencia femenina que había venido a liberarlo de las penas del yugo literario. Y unos minutos más tarde, escuchó de nuevo la voz de MVLL: «¿Qué haces? Vístete, que te vas a enfriar», exigía a la visitante el joven Vargas Llosa. Y de nuevo, como un suplicio imparable y tantálico, sonó la máquina de escribir siguiendo «un extraño ritmo de pulsaciones y silencios». Segundos más tarde, mientras la máquina de escribir marcaba sus personales respiraciones, un colérico portazo señalaba a su vez el final imprevisto de la visita clandestina que había tenido el escritor en pleno éxtasis creativo.

El novelista español Juan García Hortelano relata que, en cierta ocasión, sin duda en el primer quinquenio de los sesenta, los Vargas —como le gustaba llamarlos a Carlos Barral— llegaron a Calafell, Tarragona, lugar de veraneo del editor catalán y de la turbamulta literaria de la que casi siempre estaba rodeado. Julia Urquidi, la primera mujer de MVLL, bajó enseguida a la playa. Hacía mucho calor y el mar invitaba a refrescarse en él luego de un largo viaje. Pasó el tiempo, «como una hora larga», me contó García Hortelano, y MVLL no bajaba. «Suele entretenerse en colocar las cosas en orden cuando llega de viaje», lo excusó Julia Urquidi.

Pero una sombra de escepticismo bañó el rostro de algunos de los presentes ante las palabras de la mujer boliviana de MVLL. Acuciado por la curiosidad, García Hortelano se levantó de la arena caliente y se fue hacia la casa de Barral, en plena primera fila del paseo marítimo de Calafell, con la intención de deshacer el misterio de la extraña tardanza de MVLL. Cuando llegó a la mitad de la escalera que daba acceso al segundo piso de la casa de Barral, García Hortelano escuchó claramente el repiqueteo constante de la máquina de escribir, el eco de cuyas «pulsaciones y silencios» salía de la habitación que habían ocupado los Vargas Llosa. MVLL, *une bête à écrire,* estaba precisamente escribiendo, mientras la infame turba de escritores que rodeaban a Barral en pleno verano gozaban del mar y de la francachela entre carcajadas y jocosos comentarios sobre lo divino y lo humano.

Carlos Barral recuerda en su *versión oficial* que «cuando quise conocerle, Vargas Llosa era para mí sólo un nombre, el nombre que encabezaba un manuscrito presentado al Premio Biblioteca Breve y que había sido una de las mayores y más estimulantes sorpresas de mi carrera de editor». Luego pasa a describir las características básicas de MVLL en aquella época: «En la primera ocasión me pareció un personaje desconcertante. Un literato sobrio, de ideas tajantes, con frecuencia inesperadamente agresivas, pero en cuyas maneras transparentaba cierta cultivada indulgencia, algo que sugería el brillo mate de los galones de la bordada casaca colonial o del ondulante reflujo de las chorreras en cada inesperada expansión de jovialidad. Su conversación es fluida, de ritmo cambiante. ¿No?, se pregunta, como subrayando, al final de un período». Más adelante escribe, cerrando el círculo de la descripción, que todas aquellas primeras conversaciones «comenzaban siempre, cómo no, en forma de las clásicas discusiones ibéricas acerca de literatura contemporánea, hablábamos luego de literatura en términos menos obvios y nerviosos —Vargas me descubrió sus fuentes secretas, hablándome con entusiasmo del *Amadís* o del *Tirant*—, de poesía, citándonos uno a otro tiradas de versos admirables, y terminaban indefectiblemente en consideraciones sobre la vocación y la función del escritor». En este punto del discurso, Carlos Barral sostiene que «Vargas se piensa a sí mismo como un gran escritor, a nivel de aquellos que más admira, y está dispuesto a sacrificarlo todo a la verosimilitud de esa imagen que perfila todo el tiempo con todos los recursos de una inteligencia poderosa y sana».

Esos recuerdos y apreciaciones de Carlos Barral concuerdan, en gran medida, con los del novelista chileno Jorge Edwards, uno de los más cercanos amigos de MVLL desde entonces hasta la actualidad. Jorge Edwards recogió primero aquella memoria parisina en un texto sumamente interesan-

te, *El joven Vargas Llosa,* que leyó en un curso de verano de la
Universidad Complutense celebrado en El Escorial, en julio
de 1989, y que publicó más tarde en un periódico *(ABC /
Blanco y Negro)* de Madrid. Con posterioridad, Edwards ma-
tizó aquellos recuerdos en *Adiós, poeta,* su libro sobre Pablo
Neruda. En el capítulo titulado «Latinoamericanos en París»,
Edwards memoriza su primer encuentro con MVLL con todo
género de detalles. Estamos en los primeros años sesenta, el
boom aún está por nacer, y París sigue siendo *una fiesta* para
los escritores de América Latina que ven en Europa, y en la
Ciudad Luz, un destino necesario para llegar a ser escritores
de verdad. En *Adiós, poeta* escribe Edwards que quien primero le habló de MVLL en París fue Jean Supervielle, hijo del
gran poeta Jules Supervielle, que entonces dirigía *Literatura al
día,* un programa en español de la radio francesa «que se
graba los miércoles a las diez de la noche, en los estudios de
la *rue* François Premier». En ese coloquio radiofónico estarían
el mismo Edwards, Jean Supervielle, Carlos Semprún Maura,
un escritor español que vive en París, hijo de un diplomático
de la República española y nieto de don Antonio Maura, y
«un joven cuentista y novelista peruano que se inicia en las
letras, un joven modesto, que se gana la vida con dificultad.
Supervielle considera que es un poco cerrado de mente, demasiado aficionado a los esquematismos de izquierda. No
tiene idea de qué cosa escribe y sospecha que su trabajo creativo no le va a gustar, pero reconoce que el muchacho ha leído muchísimo, sobre todo para su edad, y que es notablemente
inteligente, a veces brillante. ¿Cómo se llama? Se llama Vargas Llosa, Mario Vargas Llosa».

Edwards recuerda que era a comienzos de julio de
1962, «Mario tenía veinticinco o veintiséis años de edad». El
escritor chileno recuerda que «el Mario Vargas Llosa de entonces habría desentonado, sin ninguna duda, en los refinados salones de Bernard Colin y Margot Rivas». Y luego pasa
a describirlo con su conocida sabiduría literaria. «Tenía un
aspecto —escribe Edwards refiriéndose a MVLL— de galán
de barrio, con el infaltable bigote y el peinado con copete de
los cantantes de boleros o de los actores de cine mexicano,

y se vestía con extrema sencillez, indiferente o (más bien) ajeno a toda moda intelectual. Nadie, al verlo, habría podido sospechar siquiera que se encontraba frente a un gran escritor, que ya tenía en sus cajones el manuscrito de lo que pronto sería un nuevo clásico latinoamericano, *La ciudad y los perros*».

Escribe Edwards que «la conversación con Mario, a pesar de los anuncios de Supervielle, me indicó de inmediato que me encontraba frente a una personalidad literaria de primera fila». Discutidor, apasionado, «a veces brillante», aquel MVLL «se proclamaba adorador fervoroso de Tolstoi, sobre todo el de *Guerra y Paz*», y sostenía (en terrible discusión con Carlos Semprún) que «Dostoievski era excesivamente subjetivista, intimista, psicológico. A él —a MVLL— le interesaban los novelistas ambiciosos, que se esforzaban como titanes para salir de su yo y construir mundos novelescos objetivos, variados, completos, que pudieran levantarse frente a la realidad *real* como realidades ficticias, totales, elaboradas como una invención totalizadora». Dice Edwards que en aquellas discusiones «Mario llegaba cada vez más lejos en su defensa de una novela exterior, lejana a la subjetividad del novelista, por rica e interesante que ésta fuese». Sostenía, por ejemplo, que «las novelas de caballerías eran obras maestras, y que la ingenuidad con la que sus autores creían en los mitos y leyendas medievales, sin distanciamiento irónico de ninguna especie, era uno de los secretos de su fuerza». Por esa misma razón, coincidiendo con el testimonio de Carlos Barral, Edwards escribe que MVLL se declaraba «lector ferviente, que podía delirar de entusiasmo al evocar ciertas escenas del *Tirant lo Blanc,* la novela de caballerías del valenciano Joanot Martorell, así como de Balzac, Flaubert, Alejandro Dumas, William Faulkner». Y en recuerdo paralelo al del poeta Barral, Edwards afirma que «leí uno de los primeros ejemplares de *La ciudad y los perros* y me asombró, sobre todo, la capacidad de ficcionalización de Mario y su habilidad para crear y mantener el suspense... El joven con aspecto de galán de cine mexicano, el lector furibundo, el apasionado y el virulento, cuyos ojos se encendían cuando evocaba el encuentro de Lucien de Rubempré con el falso Abate Herrera, en *Ilusiones perdidas,* o cuando repetía la magia de unas líneas de *Comunicaciones desmentidas,* el consumidor infatigable de *westerns* y de cigarrillos franceses de tabaco negro, hacía su entrada en la literatura contemporánea a lo grande». Edwards termina su testimonio recordando que en aquellos días «Mario ya trabajaba en los borradores de *La casa verde,* atornillado a su mesa de madera y a su vieja máquina de escribir, rodeado de mapas de la selva peruana y de esquemas sinópticos de sus personajes, como un forzado de la literatura. Era el hijo predilecto de Flaubert, que por algo no había tenido hijos carnales. Carlos Fuentes, que llegaría pronto a París a la conquista de su propio espacio, lo bautizaría como el Cadete».

Pero ¿fue realmente Carlos Fuentes quien le puso ese mote, cercano y cariñoso, a MVLL en aquellos fabulosos sesenta? Tengo para mí que el Cadete fue un acierto más del humor literario de Carlos Barral, «el descubridor» de MVLL. Recuerdo que, siempre que hablábamos de MVLL, Barral se refería al novelista peruano nombrándolo como el Cadete. Aficionado como era Barral a repetir hasta la saciedad cualquier epifanía personal que le resultara ingeniosa, no dudo en atribuir ese epíteto de MVLL al editor y poeta catalán.

Si Jorge Edwards hace una milimétrica fotografía de época en su texto de *Adiós, poeta* en torno a MVLL, no menos ilustrativa es la memoria de Wolfgang A. Luchting, crítico y traductor alemán, hispanista y amigo de primera hora literaria de MVLL. En su libro *Mario Vargas Llosa, desarticulador de realidades,* Wolfgang A. Luchting dice que conoció personalmente a MVLL a raíz de su deseo de traducir al alemán su primera novela, *La ciudad y los perros,* en 1964. «Era —escribe Luchting— (y aún es) impresionante. Parece alto, pero no lo es. Sus ojos brillan y emiten pequeños relámpagos como el hielo. A pesar de estar en su casa —aquel departamento de la *rue* de Tournon, cerca del Jardín de Luxemburgo, al que se subía por una escalera incomodísima y tortuosa, para tocar la puerta y entonces oír, adentro, movimientos y ruidos, pasos que no se acercan, una breve tos, una puerta que chirría; en fin, todas esas manifestaciones del vivir de una o varias personas que al llegar de visita por primera vez lo llena a uno de conjeturas, maliciosas como defensivas, hasta que la puerta principal se abre— llevaba corbata, estaba bien peinado, y me recibió cordialmente».

«Ya dije —afirma Luchting más adelante— que es un personaje impresionante. Es bien educado, sobremanera cortés, entretenido y aparentemente sencillo y cordial en el trato personal, extremadamente sensato y circunspecto, intensísimo cuando de problemas literarios se trata, no es provinciano (como, en sus opiniones, son tantos peruanos), es disciplinadísimo, ascético, ordenado, trabajador, verdaderamente *adicto* a la literatura, tiene un *centro* director (cualidades, todas estas, que son raras en un peruano que no sea indígena, e inexistentes en un criollo peruano). Dejó de fumar, consume alcohol en dosis mínimas, se ha dedicado al *jogging,* es decir, a lo que se llama aeróbic ahora; deslumbra en sus apariciones públicas, pero despierta la curiosidad por la casi excesiva atención que da a su apariencia personal; viaja por todo el mundo y, sin embargo, escribe». Y más adelante se pregunta: «¿Es ávido de poder? Yo creo que sí. ¿Poder político? —aventura con cierta antelación a estos tiempos—. Quién sabe», se responde Luchting enigmáticamente, dejando una duda a la luz que le provoca la fascinación inicial por MVLL.

Son los años en los que MVLL, el Cadete, va a ver crecer su nombre en la novela universal contemporánea. Son los tiempos de una lucha encarnizada por llegar a ser escritor con todas sus consecuencias. En las fotografías de la época puede verse a MVLL en su trabajo de la Radio Televisión Francesa, junto a algunos compañeros —como Mario Escudero y Luis Gaivez— que aún lo recuerdan. En esos años aparece en instantáneas que lo retratan en un descanso del rodaje de una película de René Clair, donde MVLL trabajó como extra junto con Doris de Gaivez y Julia Urquidi. En esos mismos años acude a la tumba de César Vallejo, una de sus predilecciones literarias, y lee algún documento reivindicativo de la memoria del gran poeta. Es París, 1959, 1960, 1961. O Londres, donde se fotografiará —serio, rígido, extasiado— ante la tumba de Karl Marx, en Highgate.

En todas estas fotografías, recordadas o publicadas, MVLL muestra siempre un semblante adusto, de una seriedad invulnerable. El bigote de los primeros años de la fama le concede una edad en apariencia mayor de la que en realidad tiene. Los ojos profundos, ennegrecidos por un gesto inmóvil, como desconfiado de todo, le confieren una cierta dureza exterior. El cabello peinado con gomina, las mandíbulas en tensión y una sobriedad en la cara que alcanza casi la tristeza delatan algunas de sus angustias interiores. Son los años en los que MVLL vive en el apartamento de la *rue* de Tournon, por donde empiezan a desfilar muchos de los que ya se sienten amigos del escritor. De ese apartamento, testigo de sus primeros afanes literarios, MVLL llegó a decir en cierta ocasión que guardaba el mejor de los recuerdos, a pesar de su extrema angostura, porque en él había vivido el actor Gérard Philipe. En realidad, el gran actor francés, toda una leyenda tras su interpretación de *Calígula*, de Albert Camus, como bien recuerda MVLL en su trabajo *Calígula, punk*, había vivido en un departamento situado inmediatamente debajo del que ocupaba MVLL. Jorge Edwards recuerda todavía el mal humor del novelista peruano cuando, a partir de las doce de la noche de todos los días, se disponía a trabajar en la máquina de escribir. Entonces, como surgiendo del infierno tan temido, era interrumpido invariablemente por una Anne Philipe, la viuda del actor, que golpeaba furiosamente el techo de su departamento con algún objeto cuya contundencia hiciera desistir al novelista de su voluntad de aporrear la máquina de escribir durante toda la noche.

Luis Harss, en un libro de ensayos literarios que fue paradigmático del *boom* de la novela latinoamericana de los años sesenta —*Los nuestros*—, también visitó, mediada la década, la casa de MVLL en la *rue* de Tournon. «Entramos por un gran portón, atravesamos un patio embaldosado y subimos con tortícolis por una escalera oscura hasta el tercer piso, donde se descosieron las sombras y despuntó otra vez la luz del día al abrirse la puerta y asomarse el dueño de casa al umbral... Tenemos ya un pie en la puerta, y nos recibe amable, sonriente, resignado. No le gusta hablar de sí mismo, pero al rato estamos instalados en la cama deshecha, conversando a todo pulmón.» Luego recuerda Harss que «cuando habla Vargas Llosa, con su voz a la vez alta y un poco ronca, hay apartes en la conversación. Por momentos lo invade algún misterio y baja sigilosamente la voz como si durmiera alguien en el cuarto vecino».

Harss ha ido a la casa de MVLL atraído por la lectura de *La ciudad y los perros* y *La casa verde,* que en el momento —años después del relato— en el que escribe Harss ha sido publicada. En esa época, MVLL ya está convencido de su trabajo. Es un escritor, un espíritu de la contradicción. En ese documento de época, que Harss tituló *Mario Vargas Llosa, o los vasos comunicantes,* el novelista peruano vuelve a citar lo que Barral llama «sus fuentes secretas», sus constantes espejos literarios. Habla de Flaubert y de Balzac, de Faulkner, pero —sobre todo— se obsesiona con *Tirant lo Blanc,* la novela de Joanot Martorell que prologará más adelante en una edición publicada por una editorial española de sólido prestigio —Alianza Editorial— y con las novelas de caballerías. Y Harss consigue que MVLL diga cómo llegó a enamorarse del género «tan menospreciado siempre». «Fue en el primer año de universidad —confiesa MVLL—. El catedrático que teníamos dedicaba unas cuantas frases a las novelas de caballerías nada más, y las liquidaba rápidamente diciendo que se trataba de literatura mala y grosera, vulgar y disparatada. Entonces, por espíritu de la contradicción y por curiosidad, comencé a leer las novelas de caballerías que había en la Biblioteca Nacional».

Aproximadamente diez años después de estas fechas, MVLL le contaría a Ricardo Cano Gaviria una anécdota casual con Gabriel García Márquez en París. MVLL —según relata en *El buitre y el ave fénix, conversaciones con Mario Vargas Llosa*— se hospedó al llegar a París por segunda vez en el hotel Wetter, en el barrio latino, *rue* de Sommerard, un establecimiento regido por los señores Lacroix. Allí MVLL y Julia Urquidi, su primera mujer, tuvieron que esperar durante un mes y medio la llegada de la beca que el escritor había conseguido. «Ese mes lo pasamos estupendamente, yendo al cine, al teatro, comprando libros», dice MVLL. Y añade: «Recuerdo mi espanto cuando me dijeron que mi nombre no figuraba en ellas —en las listas de los becarios—... El resultado fue que me encontré en París con cincuenta dólares, lo único que me quedaba del pasaje, sin posibilidades de regresar al Perú». El Cadete, aterrorizado, corrió a comentarle a madame Lacroix lo que le había ocurrido. «No se preocupe —contestó madame Lacroix—, quédese aquí hasta que consiga un empleo y pueda pagarme. Pero, claro, ustedes van a pasar de la mejor habitación a la peor...». Y MVLL y Julia Urquidi pasaron directamente a la buhardilla del hotel Wetter. Lo curioso es que Gabriel García Márquez, cuando MVLL lo conoció en Caracas en 1967, le confesó al escritor peruano algunas aventuras propias y otras que él conocía de latinoamericanos en París. Resulta que los Lacroix, los mismos Lacroix de la historia de MVLL, habían sido administradores del hotel de Flandre, en la *rue* Cujas, unos cuatro o cinco años antes de que MVLL llegara a París. Gabriel García Márquez vivía en ese hotel de Flandre cuando el dictador colombiano Rojas Pinilla cerró el diario *El Espectador,* del que el hoy Premio Nobel de Literatura era entonces corresponsal, y se quedó en París, sin trabajo ni perspectivas de tenerlo. «Y ella —cuenta MVLL— le dijo lo mismo (a Gabriel) que más tarde me diría a mí: quédese en la buhardilla hasta que consiga un empleo y pueda pagarme». En Caracas, García Márquez no se acordaba del nombre de aquella patrona francesa. MVLL le aseguró, a su vez, a García Márquez que a él le había pasado algo parecido. «Decíamos —recuerda MVLL—: No todos los franceses son tacaños, por lo menos hay dos que no lo son: los del hotel de Flandre y los del hotel Wetter. Al año o dos, en uno de nuestros viajes, Gabo y yo coincidimos en París... Fue a buscarme al hotel Wetter y al entrar vi que se ponía lívido. Entonces me llamó aparte y me dijo, temblando: ésa es la patrona del hotel de Flandre... Madame Lacroix. Pero ella ya lo había visto. Yo le dije: *Madame Lacroix, est-ce que vous ne reconnaissez pas a Monsieur Márquez? Mais oui* —contestó—, *c'est Monsieur Márquez, le journaliste du dernier étage».* Una carambola, comenta Ricardo Cano Gaviria en el libro en que se relata esta anécdota. Al preguntarle a MVLL si fue allí, en el hotel Wetter, donde terminó *La ciudad y los perros,* el novelista contesta: «Ya tenía el magma, lo había comenzado en Madrid. Pero el gran envión se lo di en el hotel Wetter, que fue de un año y medio aproximadamente. La novela la terminé en una casa de la *rue* de Tournon, en 1961».

Este espíritu de la contradicción, que lo hizo hundir su interés en las novelas de caballerías y que pronto pasaría a convertirse en uno de los principales rasgos del carácter del Cadete, debe sin embargo tener un origen bastante anterior a la solidificación de su vocación de escritor. El mismo MVLL retrotrae sus recuerdos a la propia infancia para escudriñar allí, en la memoria nebulosa de los primeros años, todas aquellas contradicciones que se fueron acumulando en el espíritu del futuro escritor para terminar convocando la fuerte vocación del novelista que ha llegado a ser. Pero aquellos años de París, ávidos, felices tal vez, dubitativos, marcan el principio fulgurante del escritor, sus obsesiones y devaneos, angustias e ilusiones; sus trabajos y sus días; sus amoríos secretos (alguno hubo que le causó una traumática depresión durante un tiempo) y públicos; sus noches golpeadas por el suplicio al que lo condenaba Anne Philipe en la casa de la *rue* de Tournon. Y, desde luego, señalan ya el espíritu de la contradicción y la disciplina personal que, contra viento y marea, hizo que MVLL se pensara a sí mismo como un gran escritor, a la altura de los que siempre más admiró.

2. Entre mujeres. Arequipa, Cochabamba, Piura, Lima (1936-1958)

Jorge Mario Pedro Vargas Llosa nació entre mujeres, en la ciudad de Arequipa, el 28 de marzo de 1936. Hasta los diez años creyó que era, de verdad, huérfano de padre. Así se lo dijeron desde que él lo recuerda, y así lo asumió en los primeros años de su existencia más o menos feliz, mimado por su madre, sus abuelos y sus tías. Según los mismos peruanos, ser arequipeño es determinante de una cierta forma de ser. «Donde vaya —escribe José Miguel Oviedo— el arequipeño sigue siéndolo, fiel a un arraigado concepto de patria chica, a una voluntaria afirmación de lo provincial»[1]; aunque pronto se dio cuenta MVLL de que su caso particular era distinto porque «mi relación con Arequipa era la de una ruptura sin nostalgia y la del peregrinaje sin recuerdos»[2].

Ese orgullo provinciano y sentimental de los arequipeños se escinde además en dos: el de quienes se consideran *serranos* y el de quienes se llaman *de la costa*. «Ustedes saben que Arequipa es una ciudad —explica MVLL— en la que se dice que los que nacieron de la plaza de Armas para el sur son costeños, y los que nacieron de la plaza de Armas para el norte son serranos. Yo nací de la plaza de Armas para arriba, así que soy serrano»[3]. Oviedo describe la casa natal de MVLL —«dos pisos, jardín y reja de hierro»— y la sitúa en el número 101 del bulevar Parra, para decirnos a continuación que es la casa de los abuelos maternos. Ocurre que Ernesto Vargas, el padre, se había quedado en Lima, y la ruptura matrimonial con Dora Llosa, la madre, es en esos momentos del nacimiento del futuro novelista un hecho consumado. En Arequipa vive MVLL tan sólo unos meses, antes de comenzar lo que él mismo llama *peregrinaje sin recuerdos.* Quizá su verdadera aventura vital, su historia personal en los momentos confusos en los que un escritor comienza a formarse sin tener conciencia de ello, los vive en Cochabamba, Bolivia, localidad a la que se traslada junto con sus abuelos y su madre porque su abuelo había sido destinado allí como cónsul del Perú.

Hay muchas alusiones a la infancia en las biografías, comentarios y documentos escritos por y sobre MVLL, pero sobre todo hay multitud de referencias que el mismo novelista ha ido desgranando como *recuerdos fijos* —tal vez embriones de demonios o demonios mismos, por utilizar la terminología del escritor— a lo largo de su existencia. Los primeros años de su vida —desde 1937 a 1945— son recordados por MVLL como la estancia feliz en un paraíso familiar que le procuraba todo tipo de mimos y agasajos. Entre mujeres, el niño se fue haciendo hombre, desarrollando una rebeldía inconsciente, el punto de referencia que luego desembocará en el espíritu de la contradicción. Incluso en el colegio La Salle, el futuro escritor vive sus primeros éxtasis, el espejismo de la literatura, traduciendo en su memoria y reproduciendo las películas que veía, sobre todo las de Tarzán, los seriales de la radio, las fiestas y cuantas satisfacciones pueden darse en la existencia de un niño que «no pensaba jamás en la muerte, tal vez me suponía inmortal, y secretamente ambicionaba ser trapecista o torero»[4].

Esa circunstancia familiar de los primeros años se describe como algo parecido a un *nirvana* placentero; un *nirvana,* sin padre que cumpliera tal papel, y nos dibuja a un MVLL salvaguardado a cal y canto en el jardín de las delicias familiares. Y en esos primeros años aparece en su existencia, por primera vez, lo que hasta el momento viene siendo una referencia constante en MVLL: Bolivia. En Bolivia (Cochabamba) vive sus primeros años, cuando despierta a la orfandad entre mujeres y mimos; con Bolivia se tropieza por segunda vez en Lima, en la persona de quien luego sería uno de mis personajes preferidos de sus novelas, Pedro Camacho; y con boliviana se casa a los dieciocho años, Julia Urquidi, en el momento de máxima rebeldía frente al paisaje familiar (con ciertas reminiscencias bolivianas, también) y a la geografía social, cultural y política de Lima, en particular, y del Perú, en general.

El secreto de la existencia del padre no pasa por la cabeza del niño MVLL, que vive en su mundo de hadas maravilloso, alimentando sus mitos infantiles y satisfaciendo todos sus caprichos. Ahí, en ese mismo lugar sin límites de la infancia, sitúa MVLL el inicio, siempre borroso, de la vocación literaria, bien porque la familia lo convierte en un mimoso que hace siempre lo que quiere, bien porque, al sentirse rechazado por ese ambiente, el futuro escritor rompe espiritual e internamente con el mundo que lo rodea. Los condicionamientos psíquicos, y los recuerdos que MVLL llama demonios, son los cimientos más o menos ocultos que van dibujando e intuyendo toda una vida posterior en el novelista. Y de todas estas experiencias contradictorias saldrá luego el germen de sus novelas, sus relatos y muchas de sus ideas para estar en la vida. Interpretar en qué momento el escritor se convierte en tal, a partir de experiencias infantiles que lo transforman en un *ser distinto* —el espíritu de la contradicción—, carece de sentido. En el caso de MVLL nos encontramos además ante un escritor que lo es desde muy joven, consagración incluida, por lo que se le consideró durante mucho tiempo como algo parecido a un niño prodigio dentro del *boom* de la novela hispanoamericana de los años sesenta. Huellas de esas experiencias, paradisíacas y aventureras, dolorosas o epifánicas, las encontramos con cierta facilidad a lo largo de la obra narrativa de MVLL; memorias, recuerdos, secuencias que se refugiaron en la mente del futuro novelista hasta convertirse en irrefutable material literario. Los demonios empezaron a conmover su espíritu en Piura, ciudad donde la familia se traslada en 1945. Hasta entonces, la memoria de MVLL no es exactamente dominada por los demonios, entre otras cosas porque, según confiesa a Luis Harss, «la felicidad, como usted sabe, es literariamente improductiva, y ninguna de las cosas que ocurrieron en esos años han sido un estímulo para mí»[5]. El ensueño del paraíso «no duró mucho tiempo. Se acabó bruscamente cuando cumplió los diez años»[6], en Piura, «que se ha transformado en la memoria de Vargas Llosa en una especie de apoteosis de la mezquindad de la vida pueblerina»[7]. «Fue un año horrible»[8], confiesa MVLL.

Pero el *gran golpe* que la vida da al niño MVLL, que empieza a ver otro mundo, que comienza a dejar de mimarlo, es la noticia que su madre le da cuando menos se lo espera: su padre existe y va a conocerlo. MVLL mirará siempre a su padre como un *gran extraño,* con el que nunca se entendió, alguien que vino a romper una parte relevante de su paraíso familiar, alguien que trastocó y trastornó el conglomerado de un orbe ordenadísimo donde el futuro novelista era el rey de la creación cotidiana. «Lo conocí muy tarde, estuve convencido de que había muerto. Cuando lo descubrí ya no había ninguna posibilidad de comunicación con él. Nos llevamos muy mal los años que vivimos juntos. Él tenía una manera de ser muy distinta. Tenía una especie de desconfianza de mí y yo de él. Éramos casi dos extraños. Él deploraba que yo hubiera sido criado entre mimos y consentimientos y que fuera un niño caprichoso y blando.»[9] Ya está MVLL en Lima, luchando con el extraño que ahora manda en su vida: su padre, Ernesto Vargas, que ha vivido esos diez años en los Estados Unidos, se ha casado allí —antes de la reconciliación con Dora Llosa, cuando regresa a Lima—, y ha tenido dos hijos: Ernesto, que morirá de enfermedad incurable en los primeros sesenta («Recuerdo —confiesa MVLL— cuando vino a Lima, a vernos, ya estaba muy enfermo, se le notaba muy deteriorado»), y Enrique Vargas, abogado que vive actualmente en la ciudad californiana de Los Ángeles. Ese extraño que trata de domar los caprichos diarios del futuro novelista es el mismo que lo convence para que entre en el Colegio Militar Leoncio Prado, que será una piedra de toque fundamental en la experiencia del escritor. De esa estancia entre militares, tras haber cursado en el La Salle de la ciudad de Lima hasta el segundo año de secundaria (1947-1949), saldrá claramente reforzado el espíritu de la contradicción, el *Madame Bovary c'est moi* que MVLL desarrollará a lo largo de toda su vida. Lo que sus abuelos le aplaudían en Piura, que escribiera *cuentitos infantiles,* «porque les parecía una gracia», según confesión de MVLL a Harss, es para Ernesto Vargas, su padre, el mayor síntoma de debilidad, porque en aquella sociedad peruana, como muchas veces ha recordado el novelista —sobre todo, en ese magnífico ensayo titulado *Sebastián Salazar Bondy y la vocación del escritor en el Perú,* donde la figura del autor de *Lima, la horrible* actúa como un espejo en las ideas del escritor MVLL[10]—: «El que es medio poeta es también medio maricón», «porque todo escritor peruano —gracias a esa peculiaridad de la sociedad de ese país— es a la larga un derrotado»[11]. Cuando Ernesto Vargas descubrió la debilidad poética de su hijo decidió cambiarlo para siempre, dándole la oportunidad de convertirse en un hombre que, pasados los años, se reiría recordando sus infantiles inclinaciones de poeta. Pero, como siempre ocurre en nuestras contradictorias sociedades, el resultado de la estrategia tiene poco que ver con lo que los agentes sociales veían en el proyecto. En el Leoncio Prado, aunque antes ya había germinado en el enfrentamiento con su padre, se consolida la vocación de MVLL. Dumas, Victor Hugo, Emilio Salgari son sus héroes prohibidos, y los ratos de clandestinidad en que la lectura de sus héroes se ha convertido actúan en MVLL como un detonante especular hacia el futuro: él quiere ser como ellos, escritor, un gran escritor, aunque aún no lo sepa del todo.

El Leoncio Prado, entonces, se transforma en un falso correccional. MVLL observa, vive, apunta y archiva en su memoria los demonios de los que se servirá para escribir después *La ciudad y los perros,* como ya lleva en su mente los fantasmagóricos recuerdos de su primera estancia en Piura, que serán el principio *mítico* que le hará escribir *La casa verde.* Decir allí, en el Leoncio Prado, que uno es medio escritor, o medio poeta, es lo mismo que decirlo en la sociedad peruana, a la que MVLL pertenece: «Ése es medio payaso, es medio anormal», medio hombre, medio mujer, medio «maricón», todo *medio,* menos el algo *entero y verdadero* que se espera de un hombre. Por eso la vocación de escritor de MVLL se alimenta silenciosamente de la clandestinidad y en el secretismo más prohibido. Sabe que la literatura es un *pecado social,* sobre todo para su padre. Y el Leoncio Prado es un campo de experimentación, un caldo de cultivo que no desaprovechará. Dos años de vida militar marcarán al Cadete: 1950 y 1951.

En 1952, tras trabajar durante las vacaciones de fin de año (1951) en *La Crónica,* regresa a Piura y entra en el colegio San Miguel. El espíritu de la contradicción, el niño mimado entre mujeres, «el medio poeta, el medio escritor, el medio payaso, el medio anormal» que hay en MVLL para la sociedad peruana se está haciendo un hombre de verdad, se está convirtiendo en *algo completo,* lo que no deja de ser también una contradicción. De muchas de sus experiencias en el colegio San Miguel parten las ideas y los demonios que luego escribirá en *Los jefes,* que obtiene —años más tarde, en 1958— el Premio Leopoldo Alas de relatos, y que será editado en España por ediciones Roca en 1959. Pero no abandona el periodismo: trabaja en *La Industria,* un diario piurano, como columnista, y ahí comienza a archivar la memoria de *La casa verde,* en muchas de sus vertientes e historias.

José Miguel Oviedo sitúa la *protohistoria literaria* de MVLL en estas fechas, en la ciudad de Piura. «Curiosamente comienza con una obra teatral, *La huida del Inca,* inspirada en un tema indígena», un drama en tres actos, con prólogo y epílogo, estrenado el 17 de julio de 1952, en el teatro Variedades; «escrita el año anterior en Lima, se presentó bajo la dirección del propio autor, como parte de los actos de celebración de la ciudad; su éxito duró lo que las fiestas»[12]. Los intentos poéticos no fueron gran cosa, como testimonia hoy el propio MVLL, que se lleva de Piura los «archivos secretos» de *La casa verde.* Pero no sólo se llevará los recuerdos que luego darán lugar a una de sus mejores novelas, sino ciertos secretos como el que confiesa en *La orgía perpetua:* «El primer recuerdo que tengo de *Madame Bovary* es cinematográfico. Era 1952, una noche de verano ardiente, un cinema recién inaugurado en la plaza de Armas alborotada de palmeras de Piura: aparecía James Mason encarnando a Flaubert, Rodolphe Boulanger era el espigado Louis Jourdan y Emma Bovary tomaba forma en los gestos y movimientos nerviosos de Jennifer Jones. La impresión no debió ser grande porque la película no me incitó a buscar el libro, pese a que, precisamente en esa época, había empezado a leer novelas de manera desvelada y caníbal»[13].

Los primeros relatos de MVLL se publican en Lima, cuando el futuro novelista regresa a instalarse en esa ciudad. En la capital peruana estudia y trabaja. Entra en la Universidad de San Marcos, que resulta un campo de experimentación para su posterior literatura, sobre todo algunas historias de *Conversación en La Catedral*. MVLL es todavía un niño mimado, un joven al que su madre y sus tías cuidan con desvelos, aunque su padre le dedica —todavía— las miradas más torvas. Su biografía personal nos dice que su peor angustia estriba en trabajar sin dejar de estudiar. Y es el mismo MVLL quien confiesa haber vivido una de las peores etapas de su existencia, cuando no le queda otro remedio que «tener muchas chambas», muchos trabajos, muchas pequeñas chapuzas que le permitan ser independiente y le dejen tiempo para escribir. Ahí empieza a comprender lo que luego sería parte de su criterio sobre los escritores: la bohemia no es buena consejera, y mucho menos compañera, de la disciplina de un escritor, o de quienes aspiran a serlo. En la radio redacta noticias de todo género, incluso sucesos cotidianos. También trabaja en el Cementerio General de Lima, en una labor (*registrador,* escribe Oviedo) grotesca para un escritor: tomar nota y ordenar los nombres de los muertos perdidos entre las tumbas del camposanto limeño.

Lima, para él, como para uno de sus más admirados escritores —Sebastián Salazar Bondy—, es una ciudad horrible, gris, que le provoca un sentimiento de claustrofobia entre trabajos, frustraciones y escándalos, el menor de los cuales no es precisamente su matrimonio espectacular con Julia Urquidi (MVLL sólo tiene entonces dieciocho años, y treinta años Julia Urquidi), de cuyas circunstancias escribiría parte de una de sus más relevantes novelas, *La tía Julia y el escribidor;* y de cuyo anecdotario se da, en algunos capítulos de este libro, cuenta más que suficiente. MVLL recuerda además que fueron sus amigos, algunos de sus amigos, los que le ofrecieron trabajos para dignificar una situación sumamente conflictiva que amenazaba acabar con el embrión del escritor que llevaba dentro. Se cita con frecuencia al historiador Porras Barrenechea como uno de los más cualificados benefactores del joven compungido que entonces era MVLL, en los momentos en que se publican sus primeros relatos en Lima. Empieza a correr la segunda parte de la década del cincuenta, y MVLL colabora con cierta asiduidad en determinadas publicaciones y periódicos. Es la fecha en que *se cuajan* sus ilusiones como escritor que empieza: en el *Mercurio Peruano* aparece por primera vez el relato «Los jefes». En el suplemento dominical de *El Comercio* aparece «El abuelo». Aventuras de mil géneros alientan la lucha literaria de Varguitas. Junto a Loayza y Abelardo Oquendo publica, como ya hemos dejado constancia, los *Cuadernos de Composición* (1956-1957) y, después, *Literatura* (1958-1959). Y en todas esas aventuras late la vocación del escritor por trascender del agobiante provincianismo literario e intelectual de Lima. Su primer viaje al mundo es una sorpresa: *Revue Française* ha organizado un concurso de cuentos en Perú. MVLL se presenta al premio con «El desafío», otro de los relatos que aparecerán en *Los jefes,* posteriormente. El relato gana el galardón: un viaje a París, que consolida la idea de huida, de exilio intelectual que desde siempre anidó en MVLL. La decisión estaba tomada: había que irse del Perú y saltar definitivamente al mundo, *porque Europa es el mundo,* como ha escrito el poeta Luis Cernuda.

La ocasión le viene a MVLL cuando se le concede una beca para estudiar el doctorado en España, en Madrid, una capital que luego recordará el escritor como una ciudad pueblerina y gris, constreñida por el franquismo que en esa época todavía lo arrasa todo en España. «Mi gran ambición era llegar a París —escribirá MVLL en 1985 refiriéndose a esta época— (casi todas mis lecturas literarias de entonces eran norteamericanas y francesas); pero Madrid, imaginada desde la perspectiva de Lima, no parecía desdeñable. Estaba Franco, claro (era 1958), pero, me decía yo, será magnífico ver sobre las tablas ese teatro del Siglo de Oro que en el Perú sólo conocemos por lecturas»[14]. El retrato que MVLL hace de aquel Madrid y del ambiente de la universidad cae en la *crueldad necesaria* aunque esa misma crueldad no está exenta, en algunos momentos, de la nostalgia generosa de un escritor, el mismo MVLL, que confiesa que fue en esta ciudad gris donde empezó a comprender que él sería un verdadero novelista. «Un compañero de los cursos de doctorado —escribe MVLL, por ejemplo— dejó de saludarme cuando supo que yo no era casado por la Iglesia». Otro dato: el control de la censura política sobre cuestiones elementales. «Por una extrañísima razón —dice MVLL— muchas novelas de caballerías —como *Lancelot du Lac*— estaban en la sección denominada *El infierno*», y se refiere a la Biblioteca Nacional de Madrid, «un grande y sombrío edificio de techos altísimos, en la Castellana, donde los lectores, en invierno, nos helábamos de frío». En este texto, titulado *Madrid cuando era aldea,* MVLL rememora su estancia en la capital de España, «donde Alfonso Paso era el dramaturgo de más éxito», y se refiere a la censura cinematográfica como el más grotesco de los casos: «Las películas que la censura no prohibía llegaban a las pantallas terriblemente mutiladas, al extremo, a veces, de parecer cortometrajes». Además, la censura —como todos sabíamos desde entonces— «se ejercía también en el doblaje, que suavizaba o alteraba de tal modo los diálogos originales para adaptarlos a la moral imperante, que se producían a veces situaciones cómicas (la más famosa adulteración del doblaje fue convertir en hermanos a la pareja de amantes de *Mogambo*)». La última parte del texto de *Madrid cuando era aldea* coincide plenamente con las declaraciones que MVLL hace en el ciclo dedicado a su obra que organiza y celebra el ICI, en Madrid. «Yo creo que fue aquí, en Madrid, en esos meses de la mitad del año 1958, cuando por primera vez me planteé de una manera seria el problema de mi vocación... Fue aquí, en Madrid, donde tomé esa decisión»[15], dice MVLL refiriéndose a su propio destino como escritor de novelas. Se hospedaba entonces en una pensión del barrio de Salamanca, exactamente en la calle Doctor Castelo. MVLL recuerda todavía los itinerarios de las novelas de Pío Baroja, sus entradas y salidas al café Gijón (donde ahora recala, a veces incluso solo, para degustar los platos espléndidos de la cocina tradicional española: el cocido, la fabada, las albóndigas de carne, la tortilla de patatas...), las descripciones que Pérez Galdós hace del viejo Madrid, sobre todo en *Fortunata y Jacinta.* Y hace de Madrid, de este

Madrid de ahora y del que él conoció cuando «era aldea», uno de los elogios más compartidos por los que, sin haber nacido en Madrid, vivimos en esta ciudad hasta el punto de considerarla nuestra para siempre. «He vivido desde entonces —escribe MVLL— en muchas ciudades, en el viejo y en el nuevo mundo: nunca he conocido nada que remotamente se parezca al espíritu hospitalario y la generosidad desbordante para con el extranjero del pueblo español. Esta virtud se iría agigantando retroactivamente en mi memoria, en los seis años siguientes, que pasé en París, una ciudad que curiosamente combinaba estos dos títulos: la que ejercía el hechizo más irresistible para el resto del planeta y la más inhóspita para con el *mètèque* (lo que era yo)»[16].

El escritor que iba a ser MVLL había escapado del Perú. Vino a Europa, a Madrid, con una beca, Javier Prado se llamaba. Se trataba de hacer el doctorado en la Universidad Complutense. Sobre Darío, una de sus devociones confesadas, a quien conocía ya muy bien por haber optado al bachillerato en Lima con un trabajo titulado *Bases para una interpretación de Rubén Darío.* Pero nunca realizó en esa fecha el doctorado en una universidad en la cual «el profesor de Literatura Hispanoamericana sólo llegaba al Romanticismo porque, del Modernismo en adelante, todo le parecía sospechoso»[17]. Debajo del brazo traía una colección de relatos, que titularía *Los jefes,* y que son —a mi entender— su prehistoria narrativa. La aventura del escritor se inicia, pues, en Madrid. Aquí, en los bares y cafeterías de los alrededores de la pensión de Doctor Castelo, MVLL inicia lo que todavía son las brumas de *La ciudad y los perros,* que escribirá casi completamente en París. El año que pasó en Madrid fue contundente y definitivo para anclarlo en su propia obsesión, la de ser novelista, la de regir su vida a través de la literatura, la de —en suma— vivir literariamente, como aquellos escritores a los que había admirado antes de decidirse definitivamente a ser como ellos. Pero las dificultades en la vida de MVLL, desde el punto de vista económico, habían ido en aumento. «La exigua bolsa del becado —escribirá Oviedo— impone algunas aventuras divertidas, como la formación de un inverosímil conjunto de "danzas incaicas" (bailarines: Vargas Llosa y Paúl Escobar, quien más tarde moriría como guerrillero en el Perú; coreógrafo: el poeta peruano Pablo Guevara) para un concurso folklórico que se organiza en España, en el que obtienen un premio»[18]. Las fotografías de la época muestran a MVLL en pleno éxtasis bailarín, organizando su arte para poder seguir adelante con aquella obsesión que lo transformaría en *une bête à écrire* en muy pocos años.

3. Del Valle del Canguro al estrellato
(1966-1970)

En Perú ya todo el mundo sabía, incluso su padre, que MVLL se estaba saliendo con la suya. Había deseado ser un escritor vocacional, como los que había admirado desde que era un adolescente, y ahora su nombre y su obra comenzaban a conquistar el universo. Fue la época en la que —eso al menos dicen los críticos más exigentes— se marcó el fin del «regionalismo» de la novela de América Latina para entrar, sin complejos, en el mundo universal de la novela. Cabe, entre otros, a MVLL el gran protagonismo que configura, sin duda, ese cambio cualitativo de la novela latinoamericana. De Madrid, donde comenzó a fraguarse de verdad su vocación, en esa especie de aldea que el propio MVLL vio en la capital de España, en 1958 (Carlos Barral, cuando MVLL hablaba de Madrid, siempre le contestaba que «no era más que un pueblo al norte de Toledo»), MVLL había saltado a París, la Ciudad Luz que para todo escritor latinoamericano no sólo era la capital literaria del mundo sino una etapa fértil —aunque para muchos definitivamente estéril— de su existencia. MVLL trabajó en París hasta levantar los cimientos del mito. Pequeños viajes al Perú y determinados compromisos que lo hacían volver a La Habana y a otras partes de América Latina no pudieron romper sus tesis sobre la pasión del escritor. Ni la bohemia ni otras luces parisinas estropearon una vocación a prueba de bomba, fabricada contra viento y marea por un temperamento muy difícil de doblegar en sus criterios. París lo vio crecer por dentro y por fuera. Allí escribió gran parte de *La ciudad y los perros, La casa verde* (enteramente en esa ciudad), *Los cachorros* y comenzó a escribir una de sus novelas balzacianas: *Conversación en La Catedral,* que terminó en Londres, la ciudad en la que MVLL ha tenido hasta ahora más confianza para guarecerse de la fama, mantener el necesario anonimato y seguir escribiendo ocho horas al día durante siete días a la semana.

Londres no fue, al principio, ningún paraíso. El novelista se dejó llevar por su fama de escritor joven y eliminó el bigote y la seriedad excesiva, que habían marcado muchas de sus fotografías conocidas hasta entonces. Pero seguían existiendo dificultades económicas. Si en París se defendió como pudo, disciplinadamente y sin perder el sentido flaubertiano del oficio de la literatura, en Londres, desde finales del año 1966, vive su destierro europeo tratando de conciliar el vicio solitario de la escritura —la solitaria, como él mismo lo llama— con «un trabajo regular»: «Es profesor de literatura hispanoamericana en el Queen Mary College»[19]. Además, no pierde de vista esa otra solitaria que es la escritura de periódicos y revistas. De modo que, disciplinadamente, envía a Lima sus crónicas para la revista peruana *Caretas;* crónicas, artículos, reflexiones y comentarios que, en los mejores casos, serán recogidos posteriormente por el propio MVLL en *Contra viento y marea (1962-1982).*

Mientras trabaja en *Conversación en La Catedral* y ha dado a la imprenta *Los cachorros. Pichula Cuéllar,* cuyo texto ha sido definitivamente revisado también en Londres, MVLL recibe uno de los reconocimientos más gratificantes de toda su carrera literaria: en 1967 se concede a *La casa verde* el Premio Internacional de Novela Rómulo Gallegos. Sobreviene la apoteosis, pero empieza a dibujarse en la actuación pública de MVLL un sentido crítico que «molesta» a tirios y a troyanos. El Premio Rómulo Gallegos le hace escribir un inflamado discurso que, al correr de los años, viene a significar una declaración de guerra del aguafiestas que hay siempre en el escritor contra todo aquello que signifique conformismo, sea de la ideología que sea tal actitud. *La literatura como fuego* es, sin duda, una reivindicación de la vocación literaria por encima de todas las demás cuestiones del mundo, incluida la política, una pasión humana que se enfrenta constantemente a la literatura; una obsesión intelectual contra la que muchos escritores, y éste es el caso de MVLL, han luchado a brazo partido; una «profesión» tan activa —la política— que requiere de mimos exclusivos y que reclama, como la literatura, el favor de todas las células del ser humano que a ella se dedique. No deja de ser curioso —y, por tanto, interesante en el caso de MVLL— que redacte el discurso reivindicativo de Oquendo de Amat, un olvidado poeta peruano que murió en Guadarrama enfermo de tuberculosis, para ampararse en esa personalidad como reclamo de la literatura. No deja de ser interesante —y en este caso, el de MVLL, también curioso— que ese auto de fe que, sin duda, es *La literatura como fuego,* con todas las huellas de Jean-Paul Sartre aún coleando en el eco más profundo del texto, se escriba simultáneamente a *Conversación en La Catedral,* la novela de MVLL que más críticas a la política activa y a la injusticia del totalitarismo contiene. No afirmo que *Conversación en La Catedral* sea, en ningún modo, lo que se entiende por una novela política. Es una novela que *trata* del poder político y, en este caso, de las circunstancias del poder político totalitario.

Tal vez de esa época, o de unos años antes, es ese proyecto del que muchos han hablado y escrito, sobre «un acuerdo» de algunos de los novelistas del *boom* para escribir una novela sobre la dictadura en América Latina. Cada uno de ellos —García Márquez, Carlos Fuentes, Julio Cortázar, MVLL y algunos otros— escribirían un capítulo sobre las experiencias que tuvieron con respecto a los dictadores de sus países respectivos. Proyecto real o simple imaginación puesta en circulación por los propios novelistas, el caso es que a la vuelta de los años la novela latinoamericana se ha convertido, en el asunto concreto de la dictadura como método político de la barbarie, en una memoria histórica insoslayable, desde *El señor presidente,* de Miguel Ángel Asturias, hasta *Yo, el Supremo,* de Augusto Roa Bastos, pasando por *El otoño del patriarca,* de Gabriel García Márquez y, sin duda, por *Conversación en La Catedral,* de MVLL. Oquendo de Amat, el poeta surrealista que vino a perderse en la Guerra Civil Española como Ambrose Bierce se pierde en la Revolución Mexicana, es para MVLL la literatura, en su estado químico más frenético y pasional. La memoria que el escritor MVLL tiene de la política más turbia del Perú se va trasladando literariamente en Londres a una novela que, si en principio pretendía ser el retrato viscoso de un guardaespaldas, termina por ser «una gran crónica social, política e histórica, a lo Balzac, a lo Dickens»[20]. No en vano, al abrir el texto de la novela, MVLL situará un párrafo de *Petites misères de la Vie Conjugale,* del mismo Balzac: *Il faut avoir fouillé toute la vie sociale pour être un vrai romancier, vu que le roman est l'histoire privée des nations.* De este modo, *Conversación en La Catedral,* escrita en la lejanía londinense, en la latitud que el propio MVLL llama el Valle del Canguro, se transforma en la mejor crónica que nunca haya sido escrita sobre el llamado «ochenio», los ocho años que el general Odría gobernó en el Perú, desde 1948 a 1956, fecha coincidente con la biografía adolescente de MVLL. Si el discurso del Rómulo Gallegos es una reivindicación totalizadora de la literatura, con el homenaje particular a Oquendo de Amat, *Conversación en La Catedral,* la más realista —incluso en el afán de documentarse— de todas las novelas que se han escrito como tales sobre dictadores latinoamericanos, es la reivindicación del escritor MVLL, novelista pleno y totalizador, frente al olvido de la historia y, desde luego, frente a la supeditación de la literatura por parte de una ideología concreta (aunque sea la del propio autor en ese momento) y las presiones y autocensuras ejercidas por el novelista en muchos casos hasta hacer perecer lo que, al menos en proyecto, debía ser una novela. El difícil equilibrio que significa *Conversación en La Catedral* marca la madurez ejemplar del novelista MVLL: ni la fama, ni la consiguiente imagen que le produce esa misma fama, ni siquiera el esquemático proceder que conduce a la ruina cualquier germen de novela cuando sobre la mente del escritor manda una ideología concreta, hicieron naufragar el resultado de la crónica. Al contrario. Entre la pasión, muchas veces irracional, del escritor de novelas, y la documentación de ese mismo tiempo que el novelista se ha atrevido a narrar, se fragua el gran éxito de *Conversación en La Catedral,* lejos de moralismos concretos y sólo sometida a la autonomía que genera la propia creación literaria del novelista.

Conforme han ido naciendo las novelas de MVLL, van naciendo también sus hijos. En Londres ya hay dos: Álvaro y Gonzalo. MVLL, que siempre fue reacio a la paternidad, hace que su flaubertismo literario («dentro de la literatura, todo; fuera de la literatura, nada»; ése es el ámbito ideológico de todo auténtico escritor, de todo verdadero novelista: «El escritor auténtico lo pone absolutamente todo al servicio de la vocación —repetirá a Ricardo Cano Gaviria[21]—; lo que va en contra de los intereses de la literatura es suprimido, descartado. El escritor inauténtico, en cambio, es aquel que acomoda la literatura a otras necesidades de su vida, a una ambición que puede ser el dinero o la gloria. Si un escritor comienza a escribir para la gloria, no sólo será un escritor inauténtico sino también un escritor mediocre») conviva con la familia, lo que en el caso de MVLL no ha empequeñecido su fortaleza crítica sino que la ha robustecido a lo largo de los años. En este tiempo, el espacio físico en el que el novelista se recluye para llevar a cabo la misión de su solitaria, el deicidio que se esconde en toda creación novelesca, es pequeño e incómodo. A menudo, todavía y luego de tantos años pasados, los Vargas recuerdan los apartamentos donde vivían en Londres, fundamentalmente el de Cricklewood, donde Patricia Vargas Llosa se pasaba las horas acallando los llantos y los gritos de sus hijos para que el novelista siguiera adelante con la historia de *Conversación en La Catedral.* Añádase a eso el recuerdo de los ratones paseándose con excesiva frecuencia por el entorno familiar de los Vargas en Londres, memoria que todavía pone de punta los cabellos de la familia y del propio novelista cuando narran la aventura de su primera estancia en aquella ciudad.

No cabe duda de que la concesión del Rómulo Gallegos a *La casa verde* marca un giro fundamental en la vida de MVLL. El reconocimiento continental e internacional va más allá de todo lo previsto, y coincide con ese ritmo frenético que el novelista insufla en su trabajo en la City. Allí corrige, además, *Los cachorros. Pichula Cuéllar,* un relato excepcional que había sido escrito en París, entre junio y diciembre de 1965. Nada más publicarse *Los cachorros,* en Barcelona, en 1967[22], la crítica se volcó en el texto con interpretaciones de todo género que, en cualquier caso, venían a marcar el creciente interés que los especialistas, y el público en general (además de los editores), mostraban por el trabajo literario del todavía joven maestro del *boom* de la novela latinoamericana de los sesenta. Para MVLL se abren ya todo tipo de perspectivas. Reclamado por la crítica, comienza en su existencia ese periplo aún no abandonado que lo lleva a ejercer de conferenciante y profesor en las más importantes cátedras del mundo hispánico, norteamericano y europeo. «El problema es que, además, es un gran profesor», esgrimía con seguridad Carlos Barral al referirse al dualismo equilibrado de MVLL entre la teoría y la práctica. El Cadete había crecido en edad, saber y gobierno. Que se le reclamara desde muchos lugares del mundo para que expusiera, en sus púlpitos universitarios, las tesis con las que había escrito tres novelas de excepción y un relato extraordinario no era más que el resultado de un trabajo delirante y pasional, a través del cual MVLL caminaba hacia la maestría literaria con paso firme y con inalterable convicción.

El furor creativo, la locura casi irracional de la creación literaria, anidaba en él creándole y alimentándole la adicción total a la solitaria, a la que hay que rendir pleitesía hasta la esclavitud religiosa. Es la misma solitaria que arrastró a Sebastián Salazar Bondy —uno de los escritores peruanos que para MVLL encarnan la solvencia totalizadora del novelista— a sacrificarse por su vocación como pocos escritores lo habían hecho hasta su propio caso, el de MVLL, en el Perú. Poco después de morir Salazar Bondy, MVLL se fue a vivir a Londres. Pero el fallecimiento de uno de sus «modelos vitales» le hace escribir pasional y literariamente un ensayo en defensa de la vocación del escritor: *Sebastián Salazar Bondy y la vocación del escritor en el Perú,* embrión local —y no por ello menos universal— de lo que luego desarrollará en *La literatura es fuego.* El resultado de ese difícil rendimiento a la llamada de la solitaria que es la literatura suele ser el olvido, la extraterritorialidad de quien admite esa vocación de la literatura y, en definitiva, el fracaso. Eso es lo que la vida deparó a Salazar Bondy precisamente por no dejar de escribir en toda su vida. «Porque el escritor peruano que no vende su alma al diablo (que no renuncia a escribir) —afirma MVLL en junio de 1966— y que tampoco se exilia corporal o espiritualmente, no tiene más remedio que convertirse en un cruzado o un apóstol. Hablo, claro, de un creador, para quien la literatura constituye no una actividad sino la más obligatoria y fatídica necesidad vital, del hombre en el que la vocación literaria es, como decía Flaubert, "una función casi física, una manera de existir que abarca a todo el individuo"». Y regresa a sus ideas de siempre, marcadas a fuego por la solitaria que organiza sus demonios: «El escritor es aquel que adapta su vida a la literatura y no el que elige una vida por consideraciones de otra índole (la seguridad, la comodidad, la fortuna o el poder) y destina luego una parcela de ella para morada de la solitaria, el que cree posible adaptar la literatura a una existencia consagrada a otro amo: eso es precisamente lo que hace el escritor que vende su alma al diablo. Sebastián vivió para la literatura y nunca la sacrificó pero, a la vez, en los últimos quince años de su vida, fue también, y sin que ello entrañara la menor traición a su solitaria, un hombre que luchó por acercar a estos dos adversarios, la literatura y el Perú, por hacerlos compatibles. En contra de lo que decían la historia y su experiencia, él afirmó con actos que se podía bregar a la vez por defender la propia vocación de escritor contra un medio hostil y por vencer la hostilidad de ese medio contra la literatura y el creador. Él no se contentó con ser un escritor, simultáneamente quiso imponer la literatura al Perú. Hundido hasta los cabellos en esta sociedad enemiga él fue, entre nosotros, el valedor de una causa todavía perdida»[23]. El texto escrito con motivo de la muerte de Salazar Bondy no es sólo el «obligado elogio del muerto», género panegírico utilizado para matar la mala conciencia desde los tiempos de Tucídides hasta hoy mismo. Es una toma de postura, una declaración de guerra del escritor MVLL frente a la sociedad desdeñosa de la literatura y del novelista, del escritor. Como en otras tantas ocasiones, el modelo desaparecido deja la huella fructífera en quien como tal lo ha tomado. Quien escribe es MVLL sobre Salazar Bondy, pero la sombra y la reflexión del pensamiento de MVLL se dibuja no sólo en lo que opina el novelista de *La ciudad y los perros* de la personalidad del que escribió *En el cielo no hay petróleo,* sino en las ideas que, poniendo como ejemplo a Sebastián Salazar Bondy, el propio MVLL desarrolla como suyas, como propias, experimentadas en su carne a partir de la asunción misma de la solitaria de la literatura como algo tan vital que resulta ya irrestañable.

Los textos de los dos ensayos —*Sebastián Salazar Bondy* y *La literatura es fuego*— son el preludio de lo que luego, como una catarsis wagneriana, desarrollará MVLL en su ensayo *García Márquez. Historia de un deicidio,* escrito también en Londres y antes de trasladarse a Barcelona. Pero el novelista aplaudido no deja de viajar por el mundo, asediado como está por su propio nombre, por su estatura de gran novelista. La estancia en la Washington State University, a mediados de 1968, es un *impasse* lejos de Londres, aunque no por ello —ni por haber sido contratado como escritor-residente en la universidad americana— dejó de trabajar en *Conversación en La Catedral,* cuyo original es domeñado sabia y pacientemente, balzacianamente, por un MVLL dueño de su propio destino como escritor. Cuando la novela se publica en Barcelona, quedan atrás cuatro largos años de obsesiones, fantasmas y demonios de su juventud durante el «ochenio» odriísta. Ya puede, entonces, recoger literariamente sus ideas creadoras en *García Márquez. Historia de un deicidio,* un monumental ensayo que, hasta el momento presente, no ha sido superado por nadie en lo que se refiere al Premio Nobel colombiano. Tampoco abandona su interés —casi enfermizo— por *Tirant lo Blanc,* y en 1969 prologa con un riguroso y arriesgado ensayo —donde siguen vertiéndose sus ideas literarias, su teoría controvertida y contundente sobre el creador de novelas— la genial obra de Joanot Martorell, editada por Alianza Editorial, en Madrid. La *Carta de batalla por Tirant lo Blanc* es una defensa frenética y sin matices de un novelista contemporáneo que dialoga, de tú a tú, con uno de los más inteligentes creadores de novelas de caballerías, largamente olvidado. Polémico y pasional, el ensayo de MVLL sobre la novela de Martorell deviene, al correr de los años, en un texto clásico, imposible de soslayar. Como antes hiciera con Oquendo de Amat, como hizo con Sebastián Salazar Bondy y como hará después con García Márquez, MVLL se mira en el «espejo» de esos escritores a los que más admira, sin tener en cuenta el espacio y el tiempo, sin evaluar si son o no contemporáneos suyos. Fue siempre así y seguirá siéndolo cuando una su nombre al de Gustave Flaubert y, estamos seguros, cuando lo una en el futuro con el de Victor Hugo, creciente pasión de siempre, pero mucho más de madurez creativa, de MVLL. Desbordado por el trabajo, MVLL enlaza su nombre directamente con esos novelistas seculares, tradicionales (¿por qué no llamarlos con toda devoción decimonónicos?; ¿acaso la novela no es el siglo XIX, especialmente?), obsesionados con la literatura, una solitaria imposible de extirpar de la vida del que la ha escogido para siempre.

La etapa londinense, con sus escarceos universitarios en Norteamérica y en Puerto Rico —unos meses últimos de esta primera estancia en Londres los dedicó a dar clases en una universidad de la isla caribeña—, se repetirá más adelante. Londres es para MVLL una ciudad abierta, donde su historia privada, su tiempo y su disciplina son respetados por el entorno británico y multirracial que habita la vieja ciudad imperial. Cuando a mediados de 1970 MVLL decide venir a vivir a España, a Barcelona, deja tras de sí esa estela de trabajador incansable, insaciable, acuciado angustiosamente por la enfermedad solitaria y eterna de la literatura, el mismo virus que inoculó la fiebre creativa en sus modelos especulares: Flaubert, Faulkner, Victor Hugo, Balzac. El espíritu de la contradicción que se crió entre mujeres, en Cochabamba, Piura y Lima, vuela por el mundo de la universalidad. Es respetado como novelista, como profesor universitario y como periodista. Su autoridad se impone lenta y tercamente a quienes todavía tratan, con tanta torpeza, de despreciar su relevancia, su trabajo, su inagotable entrega al vicio solitario de escribir. Recién cumplidos los treinta y cuatro años de edad llega a Barcelona. Ya es un novelista consagrado, mucho más allá de lo que las crónicas mundanas de la literatura señalan. Es, él mismo, un modelo a imitar por los escritores de la lengua, sus colegas, un ejemplo envidiado de disciplina y consecuencia con su propia vocación. Sus contradicciones ideológicas, sus tomas de postura pasionales, sus polémicas —las que ya han tenido lugar y las que vendrán— son parte de esa consecuencia vital, generada al asumir totalizadoramente la solitaria, el vicio gracias al cual se ha convertido para todo el mundo en *une bête à écrire*.

4. Barcelona. El poder y la fama
(1970-1974)

La vinculación de MVLL con la ciudad Condal data de mucho antes de su decisión de trasladarse a vivir en ella. Fue Barcelona, a través de Carlos Barral —primero— y de Carmen Balcells —después—, la que lanzó editorialmente el nombre de MVLL al mercado literario. Fue Barcelona la ciudad industrial que lo atrajo hacia sí, la ciudad que primero que ninguna otra le concedió el nombre que hoy tiene; la ciudad, en fin, que lo acogió entre la élite intelectual y editorial, adscrita políticamente al antifranquismo militante, como uno de los suyos. Barcelona hizo lo mismo con García Márquez y con otros destacados escritores del *boom,* que llegaron a la capital de Catalunya porque allí, según todos los indicios, estaba el poder y la gloria del mundo editorial español. Allí, en Barcelona, había triunfado la llamada *gauche divine,* un conglomerado intelectual que había entendido antes que nadie en España que la cultura derivaba, no precisamente con excesivos riesgos, por caminos *también* industriales. Una tribu urbana cuyas señas de identidad se mezclaban con las medallas de superioridad que daban la constante de la resistencia —política e intelectual— y un determinado sentido del europeísmo por venir.

MVLL se trasladó a Barcelona a mediados del año 1970. Buscó un piso en la Barcelona alta, cerca de la montaña, donde ya vivía su —entonces— amigo García Márquez. Y lo encontró en la calle Osio, en el barrio de Sarriá. Para verse con Gabriel García Márquez sólo tenía que dar la vuelta a una esquina, porque el novelista colombiano vivía en la calle Caponata. Pero antes MVLL se había vinculado «sentimentalmente» con Barcelona, ciudad a la que se trasladaba cada vez que sus ocupaciones se lo permitían. Para entonces ya se había convertido en un escritor cuyos criterios eran escuchados con atención y tenidos en cuenta por los editores, sobre todo por Carlos Barral, que, en ese tiempo inmediatamente anterior a la decisión de venir a vivir a Barcelona por parte de MVLL, vio cómo sus credenciales de mariscal de campo en Seix Barral se iban viniendo abajo por criterios —enfrentados a los suyos— fundamentalmente económicos. Barral salió de Seix Barral y fundó Barral Editores, con despacho —también de mariscal de campo— en la calle Balmes, a pocos metros de la Diagonal, y MVLL trató de intervenir para evitar una ruptura que perjudicaba la buena marcha editorial de una empresa a la que él se sentía profesionalmente vinculado. En efecto, lo estaba. No sólo porque figurara desde años atrás como miembro del jurado del Premio de Novela Biblioteca Breve, sino porque además todos sus libros —hasta llegar a Barcelona—, con la excepción de *Los cachorros. Pichula Cuéllar,* habían aparecido bajo el sello editorial de máximo prestigio literario en la década de los sesenta: Seix Barral.

En Barcelona, los Vargas encontraron viejas y nuevas relaciones literarias, intelectuales o simplemente amistosas. Las cercanías de Carlos Barral y Carmen Balcells no eran las únicas. García Márquez y Ricardo Muñoz Suay, que había sido dirigente del PCE hasta la crisis de 1963 (salió del partido con Jorge Semprún y Fernando Claudín), se añadían a las amistades cotidianas. Pero MVLL no se dejó llevar ni un ápice por la pasión cariñosa con la que Barcelona —y, sobre todo, sus élites intelectuales— lo había recibido y abrazado. Siguió trabajando incansablemente, respetando su horario de trabajo como si se tratara de un minero o un obrero de la construcción, como si fuera —en efecto— un hacendoso oficinista que fichara en su propia conciencia de creador literario las horas de ese suplicio solitario y cotidiano en que consistía su labor de novelista. En los primeros tiempos en Barcelona, MVLL corrigió su «caudaloso trabajo» *García Márquez. Historia de un deicidio,* que apareció ya bajo el nuevo sello editorial que comandaba Carlos Barral: Barral Editores. La publicación con Barral incentivaba la idea que corría por ciertos mentideros, casi siempre bien informados, del mundo editorial: MVLL tomaba, en principio, partido por Carlos Barral, a quien además recomendaba la publicación de algunos autores más o menos cotizados, más o menos conocidos, en esa misma época. Era, en definitiva, uno de los papeles intelectuales que se reservaba a ciertos «cónsules» latinoamericanos, cuya principal característica —el talento literario— quedaba absolutamente a salvo gracias a los títulos publicados hasta entonces. El cónsul MVLL ejerció siempre con generosidad no exenta de rigor el papel de «padrino» desinteresado de muchos de esos escritores que, a principios de los setenta, quedaron desconcertados por la ruptura de Barral con Seix Barral. Y fueron esos cónsules —MVLL, García Márquez, quizá José Donoso, un poco más tarde Jorge Edwards— los que hicieron que Barcelona se transformara en «la meca» deseada de todo joven escritor que no quería otra cosa que parecerse a los cónsules en los que se miraba al espejo.

Confieso sin pudor que yo fui uno de esos jóvenes escritores que llegó a Barcelona, por esa misma época, a observar la labor personal de los cónsules cuyo talento literario había transformado una gran parte de sus criterios vitales. Y me resultaba de todo punto sorprendente —a no ser que, en efecto, quienes acusaron al *boom* de grupo mafioso tuvieran algo de razón— que un novelista de la envergadura de MVLL dedicara años de su vida a escribir sobre un novelista coetáneo, compinche, íntimo amigo, pariente más o menos ideológico, *doble* —al fin— en tantas cosas como lo era García Márquez. El libro *García Márquez. Historia de un deicidio* no dejaba lugar a dudas. Era, además, un reconocimiento prodigiosamente pródigo, que iba más allá de la simple generosidad y que, desde mi criterio, echaba por tierra toda torpe y ridícula acusación de mafia, venida siempre del complejo de inferioridad que procede de la envidia.

Fue en Barcelona cuando MVLL recibió una llamada telefónica desde París. El novelista peruano trabajaba a uña de caballo en la redacción de su novela *Pantaleón y las visitadoras,* de la que habíamos hablado en algunas visitas —cada vez más frecuentes— que yo había hecho a Barcelona. Al finalizar *Conversación en La Catedral* había quedado claro que su ideario *totalizador* para el género literario de la novela lo había dejado exhausto y que, por esa misma razón y en principio, sus intentos de nuevas novelas no serían tan ambiciosos como la trilogía —para algunos críticos sigue siéndolo— compuesta por *La ciudad y los perros, La casa verde* y *Conversación en La Catedral.* De modo que, para empezar, *Pantaleón y las visitadoras* no iba a ser una novela ambiciosa. Y, además, había un elemento nuevo y perturbador en la novela de MVLL: el humor había entrado como un soplo extraño en las páginas de *Pantaleón y las visitadoras,* no sólo en la forma del lenguaje sino en el contenido del relato, contradiciendo flagrantemente una de las afirmaciones que hasta entonces MVLL había mantenido dogmáticamente: que el humor relaja hasta tal punto la novela que termina siendo un subgénero literario.

En esas fechas catalanas de su vida, recibió la llamada de Christian Ferry, director de la Paramount en París. El cineasta Ruy Guerra —le dijo Ferry— estaba en la Ciudad Luz. «Andaba buscando un guionista —dice MVLL— para la película que esa compañía iba a producir y que, como Ruy había leído mis libros y le gustaban, pensaba que podía trabajar con él en ese proyecto como coguionista»[24]. MVLL hizo el viaje a París, entre otras cosas porque el cine era una de sus pasiones más o menos secretas (digamos, nada recatadas, porque entre amigos y especialistas confesaba abiertamente su devoción infantil por las películas de Tarzán, las mexicanas y todas las que pudieran llevar movimiento aventurero a su imaginación). Vio dos películas de Guerra (*Os Fuzis* y *Sweet Hunters*). Se hizo amigo del director brasileño, «Hicimos buena relación desde el principio y entonces acepté la propuesta»[25]. Guerra deseaba hacer una película con una historia extraña y sorprendente: la rebelión de Canudos, «sobre la que yo no sabía una palabra»[26]. Fue Guerra —y no otros, como se ha dicho después con evidente despropósito— quien se prestó a enviar a MVLL, a su residencia de Barcelona, la documentación necesaria para que el peruano se zambullera en Canudos. «A los pocos días empezaron a llegarme libros, y el primero que leí me deslumbró: *Os Sertões,* de Euclides da Cunha. Es una maravilla desde el punto de vista literario, como construcción épica... A los pocos meses llegó Ruy a Barcelona y empezamos a trabajar juntos la historia. Esto me tomó cuatro o cinco meses y tras muchas conversaciones —que a veces fueron discusiones muy ardorosas— y de intensa labor, de la mañana a la noche, terminamos un guión que se llamó primero *La guerra particular* y luego *Los papeles del infierno,* que la Paramount debía filmar...»[27] Pero la compañía cinematográfica no hizo la película, no la filmó jamás y todo el material del guionista MVLL pasó a convertirse, en aquella época catalana, en un demonio irresuelto que acabaría por proyectarse en su ambición literaria, contradiciendo —de nuevo— su última afirmación tras la edición de *Conversación en La Catedral:* abandonaba el ambicioso delirio que suponía la *novela total* para escribir relatos menos proteicos, menos abundantes en historias y más pegados al suelo de la realidad que al cielo de la angustia que le había procurado el poder de su nombre y la gloria de sus novelas anteriores. La novela ya rondó desde entonces a MVLL, y el escritor la llevaría a cabo cuando dio por finalizada su larga estancia en las ciudades europeas en las que vivió, para regresar, en 1974, al Perú. Se llamaría *La guerra del fin del mundo,* y —según el propio MVLL— es la preferida de sus creaciones literarias.

Las fotografías de la época catalana muestran a uno de los más estables MVLL que hasta ahora conocemos. Diligente, disciplinado, contundente —a veces— en sus criterios, pero mucho más flexible, modoso y «europeo» que aquel escritor principiante cuya constante radiografía gestual descansaba en su negro bigote, sus ojos profundamente tristes y desconfiados, el cabello peinado con gomina y, desde luego, el gesto adusto de un mestizo en cuyos pómulos ligeramente salientes podía leerse parte de la angustia que había llevado a la escritura en sus espléndidos relatos. Vestía casi siempre de negro, con chaqueta cruzada, *pullover* negro de cuello de cisne y botines negros con un tacón algo más alto que lo normal. Era reconocido por las calles de Barcelona como MVLL, el novelista peruano, y daba clases en la Universidad de Bellaterra. Su frenética actividad literaria no permitía más que ligeros escarceos, traducidos en viajes de días para dar una conferencia en cualquier universidad europea y regresar rápidamente a su estudio, situado en la azotea del edificio de la calle Osio donde vivía con toda su familia. Los hijos crecían, en la pared del salón —discreto y sin alharacas lujosas— de su casa lucía un espléndido óleo de su amigo Carlos Mensa: MVLL en primer plano —no vestido de negro, precisamente— y unos perros alusivos al título de la primera novela corriéndole por detrás, casi escapándose del espacio del cuadro, pintado en tonos verde oscuros probablemente para que la imagen del escritor luciera sobre todo lo demás. Álvaro y Gonzalo acuden a ver a los visitantes que por decenas se acercan a saludar a los Vargas. En uno de esos viajes a Barcelona, traigo conmigo desde Las Palmas una hierba necesaria para preparar uno de los más relevantes platos de la cocina peruana —una de las más importantes del mundo, gastronómica y culturalmente hablando—, que Patricia ha prometido hacerme en su propia casa. La hierba es cilantro —culantro, en Perú—, y cuando llego al aeropuerto del Prat, en Barcelona, y he de pasar aduana al venir de Canarias, los agentes me preguntan por esa extraña hierba que llevo en bolsas de plástico transparentes. «Es yerba», les digo. Me miran asombrados. Luego les explico: sólo es cilantro, que da muy buen sabor a ciertos platos que en España son exóticos. Cuando llego a la casa de los Vargas cuento la anécdota. MVLL sigue levantando su leyenda de *escritor-obrero*: respeta su horario aunque los demás no lo respetemos. Es decir, no baja a su casa —dejando el trabajo en el cuarto de la azotea— hasta las dos del mediodía, y se vuelve a marchar sobre las cuatro y media. «Hasta las ocho no estoy. Ustedes pueden quedarse aquí, pero yo me voy a trabajar», nos dice cada vez que suena la hora de la literatura, la solitaria inclemente que reclama su tiempo de suplicio.

En ese tiempo barcelonés ya es muy respetado por el mundo intelectual español, sin matices de ningún tipo. Su labor novelística se ve acompañada ahora, simultáneamente, por una dedicación a la crítica literaria sin concesiones a la galería periodística. «Es muy bueno», me dice un día en su casa de la calle Osio. Está leyendo *La inspiración y el estilo,* de

Juan Benet, novelista español que tan sólo años más tarde me dirá de MVLL que «es un gran profesional», lo que viniendo del *escritor-ingeniero* y hacia un *escritor-obrero* no deja de ser una sorprendente y generosa radiografía. Le pregunto a MVLL esa misma vez que si, mientras está escribiendo novela (está en la redacción de *Pantaleón y las visitadoras,* a finales de 1972), sigue leyendo novelas de otros autores; si no le perturban tales lecturas. «Leo ensayos, los que me gustan, y me ayuda y relaja.» Es la época en la que prologa a Bataille *(El verdadero Barba Azul, La tragedia de Gilles de Rais).* Se vuelca de nuevo sobre Joanot Martorell, bucea en las cartas de Gustave Flaubert —embrión de lo que más tarde será *La orgía perpetua*—, mira hacia la literatura de su país (Arguedas, que le hará reproches extraños en *El zorro de arcilla y el zorro de abajo;* y Enrique Congrains, prologando la novela *No una, sino muchas muertes*), sigue sumergido en su flaubertismo, exigente y egoísta: «Dentro de la literatura, todo; fuera de la literatura, nada». Su vicio corre paralelo con su nombre, con su poder de criterio y con su gloria de escritor.

Tampoco en este tiempo catalán MVLL se duerme en flores ni olvida los compromisos que tiene consigo mismo. Cuando en 1971 se produce el desagradable caso Padilla, MVLL coge el fusil de su dialéctica y, junto a Juan Goytisolo y otros escritores conocidos y reconocidos por su apoyo a la Revolución Cubana, muestran su rechazo crítico, traducido en documentos que vienen a marcar la ruptura de muchos de los creadores literarios de América Latina y de Europa con la confianza ideológicamente eufórica que había levantado, en los primeros tiempos, la estrategia castrista. Pero también se compromete con algunos casos en España: el encierro de Montserrat, que significa un aldabonazo nacional e internacional contra el franquismo moribundo, ve a MVLL entre los extranjeros que prestan su apoyo y su presencia a la actividad antifranquista. La condena y muerte del anarquista catalán Puig Antich es rechazada por la opinión pública española e internacional, y MVLL firma manifiestos de repulsa que dejan constancia de su coherencia ante la injusticia política, social o cultural. Recibe en Barcelona la visita de muchos «agentes de la cultura», sin distinción de campos ideológicos, que le piden que asista a sus centros de reunión como protagonista de alguna velada literaria. Curiosa —y por eso la cito— es la visita que, corriendo los primeros meses del año 1973, le hacen a Barcelona los poetas Luis Rosales y Félix Grande, ambos adscritos al Instituto de Cultura Hispánica, reconvertido en la democracia española en Instituto de Cooperación Iberoamericana. Se trataba de convencer a MVLL y a García Márquez, los dos «capos» de la novela latinoamericana en España, para que asistieran a Cultura Hispánica, bien a través de algún curso organizado *ad hoc,* bien con la presencia de ambos, o de alguno de los dos, en esa institución que, por otra parte, realizó una buena labor en las relaciones culturales de América Latina y España durante el franquismo. García Márquez dejó en manos de MVLL la confirmación de la decisión que ambos, y no por haber tomado un común acuerdo, sino por convicción propia, mantenían desde hacía tiempo: con instituciones franquistas, aunque sólo fueran «parapolíticas», no habría ninguna colaboración. Rosales y su ayudante, Félix Grande, fueron invitados amablemente a un almuerzo por MVLL. A este almuerzo, que tuvo lugar en el restaurante Amaya, asistimos también unos amigos canarios y yo, que por casualidad me encontraba de nuevo en Barcelona.

La personalidad política de MVLL había crecido en los años anteriores, dadas sus actitudes frente a la invasión de Checoslovaquia por los soviéticos y el fin de la llamada primavera de Praga; su postura en el caso de Siniavski y Daniel, su criterio sobre la censura en la URSS —con el caso de Solzhenitsin flotando en el horizonte— y en los otros países del socialismo real, su actitud ante el caso Padilla, verdadero toque de fractura de la confianza de los escritores —«burgueses» desde ese momento por no decir «reaccionarios»— del mundo hispánico con el régimen político de Castro. Pero ya en ese tiempo empezó a llamar la atención un punto de vista, político e ideológico, que molestaba a los grandes popes de la mentira ideológica: MVLL castigaba dialécticamente en cada intervención pública, aprovechando que se le hablaba o preguntaba de política, a las dictaduras de izquierdas y de derechas, exactamente igual, sin distinciones ni matizaciones de ningún género.

A lo largo de esta época catalana, el mito del escritor peruano se consolidó hasta la fama internacional. Su estrella era inmejorable y su estilo —polémico, cuando lo requería el caso— le permitía todas las licencias del mundo, sin que nada de lo que dijera en los medios informativos pasara desapercibido. Cuando ya estaba dando por finalizada su estancia en Barcelona, después de pasar más de dieciséis años en Europa, nació «la Catalana», la hija barcelonesa de MVLL, Jimena Wanda Morgana. Estamos a principios del año 1974. MVLL acaricia la idea de regresar al Perú, «definitivamente». Antes, sólo un año antes, lo invitamos a venir a Canarias, a Las Palmas de Gran Canaria, donde habíamos publicado un volumen de homenaje a su personalidad y a su obra titulado *Agresión a la realidad: Mario Vargas Llosa,* reunión de algunas de las firmas críticas que más se habían ocupado de MVLL y de su obra hasta el año 1972. En el viaje a Canarias, en el pueblo norteño de Agaete, montó MVLL en camello por primera vez, junto a Carlos Barral, su primer editor profesional y su gran amigo, que puso cara de tanto miedo como si Marruecos hubiera invadido la península, temor que siempre acompañó al poeta catalán en los vespertinos alcoholes en los que, como un nuevo T. E. Lawrence, se dedicaba a repartir «sabiamente» el mundo del Corán con sus nuevas fronteras...

Canarias —Tenerife, en este caso— fue la última tierra española —la última Thule de Europa, el sur del sur— que los Vargas pisaron en su viaje de vuelta al Perú. Como algunos años antes, los Vargas bajaron del barco y marchamos —junto a nosotros venían algunos amigos, entre los que recuerdo a Elfidio Alonso, director del grupo folklórico Los Sabandeños y furibundo latinoamericanista— a casa del arquitecto y pintor Emilio Machado, en Vistabella. Unas horas de descanso, unos tragos con los Vargas y la certeza de que el escritor pasaría el resto de su vida en el Perú fueron las consecuencias que yo al menos saqué de las entrecortadas conversaciones que mantuve con el novelista peruano. Necesitaba estar en el Perú por una temporada, eso era todo, me dijo. La familia había crecido y ellos, los Vargas, querían estar cerca de la otra familia, la que había estado siempre en el Perú, sus padres, los abuelos de sus hijos, los primos. Lima los esperaba después de dieciséis años de ausencia. En Barcelona los habían despedido con agasajos múltiples y multitudinarios. Todo el mundo se había sumado a la despedida, con esa tristeza que deja siempre la marcha de un amigo al que no se sabe cuándo se va a volver a ver. La fotografía corrió por todas las redacciones de los periódicos españoles e hispanoamericanos. Ahí están, julio de 1974, en casa de Carmen Balcells y de izquierda a derecha, Gabriel García Márquez, Jorge Edwards, MVLL, José Donoso y Ricardo Muñoz Suay, cinco personajes ejemplares, cada uno en su especie, que nunca han vuelto a encontrarse juntos hasta el día de hoy. MVLL aparece en la fotografía de su despedida de Europa mucho más joven que cuando vino a vivir a París y allí, en la Ciudad Luz, comenzó su vertiginosa carrera de novelista al escribir *La ciudad y los perros*. Sonríe a la cámara mostrando una blanquísima dentadura, la misma que en adelante enseña siempre que aparece en público y esboza una ligera sonrisa ante la audiencia, en uno de sus gestos más significativos. Los dieciséis años de exilio, entre voluntario y obligatorio, le han dado una madurez extraordinaria. Probablemente piensa que ya el Perú, aquel país que se «había jodido» desde siempre, tal como aparece preguntándose Zavalita en las primeras páginas de *Conversación en La Catedral,* no puede hacerle daño a pesar de la pasión desorbitada que siente por la tierra. El espíritu de la contradicción es ya un clarísimo paradigma de la novela contemporánea, en cualquier ámbito cultural y literario. Hace tiempo que se le califica, fuera de su país sobre todo, como el primer escritor del Perú. Hace tiempo que siente la nostalgia de una tierra, de un país, de una gente, con las que siempre ha mantenido una posición de *amor-odio* insuperables; una relación contradictoria que genera parte de esa riqueza pasional e irracional necesaria siempre para mantener vivas las baterías de *une bête à écrire,* de un espíritu de contradicción que había vivido en Europa la aventura y la realidad que soñó en su juventud, en aquellos «días grises de Lima, la horrible», tal como la había calificado atendiendo a la síntesis moral y estética de su geografía física y humana Sebastián Salazar Bondy, de quien ahora seguía los pasos MVLL al volver de la diáspora europea luego de tantos años.

5. Dos gardenias para ti. La tía Julia y la prima Patricia

«¿Sabes por qué Mario Vargas —me preguntaba Carlos Barral entre vodka y vodka, entre memoria y recuerdo— no le hizo caso alguno a aquella muchacha que lo visitó mientras él escribía en su casa de la *rue* de Tournon y yo dormitaba en algún diván, sin dejar de oír todo lo que podía pasar?». Yo echaba mano del vaso de vodka con naranja, miraba al poeta y veía cómo se le iba descolgando una sonrisa maliciosa desde debajo de su barba canosa. «Por eso. Al Cadete sólo le interesan las mujeres de su familia», contestaba sin dejar de reír. Barral, en su histrionismo de altos vuelos intelectuales, no desdeñaba nunca un chiste brillante. El de las «mujeres de la familia» lo era, además de una certeza que corría por Barcelona en los años setenta como cualquier otra realidad vulgar. MVLL había tenido dos mujeres en su existencia: una, Julia Urquidi, era *tía política* suya; la segunda, Patricia Llosa, era su *prima hermana* (sobrina, además, de la tía Julia).

MVLL conoció a Julia Urquidi en casa de su tío Luis Llosa cuando el escritor quería serlo a toda costa. Tenía aproximadamente dieciocho años y desbordaba entonces una voluntad de rebeldía que lo hacía convertirse a cada instante en el espíritu de la contradicción en una familia de clase media, tirando a alta, que había puesto en él ciertas esperanzas de liderazgo. Julia Urquidi venía de un divorcio, era entonces sumamente atractiva y, además, poseía ese encanto misterioso de las mujeres que sin ser maduras van camino de serlo; esas mujeres que dicen con los ojos la experiencia vital que acarrean, y que son capaces de trasladar a quienes están más cerca de ellas. MVLL se enamoró de ella «inmediatamente», según declaraciones del escritor. Y la idea loca de un matrimonio con la tía Julia lo entusiasmó, mientras colocaba al borde del infarto a su padre, Ernesto Vargas, a su madre, Dora Llosa, y a todas las mujeres de la familia. Seres con los que había crecido el joven Vargas Llosa, entre mimos, algodones y contradicciones. La presencia de Julia Urquidi en la vida de MVLL fue algo más que una exhalación, algo más que una pasión juvenil.

MVLL ha confesado que se hizo a la mar del sexo como todo adolescente de su tiempo y de su espacio geográfico: con las putas, en los burdeles de los barrios bajos de Piura y Lima. «Descubrí el sexo bastante tarde para lo que es actualmente... Recuerdo muy bien que fue en el año 1946, cuando yo estaba en Piura y tenía diez años y me hicieron saber cómo venían los niños al mundo... No sé si creía todavía que los traían las cigüeñas; pero la idea real yo no la tenía. Eso me asustó, me produjo un gran terror, que tenía mucho que ver con la educación religiosa que yo había recibido. Además, pertenecía a una familia muy conservadora, en la que el sexo era algo que no se mencionaba nunca.»[28]

Después habla con Ricardo A. Setti de sus idas y venidas a los prostíbulos, puesto que cuando MVLL era un adolescente «las muchachas eran vírgenes, y llegaban vírgenes al matrimonio». Y confiesa que cuando estaba a punto de cumplir los dieciséis años «hice una vida bohemia, que era la vida de los periodistas de entonces: se trabajaba de noche, se iba mucho a prostíbulos o a bares. Y también conocía a mucha gente del medio artístico, bohemio, donde había chicas que tenían una moral bastante laxa, más abierta. Y recuerdo haberme enamorado mucho de una chica que se llamaba Magda, que era por supuesto mayor que yo, y que es la primera persona con la que me acosté sin pagar (risas). Fue una experiencia muy conmovedora, y además fue la primera vez que me acosté con una persona que era para mí una persona, no era un objeto. Una persona a la que yo conocía, con la que yo hablaba y de la que además yo estaba enamorado»[29].

En esos tiempos, el joven Vargas Llosa soñaba con marcharse a París, a mezclarse con la leyenda de Alejandro Dumas o de Victor Hugo. Soñaba ya con ser un escritor profesional, que huyera de todos aquellos trabajos que agotaban tanto y daban tan poca gratificación, intelectual y económica. Soñaba con la literatura como una liberación, como un destino que le estaba esperando al otro lado del mar, donde de verdad se encontraba la tradición literaria y novelesca del mundo: Francia. Había dejado atrás, archivados, los recuerdos salvajes y tiernos del Leoncio Prado; había abandonado el pelo de la dehesa de una adolescencia convulsa, entre el jirón del pecado («El jirón Guatica, de la Victoria, que era famoso porque era el jirón del pecado. Era una calle con cuartitos uno al lado del otro, donde estaban las prostitutas. Fui allí a iniciarme en el sexo...», confiesa MVLL)[30] y una familia sumamente conservadora, en la que incluso el nombre del sexo era tabú. Se dedicaba a trabajar en muchas chambas, hasta siete trabajos mantuvo en esa época el escritor que quería ser MVLL, siempre con la idea puesta en el exilio voluntario, en la marcha obligatoria a Europa. Ahí, entonces, en plena juventud, apareció en su vida Julia Urquidi, algo más que una exhalación pasional y juvenil. MVLL decidió casarse con la tía Julia, lo que significaba un enfrentamiento, una guerra a muerte, entre esa decisión y toda su familia. Así intentó hacérselo ver Julia Urquidi. Pero el Cadete no doblaba desde entonces fácilmente su voluntad a los intentos disuasorios de los más cercanos. Su indocilidad, manifiesta en tantas ocasiones, lo llevaba a mantener contra viento y marea determinaciones que, en principio, aparentaban ser muy perjudiciales para su existencia. Julia Urquidi era una de ellas, según su propia familia. Le llevaba doce años de edad y muchos en experiencia. El Cadete no era sino eso: un joven inexperto que soñaba, ante la incomprensión y el rechazo de su padre, con ser un escritor de novelas en el mundo parisino de Hemingway y Malraux. Y estaba decidido a llevar a cabo sus planes por encima incluso de la extenuación. Julia Urquidi trató de convencerlo: ella era muy mayor, podía ser su madre. Él era «el hijo de Dorita» y nada más. Pero Varguitas no cedió. El resto es secreto de vida íntima o *strip-tease* llevado a la literatura novelesca por el propio MVLL en *La tía Julia y el escribidor,* publicada en 1977. «Recuerdo muy bien el día que me habló del fenómeno radiofónico porque ese mismo día, a la hora del almuerzo, vi a la tía Julia por primera vez. Era hermana de la mujer de mi tío Lucho y había llegado la noche anterior de Bolivia. Recién divorciada, venía a descansar y a recuperarse de su fracaso matrimonial. "En realidad, a buscarse otro marido", había dictaminado, en una reunión de familia, la más lenguaraz de mis parientes, la tía Hortensia», escribe MVLL en *La tía Julia y el escribidor.* Julia Urquidi le pregunta de inmediato al «hijo de Dorita» si ha terminado el colegio. «Nada me irritaba más que el Marito —recuerda MVLL—. La verdad (me dio el puntillazo la tía Julia) es que pareces todavía una guagua, Marito».

Las primeras páginas de *La tía Julia y el escribidor* enlazan directamente con dos constantes en la vida de MVLL: su fanatismo literario por Flaubert (he aquí un modelo de *educación sentimental*) y su espíritu de la contradicción. Quienes quieran imaginarse esta ya lejana historia de la primera mujer de MVLL deben acudir directamente a la lectura de *La tía Julia y el escribidor:* ahí se encierran, en dos, las dos más importantes pasiones en la vida de MVLL, la literatura y su familia, o viceversa. Porque es precisamente en *La tía Julia y el escribidor* donde MVLL describe más flaubertianamente las relaciones y los conflictos, los gozos y las sombras de su propia experiencia, en continua educación sentimental, entre la literatura y la familia, el encontronazo directo entre el escritor que quería ser y lo que su familia quería que fuera.

Por eso, y por otras muchas razones, Julia Urquidi representó para el Cadete, para Varguitas, lo mismo que pudo representar Beatriz para el poeta en los infiernos dantescos: una guía espiritual, un cicerone resplandeciente —y con gran experiencia— que iba a apoyarlo en todo cuanto pudiera sacarlo del laberinto contradictorio de Lima, con su cielo gris y la imposibilidad de ser escritor para un «sartrecillo valiente», hasta trasladarlo a París, el cielo protector y festivo de los escritores profesionales a cuyo universo MVLL aspiró —desde su juventud más sentimental e ingenua— a pertenecer. Los testimonios que Julia Urquidi ha dado de la vocación, rigor y disciplina literarias del joven Vargas Llosa no dejan lugar a dudas: a pesar de la juventud de Marito, a pesar del diminutivo de Varguitas, en toda su actitud, en toda su conducta frente al mundo que lo rodea, se vislumbra el escritor en ciernes, caracterizado por una voluntad que va más allá del hierro. La misma voluntad a la que, repetidamente, Julia Urquidi hace alusión en su libro *Lo que Varguitas no dijo,* publicado en La Paz (Bolivia), en 1983. La rocambolesca historia en la que MVLL narra —*La tía Julia y el escribidor*— la huida de Varguitas con Julia para que los case un juez más o menos compinche de la situación, y presentar la «aventura» ante la familia como un hecho consumado, forma parte del *strip-tease* que el escritor, ya maduro aunque todavía en plena juventud creadora, lleva a cabo consigo mismo y con su memoria como homenaje además a quien «le ayudó», adaptándose a su mundo en detalles cotidianos que hacen precisamente la convivencia, a transformarse en el escritor, en el novelista que pudo terminar *La ciudad y los perros* y comenzar, en medio de grandes necesidades económicas y de trabajos periodísticos y radiofónicos, *La casa verde.*

El papel de *Beatriz-Julia* ya estaba bastante debilitado cuando llegaron a París las dos sobrinas de Julia, hijas de su hermana Olga y de Lucho Llosa, Wanda y Patricia. Es la propia Julia Urquidi quien narra el deterioro de las relaciones sentimentales de Varguitas con la tía Julia en *Lo que Varguitas no dijo,* pero huellas de ese mismo principio de ruptura pueden encontrarse en *La tía Julia y el escribidor.* Determinados testigos de aquella época afirman haber conocido amores fugaces, mujeres casi instantáneas que surgieron en la vida de MVLL, como por arte de magia y en los momentos críticos de su matrimonio con Julia Urquidi. Hubo, sin duda, una relación con alguna actriz mexicana que sumió a MVLL, al joven Vargas Llosa de aquel tiempo parisino, en una depresión nerviosa que duró algún tiempo. Pero, como afirmara Carlos Barral, ninguna mujer que no fuera de su familia tuvo importancia para MVLL, a pesar de los escarceos más o menos conocidos del escritor peruano a lo largo de sus ya muchos años de fama. «Bueno —dice MVLL a Ricardo A. Setti—, soy débil, porque a veces sucumbo a ciertas tentaciones (carcajadas). No tengo mucho tiempo, en verdad, no tengo mucho tiempo. ¡No me faltan ganas! Creo que sucumbiría si tuviera tiempo, pero la verdad es que no tengo tiempo; mi vida es una vida, como usted ve aquí en Lima, muy ocupada. Entonces, desgraciadamente, incluso en ese campo también me veo bastante limitado (risas) por mi propio trabajo»[31].

Sólo cuando se dio cuenta del fracaso de su segundo matrimonio, Julia Urquidi abandonó el campo que dominaba el escritor MVLL. Casi simultáneamente entra en danza la prima Patricia. El novelista Julio Ramón Ribeyro, residente en París en ese mismo momento, recuerda que se dio cuenta de que «algo pasaba» entre MVLL y la prima Patricia porque una noche la llevó a bailar, al poco tiempo de llegar a París y cuando nadie sospechaba que los Vargas terminarían por ser los Vargas Llosa, y cuando regresó a dejarla en casa de MVLL, el escritor, como un padre, estaba esperando prácticamente a la puerta de la casa a su prima Patricia para «afearle su conducta», según todos los indicios porque ya estaba funcionando un elemento fundamental que traduce de cualquier manera el sentimiento de atracción de una persona por otra: los celos. Desapareció la Negrita —así dice Julia Urquidi que la llamaba Varguitas en los momentos más íntimos de su relación— y apareció la prima Patricia, otra mujer de la familia, siguiendo la sutil teoría de Carlos Barral.

En ese momento, MVLL cedió a Julia Urquidi los derechos de autor de *La ciudad y los perros* (sólo los derechos de autor editoriales, que excluyen los derechos cinematográficos, teatrales o de cualquier otra índole) y planteó, con la misma seriedad con la que se había echado al monte cuando el matrimonio con la tía Julia, casarse con la prima Patricia. El matrimonio con Patricia Llosa, luego del fracaso de la tía Julia, se lleva a cabo en mayo de 1965, en Lima. La familia (otra vez la familia, siempre la familia en la vida de MVLL) se altera al conocer las intenciones del todavía joven Vargas Llosa. Pero esta vez no todo será tan fácil: el tío Lucho le obliga a pasar por la vicaría. Y las fotografías de rigor recogen el acontecimiento «familiar». Así lo recuerda y escribe el propio MVLL en el capítulo final de *La tía Julia y el escribidor:* «Cuando la tía Julia y yo nos divorciamos hubo en mi dilatada familia copiosas lágrimas, porque todo el mundo (empezando por mi padre y mi madre, claro está) la adoraba. Y cuando, un año después, volví a casarme, esta vez con una prima (hija de la tía Olga y el tío Lucho, qué casualidad), el escándalo familiar fue menos ruidoso que la primera vez (consistió sobre todo en un hervor de chismes). Eso sí, hubo una conspiración perfecta para obligarme a casar por la Iglesia, en la que estuvo involucrado hasta el arzobispo de Lima (era, por supuesto, pariente nuestro), quien se apresuró a firmar las dispensas autorizando el enlace. Para entonces, la familia estaba ya curada de espanto y esperaba de mí (lo que equivalía a: me perdonaba de antemano) cualquier barbaridad». El final de la novela, el de esta primera *educación sentimental* del escritor MVLL, termina con una larga excursión por los viejos recuerdos de la Lima del periodista bohemio que fuera cuando mucho más joven, junto al gran Pablito y Pascual, en un «almuerzo muy largo, una sucesión de platos criollos, multicolores y ardientes, rociados de cerveza fría, y hubo en él un poco de todo, historietas picantes, anécdotas del pasado, copiosos chismes de personas, una pizca de política, y tuve que satisfacer, una vez más, abundantes curiosidades sobre las mujeres de Europa». Pero lo más relevante, y juicioso, es el retrato caracterológico que el novelista MVLL hace de su prima, su reciente esposa, Patricia Llosa. «Cuando llegué a la casa del tío Lucho y la tía Olga (que de mis cuñados habían pasado a ser mis suegros) —escribe MVLL— me dolía la cabeza, me sentía deprimido y ya anochecía. La prima Patricia me recibió con cara de pocos amigos. Me dijo que era posible que con el cuento de documentarme para mis novelas, yo, a la tía Julia le hubiera metido el dedo a la boca y le hubiera hecho las de Barrabás, pues ella no se atrevía a decirme nada para que no pensara que cometía un crimen de lesa cultura. Pero que a ella le importaba un pito cometer crímenes de lesa cultura, así que la próxima vez que yo saliera a las ocho de la mañana con el cuento de ir a la Biblioteca Nacional a leerme los discursos del general Manuel Apolinario Odría y volviera a las ocho de la tarde con los ojos colorados, apestando a cerveza, y seguramente con manchas de *rouge* en el pañuelo, ella me rasguñaría o me rompería un plato en la cabeza. La prima Patricia es una muchacha de mucho carácter, muy capaz de hacer lo que me prometía».

Con la prima Patricia convertida en la señora Vargas Llosa, regresa a París, mientras se multiplica su actividad literaria publicando en múltiples revistas especializadas que solicitan su concierto. Vive algún tiempo más en la Ciudad Luz, pero marchan a Londres a finales de 1966, cuando Álvaro Vargas Llosa, el primer hijo, aún no ha cumplido un año. «Allí vive —escribe José Miguel Oviedo—, al principio en el apartado y tristón barrio de Cricklewood, medio perdido al norte de Londres. Luego se mueve hacia Earls Court, hacia una de las típicas casas georgianas del Londres suroeste»[32].

Años más tarde, en 1970, llega a Barcelona, tras la publicación de *Conversación en La Catedral.* La prima Patricia ha tenido un segundo hijo, Gonzalo Gabriel, y el respeto por su personalidad y su obra narrativa han subido muchos enteros en España, en América Latina y en todo el mundo. París, Londres, Barcelona, Lima, Washington, Londres. Ese periplo es el que marca la madurez de MVLL y la extensión del conocimiento de su obra y su temperamento intelectual. Crecen las cicatrices. La familia (siempre presente, como un dios de carne y hueso que se reproduce en su entorno) también —ha nacido en Barcelona, en 1974, Jimena Wanda Morgana, en la vida familiar Morgana— y siempre la prima Patricia acude a organizar la vida del escritor tal como él pensó que alguna vez lo haría la mujer de su vida. ¿Hubo algunas otras mujeres, fuera de las dos gardenias de la familia en la vida de MVLL? Probablemente, sí. Pero, como confirma la tesis de Carlos Barral, no llegaron a ser nada importante «porque no eran de la familia». Sí podemos dar fe de que «la prima Patricia es una muchacha de mucho carácter», hasta el punto de que —como afirma el propio MVLL— «ella es la primera ejecutiva de mi casa». De modo que nada hay en la casa de los Vargas que antes no haya sido examinado por la prima Patricia con el ojo clínico de una muchacha que sigue teniendo mucho carácter. Tal vez haga alusión a ese carácter el artículo publicado por Rainer Traub en *Der Spiegel,* Hamburgo, que fue reproducido por el *ABC,* de Madrid, hace algún tiempo. Refiriéndose a la ruptura de la amistad entre García Márquez y MVLL, Traub escribe que «se rumoreó entonces que la pelea se debía a que, durante una crisis conyugal de Vargas Llosa, García Márquez se había permitido entremezclarse en el matrimonio dando a la esposa de aquél consejos no solicitados. En cualquier caso, se supo que durante la escena descrita las esposas de ambos escritores allí presentes orquestaron la discusión mediante el intercambio de ruidosos insultos». Quizá sea el mismo carácter que la ha convertido en un ser insustituible en la vida cotidiana de MVLL; el mismo carácter que ordena los horarios, organiza la agenda de conferencias y viajes, y articula y jerarquiza la relevancia del tiempo del escritor; quizá sea el mismo carácter que ha conseguido para el escritor MVLL el equilibrio necesario que la fragilidad —a pesar de la férrea voluntad del mismo escritor— dubitativa que alimenta la inteligencia del novelista, cualquiera que él sea, necesita para metamorfosearse en energía creadora.

El matrimonio de los primos hermanos, los Vargas Llosa, supera ya los veinte años de convivencia. Entre la tía Julia y la prima Patricia media la memoria de un pasado cada vez más lejano y la presencia constante del trabajo, presente y futuro, del incansable novelista. Como si hubiera plasmado uno de esos dogmas que la realidad convierte en tales, Carlos Barral siempre me recordaba en cuanto los rumores de amoríos de MVLL se disparaban en sus círculos literarios: «No hay que preocuparse, J. J., no es una mujer de la familia...», y terminaba riéndose a carcajadas el poeta del Mediterráneo, con esa histriónica gesticulación que lo hizo ser durante toda su existencia el mejor intérprete de los gozos y las sombras, los dislates y la placidez, de sus mejores amigos, entre los que —desde luego— siempre se encontraron los Vargas, la tía Julia —primero—, la prima Patricia y MVLL.

6. Una gran tribu familiar

«Y yo tuve un padre que fue muy severo y opresivo —él ya murió—, con quien tuve una relación muy difícil. Lo conocí tarde, cuando yo tenía ya diez años y mis padres, hasta entonces separados, se reconciliaron. Mi relación con él fue muy mala. Él fue una persona muy severa, con una incapacidad total para entenderme.» Es una de las confesiones que MVLL hace a Ricardo A. Setti[33], y quienes conocen la vida y la obra del novelista peruano saben que esa declaración es la síntesis de un gran desencuentro entre el padre y el hijo. Esa relación, como afirma MVLL, fue casi siempre distante cuando no constantemente borrascosa. ¿Fue la carencia del padre, durante los primeros diez años de su existencia, lo que hizo después que se volcara en sus hijos, en la gran tribu familiar en la que sus hijos, y Patricia, su mujer, forman la cúpula de mando?

«De ahí que yo nunca quisiese que mis hijos me vieran a mí como yo vi a mi padre. Siempre he procurado ser sumamente prudente y cuidadoso en mi relación con los hijos, en el sentido de no imponerme de una manera traumática para ellos», dice MVLL[34]. Pero, al principio de su carrera literaria, MVLL no pensaba ni siquiera en tener una familia. Como para otros tantos escritores que han llevado, aunque sea en alguna etapa de sus vidas, la literatura como una religión y la vocación de escritor como un sacerdocio específico, la familia no era más que una carga, tal vez una excrecencia social que el sacerdote-escritor no podía permitirse. MVLL lo había dispuesto todo para que su vida transcurriera «literariamente». La literatura era algo más que «la loca de la casa». Era esa religión a la que había que prestar el horario de todos los días y las más fuertes y profundas preocupaciones cotidianas. Buscar el ambiente adecuado para realizar ese «sacrificio» y dedicarse a él como un apóstol de una religión clandestina exigía, además, relegar a un segundo o tercer plano los gestos sociales y todo cuanto le alejaba de la soledad necesaria para escribir. «Yo lo único que sé —dice a Elena Poniatowska— es que todo lo que me distraiga, todo lo que me impide escribir, me pone de mal humor...»[35].

Elena Poniatowska, en esa misma entrevista, cuando MVLL todavía no es el escritor de hoy (uno de los más solicitados del mundo entero en las esferas literarias, editoriales, universitarias y sociales), se atreve a preguntarle al escritor por la familia. «Pero ¿no crees, Mario, que hay que vivir humanamente, es decir, que hay que tener hijos que chillen y le revienten a uno los tímpanos en la noche y exijan cuidados y les dé la varicela; que hay que verse envuelto en toda esa maraña familiar, cálida...?» MVLL duda la respuesta: «No sé... —dice—, a mí por de pronto me aterra la paternidad...». «¿Por qué?», pregunta Poniatowska. «Me aterra, me aterra. Porque yo el día que no hay otra cosa puedo comer pan y queso y no importa, pero el hijo, el hijo está ahí y él tiene que comer...», contesta el novelista. Y añade: «Creo que cuando ya se escribe para algo o por algo entonces se pierde la libertad»[36]. Se supone, por el contexto, que ese algo es una familia, esa gran tribu familiar que condiciona todas las demás ocupaciones del hombre y que exige, ilimitadamente, una atención que el joven MVLL —en ese momento tiene veintinueve años— concede sólo a la literatura, al horario fijo debido a la creación literaria.

Pero, una vez más, MVLL tendrá que avenirse con la realidad de su existencia, de su propio destino como escritor y como persona. El matrimonio con su prima Patricia Llosa tuvo lugar en Lima, aunque esta vez lo obligaron a pasar por la iglesia, en 1965. No cabía duda: MVLL sentía cierta predilección por las mujeres de su familia. Es conocida por todos sus amigos la cercanía con su madre; el primer matrimonio, con una tía política suya, Julia Urquidi, desencadenó una tormenta familiar, e incluso social, que se calmó luego de frenéticas y belicosas discusiones con su padre, Ernesto Vargas. Todo está relatado, literariamente, en *La tía Julia y el escribidor,* incluso aquellas páginas que el novelista concede al encuentro y posterior diálogo con su padre. El matrimonio con Patricia Llosa *no cambia* a MVLL como novelista, pero lo transforma también en *otro sujeto*. Sobre todo cuando nace Álvaro Vargas Llosa, su primer hijo, en 1966. La paternidad, que tanto aterraba hace tan poco tiempo al joven escritor Vargas Llosa, ha llegado a sus puertas. Y un año más tarde, en 1967, nace —también en Lima— Gonzalo Vargas Llosa, el segundo de sus hijos. En algunos pasajes de su memoria MVLL mantiene vivos los recuerdos de la estancia en Londres, mientras escribía *Conversación en La Catedral* (una de sus grandes novelas, según muchos críticos, incluido Carlos Fuentes). Allí, en una casa pequeña, todavía en lo que él llamaba el Valle del Canguro, Patricia Llosa se las arreglaba para que los llantos de los hijos de MVLL no rompieran el ritmo de trabajo que el novelista se había impuesto. Quiere que la paternidad se note lo menos posible en la creación del novelista, tal como si no existieran los hijos. Aunque los ratones ronden la casa y se escondan por todos los rincones, los Vargas tratan de adaptarse a la situación familiar que les impone la paternidad, uno de los factores que más aterraban al joven Vargas Llosa en los primeros años de su carrera literaria.

Álvaro Augusto Mario Vargas Llosa nació el 18 de marzo de 1966. «Iba a nacer en París, pero yo tuve que hacer un viaje a Argentina porque estaba de jurado en un concurso de novelas. Entonces no podía quedarse sola Patricia. Vinimos al Perú. Patricia se quedó aquí y nació el niño en Lima.»[37] Otro caso parecido ocurrió con el nacimiento de Gonzalo Gabriel Vargas Llosa, nacido también en Lima, el 11 de septiembre de 1967. «El segundo de mis hijos iba a nacer en Londres; yo tenía incluso su cuna en la clínica, pero entonces gané el Premio Rómulo Gallegos en Venezuela por la novela *La casa verde*. Tuve que ir a Caracas y Patricia, para no quedarse sola también en Londres, se vino conmigo, casi dando a luz en el avión. Por eso nacieron mis hijos en Lima, no por patriotismo, sino por accidente. Y mi hija, Morgana, sí nació en Barcelona.»[38]

Jimena Wanda Morgana nació en Barcelona, en la clínica Dexeus, el 16 de enero de 1974. Cuando la fueron a bautizar, el cura no permitió que la llamaran Wanda Morgana, como sus padres querían, en claro homenaje a la hermana de Patricia, Wanda, fallecida en accidente de avión en Pointe-à-Pitre, isla de Guadalupe, el 22 de junio de 1962; y al hada Morgana, legendario personaje de las novelas de caballerías. El cura propuso Jimena, como nombre más cristiano, y los Vargas admitieron aquel pequeño desvío que desembocaba también en la tradición caballeresca y épica de la literatura castellana, el *Cantar de mío Cid*.

Hoy Álvaro Vargas Llosa es un periodista en ejercicio. Realizó sus estudios universitarios en Londres y ocupa un papel fundamental en «el debate» cotidiano de la gran tribu de los Vargas Llosa. Todos sus estudios universitarios los llevó a cabo en la London School of Economics, con excepción de un corto tiempo en que, probablemente de común acuerdo con sus padres, decidió estudiar en Princeton, New Jersey, Estados Unidos. Y de aquí surge uno de los episodios más curiosos de la corta vida del periodista Álvaro Vargas Llosa, un tipo afable, contenido en sus gestos y en su conversación, una especie de *gentleman* peruano que guarda, en su fuero interno, la pasión por la política, la literatura y la vida, incluido el periodismo, profesión que a MVLL le parecía tan frustrante o más que la política para un escritor de novelas. Álvaro Vargas Llosa no pudo soportar Princeton. Tras una cortísima estancia de un par de meses («Acabábamos de dejarlo allí», me dijo MVLL al contarme la historia), apareció en Lima. No se atrevió a ir directamente a la casa de Barranco, sino que —tal vez por prudencia y para evitar «la guerra»— llamó telefónicamente, desde el aeropuerto Jorge Chávez (en Lima), a su padre. «Estoy aquí y voy para casa», dijo Álvaro. MVLL contestó que no se le ocurriera aparecer por Barranco; le aconsejó que tomara de nuevo el avión, «ahora mismo, de vuelta», y regresara a Princeton, donde debía terminar los estudios en los que se había matriculado. Pero Álvaro Vargas Llosa quería, a su modo, vivir la aventura más o menos adolescente de su propia voluntad. Decidió quedarse en Lima y tratar de trabajar como periodista. Pero no en la casa de Barranco, llena de comodidades y bajo la protección familiar. Sus padres insistieron en que debía volver a la universidad, pero él quería salirse con la suya: quería trabajar en Lima, «en el periodismo», que eso es lo que había estudiado. Decidió irse a vivir a un barrio popular de Lima, «en un cuchitril», confiesa Álvaro Vargas Llosa. Y empezar así una vida independiente que recordaba a la rebeldía que el casi adolescente MVLL ponía en práctica «en los días grises de Lima», antes de iniciar sus viajes y estancias en Europa.

Estamos en el verano de 1983. Viajamos de Sevilla a San Fernando (Cádiz) los Vargas, el escritor Enrique Montiel, Tinka Villavicencio (entonces mi mujer) y yo. MVLL se lamenta de la determinación que Álvaro Vargas Llosa ha tomado: quedarse en Lima, sin terminar del todo los estudios que había previsto, en los que estaban de acuerdo los padres y el hijo. «Al fin y al cabo —le digo a MVLL— está intentando repetir tu periplo vital. Tú intentaste hacer, y lo hiciste, más o menos lo mismo; que se rebele ahora Álvaro no significa otra cosa que la traducción de tu propio papel en sí mismo», le dije. Pero MVLL estaba bastante preocupado por aquella decisión de su hijo. «Hay una diferencia, Juancho —me añade MVLL—: yo nunca dejé de estudiar». «Me imagino —le contesté— que sólo será una temporada, una fiebre decidida de ser él mismo antes de tiempo, ya se le quitará». Afortunadamente, los barruntos que MVLL había hecho en aquel momento han sido ampliamente superados por la realidad. Álvaro Vargas Llosa no volvió a Princeton, pero regresó a Londres a terminar sus estudios universitarios. La bohemia limeña lo vio pasearse, tal como años atrás lo había hecho el joven Vargas Llosa, por los bares de mala muerte, los burdeles y los barrios más bajos y peligrosos de una ciudad, Lima, que había sido catalogada como «la horrible» por uno de sus relevantes escritores, Sebastián Salazar Bondy. «En el cuchitril en que vivía, aguanté sólo una pequeña temporada, es la verdad —confiesa Álvaro Vargas Llosa—. El caso es que el encargado era un tipo bastante raro, y un día fui a pedirle no sé qué cosa que me hacía falta y lo encuentro acostado con otro hombre. Salí espantado».

De la fuerza de escritor, de periodista-escritor, que Álvaro Vargas Llosa posee tienen ya justa medida algunos escritores, amigos de MVLL, que han sufrido en sus propias carnes la capacidad polémica y el afán discutidor del mayor de los hijos del novelista. Yevtushenko, el gran poeta ruso, visitó a MVLL en Lima, en su casa de Barranco. El peruano lo invitó a almorzar y a conversar sobre lo divino y lo humano. Yevtushenko, para entonces, era ya «un embajador extraoficial de la Unión Soviética», en materia literaria, y recorría el mundo tratando de atar cabos y entrelazar a los escritores más relevantes del universo occidental para que no perdieran de vista lo que Moscú y la Unión Soviética habían representado en el siglo XX. Yevgueni Yevtushenko, además, era un silencioso convencido de que la Unión Soviética tendría que cambiar algún día. Aún no había llegado al Kremlin Mijail Gorbachov y pocas ilusiones podían hacerse los ciudadanos soviéticos de un cambio en su régimen de vida, un cambio en el que la libertad fuera, de verdad, protagonista de altura. Palabras como *glasnost* o *perestroika* todavía no habían nacido para Occidente cuando Yevtushenko visitó a MVLL en su casa de Lima. La conversación entre ambos grandes escritores fue secreta, íntima, aunque se supone que hablaron de todo. Sólo hubo un testigo: Álvaro Vargas Llosa, que guardó —tal vez por consejo del propio MVLL— un silencio más que prudente a lo largo de todo el encuentro. Pero, al final, el propio MVLL descubrió que su hijo había llamado —también secretamente— a un fotógrafo de la revista *Oiga,* en la que colaboraba por entonces, cuya única misión estribaba en dejar constancia de la visita de Yevtushenko a la casa de los Vargas. Probablemente la sorpresa que se dibujó en el rostro de MVLL cuando vio al fotógrafo de *Oiga* lanzando instantáneas sobre los personajes de la reunión fue, de todos modos, más reposada que la que, seguramente, se dibujaría en los gestos de Yevtushenko y del propio MVLL cuando leyeron el texto de un artículo publicado en la misma revista, *Oiga,* bajo el título «Yevtushenko, malandrín siberiano». Venía firmado —como no podía ser menos— por Álvaro Vargas Llosa. Es un ejemplo de la dimensión polémica del mayor de los Vargas, apasionado de la política, de la literatura y de la escritura, en general.

Cuando MVLL decidió, años más tarde, presentarse a la presidencia del Perú, el jefe de prensa de la campaña fue Álvaro Vargas Llosa. En esa campaña, según muchos de los que la vivieron o visitaron a los Vargas en la febril actividad de aquellos días, fue más notoria que nunca la existencia de esa gran tribu que es la familia del escritor MVLL. Nada más publicado su libro, *El diablo en campaña*[39], tras el fracasado intento de su padre en las últimas elecciones presidenciales del Perú, Álvaro Vargas Llosa ha vuelto a la actualidad. La publicación en Lima de uno de los capítulos de *El diablo en campaña*, días antes de la aparición del libro en Madrid, representó un escándalo de dimensiones periodísticas considerables. Álvaro Vargas Llosa dice que «ahí sólo digo la verdad de algunas cosas que ocurrieron en la campaña». Pero *El diablo en campaña* es algo más que una crónica resentida; algo más que una crónica desapasionada. El estilo de esta escritura, la de Álvaro Vargas Llosa en *El diablo en campaña*, es un estilo en el que brilla fundamentalmente el bisturí de la polémica. Casi todo cuanto cuenta, casi todo lo que relata pertenecía hasta el momento de la publicación del libro a lo que los políticos profesionales llaman «secretos del sumario». Todos esos secretos, las pequeñas y grandes miserias de una campaña electoral en cualquier país, pero mucho más en un país inarticulado como el Perú, están ahí, en *El diablo en campaña*. He escrito en otros lugares que la crónica que relata Álvaro Vargas Llosa es una crónica parcial, de camino y llegada a la campaña cuyo objetivo no se alcanzó. Pero lo que hiere del libro no es sólo cómo llega a contar las cosas, sino las cosas mismas que cuenta. Desde Alan García al arzobispo Vargas Alzamora, la clase dirigente peruana, el discurso político, los antecedentes y consecuentes de la misma campaña, todo queda al descubierto gracias al obligado *strip-tease,* escandaloso siempre para el orden que marca los «secretos del sumario», escrito —a borbotones de polémica verdad; la verdad siempre es polémica— por Álvaro Vargas Llosa. De casta le viene al galgo. Hoy Álvaro Vargas Llosa es columnista de política internacional de la revista española *Tiempo,* colabora con emisoras de radio y televisión norteamericanas y reside en Miami. «Sólo durante un tiempo —dice— lo que me interesa profesional y vitalmente es España».

MVLL ha contado, con el humor que ha ido desarrollando en su propia literatura a través de los años (aunque, al principio, fuera otro de los factores rechazados por el novelista peruano para el sacerdocio de la literatura; como también lo fue la paternidad), los encuentros y reencuentros que ha ido teniendo con sus hijos a lo largo del tiempo en que fueron creciendo y transformándose. «En esos reencuentros, me solía llevar sorpresas con los cambios que experimentaban. El de las bruscas transformaciones solía ser el mayor, Álvaro. En el año anterior a aquel Festival de Berlín, por ejemplo, a intervalos trimestrales, nos había informado: a) que tenía experiencias místicas y que no descartaba irse a la teología; b) que dejaba de ser católico por la religión anglicana y que ya se había confirmado por la Church of England; y c) que la religión era el opio del pueblo y que se había vuelto ateo.»[40] Es el momento en que Álvaro Vargas Llosa tiene dieciséis años, un año antes de que MVLL pudiera comprobar por sí mismo que su hijo Gonzalo Gabriel (cuyo segundo nombre también tiene origen literario: fue llamado así en honor de Gabriel García Márquez, entonces íntimo amigo de MVLL), a quien él había llamado desde pequeño «el nefelibata», porque andaba siempre en las nubes, se había convertido «para siempre» en un *rastafari*.

«En Gonzalo Gabriel los cambios —escribe MVLL— solían ser discretos y a menudo imperceptibles, por lo general de índole musical (de los AC/DC a Kiss) o de deportes (del ping-pong al atletismo). Desde que tenía uso de razón yo lo había visto entrar en una suerte de arrobo místico en los espectáculos y pasarse buena parte de la vida sumido en lo imaginario, así que se me había ocurrido que había en él pasta de actor. Pero Gonzalo Gabriel jamás dio indicios de preocuparse lo más mínimo por el futuro. Salvo en las vacaciones últimas, en que trajo a Lima a un compañero de colegio. Ambos se arreglaban como figurines y un día nos hicieron saber que, de grandes, probablemente se dedicarían, como Pierre Cardin o Yves Saint Laurent, a diseñadores de moda»[41]. En efecto, Gonzalo Gabriel era, con respecto a Álvaro, un *herma-*

no menor que guardaba siempre en las conversaciones en las que su *hermano mayor* participaba un estudiado y discreto silencio, roto quizá y solamente por alguna sonrisa que no se sabía nunca si era de apoyo o de rechazo irónico a la conversación de *los mayores.* Ni siquiera MVLL sabía, entonces, el cambio que se había dado en el *hijo menor,* en Gonzalo Gabriel, esa vez que, abriendo un paréntesis en las obligaciones de jurado del Festival de Cine de Berlín (que la presidenta, la actriz Liv Ullman, hacía cumplir a todos los miembros del jurado con una disciplina y dedicación casi enfermizas), fue a buscarlo al aeropuerto. Esto fue lo que vio en Gonzalo Gabriel el novelista MVLL, su padre: «Una enorme cabellera le caía en desorden sobre su cara y barría sus hombros. Pero, más que la abundancia, lo chocante en ella era su aspecto inextricable, de jungla jamás hollada por el peine. Las largas mechas terminaban en nudos y rulitos. Una extraña bolsa con huecos para las extremidades hacía las veces de traje, confeccionada en un material indetectable, como de retazos. Proliferaban en ella colores enemigos, sobre todo el rojo, el negro y el dorado. Vagamente, por su naturaleza amorfa, por sus grotescos fondillos y sus botones como girasoles, podía emparentarse al traje de los payasos o de los espantapájaros. Pero en estos disfraces hay siempre una nota de humor. El mamarracho en el que estaba zambullido Gonzalo Gabriel carecía totalmente de alegría...»[42].

En ese mismo relato, sin perder de vista nunca el humor, MVLL describe cómo Gonzalo Gabriel, ahora terminando sus estudios universitarios en el University College of London, *volvió a la razón* un tiempo más tarde, más o menos dos años, una vez que ingresó en la universidad y «sus ideas políticas dan síntomas de haber girado tan en redondo como sus inclinaciones espirituales»[43]. También me confesó MVLL, durante una estancia en Madrid por aquellas mismas fechas, la desazón que le producía ver a Gonzalo Gabriel en aquel estado físico, anímico y, seguramente, ideológico. En esa ocasión, Patricia le había ordenado que se quedara en un hotel, cercano a la calle Serrano, «porque así no podía ir a ningún lado». En pleno temblor *rastafari,* Gonzalo Gabriel había conseguido traer de cabeza a la gran tribu familiar, empezando por sus padres, los Vargas. A mí siempre me pareció un adolescente discreto, que jamás entorpecía un diálogo múltiple de los mayores y que, además, atendía con sumo interés a todo lo que decían. Al final, siempre esa sonrisa a medio camino entre la aceptación de todo cuanto se había comentado y la sospecha de un rechazo irónico que nunca se tradujo, al menos en lo que yo sepa, en palabras de sarcasmo. Era —y es— un personaje sumamente afable, educadísimo, cuya intención máxima parece ser no molestar nunca a nadie, además de cuidar una sensibilidad cultural que lo hace ser muy distinto a su *hermano mayor:* un universitario reflexivo en el que se personifican todos los elementos que desembocan en la tolerancia. Tal vez por eso, cuando oye conversaciones en las que la pasión desorbitada introduce en el diálogo el tono de radicalismo que a muchos nos hace vivir más allá que a los demás, Gonzalo Gabriel sonríe, como si se guardara en su interior el verdadero significado de cuanto oye, ve y vive.

Álvaro Vargas Llosa narra, al final de *El diablo en campaña,* la anécdota que marca —a mi entender— la forma en que Gonzalo Gabriel ve hoy el mundo, tras asistir a la campaña por la presidencia del Perú. Vale la pena transcribir el texto completo, porque además traduce esa relación hijo-padre que MVLL ha encontrado en sus vástagos, la misma que no tuvo él con su padre y que siempre echó de menos en cuantas declaraciones y entrevistas le han hecho hasta ahora al famoso escritor.

«Pocas horas después de las elecciones, mi padre voló a París. Allí se encontró con un libro enviado de regalo por mi hermano Gonzalo desde Londres, con esta entrañable dedicatoria:

Bienvenido nuevamente, maestro, al lugar donde siempre perteneciste: tu escritorio. Es desde aquí, y no desde el sillón presidencial, donde batallando con tus demonios seguirás contribuyendo al progreso de tu país y de la humanidad en general, en la medida en que tus libros representan, más que en ningún otro escritor, lo que tú tan correctamente llamaste una tentativa de corrección y cambio de la realidad. Ningún presidente en la historia del Perú ha contribuido tanto como lo hicieron y lo seguirán haciendo el Poeta, Pantaleón Pantoja, Raúl Zuratas, Fushía o la Chunga —a través de la conciencia que estos personajes crean en sus lectores— a tratar de revelar los profundos problemas que afectan a nuestro país y a intentar superarlos. La derrota en las urnas no significa, pues, sino un triunfo para aquel mundo que ya reclamaba tu presencia: la literatura. La contienda del 10 de junio no fue entre tú y un misterioso desconocido, sino entre dos fuerzas superiores: la política y la literatura. Felizmente para nosotros, los intelectuales de este mundo, ha quedado establecido nuevamente que la literatura es la fuerza suprema por excelencia, obligándote a reintegrarte a sus filas. La política tendrá que resignarse a jugar un papel secundario en tu vida. En todo caso, tu paso por la política no ha significado tiempo perdido, pues con aquella honestidad y transparencia que demostraste a lo largo de esos dos años de campaña ayudaste a probar que la política en el Perú no es, necesariamente, como lo creen muchos, sinónimo de demagogia.»[44]

Es un texto escrito entre la pasión y la reflexión, con un alto contenido ideológico que, para los que tienen memoria, emparenta directamente con aquel otro texto que MVLL leyó el día en que el novelista Rómulo Gallegos le entregó el premio literario que lleva su nombre: *La literatura es fuego,* alta definición de las estructuras —metódicas, disciplinadas y profundamente vocacionales— de un escritor que sólo con treinta años de edad había escrito dos extraordinarias novelas: *La ciudad y los perros* y *La casa verde.* El texto de Gonzalo Gabriel Vargas Llosa es, además, un texto insurreccional (desde una perspectiva literaria). Algunas veces me he atrevido a establecer entre Filoctetes, el guerrero griego a quien los aqueos dejan en la isla desierta para que se pudra con su enfermiza soledad, y el *escritor* —cualquiera que él sea— un parangón imaginativo, en la exégesis y en el compromiso de la vocación, contrapuesto al superviviente a costa de lo que sea, a través de su propia astucia multiplicada por la fuerza que los dioses aliados le otorgan, tal como ocurrió con Odiseo. También en aquella guerra interminable, fueron los guerreros los que, tras el consejo de los oráculos, tuvieron que recoger a Filoctetes y llevarlo, contra su voluntad, a la guerra porque era necesario «para triunfar en ella». El Filoctetes que hay en MVLL se encuentra en las más profundas fibras del escritor, navegando entre la política y la literatura, jugándose a cara o cruz ese destino que siempre acaba encontrándose de frente con la literatura. En este sentido las conexiones entre los textos de Gonzalo Gabriel Vargas Llosa y el que el mismo MVLL escribió y leyó en 1967, en Caracas, son una declaración literaria, un auto de fe en la literatura frente a las ínfulas de la política y la vanidad del mismo poder político. Esa bienvenida es la misma que le dimos nosotros a MVLL en el momento de conocer su derrota, o sea, su triunfo literario, en la candidatura a la presidencia del Perú. Nosotros somos los escritores que temíamos perder a uno de los nuestros, a uno de los mejores, como muchos advertimos; al mejor, como asegura Octavio Paz. «No importa que sea presidente. Ya ha escrito muchísimo y muy bueno», me dijo Camilo José Cela cuando hablábamos de la posibilidad de MVLL en la campaña electoral. «Me alegro por Vargas Llosa y lo siento por el Perú», dijo el mismo Camilo José Cela en el momento de conocer la derrota, o sea, el triunfo, de la candidatura de MVLL.

Quienes más cerca estuvieron de MVLL en ese momento —el de la campaña y el triunfo literario— fueron sus hijos, y Patricia Llosa. Quizá ellos, esa grande tribu familiar, sean los más cercanos y los mejores amigos que MVLL podía haber encontrado en toda su existencia. Siempre dije que el político de la familia no era MVLL sino su hijo mayor, Álvaro, que siente verdadera pasión cuando se refiere a la política, y no sólo a la política del Perú. Pero *El diablo en campaña* desmiente que Álvaro Vargas Llosa sea un político en ciernes, a la manera tradicional. Al contrario. Hay en el texto el mismo «colmillo retorcido», el mismo resabio del aguafiestas que es el escritor, el mismo contenido que exponen los textos teóricos de MVLL. Sigo manteniendo, sin embargo, que en Álvaro Vargas Llosa hay una dualidad que ya vimos en MVLL: las pasiones exclusivas de la política y la literatura vibran y «arden» en su reflexión, cosa que no me resulta —a mí al menos— sorprendente. Sí sorprende que el antiguo *rastafari,* Gonzalo Gabriel, se alinee junto a la literatura activa, junto a los escritores, junto al vicio de escribir, como lo hace en ese texto que, con ser privado, va más allá de una declaración de amor hacia el padre. La ironía de la vida maneja el factor de la venganza. No es un asunto de ósmosis psicológica, en modo alguno, sino la traducción de una educación disciplinada que ha sido lentamente *mamada* por los dos cachorros Vargas Llosa, los mismos que hacen de la familia una grande tribu que implica la consanguinidad, la postura ante la vida, la cosmovisión y, en definitiva, la elección más difícil en nuestros países hispánicos, todavía: la civilización sin zigzagueos frente a la barbarie, que siempre llega acompañada de esa bobalicona nefasta que llamamos, con razón, demagogia.

Cuando nació Jimena Wanda Morgana, me encontraba por casualidad en Barcelona. Ese mismo día tenía que viajar a Canarias, pero antes nos encontramos MVLL, Carmen Balcells y yo en la cafetería de la clínica Dexeus. Si la paternidad había sido una carga contradictoria para el escritor MVLL, la paternidad de un tercer hijo que era, además, mujer, podía complicar las cosas. La manía de MVLL frente a la paternidad se encontraba ahora en el más duro de los torneos que habría de librar. MVLL no quería hijos (ni varones ni hembras), pero no quería de ninguna manera hijas. Llegó Jimena Wanda Morgana, y se convirtió de inmediato en *la dueña de la casa,* donde estuviera plantada la tribu familiar, en cualquier ciudad y en cualquier tiempo. «¿Te acuerdas cuando me comentabas que te horrorizaba tener una hija?», le recordé con sorna a MVLL, el día que nació Morgana. «Ya estoy deseando que tenga los años suficientes para convertirla en mi secretaria y me acompañe a todos lados», me contestó inmediatamente y con sorna mayor. Desde el momento en que nació, ya quería el *jefe de la tribu* comprometerla —al menos en su idea— con el quehacer cotidiano de esa grande tribu familiar que fue creciendo conforme el escritor se transformaba en uno de los más relevantes del mundo sin dejar por ello de ser él mismo, y el mismo de siempre.

7. El turco y el indio o García Márquez y Vargas Llosa (1967-1976)

El *boom* cobró en España verdadera carta de naturaleza a partir de la publicación en Buenos Aires de *Cien años de soledad,* saludada con aplausos, antes incluso de su edición, por Carlos Fuentes —otro componente de la llamada «mafia sudamericana»— en *Mundo Nuevo,* la revista que dirigía Emir Rodríguez Monegal. *Cien años de soledad* triunfaba tras el asombro producido por *La ciudad y los perros, La casa verde, Rayuela* y *Tres Tristes Tigres.* Y ese mismo año, 1967, Carlos Fuentes publicaba *Cambio de piel,* que fue prohibida en principio en España, luego de haber ganado el Biblioteca Breve de Seix Barral.

El «padrino» del *boom, coram populo,* era Carlos Barral, que vivió sin duda en este momento su gran época como editor. Así era señalado, criticado, amado y odiado, acusado y aplaudido, adorado o despreciado; escuchado con suma atención e, incluso, seguido como si fuera un chamán oracular. Había descubierto a MVLL al publicar *La ciudad y los perros,* tenía una cierta influencia y una gran relación personal con los más prestigiosos editores europeos, concedía el Biblioteca Breve, era antifranquista militante —y cotidiano— y «manejaba» la fuerza española en el Prix Formentor. Vivía en Barcelona, una ciudad industriosa y resistente, a pesar de lo que a principios del siglo XX había proclamado Ramón del Valle-Inclán al regresar a Madrid. «Una ciudad llamada a desaparecer», dijo Valle con desdén cuando alguien le preguntó sobre la ciudad Condal.

En Barcelona vivía también Carmen Balcells, agente literaria que ya entonces ejercía el papel de *Mama Grande* del *boom* con sus consejos, su habilidad, su instinto profesional, su simpático ejercicio de la masonería y la amistad y, desde luego, su gran talento —casi mágico en ocasiones— para hacer triunfar a los novelistas, hispanoamericanos o españoles —pero sobre todo hispanoamericanos— frente a las pretensiones de cualquier editor. Había empezado Carmen Balcells trabajando con Ivonne y Carlos Barral, para luego independizarse conforme avanzaba la década de los sesenta y convertirse ella, la agente literaria, en un *factor humano* fundamental en la vida profesional de algunos de los más relevantes escritores del *boom*, incluidos Gabriel García Márquez y MVLL.

Barcelona vería en los últimos años de esa misma década cómo llegaban a ella, a vivir y a escribir en la ciudad, los dos escritores triunfantes, MVLL y Gabriel García Márquez, que acaparaban —tal vez a su pesar— la atención de los medios informativos y el interés social, universitario y literario que jerarquizaban el prestigio de los escritores en aquella época de transición económica de la España de Franco. MVLL vino de Londres, del barrio que él llamaba el Valle del Canguro, «porque estaba poblado por cientos de australianos». Gabriel García Márquez venía de México, Distrito Federal, donde había trabajado en decenas de labores periodísticas, en los alrededores de los medios informativos, la literatura, la cinematografía (había escrito un guión en colaboración con Carlos Fuentes, también protagonista del *boom*, basado en el relato de Juan Rulfo *El gallo de oro*) y la amistad de sus muchos amigos. México era también el lugar mágico que hizo posible que *Cien años de soledad* empezara, por fin, a existir. Pero en Barcelona estaba Carmen Balcells. Y Carlos Barral. Y una de las editoriales que más había hecho por la existencia real del *boom* latinoamericano en el mundo hispánico: Seix Barral.

Sin embargo, MVLL y Gabriel García Márquez no se conocieron en la ciudad Condal. Tenían noticia el uno del otro desde mucho tiempo antes. Se habían escrito algunas cartas, que MVLL recuerda llenas de anécdotas y chismes casi siempre literarios. Se habían, quizá, leído con admiración mutua. Sabían que tenían un tótem literario en común: William Faulkner. Y un héroe común: Ernest Hemingway. Y, eso al menos pensaban en aquel momento, tenían afinidades y consanguinidades políticas, aunque no fueran «clónicos» ideológicos. Pero no se conocían personalmente. Nunca se habían visto cara a cara. García Márquez no asistía, o asistía muy poco, a las reuniones de escritores, muy frecuentes en aquel gran momento de la novela latinoamericana. MVLL, por el contrario, ya era omnipresente en cualquier foro de discusión universitario en el que el debate entre la política, la moral y la literatura acababa siempre como el rosario de la aurora: con mucha controversia, muchas ilusiones de futuro y, desde luego, con el infaltable documento «de los abajo firmantes», en feliz expresión del novelista español Juan García Hortelano, que más tarde llegaría a ser amigo cercano de los dos más importantes novelistas del *boom*.

Pero llegó el momento. Y García Márquez y MVLL se encontraron, al fin, en Maiquetía, el hoy aeropuerto Internacional de Simón Bolívar, a un par de kilómetros de La Guaira, Venezuela. El destino —risueño y fatal como siempre— hizo que el novelista colombiano y el peruano cruzaran sus primeras palabras en Caracas, «la Babel de la riqueza» de un continente que se debatía —entonces y ahora— entre el subdesarrollo cultural, la injusticia política y social y la esperanza de abandonar el Tercer Mundo para incorporarse al mundo de la civilización que empecinadamente llamamos occidental. García Márquez, inmediatamente antes de instalarse en Barcelona, rompe con su costumbre de no acudir a reuniones intelectuales y acepta dos compromisos: asistir al XIII Congreso Internacional de Literatura Iberoamericana y a la concesión del Premio Rómulo Gallegos que había ganado MVLL con *La casa verde,* en 1967, y formar parte del jurado del Premio de Novela Primera Plana, que se concede ese mismo año en Buenos Aires. Por eso estaban ambos en Caracas a principios de agosto de ese año crucial para los dos novelistas.

Cuatro años más tarde, en las primeras páginas de *García Márquez. Historia de un deicidio,* MVLL recordaría cómo se encontró con el autor de *Cien años de soledad.* «Nos conocimos la noche de su llegada al aeropuerto de Caracas; yo venía de Londres y él de México y nuestros aviones aterrizaron casi al mismo tiempo», escribe MVLL. Cuenta que «ésa fue la primera vez que nos vimos las caras. Recuerdo la suya muy bien, esa noche: desencajada por el espanto reciente del avión —al que tiene un miedo cerval—, incómodo entre los fotógrafos y periodistas que lo acosaban. Nos hicimos amigos y estuvimos juntos las dos semanas que duró el congreso, en esa Caracas que, con dignidad, enterraba a sus muertos y removía los escombros del terremoto. El éxito recientísimo de *Cien años de soledad* lo había convertido en un personaje popular; y él se divertía a sus anchas: sus camisas policromas cegaban a los sesudos profesores en las sesiones del congreso; a los periodistas les confesaba, con la cara de palo de su tía Petra, que sus novelas las escribía su mujer pero que él las firmaba porque eran muy malas y Mercedes no quería cargar con la responsabilidad; interrogado en la televisión sobre si Rómulo Gallegos era un gran novelista, medita y responde: "En *Canaima* hay una descripción de un gallo que está muy bien". Pero detrás de todos esos juegos, hay una personalidad cada vez más fastidiada en su papel de estrella. También hay un tímido, para quien hablar ante un micrófono, y en público, significa un suplicio. El siete de agosto no puede librarse de participar en un acto organizado en el Ateneo de Caracas, con el título "Los novelistas y sus críticos", en el que debe hablar sobre su propia obra unos quince minutos. Estamos sentados juntos, y, antes de que le llegue el turno, me contagia su infinito terror: está lívido, le transpiran las manos, fuma como un murciélago. Habla sentado, los primeros segundos articulando con una lentitud que nos suspende a todos en los asientos, y por fin fabrica una historia que nos arranca una ovación»[45]; anécdota que, tras ser grabada en el acto, será reproducida en la revista *Imagen,* de Caracas, en uno de los números de ese mismo mes de agosto.

MVLL queda seducido por algunas características de la personalidad de García Márquez, fundamentalmente por aquella de la que gustan tanto los hombres procedentes de ciertas partes del Caribe, entre Colombia y Venezuela, a la que todos llaman con un nombre fuera de lo común: *mamadera de gallo.* Intentar definir exactamente lo que es la *mamadera de gallo* sólo es posible para quienes poseen, en sus señas de identidad, la denominación de origen de la región del Caribe. Los demás podemos asistir a una sesión de *mamadera de gallo,* que puede extenderse durante horas —sin tener en cuenta ni el tiempo transcurrido ni los días de la semana— hasta que «el relajo» y la constante carcajada nos lleven a un excitado estado de ánimo, incontrolable por demás, y a un acentuadísimo dolor de mandíbulas. MVLL escribe que «entre todos los rasgos de la personalidad» de García Márquez, «hay uno, sobre todo, que me fascina: el carácter obsesivamente anecdótico con que esta personalidad se manifiesta. Todo en él se traduce en historias, en episodios que recuerda o inventa con una facilidad impresionante. Opiniones políticas o literarias, juicios sobre personas, cosas o países, proyectos o ambiciones: todo se hace anécdota, se expresa a través de sus anécdotas. Su inteligencia, su cultura, su sensibilidad tienen un curiosísimo sello específico y concreto, hacen gala de antiintelectualismo, son rabiosamente antiabstractas. Al contacto con esta personalidad, la vida se transforma en una cascada de anécdotas»[46]. Y todo cuanto toca con la expresión verbal y el gesto, añadimos nosotros, viene precedido de ese humor caribeño que se conoce por el nombre de *mamadera de gallo,* en donde la ironía visionaria exagera hasta el pantagruelismo más increíble cuanta historia, episodio o anécdota pudiera partir de un hecho real, de la realidad misma. Pero la *mamadera de gallo,* si va siempre acompañada por el ingenio y la irónica visión del mundo que linda directamente con el sarcasmo, no es en García Márquez —que gusta de recordar cuánto le agrada *mamar gallo*— un resabio coyuntural, una apoyatura circunstancial. Al contrario. Su desbordada imaginación es como un torrente de inteligente hilaridad. «Esta personalidad es también imaginativamente audaz y libérrima —escribe MVLL— y la exageración en ella no es una manera de alterar la realidad sino de verla. Hicimos un viaje juntos de Mérida a Caracas, y los vientos que remecieron al aparato —sumado a su miedo a los aviones y al mío propio— hicieron que el viaje resultara algo penoso. Algo: algunas semanas después veré en los periódicos, en entrevista a García Márquez, que en ese vuelo, yo, aterrado, conjuraba la tormenta recitando a gritos poemas de Darío. Y algunos meses después, en otras entrevistas, que cuando, en el apocalipsis de la tempestad, el avión caía, yo, cogido de las solapas de García Márquez, preguntaba: "Ahora que vamos a morir, dime sinceramente qué piensas de

Zona sagrada" (que acababa de publicar Carlos Fuentes). Y luego, en sus cartas, algunas veces me recuerda ese viaje, en el que nos matamos, entre Mérida y Caracas»[47].

La amistad entre García Márquez y MVLL llegó a ser legendaria para las gentes de la literatura, esa «infame turba» (así ha sido llamada algunas veces por elementos siempre adscritos a la misma) que mira a sus colegas como la diosa Atenea miraba a sus enemigos: con mirada torva. Y también entre las gentes más o menos informadas en todo el continente latinoamericano. Y se asentó mucho más cuando ambos llegaron a vivir a Barcelona, casi puerta con puerta, en el barrio de Sarrià. Y en esa leyenda de amistad, salía siempre el episodio —nunca aclarado del todo— del rechazo de *Cien años de soledad* por Carlos Barral. «Nunca leí *Cien años de soledad* antes de estar impresa, J. J.», me confesó empecinadamente Carlos Barral. Y hasta el momento de su muerte mantuvo esa afirmación. La especie, sin embargo, hizo fortuna y corrió por todos los ámbitos editoriales del mundo hispánico. «Lo que ocurrió —me añadía Barral— es que me enviaron el original de la novela cuando yo estaba prácticamente de vacaciones en Calafell. Lo enviaron al despacho editorial y yo no supe nada hasta que me comunicaron que la había comprado Sudamericana». Era cierto que Barral se tomaba las vacaciones veraniegas como si fuera un escolar impenitente. Al empezar el estío, se trasladaba con toda su familia a Calafell, cerraba su despacho y no regresaba hasta septiembre. ¿Fue ésa la fecha en la que *Cien años de soledad* fue enviada en original a Carlos Barral? Es más verosímil pensar —aunque la versión tampoco está constatada del todo— que alguien cercano a Barral leyó el original. Me imagino que, en una lectura rápida, nada profesional, casi saltándose las páginas, desdeñó la calidad del texto, cometiendo un fallo estrepitoso que ha sido, hasta ahora, achacado al propio editor.

También es cierto que Carlos Barral prefería como novelista a MVLL. Muchos mantienen que esa preferencia no nace del año 1962, cuando el editor catalán descubrió *La ciudad y los perros* entre los originales desahuciados por sus lectores literarios, sino que Barral tomó partido por MVLL cuando, por despiste o desdén, decidió no publicar *Cien años de soledad*. Años después del éxito de *Cien años de soledad,* y ya en Barral Editores, Carlos Barral publicaría un volumen de siete cuentos de Gabriel García Márquez bajo el título de *La increíble y triste historia de la cándida Eréndira y de su abuela desalmada* (1972). Entre vodka y vodka, para entonces manteníamos Barral y yo una estrecha relación «colaboracionista», hasta el punto incluso de intentar cederme los derechos de una de las novelas del Premio Nobel australiano Patrick White, a lo que —hoy sé que con muy buen tino— se negó el novelista y su propio agente literario. Entre vodka y vodka, hablábamos Barral y yo de ciertos escritores del momento, de sus éxitos, brillantez y talento literarios. Y MVLL y García Márquez, indistintamente, salían en la conversación. Desde esa fecha le hablé a Carlos Barral de mis autores preferidos en la novela de nuestra lengua. García Márquez y MVLL eran dos de los escogidos. El otro era el novelista español Camilo José Cela. Barral inventó entonces una de sus *boutades* más desdeñosas con Gabriel García Márquez, a quien muchos ninguneadores profesionales (y muchos profesores universitarios) habían tildado erróneamente de reportero antes de aparecer *Cien años de soledad*. Barral, con aquel gesto extrañamente arábigo que se dibujaba a veces en su sonrisa, segundos antes de que la *boutade* saliera de sus labios, me dijo uno de esos días que «García Márquez no es más que un narrador oral del norte de África». Hay que entender, al menos, la definición exagerada —y equivocada— de Carlos Barral, exactamente como al propio Barral le gustaba que le interpretaran algunas de sus ocurrencias: como una brillante *boutade* intelectual. Lo cierto es que, por las razones que fueran, siempre prefirió a MVLL. «No sólo sabe muchísima literatura, sino que sabe hacerla mejor que nadie», decía Barral de MVLL.

En las fotos de las solapas de sus libros, Gabriel García Márquez aparecía mostrando una informalidad fuera de lo común. En su leyenda particular se decía que no sólo trabajaba con un mono de obrero de la construcción o de mecánico de taller doméstico, sino que en muchos casos esa misma prenda —el mono azul añil— era su indumentaria para asistir a algunas casas de sus amigos barceloneses. E, incluso, para ir al cine en las sesiones de noche, donde ya era reconocido por el público de Barcelona. Con esa indumentaria lo conocí yo en casa de MVLL. En uno de mis viajes a Barcelona —creo que en 1973, cuando Inventarios Provisionales Editores publicó *Usuras y figuraciones,* la obra poética de Carlos Barral escrita desde 1952 a 1972—, le sugerí a MVLL que invitara a Gabriel García Márquez a su casa. Queríamos conocerlo. Conmigo irían el poeta Justo Jorge Padrón y el novelista León Barreto. MVLL concertó la entrevista. Y cuando llevábamos media hora en casa de MVLL apareció Gabriel García Márquez, sonriente, bromista y con el mono azul añil del que había oído yo hablar un tiempo atrás. A mí ya me conocía por carta —nos habíamos intercambiado algunas misivas, gracias a que Inventarios había publicado uno de los libros de cuentos de Felipe Orlando, un pintor mexicano, íntimo amigo suyo—, pero a los otros dos escritores canarios no. El caso es que cada uno de nosotros llevó un ejemplar de *Cien años de soledad* para que nos lo firmara, allí mismo, su autor. García Márquez tomó en sus manos cada ejemplar, lo observaba con cierto detalle y nos lo iba firmando a cada uno. Cuando Justo Jorge Padrón le dio el suyo, García Márquez le puso más atención que a los demás. «Éste está virgen. Es recién comprado», dijo mirando el lomo del ejemplar que Jorge Padrón le había entregado. Efectivamente, el poeta había adquirido la novela media hora antes de llegar a la casa de MVLL. Y eso no se le pasó desapercibido a Gabriel García Márquez, un lince bragado en todos esos pequeños detalles.

En esa misma reunión noté que MVLL hablaba poco. Miraba con cierta distancia a García Márquez y llegué a una conclusión quizá prejuiciosa para entonces: al novelista peruano no le gustaban muchas de las salidas, más o menos fáciles, que el colombiano demostraba en público. «Ahora me voy al cine», dijo García Márquez al despedirse. «¿Vestido así?», le pregunté un poco provocativamente. «Claro —me dijo—, es para asustar a los burgueses». Y MVLL volvió a mirarlo con desdén. Entonces reparé en que, además, García Márquez llevaba los calcetines de distinto color, como que no prestaba atención alguna a su indumentaria exterior. Desde ese momento, siempre que veía a Kiko Ledgard por televisión me acordaba con una sonrisa de aquella vez que había conocido a uno de los mejores novelistas del mundo en la casa barcelonesa de MVLL. También el *showman* televisivo llevaba siempre en sus actuaciones calcetines de distinto color en cada pie.

Algo importante, sin embargo, había ocurrido a estas alturas de la historia y la amistad entre MVLL y García Márquez. El caso Padilla había estallado en La Habana dos años antes. MVLL, y otros muchos escritores, intelectuales y creadores artísticos, habían mostrado su disconformidad con la actitud dogmática de la Revolución Cubana en la política cultural. Aunque García Márquez no había tomado claramente partido por Fidel Castro, en el grado en que lo tomaría a partir de este momento, tampoco firmó la carta de protesta que los escritores enviaron al comandante Castro. Es posible que tratara con su actitud de evitar la ruptura que el caso Padilla venía a provocar. Probablemente, avezado lince de las agencias de prensa, se quedó al margen no dando pábulo a las noticias que llegaban de Cuba y circulaban por todos los periódicos del mundo. En una entrevista concedida a Julio Roca en el *Diario del Caribe* recogida más tarde parcialmente en los documentos sobre el caso que publicaría la revista *LIBRE* en su número uno (pp. 95-145), García Márquez afirmaría que «no firmé esa carta de protesta porque no era partidario de que la mandaran». Y añade: «Sin embargo, en ningún momento pondré en duda la honradez intelectual y la vocación revolucionaria de quienes firmaron la carta». Y dice algo, además, que marca la diferencia entre la política activa y la actividad de la escritura. «Lo que pasa —confiesa García Márquez— es que cuando los escritores queremos hacer política, en realidad no hacemos política sino moral, y esos dos términos no siempre son compatibles. Los políticos, a su vez, se resisten a que los escritores nos metamos en sus asuntos y por lo general nos aceptan cuando les somos favorables, pero nos rechazan cuando les somos adversos. Pero esto no es una catástrofe. Al contrario, es una contradicción dialéctica muy útil, muy positiva, que ha de continuar hasta el fin de los hombres aunque los políticos se mueran de rabia y aunque a los escritores les cueste el pellejo». Afirmación que, sin duda, compartimos muchos escritores y que, tal vez, proceda de la doctrina intelectual de Albert Camus, autor y pensador por el que MVLL siente una determinada predilección. Así, años más tarde, consumada la ruptura amistosa entre los dos escritores —MVLL y García Márquez—, el novelista peruano declarará a Alberto Bonilla (*Caretas,* núm. 738, Lima, 7 de marzo de 1983) con referencia al papel moral del escritor en el ámbito de la política activa que: «Sí, me parece una fórmula absolutamente exacta. Albert Camus decía una frase que ahora comparto absolutamente: cuando un problema pasa del plano político al plano moral es cuando realmente el problema puede empezar a resolverse. Yo creo que es absolutamente exacto. Los problemas políticos me interesan en cuanto plantean problemas de tipo ético»[48]. Y a Ricardo A. Setti le dice que «un escritor puede ser un hombre radical o conservador, pero lo que está obligado a ser siempre es intelectualmente íntegro, y no incurrir en el estereotipo, en el cliché o en la pura mentira retórica para conseguir el aplauso de un auditorio», afirmación que supedita bien a las claras el hecho ideológico a la conducta moral de cualquier intelectual, creativo o no. Cuando el propio Ricardo A. Setti le pregunta por las diferencias políticas y el distanciamiento personal que ocurrió «en el caso de García Márquez», MVLL contesta exactamente: «Mire, yo no me peleo con las personas porque discrepen políticamente de mí. Yo tengo grandes discrepancias con el escritor uruguayo Mario Benedetti. He tenido polémicas con él. Y sin embargo le tengo mucho aprecio... No nos vemos ahora hace mucho tiempo, pero le tengo mucho respeto, porque, además, es un hombre muy consecuente que trata de vivir de acuerdo con sus ideas. Yo tuve un distanciamiento personal con García Márquez por asuntos de los que no quiero hablar...». Y Setti continúa preguntando, metiendo el estilete dialéctico: «Además de la cuestión política...». Y MVLL contesta: «... una cuestión personal. Pero estoy en contra de las discrepancias políticas si se convierten en enemistades personales. Eso me parece una manifestación de barbarie»[49].

Ni García Márquez ni MVLL han querido hablar de su ruptura personal. Ni siquiera en privado, a los amigos íntimos. La instantánea de 1974, cuando MVLL y toda su familia estaban a punto de trasladar «definitivamente» su residencia a Lima, muestra a los amigos despidiendo al novelista peruano en Barcelona. García Márquez, Jorge Edwards, MVLL, José Donoso y Ricardo Muñoz Suay. La fotografía, como hemos dicho, ha sido tomada en casa de la agente de los cuatro escritores latinoamericanos, Carmen Balcells. Nunca hasta ahora han vuelto a encontrarse los miembros de ese grupo de escritores de élite, los mismos que aparecen en esa fotografía. Nunca han querido hablar, como hemos dicho, MVLL y García Márquez de sus relaciones, amistades y complicidades. Tampoco de su ruptura, estrepitosa y violenta. Todo ocurrió en 1976, en el Palacio de Bellas Artes de la ciudad de México. Allí, *coram populo,* volvieron a encontrarse «los viejos amigos», MVLL y García Márquez. Una multinacional cinematográfica iba a estrenar una de sus películas. Las cámaras fotográficas estaban dispuestas para el abrazo amistoso entre los dos viejos compinches, aunque para los *iniciados* algo había ocurrido en ese tiempo, desde que los Vargas se habían ido de Barcelona a vivir a Lima, desde que García Márquez había decidido trasladar su residencia al barrio residencial de El Pedregal, en México. Todos los presentes quedaron impresionados y sorprendidos por el puñetazo que MVLL propinó a García Márquez cuando el escritor colombiano venía a abrazar al novelista peruano. García Márquez cayó al suelo, ante el asombro de los asistentes. MVLL giró en redondo y dijo a su mujer, que lo acompañaba: «Vámonos, Patricia». Al día siguiente, los teletipos habían enviado al mundo entero el acontecimiento *menos* literario que dos grandísimos escritores latinoamericanos, tenidos hasta entonces por íntimos amigos, habían llevado a cabo en público. Francisco Igartua, director de la revista limeña *Oiga,* y amigo de ambos (aunque mucho más de MVLL), me comentaría años más tarde: «Yo estaba presente. Fue terrible. Cuando nos dimos cuenta, Gabriel estaba en el suelo y Mario se había ido. Fui yo quien trajo el bistec para bajarle la hinchazón al ojo de Gabo». El testimonio de Patricia Vargas Llosa, sin embargo, no coincide con las versiones periodísticas: «Felizmente, yo no estaba en esa pelea», me ha confesado años más tarde del incidente.

Todas las versiones de la ruptura entre ambos amigos han sido barajadas por las intrigas mezquinas, debajo de las cuales vibra siempre un componente altísimo de envidia, malsana ideología y deseos de escandalosa chismografía. ¿Qué fue el «algo» que determinó la violenta y aparentemente repentina ruptura de MVLL con García Márquez? Tengo para mí que la complicidad entre los dos, nacida como un «flechazo» en 1967, cuando ambos se encontraron en Caracas, se había ido deteriorando a lo largo del tiempo. Las fisuras ideológicas, puestas de manifiesto en situaciones límite, tal el caso Padilla, no hicieron más que acelerar la distancia efectiva en la que la amistad de ambos se refugiaba desde hacía tiempo. Las versiones que circulan por los medios intelectuales son el «añadido imaginativo» que echa a volar el factor morboso de la fama. Y, por otro lado, no cabe duda de que todas las personas, y sobre todo las que están hechas de carne y hueso, pasiones y pulsiones psíquicas donde vibra el talento de la creación, tienen zonas oscuras, determinadas actitudes enigmáticas, inesperadas o, simplemente, contradictorias. De ello no van a librarse ni los grandes escritores, como el caso de Victor Hugo, por alejarnos en el tiempo, ni los actores ni los bailarines. Tampoco pueden quedar al margen de esas zonas oscuras de la conducta quienes son galardonados con el Premio Nobel de Literatura. O aquellos otros escritores a quienes la opinión pública señala como incuestionables candidatos al mismo galardón. MVLL, sin embargo, ha declarado que esta ruptura se debió, en gran medida, a asuntos personales entre García Márquez y él mismo. Pero, algún tiempo después de esa misma declaración, el novelista peruano se vio envuelto, gracias como siempre a la virulencia dialéctica de la que hace gala en ciertos foros públicos, en una polémica con el también novelista Günter Grass. Una vez más, García Márquez apareció flotando en el aire de la discusión. Grass defendió la postura política de García Márquez, público castrista frente a casi todos los demás escritores latinoamericanos de cierto renombre. MVLL criticó una vez más al novelista colombiano y le dedicó el calificativo de «cortesano de Castro». Fue en Nueva York, con motivo de una reunión del PEN Club Internacional. En su respuesta a Grass, fechada en Londres, el 28 de junio de 1986, MVLL dirá refiriéndose a la relación con García Márquez y como recordatorio a Günter Grass: «Él y yo fuimos muy amigos; luego nos distanciamos y las diferencias políticas han ido abriendo un abismo entre nosotros en todos estos años»[50].

Por su parte, García Márquez fue una vez entrevistado para la televisión, en una de las pocas ocasiones que permitió grabar su imagen y su voz. Se le preguntó si había perdido algún amigo a lo largo de su vida. «Sólo uno», dijo levantando el índice de la mano derecha, y con un cierto aire de nostalgia en la voz y en el gesto. ¿Era una referencia a MVLL? ¿Se refería a Fernando Botero o a Plinio Apuleyo Mendoza? En todos estos años, además, García Márquez siempre ha mantenido en público su respeto por la honestidad que MVLL exhibe en cada una de sus manifestaciones o actividades políticas, haciendo a veces la salvedad de ese «factor añadido», pasional y quizá excesivo, que el novelista peruano imprime a su conducta pública, a su peculiar compromiso moral y, desde luego, a sus apuestas políticas.

Las veces que volví a ver a García Márquez, en México o en Madrid, nunca salió en la conversación el nombre de MVLL. En su casa de El Pedregal, en San Ángel Inn, México, una noche de febrero de 1979, hablamos de todo. Incluso de las vigas del siglo XVIII que García Márquez enseñaba orgulloso a los amigos que visitaban su casa. Su preocupación esa noche giró en torno a los muertos y desaparecidos en la Argentina del general Videla. «Tú eres el más indicado para llevar esta carta a Ernesto Sábato. Sólo él puede interesarse con garantías por la suerte de Conti y de Walsh», me dijo delante del poeta Ángel González, el editor José Esteban y el también poeta —y gran novelista— Caballero Bonald. Al día siguiente, antes de nuestra partida hacia el sur, García Márquez me entregó la carta a la que había hecho alusión el día anterior. Lo hacía en su condición de presidente de la Funda-

ción Habeas. Al llegar a Buenos Aires, una de las primeras
cosas que hice fue tomar contacto con Sábato. Fui a Santos
Lugares. Le di la carta. Sábato la leyó. Y me dijo al instante:
«Está muy bien que García Márquez se interese por los escritores desaparecidos en Argentina, pero tendría que interesarse del mismo modo por todos los desaparecidos bajo las dictaduras de izquierdas». Ésa era exactamente la contestación que
yo esperaba, conociendo a Sábato. Y era exactamente la crítica
que MVLL hacía, una y otra vez, a la actitud política de García
Márquez. Otra vez, en la primavera del mismo año, 1979, el
entonces presidente del Instituto de Cooperación Iberoamericana, Manuel Prado y Colón de Carvajal, me mandó llamar
con urgencia a su despacho. Allí estaba García Márquez, por si
quería hablar con él. Nos encontramos en uno de esos pasillos
«hispánicos» del Instituto, a caballo entre tapices, alfombras y
silencios diplomáticos navegando por el aire como fantasmas
familiares de esas relaciones, entre incestuosas y preñadas de
tumultos mutuos, que caracterizan a la América Latina con la
(mal) llamada Madre Patria. García Márquez vestía una de sus
guayaberas caribeñas y sonrió al verme. «Hay que evitar que el
Rey de España vaya a Chile, Juancho, mientras esté Pinochet
en el poder», me dijo. Y yo recordé entonces una de sus más
celebradas *boutades* políticas: «No publicaré ni una novela
más, mientras Pinochet sea presidente de Chile», había afirmado por esas mismas fechas. Felizmente no cumplió su palabra por mucho tiempo. En esa misma ocasión, en el Instituto
de Cooperación Iberoamericana, en Madrid, bromeé con él di-
ciéndole que ya no hablaba más que con dirigentes políticos...
«Yo ya no me bajo ni de papas ni de reyes», me contestó casi
riéndose. Es su modo caribeño de *mamar gallo,* de introducir
una frase de humor brillante en una conversación que es y parece seria, esa misma fórmula que sedujo a MVLL en el momento de conocerlo, «el carácter obsesivamente anecdótico con
que esta personalidad se manifiesta», según el propio MVLL
escribiera.

Tras la ruptura entre ambos escritores, pasó mucho
tiempo antes de que yo pudiera hablar de García Márquez en
presencia de MVLL, bien por delicadeza, por respeto o por

prudencia. O por las tres cosas a la vez. Sabía por Carlos Barral que MVLL había dado órdenes para que *García Márquez. Historia de un deicidio* no fuera reeditado. «Sólo pude publicar una primera edición de veinte mil ejemplares, y ahí se acabó todo», me confesó compungido Barral, entre trago y trago, en una de nuestras múltiples tenidas confidenciales. Tampoco, según parece, existen traducciones a otras lenguas cultas del ensayo que MVLL dedicó a García Márquez. Sólo en el verano de 1983 pudimos hablar de García Márquez en público con MVLL. El novelista peruano había sido invitado por el entonces rector de la Universidad Internacional Menéndez Pelayo a recibir la medalla de oro de la institución. Debía venir a Sevilla, a clausurar con una charla personal el curso sobre literatura española e hispanoamericana que yo mismo dirigía en ese momento. MVLL leyó en público un texto extraordinario, «El país de las mil caras», en el palacio conocido como Casa de los Pinelo, en pleno corazón del barrio de Santa Cruz. Al final del acto, el rector Roldán invitó a algunos de los escritores presentes en el curso a un almuerzo en el restaurante La Albahaca. A los postres, tras una amistosa y distendida velada, comenzamos los chistes, el relato de múltiples anécdotas en las que brillaba el ingenio de muchos y la memoria de todos. Recordé entonces lo que el novelista Alfonso Grosso me había dicho hacía algunos años. Y me atreví a contárselo a MVLL y a todos los presentes. Alfonso Grosso —magnífico novelista, sobre todo en *Florido mayo*— sostenía desde largo tiempo atrás que el *boom* de la novela latinoamericana de los años sesenta había venido a «hundirnos, a nosotros, a los novelistas españoles». «Y tú lo sabes, Juancho, entre el Negro y el Indio han acabado con nosotros», aseveraba con su particular violencia gestual. «¿A quiénes te refieres, Alfonso?», le pregunté con ironía entonces a Grosso. «Ya tú lo sabes —me contestó casi comiéndose las sílabas de las palabras—, el Negro es García Márquez y el Indio, tu amigo, Vargas Llosa». Tal vez sin darse cuenta también a Grosso le había salido una ingeniosa *mamadera de gallo,* que venía a traducir ese largo desencuentro entre la pléyade de novelistas españoles y los latinoamericanos del *boom.* O, al menos, expresaba un cierto estado de ánimo, extendido y asumido por los novelistas españoles del momento. Al final del relato, los presentes en el restaurante La Albahaca estallaron en carcajadas. Incluso MVLL, que no conocía la anécdota. Inmediatamente, MVLL se dirigió a mí, que estaba enfrente, y me dijo: «No es negro. Es turco». Su tono humorístico me tradujo que había encajado bien el relato que yo había hecho del criterio de Grosso. Y, además, que algo podía estar cambiando a lo largo del tiempo en el «abismo» irreconciliable que se había abierto entre los dos algunos años antes.

Dentro de todo este anecdotario, que recorre la leyenda y la realidad de la amistad de estos dos grandes escritores, está la historia del viaje que, tras conocerse, hicieron ambos a Colombia. Según parece, ahí no conoció MVLL al telegrafista Gabriel Eligio García, el padre de García Márquez, sino en 1972, de camino a Lima, cuando Gabriel Eligio García reprendió a MVLL porque «en su libro le quita un año. Gabito nació en el 27», le dijo. Probablemente el telegrafista de Aracataca (vivió luego en Riohacha, más tarde en Barranquilla y en Sucre) ya se había instalado con su familia en Cartagena de Indias. Una entrevista de años más tarde, cuando García Márquez fue galardonado con el Premio Nobel de Literatura, recoge algunas opiniones enjundiosas de Gabriel Eligio García, ya anciano, pero con ese gran sentido del humor que descansa en la *mamadera de gallo* de los caribeños, sin distinción de nacionalidad, ideología o religión.

«Desde pequeño, desde chiquitito, Gabito siempre ha sido un mentiroso. En toda su vida no ha hecho otra cosa que contar mentiras», declaró Gabriel Eligio García. El periodista insistió, y le recordó al anciano la visita que MVLL le hiciera años antes. «¿Ése, Vargas Llosa? Ése todavía es mucho más mentiroso que Gabito», contestó impertérrito el ilustre Gabriel Eligio García. Ni un cuento irónico inventado por su hijo, o por el propio MVLL, hubiera ido más lejos en la definición por libre de la profesión de ambos escritores. Ese género literario que llamamos novela, que muchos colocan a lo largo de la historia entre la extremaunción y la perenne resurrección, era la obsesión de ambos, que habían llegado precisamente a través del relato, del cuento escrito y de *la verdad de las mentiras* —así tituló MVLL el volumen que recoge algunos ensayos sobre novelas y autores que son sus preferidos en el siglo XX[51]— a ser quienes efectivamente habían soñado ser cuando eran jóvenes, felices e indocumentados. Luego sobrevino el triunfo, el éxito, la apoteosis, el *boom,* el Premio Nobel y tantas otras cosas, problemas personales y políticos entre ambos, que distanciaron, hasta el momento, la leyenda de una amistad cómplice que pudo haber sido indestructible. «Me parece un premio político», declaró MVLL, desde Italia, cuando la Academia Sueca concedió el Premio Nobel a García Márquez en 1982. «Jorge Luis Borges lo merecía mucho más», apostilló.

Han pasado algunos años. Determinados acontecimientos políticos han ido distendiendo, aunque siempre en la distancia, la relación entre García Márquez y MVLL. A lo largo de todo este tiempo, la «mentira ideológica» que pulula indignamente en muchos de nuestros círculos intelectuales y políticos ha trasladado al terreno del más primitivo de los maniqueísmos toda discusión pública o privada en relación con MVLL y García Márquez. Así, la simplificación más inicua nos repite machaconamente que MVLL es un escritor de derechas, mientras García Márquez lo es de izquierdas. Y de ese círculo vicioso (y a todas luces ridículo, desde cualquier punto de vista, incluido el ideológico) todavía no hemos podido salir, ni siquiera los que nunca hemos entrado en tales lucubraciones, que responden más a pasiones elementales —no ajenas a la mezquindad y a las envidias de una y otra parte en la persona de los turiferarios, acólitos y amigos de ambos— que a la *realidad real* a la que MVLL hace alusión en sus estudios sobre la novela.

A mí mismo me llegó el momento de «tomar partido», según algunos de los empeñados en colocar a García Márquez y MVLL en dos bandos irreconciliables. Cenaba en Barcelona con una amiga íntima de García Márquez y MVLL. Ese ser, también extraordinario, pasó en su conversación conmigo a confesarme las angustias que le producían ciertas posturas públicas, siempre relacionadas con la política, que asumía MVLL. Me añadió que, en ese momento preciso, García Márquez estaba en la ciudad Condal. «Me gustaría verlo —le comenté—, hace tiempo que no hablo con él». Me miró de hito en hito, y muy seriamente me dijo: «Estás loco. Tú ya has escogido hace tiempo...». Quizá tuviera parte de razón nuestra mundana amiga. Ella conocía el empeño que yo había demostrado, desde años atrás, en escribir un libro sobre la aventura personal, literaria y política de MVLL. Sabía de la defensa pública que yo había asumido siempre con respecto al novelista peruano, aunque no comulgara enteramente con algunos de sus criterios, fueran éstos políticos o literarios. Pero eso no incluía la exclusión de García Márquez como uno de los novelistas que más me interesaban en el mundo de la novela contemporánea. Se lo dije a nuestra amiga. Y ella insistió: «De todos modos, tú ya has escogido. Se te nota en todo lo que dices y haces, en todo lo que escribes y defiendes». Recordaba esta conversación el día en que García Márquez, ya Premio Nobel de Literatura, entró en un acto público al que también asistiría Felipe González, hacía poco elegido presidente del Gobierno socialista de España. García Márquez entró en el escenario. Fue aplaudido por todos los asistentes al acto que se realizaba en el Palacio de Congresos y Exposiciones, en Madrid. Cuando acabó la ovación, García Márquez se sentó. E inmediatamente, tomando una postura muy peculiar (con la mano derecha mesándose la mandíbula), miró al público. Yo estaba en las primeras filas. Detuvo sus ojos un instante. Lo saludé con la cabeza. Me dio la impresión de que se había dado por aludido. Sin sonreír, asintió dos o tres veces con la cabeza. Quizá estuviera pensando, en ese momento, en el único amigo que había perdido a lo largo de toda su vida: MVLL, el novelista que —según nuestra amiga común— yo había elegido hacía mucho tiempo, mucho antes de que García Márquez hubiera ganado el Nobel de Literatura; mucho tiempo antes de que, incluso, se hubiera publicado *Cien años de soledad;* mucho tiempo antes de oírle a Carlos Barral aquella *mamadera de gallo,* excesiva e injusta, que definía al gran novelista colombiano como «un narrador oral del norte de África». Ni que decir tiene que no he compartido nunca el punto de vista literario de Barral sobre García Márquez.

Todavía regreso algunas tardes a las páginas de *Cien años de soledad* o a las de *Crónica de una muerte anunciada* para extasiarme con esa perfección imaginativa que García Márquez pone en toda su escritura. Me parece estar viéndolo todavía, a media tarde, mientras aparca sobre la acera, en los alrededores de la plaza de Calvo Sotelo, en Barcelona, un despampanante BMW de color azul metalizado. Se baja del coche. Sonríe, moviendo sin darse cuenta su eterno bigote «turco» sacado quizá de alguna de las películas de Groucho Marx. O tal vez se vio algún día en las filas imaginativas de los mexicanos que luchaban con Emiliano Zapata en la Revolución. Se acerca frotándose las manos al lugar donde estoy sentado. Se lleva una mano a la cabeza, para acariciarse levemente el cabello ensortijado. Sonríe de nuevo. «Le he dicho a Mercedes que los canarios son iguales a los colombianos. Se pasan toda la vida hablando, mamando gallo y tomando tragos de ron durante todo el día y la noche», me comenta.

8. De aquí a Lima. El regreso a la memoria (1974)

Las reformas del general Velasco Alvarado, que había dado un golpe de Estado al presidente Belaunde en el año 1968, no habían sido más que un espejismo promocionado por la euforia de los primeros tiempos de su estancia en la Casa de Pizarro. Cuando MVLL llega a Lima, son los mismos militares los que conspiran contra Juan Velasco Alvarado, tratando de dar un giro distinto a la llamada revolución nacional del Perú. MVLL no saludó efusivamente el golpe de Estado de los militares en su país. Se tomó algún tiempo e hizo tímidas declaraciones que mostraban su cautela, aunque no excluían la intuición de cierto fracaso en los planes del presidente Velasco Alvarado.

En Lima, MVLL se insertó de lleno en la vida social, recuperó a sus viejos amigos, se afianzó en su propio país sin dejar de desplegar una actividad literaria e intelectual que seguía asombrando a propios y a extraños. La disciplina había dejado de ser una constante sorpresa para transformarse en una característica esencial de su trabajo. Seguía viajando incansablemente, aunque mantuvo su residencia en Reducto, en el viejo barrio de Miraflores, Lima, que tantos recuerdos y nostalgias le traían al escritor y a toda su familia. En sus cercanías había vivido hasta que marchó a Europa. A sus cercanías regresaba luego de tanto tiempo en el exilio voluntario. Perú, por otro lado, seguía empobreciéndose. El mito de Luis Banchero Rossi, el único civil que podía ir menguando el poder militar y que, por tanto, se sentía como un peligro para quienes gobernaban el país, había sido poco a poco desmontado. Finalmente, Banchero Rossi, que llegó a poseer un imperio económico, industrias de harinas de pescado, inmobiliarias, medios informativos (hasta once periódicos) y una influencia en la sociedad civil peruana que ponía nerviosos a los militares y a muchos civiles, fue asesinado en una extraña operación que sacó del anonimato a Juanito Vilca, el hijo de sus jardineros, un personaje del que todos dudamos siempre que llegara a cometer semejante acción. Pero le quitaron la vida. Y, muerto el perro, se acabó la rabia. Eugenia Sessarego, secretaria y confidente de Banchero Rossi, tuvo que pasar mil humillaciones en la vista del juicio, tantas o más que las que Juanito Vilca le hizo pasar mientras mantenía a Banchero y a ella misma secuestrados, en la mansión que el industrial poseía en Lima.

MVLL no se distrajo de su destino. Siguió viviendo literariamente, también en Lima, tras recuperar la cercanía de la amistad de Blanca Varela, Fernando de Zsyszlo, Freddy Cooper y algunos otros íntimos amigos que siempre le fueron fieles. *Caretas,* de Lima, dirigida por Enrique Zileri; *Vuelta,* de México, la revista de Octavio Paz; *Papel Literario,* de *El Nacional* caraqueño, influido notablemente por Otero Silva; *Cambio 16,* de Madrid, dirigida por José Oneto, y muchas otras publicaciones siguieron contando con su firma, a pesar de la ausencia física. Un dato socioliterario fundamental se produce en la vida de MVLL en 1976: fue nombrado presidente del PEN Club Internacional, una asociación de escritores independientes —y de todas las inspiraciones ideológicas— que luchaba por la libertad y la defensa de los derechos del escritor allá donde fuera reclamada. Y aquí volvió a desplegar MVLL sus dotes de diplomático y, como contrapartida, escritor polémico. Recorrió el mundo interesándose por los escritores que, en sus países respectivos y por sus ideas y actividades políticas, habían sido privados de libertad. En diversas capitales del mundo oriental, e incluso en la Unión Soviética y China, MVLL negoció la apertura y la revitalización de oficinas activas del PEN Internacional. En suma, no perdió el tiempo. Todavía recuerdo una de esas reuniones en Madrid, para que el PEN español tomara por fin carta de naturaleza. Existía, en inmersión, un PEN catalán, que limitaba su actividad a la geografía y la lengua catalanas. Pero el PEN español había languidecido hacía décadas y nunca más se había oído hablar de su posibilidad de relanzamiento. MVLL reunió en el despacho de ediciones Alfaguara, en Torres Blancas, a un grupo de amigos y escritores, entre los que recuerdo todavía a Jaime Salinas —que dirigía la editorial—, Gabriel y Galán, Jesús Aguirre (que luego sería nombrado Director General de Música y terminaría siendo, por matrimonio, duque de Alba), Carlos Barral, Caballero Bonald, Leopoldo Azancot, José Esteban y algunos más. Se trataba, según MVLL, de «refundar» el PEN Club de España. Los primeros escarceos para esa refundación tuvieron buen pie: una delegación de seis escritores viajó a Estocolmo, en pleno congreso del PEN Club Internacional. Se trataba de pedir la homologación internacional de la lengua española, cosa a la que se negaron ostensiblemente los escritores que formaban parte de la delegación oficial del PEN Club catalán, dirigidos y presididos por Palau i Fabre, delegación en la que también se encontraba la escritora Marta Pessarrodona. Caballero Bonald, en un francés de resonancias arábigo-andaluzas, con tendencia al argelino fonético, lanzó la idea en pleno congreso. MVLL puso gesto de asombro al ver la reacción de los catalanes. Fue una anécdota junto a otras muchas, que yo mismo viví en pleno Estocolmo y de cuyo recuerdo se ha nutrido un reportaje inédito —todavía— titulado *Diario sueco de un escritor tropical*. Estamos en el verano del año 1978. Un año antes, yo mismo había corrido el riesgo de viajar a Australia, ya que se celebraba en Sidney uno de esos congresos del PEN Internacional, que presidía MVLL. Habíamos sido llamados allí para pedir la entrada del PEN Club español en la organización internacional. La Gestora española del PEN me envió a mí. A ese viaje y a mi intervención en el congreso se referirá MVLL en su texto sobre *Las naves quemadas* escrito en 1982, con motivo de la publicación de mi novela. «El imberbe entusiasta de hace quince años es ahora un hombre apodíctico y barroco —escribe MVLL— de iniciativas múltiples y sorprendentes, capaz de organizar una peregrinación pecaminosa de escribidores españoles a los predios tailandeses del «masaje corporal» y dos días después, vestido de punta en blanco y con collares de papel en el pescuezo, pronunciar un discurso, en un congreso del PEN Internacional en Sidney, en lengua maorí (yo lo he oído)». Era verdad, sobre todo la referencia a mi inexistente inglés en aquella reunión australiana. El texto, publicado en España por el *ABC,* sirvió además como prólogo de la edición de *Las naves quemadas* en Círculo de Lectores[52].

«No te ha hecho ningún favor. Tú se lo pediste y él hizo el texto», me dijo Carmen Balcells cuando le confesé que no me había gustado, ni mucho ni poco, lo que MVLL había escrito para *Las naves quemadas.* «No te hace justicia alguna. Es un texto a olvidar», me repitió Carlos Barral en esa misma ocasión. Pero yo quise publicarlo, que abriera la edición de Círculo de la primera novela mía que editaban. Mis conversaciones literarias con MVLL en aquel entonces se limitaban, lo recuerdo bien, a contradecirlo en lo referente a ciertos nombres de mi generación narrativa, una cosecha contradictoria, como todas, pero a veces mucho más petulante que ninguna. No voy a citar los nombres de quienes, leídos o no por MVLL, eran sostenidos en vilo por los criterios del novelista peruano en las ligeras discusiones que con él mantenía. En Sidney, por ejemplo, en pleno congreso del PEN, cuando estábamos hablando de su reciente *La tía Julia y el escribidor* —le había llevado un ejemplar de la edición para que me lo firmara—, saltaron los nombres de algunos jóvenes novelistas españoles. MVLL no los conocía a todos pero sentía interés por ellos. El padre de uno de los más célebres del grupo se había dedicado a viajar, mientras daba conferencias en América Latina resaltando el papel de Madre Patria de España como en los mejores tiempos del Instituto de Cultura Hispánica, con ejemplares de las novelas de su hijo debajo del brazo para irlos dejando en las casas de los más notables escritores latinoamericanos. MVLL era uno de ellos, pero Edwards —que me ha relatado en el mismo tono tal asunto— era otro. Tardé en volver a hablar con MVLL sobre los escritores de mi generación. Cuando me pide noticias de algunos nuevos, yo siempre le digo los mismos nombres. «¿Y los demás?», me pregunta. «También están muy bien», le contesto siempre con la misma sonrisa.

Arguedas vuelve a ser un punto de referencia para MVLL en esa escala limeña que para muchos parecía definitiva. Fue con motivo de su incorporación como miembro de la

Academia Peruana de la Lengua. Luego de mostrar su extrañeza, recordando que si hace veinte años le hubieran dicho que iba a ser académico lo hubiera tomado a broma, MVLL añade que ha aceptado la «cariñosa conspiración» para estar en la Academia por dos razones fundamentales: el desamparo de la literatura en el Perú (las cosas no han cambiado mucho en ese sentido desde que marchó a París y dejó el Perú hace diecinueve años) y «por afirmar el orgullo que todo peruano debería sentir de hablar en castellano y de ser, gracias a España, miembro pleno de una de las más dinámicas provincias culturales del mundo». Arguedas era el centro de su discurso, pero —metafóricamente— volvía a referirse a esa lucha, a esa soledad del escritor —como antes lo había hecho con Oquendo de Amat y con Sebastián Salazar Bondy— en la sociedad peruana, rodeado de sapos y halcones, tal como se expresaba «realmente» (aunque también resultara una dramática metáfora) el autor de *Todas las sangres* y *Los ríos profundos*. Años más tarde, en noviembre de 1996, MVLL publicará en México, en el Fondo de Cultura Económica, *La utopía arcaica. José María Arguedas y las ficciones del indigenismo,* ensayo del que hablaremos más adelante, en la última parte de este libro.

Vivir en Perú, familiarizarse de nuevo con las normas caóticas, con sus amigos reencontrados, no cambió la existencia de MVLL. En aquellas reuniones de Sidney, a finales del año 1977, MVLL desplegó toda la exquisita diplomacia de la que era capaz, entre coreanos, británicos, filipinos, mexicanos, croatas en el exilio, judíos, árabes, cristianos de todas las latitudes, escribidores. Como un predicador cuyo negocio fuera fundamentar el PEN en el mundo, MVLL deslizaba palabras prudentes y cautas en las conversaciones con los casi siempre excitados escribidores. No podíamos ni soñar entonces que, años más tarde, el muro de Berlín iba a caer para siempre, que Mijail Gorbachov nos enseñaría las cuentas de uno de los reinos más oscuros de la historia del mundo y que, incluso, era posible establecer las fronteras —aunque todavía hipotéticas— de la Croacia libre de la que hablaban algunos de los escritores invitados a la reunión del PEN, que vivían exiliados en Australia. Durante un par de días, MVLL mostró sus varias diplomacias personales, consultivas e influyentes, por todos los ámbitos del congreso. Luego cayó enfermo, aunque yo nunca vi que su estado griposo fuera tan grave. Cuando reapareció en la reunión internacional vestía una guayabera típica de Filipinas, y las malas lenguas de la reunión mantenían que «se había fugado» a Bangkok y a Manila por unos días... Nunca creí del todo semejante infundio...

Quizá el olor de Lima, la recuperación de ciertas geografías miraflorinas, su más cercana y casi cotidiana relación con la familia que había dejado atrás unos años antes, le hicieron relanzar el viejo proyecto de escribir una novela sobre un «radionovelista» que había conocido en su juventud —miraflorina, desde luego— y le exigieron la entrada en esa misma novela —la de Pedro Camacho, la de Raúl Salmón— de algunos demonios personales que, capítulo a capítulo, fueron cobrando categoría protagonística en el momento de la creación literaria. *La tía Julia y el escribidor* ve la luz de las librerías en 1977. Las huellas autobiográficas son evidentes, no se niegan al reconocimiento de cualquier lector avisado —por primera vez, en la novelística de MVLL— y mantiene ese factor de humor, en este caso hasta la ternura confesional, que ha hecho que muchos críticos la relacionen con la literatura escrita por Manuel Puig —entre ellos, Cabrera Infante y Andrés Amorós— y con la manía de escribir que delata, a lo largo de toda su vida, Corín Tellado.

Pero, como bien dice Oviedo, el gran proyecto que MVLL tiene en mente desde que sale de Barcelona y en los primeros momentos de su estancia en el Perú es una novela épica, todavía nebulosa, que flota en su cabeza como fruto de sus trabajos como coguionista con Ruy Guerra en 1973, conforme terminaba la novela *Pantaleón y las visitadoras.* Se trataba de la histórica rebelión de Canudos, con toda la trama religiosa fanática que la leyenda había dejado tras de sí mitológicamente, una historia que MVLL había conocido por la lectura de *Os Sertões,* de Euclides da Cunha. Con una exhaustiva voluntad documental, para luego permitirse el juego de la libertad en la creación de su novela, MVLL trabajó intensamente en la recopilación de datos y material informativo, desde 1976 hasta que marchó «al áspero desierto brasileño para observar de manera directa aspectos del ambiente en el que su relato tiene lugar»[53]. *La guerra del fin del mundo* es una sorpresa para todos. Primero porque MVLL escribe por primera vez una novela que *sucede* y *es* de un país que no es el suyo; segundo, porque escribe una novela que es el resultado de un demonio literario (sigo, naturalmente, su nomenclatura), el que le depara la lectura epifánica de *Os Sertões,* un documento sociológico e histórico descomunal; tercero, porque contradiciéndose una vez más MVLL regresaba a la monumentalidad literaria, a la obsesión de la *novela total,* esa especie de angustia que hace que el novelista, sumergido en la creación de sus personajes y episodios narrativos, intente —casi siempre inútilmente— abarcar el mundo de una manera absoluta y en todas sus dimensiones dentro de la mente que dirige, como un deicida, el proyecto novelesco. *La guerra del fin del mundo* resulta la preferida de las novelas de MVLL, según el propio escritor confiesa a Ricardo A. Setti[54] y a otros muchos periodistas que se han interesado, dentro y fuera del Brasil, por la etiología de la narración y por todos los problemas de todo tipo que escribir una obra de tales dimensiones acarrea al novelista. Para mí, y también para otros muchos, es su novela tolstoiana, su *Guerra y Paz,* al intentar hacer determinadas comparaciones nada odiosas, al menos en este caso. Cuando estaba escribiéndola, MVLL confiesa que «salvando las distancias del caso, siempre quise escribir una novela que fuera de algún modo lo que pudo ser, respecto a su época, digamos *Guerra y Paz* o las series históricas de Dumas o *Moby Dick* inclusive; es decir, libros con una gran peripecia épica. Creo haber encontrado en esta historia esa posibilidad»[55]. La novela se publicó en octubre de 1981, simultáneamente en México, Caracas y Barcelona (en dos sellos editoriales: Seix Barral, edición de lujo, y Plaza y Janés). En esa misma fecha, en Madrid, en un programa radiofónico de Luis del Olmo, dice que aún no conoce al Rey de España. Desde el Palacio de la Zarzuela, MVLL recibe una llamada sorprendente. S. M. el rey Juan Carlos I lo recibirá esa misma mañana, en audiencia privada. Las instantáneas fotográficas dan muestra de la cordialidad y de la afabilidad del encuentro entre el Rey de España, cuyos criterios democráticos ya nadie ponía en duda tras los valleinclanescos y sórdidos episodios del 23-F, y el escritor peruano.

Curiosamente, la cercanía de su familia, su estancia en el Perú (salvo los pequeños viajes para «tomar aire en el exterior», o el curso —desde la segunda mitad de 1977 hasta mayo de 1978— que dio en la cátedra Simón Bolívar, en la Universidad de Cambridge, Inglaterra) hacen que MVLL regrese a sus demonios familiares, simultaneados con la obsesión literaria de Canudos y *Os Sertões*, en esa época que también marca a MVLL por su vuelta a un género literario con el que había comenzado, en la lejana Piura —en el tiempo y en el espacio— a ejercitarse como escritor principiante: el teatro. *La señorita de Tacna* fue escrita, precisamente, en la distancia peruana, en Cambridge, cuando MVLL se encontraba ocupando la cátedra Simón Bolívar. Fue estrenada en Buenos Aires, con la actriz Norma Aleandro en el papel fundamental de la obra, que dirigió magistralmente entonces Emilio Alfaro. *La señorita de Tacna* se publicó en Barcelona, en 1981, en el mes de abril, unos meses antes de la edición de *La guerra del fin del mundo*. Ese mismo año recuperó la simpatía de sus lectores y seguidores argentinos, gracias al excelente recibimiento que Buenos Aires hizo a *La señorita de Tacna*. En ese momento, MVLL se ve en la capital argentina con Ernesto Sábato, con quien había mantenido una gran distancia en años precedentes. No creo que sus confesadas predilecciones por Jorge Luis Borges obraran negativamente en el criterio que Ernesto Sábato tenía entonces de MVLL, opinión que conocí desde 1977 y que me callé siempre, hasta hoy.

Sábato había ido a Las Palmas de Gran Canaria a dar una conferencia con motivo del doce de octubre. Llegaba de Buenos Aires luego de más de doce horas de vuelo. No sabía que iba a encontrarse con el Rey de España y con el entonces presidente de México, José López Portillo, que habían determinado celebrar la Hispanidad a medio camino entre Europa y América: en Canarias. Yo fui el encargado de comunicarle a Ernesto Sábato, derrotado de cansancio tras el largo viaje trasatlántico, que su conferencia iba a ser ante el Rey de España y el presidente mexicano. Tras la sorpresa, Sábato se recompuso, sacó sus mejores trapos dialécticos y lanzó una proclama por la libertad de los países de habla española en el teatro Pérez Galdós de Las Palmas de Gran Canaria, el doce de octubre de 1977. Estaban en Las Palmas todos los embajadores de América Latina en España. Uno de ellos, el de Ecuador, era muy amigo de Ernesto Sábato, y también mío. Se llama Alfonso Barrera Valverde, era ya entonces un estimable novelista y un diplomático que, sólo un tiempo más tarde, ocupó la cancillería de su país. Barrera Valverde nos invitó una de esas noches, tras el éxito de Sábato ante los Reyes y el presidente mexicano, a cenar con el novelista argentino y con Alfonso Armas Ayala, gran amigo mío y director de la Casa de Colón de la Casa-Museo Pérez Galdós en ese momento. La velada se desarrollaba amablemente. Yo había escogido El Acuario, ante la pregunta del embajador Barrera Valverde, y todo lo que estábamos viviendo en aquella cena era la traducción de la amistad entre escritores de distintas generaciones, geografías y credos políticos y religiosos, unidos solamente por un vínculo que se revelaba una vez más insoslayable: la lengua española. Entramos entonces en materia literaria. No recuerdo por qué vino a colación el nombre de MVLL. Y entonces estalló la cólera contenida del gran escritor argentino. «Tu amiguito Vargas Llosa, ése, el que me ha robado sin moral ninguna todo lo que yo escribí hace mucho tiempo, antes de que él hubiera nacido. Sí, claro —dijo mirándome y ante mi gesto de sorpresa—, él lo cambia de nombre, habla de demonios pero yo hablé de esas tesis y las escribí mucho antes que él llamándolos como se deben llamar: fantasmas». Se refería a su libro *El escritor y sus fantasmas,* ciertamente anterior al libro de MVLL sobre García Márquez, al que hacía alusión el novelista argentino sin citarlo expresamente. Luego, más calmado, reteniendo su evidente agitación, Sábato habló del *boom* y de muchos de esos novelistas que habían olvidado que antes de ellos y de su triunfo algunos otros, tan importantes como ellos y más, habían estado en el mundo de la literatura con nombres y apellidos: «Onetti, Alegría, Arguedas, Rulfo, Carpentier, incluso Borges», dijo Sábato, seguramente haciendo un esfuerzo al citar a Borges. Fue un incidente sin importancia, pero lo recordé cuando vi en las páginas de *Oiga,* en las fechas del estreno de *La señorita de Tacna* en Buenos Aires, las fotografías de Sábato y MVLL. Y, sobre todo, las declaraciones del argentino aplaudiendo literariamente *La señorita de Tacna* y toda la obra del novelista peruano. Unas amistades literarias se habían vuelto amables; otras, que ayer habían sido íntimas, se habían roto en el curso de la vida. Ése fue el caso de García Márquez, ya narrado en este relato biográfico de MVLL.

Entre viaje y viaje, entre el nuevo descubrimiento del teatro y la vieja lucha por la *novela total,* entre la familia, el Perú y la literatura, la solitaria que siempre alimentó con la energía más pugnaz de su actividad, MVLL seguía viviendo, viajando y escribiendo. Los escenarios vieron sucesivamente encima de ellos, y en varios continentes, los personajes que MVLL había decidido incluir en sus tres obras teatrales escritas hasta el momento: *La señorita de Tacna* (1981), *Kathie y el hipopótamo* (1983), escrita en Lima (vimos, MVLL y yo, una función de estreno de actores aficionados en Miami City, noviembre de 1985, en plena Feria del Libro de la ciudad, a la que MVLL asistió como invitado de honor), y *La Chunga* (1986), escrita en Londres (ciudad a la que MVLL regresaba constantemente hasta elegirla como «patria física» de su segundo exilio), cuyo estreno en Madrid tuvo lugar en octubre de 1987, protagonizada por Nati Mistral.

«A veces no se dan cuenta de que Mario es un pensador que pone en práctica sus ideas sociales y políticas en sus obras de ficción literaria, como lo hacían Hugo y Balzac, por ejemplo», me dijo Emilio Alfaro en una de las tenidas que sostuvimos durante su larga estancia en Madrid, mientras preparaba —primero— y se mantuvo luego en cartel *La señorita de Tacna.* Era verdad. *La guerra del fin del mundo,* como *La casa verde,* pero también como *La ciudad y los perros* y *Conversación en La Catedral,* como casi todos sus libros, llevan implícitos un marchamo ideológico que no quiere, en ningún modo, ser moralizante. Ni moralizador. MVLL pone ante los ojos del lector una barbarie física y geográfica, humana y bestial, que es la que hay en el mundo del que él viene. Exige, a cambio de esa exposición, una defensa del mundo hacia el que quiere que camine, a toda prisa y sin pausa alguna, *su* mundo, el universo que describe y relata en sus libros: la democracia occidental, del corte lógico en nuestro mundo, aquella democracia en la que la injusticia no puede, en ningún modo, cortar de raíz la libertad personal y castrar la crítica al poder. «Nunca fue un marxista —dirá más tarde uno de sus enemigos políticos y literarios, Mirko Lauer—. Sólo era un reformista —añadirá en los momentos en que MVLL parece destinado a ser presidente del Perú— que ahora ha mostrado su verdadero rostro de derechista».

En mi memoria, sin embargo, suenan como claras gotas de agua las palabras de Emilio Alfaro: «No quieren comprenderlo. Es un pensador, un hombre culto, civilizado, que quiere para su país, para América Latina, las mismas soluciones políticas y sociales que ya se ha dado Europa». Y también escucho, mucho todavía, las reacciones de sus enemigos —escritores, casi siempre, y periodistas que llevan en la frente la ceniza de la mentira ideológica y la sumisión de sus criterios al error de una parte de nuestra historia— cuando MVLL saca a colación su principal credo político: el objetivo es dar a los países americanos soluciones democráticas como las de Europa. «¿Cómo va a ser eso? Las soluciones europeas —dicen los adversarios— son para Europa. Para nosotros, los latinoamericanos, y nuestros países, soluciones latinoamericanas y nada más». Ésa es la frenética respuesta al debate que abren las novelas de MVLL, ideológicamente hablando. Ésa y la lectura de aquel panfleto olvidado en el que todos, cuando éramos muy jóvenes e indocumentados, creíamos a pies juntillas: *Revolución en la revolución,* de Régis Debray, un sociólogo producto de la eufórica década de los sesenta, que se perdió en la selva asmática de Cochabamba hasta que los comandos que buscaban al Che Guevara lo detuvieron. El Che cayó poco tiempo después. Y el presidente Pompidou sacó de las cárceles bolivianas a *monsieur* Debray, que escribió también una novela autobiográfica titulada *El indeseable,* mientras vivía en Caracas y hacía la carrera revolucionaria lejos de las aulas de La Sorbona. Más tarde sería asesor del presidente Mitterrand, a quien acabó traicionando al publicar, recientemente, su último testamento rocambolescamente ideológico: *Mañana, De Gaulle.* ¿Es el ejemplo de Debray la «solución democrática» que señala MVLL? ¿O más bien no es Debray la radiografía de la mentira ideológica que ciertas izquierdas retóricas, enemigas de soluciones reales, todavía tratan de mantener en alto como *alter ego* de su propia frustración?

9. En brazos de la mujer madura
(1988-1990)

Hay quienes opinan que MVLL ha deslizado toda su existencia entre mil contradicciones; que ha dado giros sorprendentes, de muchos y demasiados grados; hay quienes creemos que vive sometido a su propio impulso moral y quienes opinan que, por el contrario, no hay ética alguna en muchas de sus apreciaciones, criterios políticos e ideológicos —incluso literarios—, casi siempre polémicos y, como se ha dicho, contradictorios. Hay quienes creen que es un gran novelista y un idiota moral, al mismo tiempo. Quienes lo imaginan al servicio del capitalismo imperialista y quienes lo suponen un socialdemócrata que se ha encendido más de la cuenta con las fórmulas económicas liberales. Hay quienes creen que ya lo ha escrito todo, y mucho de lo que escribió fue superfluo; y quienes piensan que todavía tiene mucho que decir, mucho que escribir, mucho que opinar. Emilio Alfaro es uno de esos intelectuales, intérpretes y creadores, que ha sufrido y gozado (en lo posible) de la contradicción de América Latina. Y de la de MVLL. A partir, según Alfaro, de la publicación de *La guerra del fin del mundo,* la conciencia política de MVLL cobra dimensiones de mayor envergadura. Incluso en esa fecha ya ha rechazado lo que en el Perú se llama el «premierato», que le había ofrecido el presidente de la República, Fernando Belaunde. Desde estas fechas, durante los últimos quince años de su ajetreada existencia, no ha dejado de intervenir en cuantos foros internacionales se requirió su voz, en cuantos púlpitos universitarios tuvo oportunidad de mantener y dejar claros sus criterios. Así, MVLL se fue ganando un gran prestigio entre quienes quieren a toda costa salvaguardar el mundo occidental y extenderlo democráticamente al llamado Tercer Mundo, mientras que —como contrapartida— fue perdiendo la batalla en el campo de Marte que él mismo había abandonado hacía mucho tiempo: el debate con la izquierda latinoamericana y, por extensión, con la izquierda de todo el mundo. De nada valieron las visitas de algunos escritores oficiales de la Cuba de Fidel Castro a su casa de Barranco, donde vivió desde 1978, al borde del Pacífico. La voz y la autoridad moral de MVLL crecían en estos años, no sólo por la contundencia de sus opiniones sino porque la realidad, terca como una mula, mostraba los males que aquellos otros criterios políticos habían llevado a América Latina, en estos momentos con más gobiernos democráticos que en ningún otro lugar de su historia, pero con una deuda externa y una ruina interna como tampoco vieron los siglos.

Fue alrededor del año 1985 cuando sus amigos, los de MVLL, empezamos a hacer cábalas con el futuro del escritor. Es cierto. No dejaba su trabajo de *obrero-escritor* —con un horario fijo y con la mirada obsesionada por la literatura de creación— pero las noticias de los medios informativos de nuestro ámbito cultural daban memoria cotidiana de su actividad en los centros políticos o de opinión política en el mundo entero. Ahí comenzamos a ver que MVLL «podía ser presidente del Perú», en expresión casi melancólica de Carlos Barral, cinco años antes de que MVLL decidiera presentarse a candidato luego de fundar el Movimiento Libertad. ¿Estábamos ahora ante un político que había ido madurando su posición ideológica a lo largo de los años, huyendo del coqueteo rabioso y amoroso con el marxismo de las décadas anteriores? ¿Estábamos, quizá, ante un escritor que, a la manera de los que más había admirado, no podía finalmente librarse del suplicio de la política activa en el que había desembocado luego de un largo rodeo de muchos años? *La guerra del fin del mundo* (1981), en cierta dimensión tolstoiana, *Historia de Mayta* (1984), *¿Quién mató a Palomino Molero?* (1986) y —también en cierto punto— *El hablador* (1987) delataban que MVLL volvía a las historias de ficción en las que, quizá de manera inconsciente, reclamaba una seria y profunda reflexión del papel de la historia latinoamericana en medio de los avatares que la seguían conduciendo a la barbarie, en lugar de incorporarla a la civilización y a la modernidad con la que él, el novelista, soñaba. El fanatismo político-religioso, el militarismo nacional-iluminista, el gorilismo uniformado que evitaba —desde tiempo inmemorial— la profundización de la democracia en las masas del Perú; la distancia enorme entre las tradiciones indígenas y quienes —ésa era su propia experiencia— se habían adentrado en la selva para conocer más a fondo un país inextricable que significaba y sigue significando el microcosmos horroroso de un apocalipsis siempre a punto de caer sobre sí mismo.

De *La guerra del fin del mundo* habló la crítica especializada y hubo diversidad de criterios; *Historia de Mayta,* como era de suponer, fue muy mal entendida, y sólo se le echó un vistazo —lamentable— que no fue capaz, en España y en muchas partes de América Latina, de entender la verdadera dimensión del esfuerzo que MVLL estaba haciendo para que lectores de otros ámbitos, no peruanos, vislumbraran a qué punto de locura llevaba el iluminismo militarista; *¿Quién mató a Palomino Molero?,* un corto relato que se desgajaba en cierta medida de los personajes y las historias relatadas años antes en *La casa verde,* fue incluso interpretada como una respuesta inmediata y desconsolada a la genial *Crónica de una muerte anunciada* (porque de lo que se trataba era de seguir enfrentando a MVLL y a García Márquez, y viceversa, en cada una de sus actividades públicas y, naturalmente, en cada una de sus obras); *El hablador,* por fin, era un «pinchazo en hueso», según la terminología taurófila que muchas veces ha pasado a ser moneda de común lenguaje en España. La cuestión era la misma de siempre: MVLL, agotado como escritor desde más de diez años atrás, se consolaba escribiendo pequeños relatos cuyo valor literario era endeble, o al menos dudoso, mientras se preparaba para arrojarse en los brazos de una mujer madura a la que, según sus mismas declaraciones a lo largo de su vida, no podía tener acceso un escritor so pena de dejar de serlo: la política.

Estaba descansando en Lima, «en una playa cerca de Tumbes», según ha escrito él mismo, cuando escuchó por las emisoras de radio el plan de Alan García para nacionalizar la banca en el Perú. Era el 28 de julio de 1987. El 12 de agosto publicó en *El Comercio* un artículo titulado «Hacia el Perú totalitario». Ese mismo día encabezaba un documento firmado por personalidades peruanas que se oponían al proyecto de estatalización de la banca auspiciado por Alan García, luego de haber prometido —en su campaña electoral— que nunca tomaría tal decisión. El 24 de septiembre dirige un mensaje a todos los peruanos, consecuencia de su compromiso frente a la determinación del Gobierno peruano presidido por Alan García. Se titulaba «En el torbellino de la historia», y fue leído por radio y televisión. MVLL, *el diablo,* como fue llamado más tarde por un oscuro diputado comunista, entraba en su protocampaña para la presidencia del Perú. Lo que muchos de sus amigos estábamos temiendo se acercaba vertiginosamente al destino de uno de los novelistas más solicitados del mundo en este fin de siglo. Más de diez años llevaba el mundo otorgándole en cualquier geografía y ámbito literarios todo tipo de galardones. Con frecuencia su nombre era citado ya entre los últimos candidatos al Premio Nobel de Literatura. Con más frecuencia todavía, MVLL tenía que desplazarse miles de kilómetros para recibir algún premio por alguno de sus libros. O por su labor literaria. O por su actitud cívica. O porque, tal como era solicitado por los demás, hubo quienes sintieron la necesidad de prestigiarse en su actividad premiando el prestigio del novelista polémico, educado, trabajador, un *gentleman* exótico que hablaba un inglés peruano con tonos fonéticos limeños; un escritor que no cesaba de alimentar, a toda hora del día y la noche, la obsesión de la literatura, su consabida y mimada solitaria.

Fue galardonado con el Príncipe de Asturias de las Letras en 1986, como un preludio a su frenética carrera hacia la política. Se defendía del futuro entre los amigos, cuando le hablábamos de su inminente ingreso activo en ese campo, el de la política, explicando que, en todo caso, sería sólo una coyuntura. «Seré siempre un escritor», decía. Y, años más tarde, inmerso ya en el delirio político de la candidatura a la presidencia de su país, afirmaría a muchos de los periodistas que lo acosaban: «Sólo soy un pasajero de la política». Pero, de verdad, muchos temimos que no estaba precisamente de paso. Y que, finalmente, la política —esa ruina de los escritores— había podido con el bicho, la solitaria, la terrible obsesión, la cosa sartreana que pica cuando no escribes y pica si escribes fácilmente: el vicio de escribir. Leyó en el teatro Campoamor un discurso ejemplar, defendiendo de nuevo la lengua española, su respuesta inmediata al Premio Príncipe de Asturias que se le había otorgado. Hablaba del Lunarejo —«El Lunarejo en Asturias»—, un indio del Perú «que nació en 1629 o 1632». Se llamaba Juan Espinosa de Medrano, «tenía la cara averiada por verrugas o por un enorme lunar y a ello debía su apodo. Pero sus contemporáneos le pusieron también otro apodo: Doctor Sublime. Porque aquel indio de Apurímac llegó a ser uno de los intelectuales más cultos y refinados de su tiempo y un escritor cuya prosa, robusta y mordaz, de amplia respiración y atrevidas imágenes, multicolor, laberíntica, funda en América hispana esa tradición del barroco de la que serían tributarios, siglos más tarde, autores como Leopoldo Marechal, Alejo Carpentier y Lezama Lima»[56].

Estamos en el otoño de 1986. Quienes somos más cercanos a MVLL sabemos que *algo* distinto —al menos esta vez— está pasando por la cabeza del escritor. Sólo es una intuición que nos llena de inquietud. Cuantas veces hablé, por ejemplo, con Jorge Edwards, llegamos ambos a la misma conclusión: la política era un peligro para él, una tentación demasiado fuerte. Carlos Barral, entonces senador y eurodiputado socialista, deploraba que fuéramos a perder, por culpa de la actividad política que parecía atraerle más de la cuenta, a uno de los novelistas más relevantes de la lengua española. La defensa, implícita y explícita, que MVLL hacía de la pasión y el vicio de la literatura en su discurso titulado «El Lunarejo en Asturias» no dejaba entrever, al menos para el gran público, que el novelista estaba ya en las garras de la mujer madura, la política, de la que se enamoraría poco tiempo después, cuando la multitud arrebolada en la plaza de San Martín, en Lima, para protestar contra el proyecto de nacionalización de la banca, gritaba sin cesar: «Mario, amigo, el pueblo está contigo». O, lo que es mucho peor: «¡Mario, presidente! ¡Mario, presidente!». Algunos de sus enemigos, que —sin embargo— mantienen una relación cercana conmigo, vaticinaban y diagnosticaban la enfermedad madura de MVLL: la vanidad.

Siempre traté, por mi parte, de interpretar aquella voluntad de intervenir en política que algunos veíamos venir, de antemano, en MVLL. Nunca había dejado de ser político el novelista peruano, a mi modo de ver, pero nunca se había inmiscuido en el terreno estricto de la actividad política. Llegaba, eso sí, a la frontera del vértigo, a las puertas del Averno que es la política activa para un escritor, pero nunca había entrado en el infierno que significaba un lenguaje mentiroso, una diplomacia falsa y unos modales hipócritas. Eso era la política, eso había sido en gran medida la visión de la política que se recogía en las obras narrativas de MVLL, y en sus ensayos y polémicos artículos periodísticos. Además, estaba el peligro de perder la vida. Sendero Luminoso lo había señalado en rojo como primera víctima de sus actos terroristas. Era un elemento añadido con el que había que contar antes de decidirse a entrar en política, a pelear por llegar a ser el presidente de la República del Perú, tal como algunos de sus familiares le habían pronosticado a su padre, Ernesto Vargas, cuando el escritor no era más que un escandaloso adolescente.

El 16 de septiembre de 1988, MVLL lanzó una proclama por los medios audiovisuales de Lima. Se dijera lo que se dijera, había que interpretarlo como el lanzamiento de su candidatura a la presidencia del Perú, cuyas elecciones tendrían que celebrarse casi dos años más tarde, en abril del año 1990. Quedaba mucho tiempo, pero MVLL se lanzaba al ruedo con el Movimiento Libertad, recién creado, que luego constituiría el FREDEMO, junto a partidos tradicionales del centro y la derecha peruanas, que no beneficiarían en nada —ése al menos es mi criterio— los objetivos del Cadete para llegar a ser presidente de su país. En esa proclama, MVLL sintetiza en lo posible sus ideas filosóficas, económicas, sociales y culturales. «Por un Perú posible», tal era la esperanza de MVLL, es a la vez el preludio de su campaña electoral y la base sintética de «La revolución silenciosa», un texto que había escrito en Lima, en noviembre del año 1986, que sirvió como prólogo para el libro *El otro sendero,* del economista peruano Hernando de Soto, entonces su amigo cercano y asesor en materia económica.

Lo que vino después fue el vértigo que tanto habíamos temido sus amigos y muchos de sus familiares. Lo mismo que estaban esperando las legiones de adversarios, dentro pero sobre todo fuera del Perú, para terminar de arrasar su imagen moral. «La vanidad puede con todo, incluso con las estrellas de la literatura», me comentó entre carcajadas un buen escritor latinoamericano que se movía en ese sentimiento de admiración y rechazo hacia el Cadete. No podía yo contestarle sino del mismo modo («Es una postura moral», le dije) para equilibrar la polémica que había suscitado la determinación de MVLL de entrar en la política por la cúpula, buscando el poder que otorga la primera magistratura republicana de su país. Y añadía yo: un país arruinado, un país arrasado por la incultura y el terrorismo, un país destrozado por la injusticia secular y el abandono social, un país —en fin— de mil caras (así lo había llamado el propio MVLL en uno de sus más emocionados ensayos dedicados al Perú) donde ni siquiera el natural de esas tierras sabe bien dónde se encuentra en cada momento. Un país del que el propio MVLL había hablado y escrito mucho, y muy críticamente, con el que mantenía «una relación que podría definirse con ayuda de metáforas más que de conceptos. El Perú es para mí una especie de enfermedad incurable y mi relación con él es intensa, áspera, llena de la violencia que caracteriza a la pasión. El novelista Juan Carlos Onetti dijo una vez que la diferencia entre él y yo, como escritores, era que yo tenía una relación matrimonial con la literatura, y él, una relación adúltera»[57]. Y dice MVLL: «Tengo la impresión de que mi relación con el Perú es más adulterina que conyugal: es decir, impregnada de recelos, apasionamientos y furores. Conscientemente lucho contra toda forma de nacionalismo, algo que me parece una de las grandes taras humanas y que ha servido de coartada para los peores contrabandos. Pero es un hecho que las cosas de mi país me exasperan o me exaltan más y que lo que ocurre o deja de ocurrir en él me concierne de una manera íntima e inevitable. Es posible que si hiciera un balance, resultaría que, a la hora de escribir, lo que tengo más presente del Perú son sus defectos. También, que he sido un crítico severo hasta la injusticia de todo aquello que lo aflige. Pero creo que, debajo de esas críticas, alienta una solidaridad profunda. Aunque me haya ocurrido odiar al Perú, ese odio, como el verso de César Vallejo, ha estado siempre impregnado de ternura»[58].

En junio de 1990, en una obligada segunda vuelta de las elecciones presidenciales, MVLL perdió su objetivo frente al candidato de Cambio 90, Alberto Fujimori, surgido desde la selva asfáltica de la política limeña en los últimos días de la campaña, como un fantasma que persiguiera al escritor en sus metas políticas. Fujimori, un peruano en supuesta primera generación, de procedencia japonesa, fue presidente de la República del Perú hasta el año 2000, año en el que, superando los inventos de cualquier novelista peruano, incluido MVLL, huyó al Japón durante un viaje oficial por algunos países de Asia abandonando la presidencia del Perú por temor a ser detenido, juzgado y condenado por todos los delitos que nunca debe cometer un mandatario político. Los expertos dicen que MVLL perdió las elecciones porque mostró al país, al Perú, su cara más fea y ruinosa, quizás averiado de verrugas como aquel Lunarejo del que habló en el teatro Campoamor, en Oviedo, en noviembre de 1986. Y, además, daba las recetas económicamente más duras para salir del pozo de la ruina, lo que —según sus enemigos— vendría a suponer más ruina añadida para los pobres y más riqueza superflua para los ricos. Uno de los asesores económicos de MVLL, su hasta entonces amigo Hernando de Soto, un economista adscrito a las tesis liberales que triunfaban en muchas partes del mundo, abandona. MVLL y él rompen poco después de la manifestación contra la estatalización de la banca. Como si se tratara de una casualidad paradójica, malsana y literaria, Hernando de Soto fue durante un tiempo el hombre fuerte del Gobierno Fujimori en materia económica, que navegó —como habían pronosticado algunos otros expertos— entre la muerte, la neuralgia y una eterna agonía económica, política, social y cultural.

MVLL había perdido la Presidencia del Perú. O el Perú lo había perdido a él, desde mucho tiempo atrás. La aventura equinoccial de MVLL en brazos de la mujer madura —la política— es objeto de estudio y descripción en la siguiente parte de este libro, titulada «El pasajero de la política». La sorpresa que causó la derrota del Cadete corrió pareja con la victoria, consecuente, del candidato Fujimori. Algunos de sus amigos mostramos al mismo tiempo un contradictorio sentimiento: nos alegrábamos porque MVLL regresaba a la literatura del mundo, pero nos entristecimos porque MVLL había sido derrotado en una de las batallas más bellas que nunca hubiera imaginado experimentar el mejor de los personajes de Joanot Martorell, Tirant lo Blanc. El texto que MVLL encontró en el libro que su hijo Gonzalo Gabriel le dejó en su hotel de París el día en que regresó a Europa tras perder las elecciones no deja lugar a dudas: MVLL había sido recuperado para la literatura, gracias a un aparente fracaso en la política.

En esos días, cuando ya Fujimori entró como presidente en la Casa de Pizarro, me sumergí en la lectura del volumen que recoge los prólogos y las introducciones que MVLL escribió, a caballo entre la campaña electoral de su candidatura y la solitaria que tiraba de él hacia la vida y la literatura, para la Biblioteca de Plata que estaba editando Círculo de Lectores en Barcelona. *La verdad de las mentiras* había aparecido en las librerías en marzo del año 1990, cuando MVLL era el candidato ganador para el resto del mundo, que cantaba victoria de antemano. Los ensayos que sirven de prólogo a las novelas preferidas por MVLL no sólo son un dechado del erudito literario, sino del apasionado escritor que se embebe leyendo las historias que escribieron los que le precedieron en el maniático vicio de escribir a lo largo de este siglo: Mann, Joyce, Dos Passos, Fitzgerald, Woolf, Hesse, Faulkner, Huxley, Miller, Canetti, Greene, Camus, Moravia, Steinbeck, Nabokov, Pasternak, Lampedusa, Grass, Böll, Kawabata, Lessing, Solzhenitsin, Bellow y Hemingway, algunos de los aguafiestas más conspicuos de entre los fantásticos escribidores de nuestra época. La mayoría de esos comentarios a las lecturas profundas de alguna de sus novelas están firmados en Barranco, Lima, o en Londres, sus dos refugios de escritor profesional, las dos latitudes últimas entre las que MVLL ha repartido la solitaria y la pasión por la mujer madura, la política. *La verdad de las mentiras* es, además, un auto de fe en la literatura, una toma de postura del escritor MVLL frente al político que lo convenció para que entrara en esa relación pasional y adulterina con la política, su enemiga a muerte: también MVLL.

Llegué a la conclusión de siempre, tras la lectura razonada de *La verdad de las mentiras:* jamás podría abandonar la literatura el escritor MVLL. Había leído también en esas fechas *Elogio de la madrastra,* aparecida en junio de 1988. La había leído, mejor, releído, con el eco del fracaso de su candidatura. Y regresé, tras la lectura y relectura de *Elogio de la madrastra,* al gusto de MVLL por uno de sus predilectos, Georges Bataille, la personificación contemporánea de la larga tradición de los escritores eróticos y malditos. La dimensión erótica del escritor MVLL no era nueva, pero sí la definición clara, publicitaria y literaria, de este relato en el que una Fedra limeña desencadena la tragedia social que Bataille había descrito y narrado en *Ma mère.* Pensé entonces en el hombre, en el escritor, en el imposible presidente del Perú. ¿Sería tal vez un primer *round,* sólo eso, un primer combate con la política, una escaramuza con esa parte extraña, la política, que *completa* o *castra* a tantos escritores? ¿Volvería MVLL, en un futuro inmediato, a involucrarse activamente en política, en la política de su país, el país de las mil caras, contradictorias, extrañas, exóticas, lejanas?

El Perú había votado a Fujimori. Había votado «raro», según comentaron en círculos diplomáticos todos los expertos que no quisieron ir más allá en la interpretación de los hechos. Otros, como el periodista César Hildebrant, sí dijeron parte de esa verdad que la diplomacia calla siempre por prudencia. «El Perú se ha tirado un pedo», escribe Álvaro Vargas Llosa en *El diablo en campaña,* la crónica de una pasión anunciada. La frase, como afirma Álvaro Vargas Llosa, es del periodista Hildebrant, y anecdóticamente describe el efluvio que la candidatura y posterior presidencia de Fujimori había dejado sobre el cielo de Lima. «Pedo raro» o simple ecuación determinista, la derrota del candidato MVLL fue celebrada paradójicamente por sus amigos y enemigos por distintos motivos sentimentales, aunque ambas facciones nos alegrábamos por lo mismo: porque para unos había perdido MVLL, y por lo tanto ganaban ellos; para algunos, para nosotros, había perdido MVLL, porque había ganado también la otra parte de MVLL, la del escritor, la de la literatura.

A las pocas horas de consumarse su «derrota» en los comicios presidenciales, MVLL, el escritor, abandonó su pasión coyuntural por la mujer madura, la política, y huyó del infierno hacia la libertad de la literatura. En Londres, su residencia literaria durante tantos años, camina hacia el reencuentro consigo mismo. Trabaja incansablemente en la literatura, regresa al anonimato, al paseo por Hyde Park y al horario de *obrero-escritor.* José Ferrer ha mostrado su interés profesional por llevar a escena *El loco de los balcones,* una nueva obra de teatro de MVLL. Sereno, en la lejanía y el silencio —no ha vuelto a hacer declaraciones, durante un año, que tuvieran que ver con la política; sus impresiones y criterios se redujeron a sus artículos sobre la actualidad del mundo—, escribe un libro que forma parte de sus memorias, y que tiene que ver muy directamente con su experiencia inmediata en la política activa, *El pez en el agua,* y madura además un nuevo relato, pariente de *¿Quién mató a Palomino Molero?* e *Historia de Mayta.* Se titula *Lituma en los Andes,* y en él reaparece el Sargento, uno de los personajes de *La casa verde,* como reapareció en el teatro *La Chunga.* Camina en su investigación, insaciablemente flaubertiana. Busca, indaga, se subyuga con la biografía, todavía hoy en proyecto y caminando, que quiere escribir sobre Victor Hugo, uno de sus novelistas preferidos, desde la juventud a la madurez. Y madura, piensa y reflexiona desde entonces hasta hoy, tiempo de su redacción, una novela sobre la figura de ese personaje femenino que se ha convertido en uno de sus demonios literarios, la feminista Flora Tristán, de la que ya escribiera uno de sus modelos literarios, el escritor Sebastián Salazar Bondy.

Sigue viajando por todo el mundo. Da conferencias y cursos en multitud de universidades de cualquier latitud y nacionalidad. Escribe favorablemente sobre Margaret Thatcher. Apoya a los aliados en la guerra del Golfo. Le caen improperios sobre cada artículo que publica, dentro y fuera de nuestro ámbito cultural. Pero no cede en su concepción personal del mundo. Su sentido ético de la vida, su experiencia, su temperamento estético y estrictamente literario le ayudan a consolidar hasta una madurez exasperante cada uno de sus criterios sobre el mundo. Ha cruzado el Atlántico, luego de que su país hubiera votado «raro», tres o cuatro veces en un año. Sigue siendo MVLL, el escritor, a sus cincuenta y cinco años, candidato perenne y seguro al Premio Nobel de Literatura. Desde junio de 1990, fecha de las elecciones presidenciales, MVLL, el Cadete, tarda años en regresar al Perú. Vive en Londres, pertrechado en su propia solitaria, ideando una vez más miles de peripecias que convocan a los demonios —personales, literarios, históricos o imaginativos— para que se transformen en palabras. «¡Chillen, putas!», escribía el poeta Paz, en su desesperación pasional, dirigiéndose a las palabras. En su caso, MVLL sigue alimentando la terrible solitaria que significa la literatura, el vicio —inexpugnable e incansable— de escribir.

II. El pasajero de la política

«En lo que se refiere a la participación activa en política, hay ciertas circunstancias en las que es muy difícil decir: me abstengo.»

MARIO VARGAS LLOSA

Mario con su madre,
Dora Llosa, en 1940.

Con ocho años, el
día de su Primera
Comunión en
Cochabamba
(Bolivia).

En 1950, de cadete en el Colegio Militar Leoncio Prado, que aparece aquí en una fotografía realizada en 1987.

MVLL y Julia Urquidi (sentada a la derecha de la foto) en su trabajo en la Radio-Televisión Francesa. París, 1962.

Un joven escritor en París, al comienzo de los años sesenta.

José María Castellet, Mario Vargas Llosa y Gabriel Ferrater (de izquierda a derecha), durante la comida de la concesión del Premio Biblioteca Breve 1962 al escritor peruano.

MVLL y Julia Urquidi en 1963, ante la tumba de Karl Marx en Highgate, Londres.

Mario Vargas Llosa, Patricia Llosa, Carlos Fuentes, Juan Carlos Onetti, Rodríguez Monegal y Pablo Neruda, durante el Congreso del PEN Club en Nueva York. Invierno, 1966.

Rómulo Gallegos y Mario Vargas Llosa en Caracas, en agosto de 1967, cuando MVLL obtuvo el premio que lleva el nombre del primero.

Con el escritor Sebastián Salazar Bondy en Lima.

J. J. Armas Marcelo junto al matrimonio Vargas Llosa en Santa Cruz de Tenerife (1972).

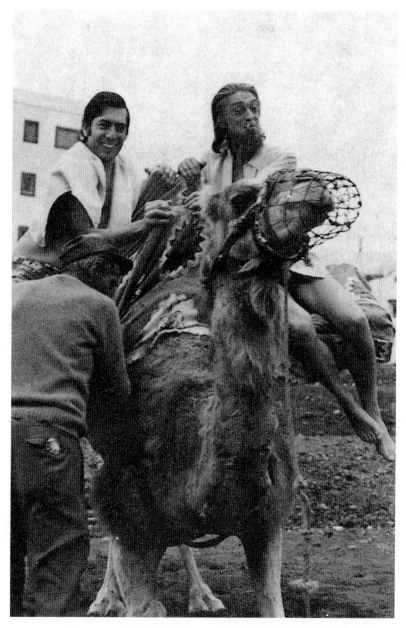

MVLL y Carlos Barral en Agaete (Gran Canaria). Marzo, 1973.

Despedida de Vargas Llosa en Barcelona, en julio de 1974. De izquierda a derecha, García Márquez, Jorge Edwards, MVLL, José Donoso y Ricardo Muñoz Suay.

Mario haciendo de extra junto a José Sacristán, durante la filmación de *Pantaleón y las visitadoras* en 1975.

Con su hija Morgana en 1979.

MVLL, Carlos Barral y J. J. Armas Marcelo en el día de la presentación de *Las naves quemadas*. Barcelona, febrero de 1982.

Junto a Felipe González en el palacio de la Moncloa, el 31 de octubre de 1984.

El escritor en su estudio de Lima, en 1985.

Con el canciller alemán Helmut Kohl en Bonn. Julio de 1986.

MVLL recibe el Premio Príncipe de Asturias en noviembre de 1986, de manos de don Felipe de Borbón.

Junto al rey Juan Carlos en La Zarzuela, hojeando algunos ejemplares de *La guerra del fin del mundo*.

10. Nuestro hombre en La Habana
(1971)

«Ayer detuvieron a Heberto Padilla en La Habana»,
le dije al poeta Ángel González a media mañana del día 21 de
marzo de 1971. Era un día apacible, y yo conducía mi viejo
Humber blanco, con muchos kilómetros en sus motores, camino de las playas del sur de la isla de Gran Canaria. El poeta
Ángel González, uno de los miembros más notables de la generación poética del 50 español, llevaba también en sus espaldas muchos kilómetros adscritos al antifranquismo activo
y comunista, y muchos más kilómetros de simpatía con las
causas revolucionarias de nuestros mundos que los que había
rodado mi viejo Humber por las entonces pésimas carreteras
isleñas. Su casa había sido utilizada, en más de una ocasión,
como escondite por Jorge Semprún, alias «Federico Sánchez»,
uno de los dirigentes comunistas españoles que más arriesgó
en su actividad clandestina en el interior del país, sobre todo en
Madrid.

Ángel González visitaba en esta ocasión la ciudad de
Las Palmas de Gran Canaria con motivo de la publicación y
presentación pública, que tuvo lugar en el Museo Canario, de
Breves acotaciones para una biografía, un pequeño cuadernillo
poético de González que habíamos editado en Inventarios Provisionales unas semanas antes. Poeta civil, sobrio y machadia-
no en muchas de sus fórmulas, que además había mostrado en
numerosas ocasiones su simpatía sin fisuras por la Revolución
Cubana, Ángel González guardó unos segundos de silencio y
trató de reponerse de su sorpresa, mientras me miraba de hito
en hito. «Lo he leído en los periódicos y lo he oído hace unos
minutos en la radio», le añadí. «Si eso es verdad, algo grave debe estar pasando en La Habana», me dijo pausadamente, ima-
ginándose tal vez la angustiosa situación del poeta detenido.
En efecto, algo grave estaba pasando en La Habana.

El caso Padilla —tal como se denominó inmediatamente el episodio en los medios informativos occidentales— era la bomba de espoleta retardada de la que muchos poetas, escritores e intelectuales del mundo hablaban hasta entonces en voz baja. Algo, en fin, que se había esperado largo tiempo. En La Habana y en otras partes de Cuba el descontento había generado una subida de la contestación interior y las consiguientes críticas de los más informados. MVLL, por ejemplo, no había tenido reparos en comentar su desconfianza sobre la situación cubana con algunos amigos íntimos, e incluso escribió cartas en las que, sin darle al asunto mayor importancia, confesaba una cierta decepción por el rumbo arbitrariamente dictatorial que había decidido en los últimos tiempos la dirección de la Revolución Cubana.

Con Heberto Padilla, una de las personalidades más relevantes de la generación poética de la Revolución (así figura en todas las antologías de esa época), habíamos mantenido desde Canarias las gentes de Inventarios —todas las cartas habían sido firmadas finalmente por mí— una relación epistolar sumamente misteriosa y llena de sigilos. Por razones que más tarde serían evidentes, Padilla y sus otros amigos poetas enviaban sus misivas, cartas y poemas en manuscritos al exterior no directamente desde La Habana, donde residían, sino a través de otros amigos de confianza que, a su vez, las hacían llegar hasta nosotros desde París o Roma. Así, el grupo de Inventarios había podido editar *Por el momento,* en 1970, un poemario de Padilla, enviado exactamente desde Roma junto a originales de César López —que sería publicado un poco más tarde en Inventarios— y de Manuel Díaz Martínez. *Por el momento* llevaba entre los poemas algunos mensajes políticos, consanguíneos de los poemas de *Fuera del juego,* libro premiado con el galardón Julián del Casal y que, a su vez, había sido el detonante primigenio de la rebelión dialéctica de Padilla frente a los dirigentes de la Revolución Cubana. Al lado de poemas como *En la muerte de Ho Chi Min,* Padilla colocaba otros de la envergadura de *Encuesta* o *A veces,* que resultaban en una lectura más o menos profunda avisos, admoniciones o mensajes para el lector más interesado en las cuestiones cubanas. No me

resisto a reproducir aquí, bajo esta memoria, el texto del poema *A veces,* que es clave en la «descripción poética» del estado
de ánimo de Padilla en aquellos momentos:

> *a veces es necesario y forzoso*
> *que un hombre muera por un pueblo,*
> *pero jamás ha de morir todo un pueblo*
> *por un hombre solo.*
>
> *esto no lo escribió heberto padilla (cubano)*
> *sino salvador espriu, el catalán*
> *lo que pasa es que padilla lo sabe de memoria*
> *le gusta repetirlo*
> *le ha puesto música*
> *y ahora lo canta a coro a sus amigos*
> *lo canta todo el tiempo*
> *igual que malcolm lowry*
> *tocando el ukelele.*

El poeta Padilla reapareció en el mes de mayo (*entre
marzo y abril está mi mes más cruel,* escribiría años más tarde en
su *El poeta junto al mar*), treinta y siete días después de su arresto. Su declaración formal, que originó todo un debate ideológico y político entre los escritores latinoamericanos, españoles
y europeos, fue una «teatral» puesta en escena que remedaba
las viejas confesiones a las que el estalinismo tradicional obligaba a sus disidentes. Ése fue el verdadero mensaje que Padilla enviaba al exterior, aunque no consiguiera del todo ser
bien entendido. O no fuera entendido más que por los que
quisieron entenderlo. Lo cierto fue que el caso Padilla se volvió una *piedra de escándalo,* un toque de polémica articulado
en documentos públicos, en discusiones apasionadas y pasionales que dieron a luz un conglomerado de turbios sentimientos, los mismos que latían —aunque bien sumergidos hasta
entonces— en todos los que habían mostrado en público o en
privado sus reticencias para con la Revolución Cubana.

El número uno de la revista *LIBRE,* que apareció bajo
la dirección del novelista español Juan Goytisolo (que en los

primeros años de la Revolución Cubana había escrito un libro, *Cuba, un pueblo en marcha,* aplaudiendo los logros inmediatos del castrismo primigenio), recogió y publicó los documentos de aquella polémica que, sin duda, abrió una brecha definitiva en el acuerdo global que, hasta entonces, había presidido la conducta y las actitudes políticas de los escritores e intelectuales «comprometidos». MVLL era uno de ellos. El novelista peruano había sido, hasta el momento del estallido del caso Padilla, uno de los valedores de más talento y combate en pro de la Revolución Cubana. Excepción de algunos, cuya opinión sobre MVLL estaba más teñida por otros sentimientos distintos a los ideológicos, la mayoría de los escritores y toda la opinión pública que ya conocía la trayectoria y la obra de MVLL suponían que la defensa que el peruano hacía del castrismo iba más allá de la mera simpatía. MVLL, que en su juventud universitaria había quizá militado en una célula comunista de Lima, Cahuide (la misma que bajo ese nombre aparece en *Conversación en La Catedral*), había aprovechado las ocasiones públicas más brillantes de su biografía para dejar claro su apoyo a la Revolución Cubana y a las causas políticas enraizadas en la liberación de los pueblos, sobre todo las de los pueblos de América Latina.

Las fotografías de aquella época más o menos brillante, la lucha de los primeros años, lo muestran como un serio bastión de los progresismos en boga entonces en Europa —y en América—, en algunas manifestaciones revoltosas o en reuniones universitarias junto a otros escritores considerados desde siempre como «popes» y «chamanes» de las revoluciones del mundo. La esfinge rectilínea y silenciosa que observa, recogido casi religiosamente, la tumba de Karl Marx en Highgate, en Londres, a lo largo del año 1963, es la misma que se muestra en las fotografías tomadas durante las reuniones mantenidas con estudiantes latinoamericanos en La Habana, Cuba, en el año 1965. Todavía no ha desaparecido el bigote «antiguo», que le da una mayoría de edad entre sus pares. Todavía persisten los gestos duros de su rostro, que transmiten sin dificultad un estado de ánimo disciplinado en sus criterios, riguroso con determinadas situaciones políticas contra las que no pierde ocasión de dejar clara su postura. En abril de 1967, puede vérsele en una mesa redonda, junto a Jean-Paul Sartre y Simone de Beauvoir. Hasta ese momento, MVLL es literariamente un sartreano, aparentemente irrecuperable, aunque ya ha desaparecido de su cara el bigote que lo acompañó durante los primeros años de la fama y la lucha literarias. La instantánea, reproducida ya en varios libros, corresponde a un acto de solidaridad y en defensa de los presos políticos peruanos, llevado a cabo en el Palais de la Mutualité, París, y MVLL aparece entre el propio Jean-Paul Sartre y el entonces presidente de la Liga de los Derechos Humanos, René Mayer. En ese mismo año de 1967, alguna fotografía ha detenido en el tiempo la estancia de MVLL y Julio Cortázar en Grecia, lugar al que viajaron juntos en calidad de traductores de la UNESCO. Ambos parecen dos niños crecidos, algo más joven MVLL que Julio Cortázar y, desde luego, algo más menguado de estatura, sobre todo si tenemos en cuenta la altura física del gigante argentino que había nacido en Bruselas en 1914 para convertirse, a lo largo de toda su existencia, en un fantástico escritor de ficciones, paradigma indiscriminado para muchos otros escritores —entre ellos MVLL— que vieron en él la personificación del rigor intelectual y literario.

En ese mismo año, 1967, MVLL ha sido galardonado con el Rómulo Gallegos por su novela *La casa verde,* en Caracas. Allí lo espera, para conocerlo personalmente, Gabriel García Márquez, reciente todavía la publicación de *Cien años de soledad.* Allí, en Caracas, se inicia una profunda amistad entre los dos escritores latinoamericanos que, más tarde, por razones personales —eso ha confesado el propio MVLL—, se rompe en mil pedazos hasta el momento presente. Allí, en Caracas, MVLL tiene una nueva ocasión para dejar patente su apoyo a la Revolución Cubana. Aprovecha el púlpito que acoge su discurso tras el otorgamiento del Rómulo Gallegos e impacta a los asistentes y a la opinión pública de Latinoamérica con sus criterios sobre la literatura y la situación política del continente. Después de describir la caótica y miserable situación del escritor en América Latina; tras titular su propio discurso *La literatura es fuego;* luego de esgrimir una tras otra las mez-

quinas realidades que entorpecen el proceso de modernización e incorporación al mundo civilizado, en cuyo entorno el
escritor y la literatura deben seguir siendo la traducción dialéctica de la insumisión —«La literatura puede morir, pero no será nunca conformista», afirma en uno de los párrafos MVLL—,
el novelista peruano reincide en sus reconocidas tesis sobre la
utilidad social de la literatura. «Sólo si cumple esta condición
es útil la literatura a la sociedad», habla MVLL refiriéndose a
la condición rebelde e inconformista de la literatura. «Así —sigue afirmando MVLL— contribuirá al perfeccionamiento humano impidiendo el marasmo espiritual, la autosatisfacción, el
inmovilismo, la parálisis humana, el reblandecimiento intelectual o moral. Su misión es agitar, inquietar, alarmar, mantener
a los hombres en una constante insatisfacción de sí mismos: su
función es estimular sin tregua la voluntad de cambio y de
mejora, aun cuando para ello deba emplear las armas más hi-
rientes y nocivas. Es preciso que todos lo comprendan de una
vez: mientras más duros y terribles sean los escritos de un autor
contra su país, más intensa será la pasión que lo una a él. Porque en el dominio de la literatura, la violencia es una prueba
de amor».

Y añade, una vez que el clímax del interés ha sido
conseguido por la pasional exposición de sus criterios sobre
el escritor en América Latina, que, aunque «dentro de diez,
veinte o cincuenta años habrá llegado, a todos nuestros países
como ahora a Cuba, la hora de la justicia social y América Latina entera se habrá emancipado del imperio que la saquea,
de las castas que la explotan, de las fuerzas que hoy la ofenden
y saquean...», la misión de la literatura y el escritor «seguirá
siendo la misma; cualquier transigencia en este dominio constituye, de parte del escritor, una traición». En este discurso
de época, y que hizo época, MVLL mezcla sabiamente las fórmulas ideológicas con las literarias y, en un momento en que
las relaciones de la isla con Venezuela son prácticamente inexistentes, pone como ejemplo a seguir la política que el castrismo implantó en Cuba.

En ese mismo momento, pocos son los que conocen
las rozaduras que han tenido lugar con *Casa de las Américas* (la

revista literaria e internacional de la Revolución Cubana), que en ese tiempo estaba dirigida por Haydée Santamaría y de la que MVLL formaba parte como miembro permanente de su Comité de Redacción. Años más tarde, precisamente con el estallido del caso Padilla, algunos documentos de los cruzados entre la señora Santamaría y MVLL verán la luz y se comprenderá entonces más claramente las reticencias que entre el novelista peruano y la Revolución Cubana se habían mantenido soterradas. A pesar del apoyo que MVLL presta en todas sus apariciones públicas al sistema político de Fidel Castro, ya se había empezado a decir por las «agencias extraoficiales» cubanas algo que luego fue moneda común en el trato hacia el novelista por parte de la Revolución y el Gobierno cubanos: era MVLL quien se había apoyado en la Revolución Cubana para alcanzar fama, loas, prestigio político y literario.

Un curioso y paradigmático episodio marca el principio del fin de la complicidad de MVLL y el régimen de Fidel Castro. A raíz de la adjudicación del Rómulo Gallegos a *La casa verde* y tras el estampido del caso Padilla —de ahí mi criterio de comenzar este capítulo biográfico de MVLL citando algunos pormenores del asunto—, se extendió el rumor de que el propio MVLL había decidido donar el dinero del premio a las arcas vacías de la guerrilla del Che Guevara. Y que, luego, rompiendo el compromiso, MVLL había comprado una casa en uno de los mejores barrios de Lima, en Miraflores.

La versión de MVLL figura en el libro de conversaciones con Ricardo A. Setti, conocido periodista brasileño, titulado *Diálogo con Vargas Llosa* (al que hay que añadir un epílogo que incluye algunos ensayos y conferencias del novelista), editado por Intermundos en español, en 1989, volumen citado en este libro varias veces. Dice MVLL que este lamentable episodio precedió a la ruptura definitiva con Cuba. Desde la editorial Seix Barral, dirigida todavía por Carlos Barral, le comunicaron a París que *La casa verde* —que había sido presentada al Rómulo Gallegos sin que el propio autor lo supiera— estaba entre las finalistas del premio, entonces el más preciado de la lengua española. «Yo tenía una relación muy estrecha con la Revolución Cubana —confiesa MVLL a Ricardo A. Setti— en ese tiempo y cometí el error (aunque al final resultó positivo haberlo hecho) de decirle a Alejo Carpentier, que era el agregado cultural de Cuba en París, que yo quería conocer la opinión de Cuba sobre este premio, porque había la posibilidad de que me lo otorgaran». MVLL afirma que entonces volvió a Londres, donde ya residía, «en su refugio del Valle del Canguro». Alejo Carpentier lo llamó unos días más tarde. «Tengo que ir a Londres —le dijo telefónicamente— para hablar contigo». Era la primera vez que Carpentier pisaba Inglaterra. Se encontraron, comieron juntos en un restaurante de Hyde Park y le enseñó una carta de la señora Santamaría. «Era una carta no para que yo la tuviera, sino para que yo la oyera. Era una carta de Haydée Santamaría para que él me la leyera a mí», dice MVLL a Setti. Sospecha además MVLL que, probablemente, esa carta no había sido escrita por la propia Haydée Santamaría. Decía la carta que el Rómulo Gallegos «me daba la oportunidad de hacer un gran gesto a favor de la revolución en América Latina, y que ese gesto debe consistir en lo siguiente: hacer un donativo al Che Guevara, que estaba en ese momento no se sabía dónde». La carta continuaba afirmando que «naturalmente nosotros comprendemos que un escritor tiene necesidades, y por consiguiente esto no significa que usted tenga que perjudicarse por esta acción: la revolución le devolverá a usted el dinero discretamente». Al terminar de leer la carta, MVLL miró a Alejo Carpentier y le dijo: «Alejo, lo que Haydée me propone es una farsa muy ofensiva». Y añadió: «Ésta no es la manera de tratar a un escritor que tiene respeto por su trabajo». Alejo Carpentier, ante las perspectivas que tomaba el asunto, decidió templar gaitas, como bien convenía al oficio de un hombre que evitaba el encontronazo de las contradicciones y trataba de buscar la síntesis de los conflictos. «Vamos a decir —afirmó Carpentier— que tú no puedes hacer eso, que te parece que no..., que más bien vas a hacer algún gesto después...». Y después de este episodio, MVLL elogió a Cuba en su discurso del Rómulo Gallegos y, como el propio MVLL se encarga de recordar, «tomé unas distancias con el Gobierno de Venezuela (que había instituido el premio y que en esa época estaba enemistado con

Cuba). Recibí después una carta de Haydée, una carta muy cariñosa, diciendo que me felicitaba por el grito de Caracas. De cualquier manera ya todo eso creó un distanciamiento, un enfriamiento»[1].

Hay que insistir en la importancia del caso Padilla en la toma de posturas por parte de escritores, creadores e intelectuales de nuestro ámbito cultural —el latinoamericano y el español— e, incluso, en otras latitudes. Y es vital también para entender la violencia dialéctica que, frente a la Revolución Cubana, utiliza MVLL defendiendo las libertades de las democracias occidentales. Pero ¿fue un golpetazo determinado por el caso Padilla el que hizo que MVLL decidiera, finalmente, mostrar al mundo sus claras divergencias ideológicas frente a los izquierdismos, sentimentales en muchos casos, que caracterizaban las actitudes de una gran parte de los llamados intelectuales en estas fechas? ¿O, por el contrario, en MVLL se había gestado un largo proceso de revisión de sus propias ideas, cuyo detonante final fue precisamente el caso Padilla, que se hizo patente, público y evidente en el distanciamiento, en el enfriamiento al que él mismo hace referencia, y en la ruptura definitiva con el régimen de Castro hasta pasar a ser uno de sus más virulentos críticos?

La realidad es que, tras el caso Padilla y las polémicas suscitadas en su entorno (en las que MVLL participa activamente), se origina un cambio en las relaciones de muchos escritores con el castrismo. Un cambio que implica, además, una soterrada guerra por la imagen, por el prestigio y el desprestigio de hombres y nombres que ayer habían sido intocables para el sistema revolucionario de Cuba. Por ejemplo, MVLL. No en vano fue el propio MVLL quien redactó el manifiesto de intelectuales contra la detención del poeta Padilla. No en vano se conocían ya, aunque en círculos reducidos e informados de Cuba y las élites izquierdistas latinoamericanas, las distancias y reticencias que MVLL trataba de hacer visibles en su actitud frente a la Revolución Cubana. A partir de ahí, de esa ruptura, «empecé a recibir una lluvia de injurias, lo que para mí fue muy instructivo —confiesa MVLL a Ricardo A. Setti— porque la maquinaria que se pone en movimiento en esos casos es absolutamente extraordinaria. Pasé, después de haber sido una figura muy popular en los medios de izquierda y en los medios rebeldes, a ser un apestado. Las mismas personas que me aplaudían cuando iba a dar una conferencia, si yo aparecía por allí me insultaban y me lanzaban volantes... Fue algo muy impresionante, porque eran los mismos insultos desde Argentina hasta México, con las mismas palabras, los mismos clichés». Tengo para mí que en esa respuesta a Setti, MVLL no se está precisamente lamentando: constata los hechos, tópicos, clichés que, siempre, se han utilizado por los agentes de las causas políticas totalitarias contra los personajes que, habiéndose aprovechado del «cielo protector» del comunismo, por ejemplo, durante algunos años y hasta alcanzar fama y renombre internacionales, luego regresan al redil de la burguesía y de «los planteamientos revisionistas, el infierno destructor» del que —siempre según los chamanes de las mismas causas totalitarias— nunca debieron haber salido. En este caso, la figura de MVLL es paradigmática. Y su proceso de conversión, también. Habría que recordar, llegados a este punto, otros nombres que pasaron por las mismas fiebres y que, luego, alcanzaron el papel de apestados y condenados por parte del poder que abandonaron para siempre. Casos como el de Octavio Paz, Ernesto Sábato, Jorge Semprún, el mismo Padilla y, claro está, el de MVLL, en nuestros ámbitos, se miran al espejo del ejemplo de Arthur London o el mismo Koestler.

El caso Padilla no sólo dio mucho que hablar, aunque todavía, tras la muerte del poeta en la soledad más absoluta y lejos de Cuba en septiembre del 2000, los ecos lejanos del asunto alcancen las polémicas universitarias, históricas, políticas y literarias de determinadas geografías. También dio, sobre todo, mucho que escribir. De modo que hoy abunda la literatura que no sólo narra y describe ciertas situaciones personales en las que se movieron determinados personajes de la trama, sino que nos aclara algunos años más tarde las oscuras circunstancias en las que se desarrolló todo este asunto dramáticamente teatral. El mismo Heberto Padilla, que había prometido no publicar jamás la novela que, según todos los indicios, buscaba la Seguridad del Estado cubano en el momento de su detención, terminó en su exilio de Washington, en los primeros años ochenta, *En mi jardín pastan los héroes,* publicada por la editorial catalana Argos Vergara cuando yo era uno de los directores literarios de esa casa junto a Carlos Barral y Rafael Soriano. Traducida posteriormente a siete idiomas, *En mi jardín pastan los héroes* recibió todo tipo de vapuleos, ideológicos y literarios, críticos y políticos, indiscriminadamente. Era cuestión de imprimir en el *Index* de libros prohibidos el texto que se suponía matriz y origen del disgusto de los escritores latinoamericanos y españoles de mayor envergadura ideológica. Y de paso, condenar al poeta, a Padilla, al ostracismo y al anatema necesarios para sacarlo definitivamente del mundo de los prestigios que hasta entonces otorgaban, en muchos casos gratuita y superfluamente, quienes ejercían de comisarios políticos e intelectuales en el rígido universo literario creado en torno a la Revolución Cubana y todas sus esperanzas iniciales de justicia. Curiosa y patética sobre todo la actitud de muchos de los que lo condenaron en vida y ahora se aprovechan de su estela poética y biográfica para chuparle la sangre al guerrero.

No es el momento de olvidar aquí el *Persona non grata,* de Jorge Edwards, que narra la experiencia del novelista y diplomático chileno en la isla, mientras ejercía de Encargado de Negocios del Gobierno de la Unidad Popular de Salvador Allende. Porque *Persona non grata* es otra piedra de toque, otro punto de referencia y de reflexión que jamás ha sido perdonado a Jorge Edwards por quienes, todavía hoy, son los encargados por el maniqueísmo comunista de mantener viva la llama de la turbia memoria o las verdades a medias. Desde mi punto de vista *Persona non grata* es un testimonio literario e histórico digno del mayor encomio. Y es también una descripción política del momento que vivía la isla y el régimen castrista en el tiempo inmediato a la detención del poeta Padilla. Publicado por Carlos Barral en 1973, en su sello editorial de Barral Editores, significó un escándalo en los medios políticos e intelectuales de América Latina, de España y de otros ámbitos interesados en el proceso histórico de la Revolución Cubana. MVLL había tomado hacía tiempo postura ante el fenómeno, y el propio Pablo Neruda —según relata el mismo Jorge Edwards en *Adiós, poeta,* publicado también en Barcelona, en 1990— le aconsejó que lo escribiera. «Pero guárdalo, no lo publiques todavía», le añadió Neruda a Edwards. Carlos Barral, el editor de *Persona non grata;* el editor de *La ciudad y los perros* y *La casa verde;* el editor de *Cambio de piel* y de otros muchos títulos que han quedado en la historia de las literaturas escritas en lengua española, recibió entonces la diplomática visita de ciertos agentes interesándose por la edición de *Persona non grata* en los momentos en los que ya el libro estaba impreso. La conversación entre Barral y sus interlocutores no fue nunca una negociación, como se ha dicho en algunos círculos. La prueba es que *Persona non grata* salió a la calle con todas las bendiciones del editor, que se había visto involucrado también en la firma de los primeros documentos en defensa del poeta Padilla.

El propio Padilla se encargaría, años más tarde, de publicar aquel estado de cosas, aquella función tragicómica —con visos de estalinismo trasnochado y caribeño— en el que se vio obligado o decidió participar como personaje y protagonista principal. *La mala memoria* fue publicada por Plaza y Janés en febrero de 1989, cuando ya se habían apagado los fervores vertiginosos del asunto. Titulada en principio *Autorretrato del otro, La mala memoria* confirma datos para la polémica, matiza acontecimientos y provoca a destiempo el distanciamiento de otros escritores atentos al devenir del mundo contemporáneo en nuestras latitudes. Tanto Julio Cortázar como Alejo Carpentier acusaron a Padilla «de haber echado a pelear a los escritores latinoamericanos con el comandante Fidel Castro y con Cuba». Y en el libro, en *La mala memoria,* Heberto Padilla relata su encuentro con Gabriel García Márquez en el hotel Habana Riviera, una vez que el gran novelista colombiano se había convertido en el primer y más prestigioso valedor del régimen castrista de Cuba dentro y fuera de América Latina. Padilla le rogó a García Márquez que intercediera por él ante el comandante Castro. Quería irse de Cuba, de donde ya habían salido su mujer, Belkis Kuzá Malé, y su hijo Ernesto. García Márquez no era partidario de que ningún cubano abandonara la isla, pero prometió a Padilla que haría una gestión sobre el asunto. Padilla, en las últimas páginas de *La mala memoria,* relata la conversación que sostuvo con García Márquez, en la inminencia del viaje hacia el exilio. «A la mañana siguiente —escribe Padilla— me llamó García Márquez y me citó en la cafetería del Habana Riviera. Estaba alegre, me dijo, de que se cumplieran mis deseos, aunque él no era partidario de que ningún cubano abandonara el país. Quería hacerme una pregunta, "porque no puedo ocultarte que para mí es embarazoso tener que andar siempre con una lista de nombres intercediendo ante Fidel. Un día se cansa; pero mi pregunta es ésta, Heberto: ¿a qué atribuyes tú que en un país como Cuba se repitan los mismos problemas que tiene la Unión Soviética con los escritores?..."».

«Pero, Gabriel, esas palabras tuyas son ya parte de la respuesta», contestó Padilla. Y añade: «Sin dejar de sonreír me dijo: "Parece que por un tiempo este dilema no encuentra solución en ningún país socialista. La Unión Soviética no lo ha resuelto en más de sesenta años"».

Heberto Padilla termina su descripción relatando que García Márquez «cruzó las piernas y comprobé que llevaba las mismas botas marrones de un año antes. Añadió que siempre tendríamos la oportunidad de hablar de eso en otro sitio, cuando yo estuviera menos tenso»[2].

Han pasado algo más de veinte años de distensión en el mundo. En ese tiempo ocurrieron cosas absolutamente imprevisibles para todos los profetas del mundo político contemporáneo, muchas de las cuales están todavía en proceso y su resultado es un enigma. Pero la aparición en la escena internacional de un político como Mijail Gorbachov, que conoció perfectamente lo que los comunistas tradicionales siempre han catalogado de «errores coyunturales del socialismo», puso en revisión cuantas teorías sobre el intocable mundo del izquierdismo comunista, dogmático y totalitario han provocado bandos políticos irreconocibles. Si ha llegado tal vez el momento en que, todos ya menos tensos, podamos tener la oportunidad de hablar «de eso en cualquier sitio», ¿no será también el momento en que una conciencia creadora como la de

MVLL, instaurada contra viento y marea en el mundo literario contemporáneo, sea tenida en cuenta por sus propios adversarios políticos e, incluso, por todos aquellos que, amparándose en su momento en una trifulca ideológica, lo único que sacaban a flote era su nostalgia personal de lo imposible, que llamamos sin eufemismos el vicio de la envidia?

En todo este tiempo, luego del caso Padilla, la conversión de MVLL a las tesis liberales de Popper, por citar un ejemplo que ya empieza a ser clásico, ha sido puesta siempre en tela de juicio por sus adversarios políticos. En ese mismo tiempo, abandonado el papel de entusiasta apóstol del régimen de Castro y del izquierdismo diletante por MVLL, han ocurrido muchas más cosas. Entre ellas, la presentación y posterior derrota del mismo MVLL a las elecciones presidenciales del Perú, hace ya más de un decenio. Entre ellas, la caída del muro de Berlín. Entre ellas, la postura adoptada públicamente, a partir del caso Padilla, por Gabriel García Márquez como defensor a ultranza del régimen cubano de Fidel Castro en todos los foros públicos, políticos y universitarios del mundo. Entre ellas, la defensa que MVLL ha hecho de la política y las actitudes públicas de Margaret Thatcher, su rechazo de todas las dictaduras, por igual y sin matices, sean de izquierdas o de derechas, y su apoyo matizado a los socialistas españoles, en el poder desde 1982, bajo el mando de Felipe González, a quien el novelista peruano no se ha recatado en aplaudir precisamente por lo contrario que deploran sus antiguos colegas de la izquierda: porque es *retóricamente* de izquierdas, aunque actúa *dialéctica y prácticamente* en la derecha. Ese apoyo matizado, por recordarlo en este momento del relato, acabó en el instante mismo en que el felipismo mostró públicamente su gusto por la corrupción, hundida en sus más profundas entretelas de poder y en la turbiedad inmoral del caso GAL.

«Algo grave debe estar pasando en La Habana», recuerdo que me decía hace veinte años ahora el poeta Ángel González. Habían detenido a Heberto Padilla en su casa de Cuba. Un lento y larguísimo proceso de revisión se abría a la opinión pública mundial. En el ojo del huracán y de la polémica, MVLL tomaba el camino de Damasco, volvía los ojos hacia sí mismo y maduraba, quizá sin saberlo bien del todo, su ingreso en la política activa. *Malgré lui,* por el breve tiempo en el que él mismo habría de definirse como el pasajero de la política.

11. Contra viento y marea: una gran cabeza política (1984-1986)

Nadie discute que, en la década de los sesenta, la insurrección de los barbudos de Sierra Maestra, el Movimiento 26 de Julio, que habría de conquistar el poder por la fuerza, desalojando de Cuba a Fulgencio Batista, fue un aldabonazo internacional que llenó de esperanza a las fuerzas progresistas de todo el mundo. Más euforia, como es lógico, despertó el acontecimiento en todo el continente latinoamericano. Y en casi todos sus escritores, entregados en esa época a una lucha sentimental —las más de las veces—, aunque también arriesgada, para erradicar las dictaduras, el atropello y la injusticia de una tierra tradicionalmente sometida a los fenómenos dogmáticos y totalitarios del poder político y económico.

MVLL ya en esa época mostraba un talante «resueltamente marxista», según el criterio de Luis Harss en *Los nuestros* y según, también, muchos de los compañeros de trabajo o gentes que alcanzaron a conocerlo en aquellos años. Su literatura de creación, además (*Los jefes, La ciudad y los perros, La casa verde* o *Los cachorros,* sus obras publicadas hasta ese momento), rezumaba claramente una repugnancia moral y obsesiva que demostraba el carácter abiertamente izquierdista del escritor, sus ideas políticas y éticas (amén de las estéticas), y su virulencia dialéctica a la hora de exponer narrativamente la ficción como metáfora de una realidad injusta, reaccionaria y primitiva. En definitiva, el tono de denuncia de la literatura escrita por MVLL era interpretado entonces —y ahora también— por la mayoría de sus exégetas políticos o literarios como una voluntad de adscripción al universo confuso de las ideas izquierdistas, en un momento histórico para el continente, gracias precisamente a la aparición y al triunfo de los guerrilleros del Movimiento 26 de Julio en la isla de Cuba.

Desde el principio de la Revolución, y cuando los prestigios y el orden jerárquico de las artes y las literaturas se daban desde La Habana, MVLL participó activamente con las instituciones cubanas fundadas por el castrismo, bien como jurado —varias veces— del Premio Casa de las Américas, bien como miembro del comité directivo de esa misma revista, *Casa de las Américas*. O asistiendo a cursos y a reuniones cuya sede siempre era La Habana, mesas redondas, conferencias, charlas, a la manera de la época. Esos vínculos dejaron en MVLL el recuerdo de muchos amigos cubanos que, algunos años más tarde, estarían en el exilio salvo alguna que otra excepción que el escritor peruano recordará a Roberto Fernández Retamar en el encuentro que ambos tuvieron casualmente en Managua, luego del triunfo de los sandinistas de Daniel Ortega.

Estuve en Cuba por primera vez en julio de 1986. Viajé con un equipo de TVE desde San Antonio de Texas, con escala en Miami, noche en Panamá y vuelo desde el aeropuerto Omar Torrijos al José Martí, antiguo Rancho Boyeros, en los alrededores de La Habana. Hacíamos el viaje cumpliendo las etapas de una serie de televisión titulada *Canarias en América, el otro Archipiélago,* donde buscábamos y seguíamos la huella, viva e histórica, de los isleños en muchas partes de América Latina. Cuba había sido un destino histórico, una especie de *hinterland* natural de Canarias y los canarios, a lo largo de los siglos. Un capítulo de la serie debía ser rodado en Cuba. Se titulaba «La epopeya del tabaco» y, aunque los cubanos pidieron conocer de antemano el guión sobre el que íbamos a trabajar, no opusieron resistencia alguna al comprobar que dos de los escritores que aparecerían en el capítulo eran precisamente dos exiliados: Heberto Padilla y Guillermo Cabrera Infante (este último había publicado un libro excepcional sobre el tabaco, *Holy Smoke*[3], *Puro humo,* en su edición española del año 2000, que es todo un clásico en torno a la mata y la labor del tabaco tan sólo unos pocos años más tarde de haberse editado en Londres). Salvo una demora excesiva en los trámites de aduana, en el momento de mi entrada en Cuba, que se me antojó algo más que sospechosa, como un amable aviso de las autoridades del Ministerio del Interior, tengo que decir

que todo fueron amabilidades a lo largo de los quince días de
mi visita de trabajo, a cargo —claro está— de TVE. Ni que
decir tiene que en mis múltiples encuentros, conversaciones
y amistosas tenidas con los intelectuales y los escritores y poetas de Cuba el nombre de MVLL fue una referencia constante.
Respetado literariamente, nadie ponía en duda su capacidad
intelectual y sus dotes de escritor de ficciones o su talento
profesoral a la hora de describir académicamente, incluso, los
fenómenos literarios universales. A pesar de la batalla internacional que MVLL llevaba a cabo frente a las arbitrariedades
y dogmatismos del régimen de Fidel Castro, todo el mundo
se esforzaba con más o menos discreción (y algunos incluso
con indiscreta admiración) en resaltar la figura literaria y humana de MVLL en el contexto latinoamericano. Excepción hecha de un escritor, todavía joven, que había padecido cierto ostracismo por haber sido involucrado por Heberto Padilla en
su «confesión» de mayo de 1971, nadie me habló en La Habana de las ideas políticas de MVLL. Ni tampoco nadie hizo
alusión a su cambio ideológico ni a su adscripción al revisio-
nismo, al campo «burgués y reaccionario del capitalismo imperialista».

El joven escritor al que me refiero, gran amigo de Gabriel García Márquez (y, sin duda, influido por él en muchos
aspectos), había sido destinado a Angola durante algunos años.
Enviado allí, casi en primera línea de fuego, por el propio Fidel Castro, fue una especie de cronista cotidiano de la vida de
las tropas cubanas en los frentes revolucionarios de África.
Muy buen escritor de relatos, entre su obra destaca sin embargo un ensayo de investigación también excepcional: *Hemingway en Cuba*. Hablo de Norberto Fuentes, que había tenido problemas con la política establecida por Castro en los
finales de los sesenta, precisamente por la publicación de un
libro de relatos, *Condenados de Condado,* que —sin embargo—
obtuvo el Premio Casa de las Américas en la especialidad de
narraciones breves. Simpatizamos en las primeras conversaciones e, inmediatamente, nos hicimos amigos. Un aliento de
complicidad modulaba nuestras reuniones y rompía, día tras
día, el hielo que todavía pudiera quedar entre nosotros, como

resultado de la reticencia que siempre se tiene con «el visitante liberal que llega a Cuba con el ánimo de descubrir alguna cárcel en un barrio escondido de La Habana», según me hacían saber a carcajadas algunos de los escritores cubanos del interior —que viven en Cuba todavía— en cuanto yo les daba ocasión para ello. Sabían que yo no era precisamente un liberal, y veían además mi actuación y escuchaban mis palabras, a pesar de ir siempre o casi siempre «vestidito de culpable», en expresión irónica y provocativa de Heberto Padilla. Norberto Fuentes resultó, en suma, algo más que un compañero de ocasión para el viajero. Fue un anfitrión y un *partenaire* de excepción en cuantos encuentros tuvimos. Era un ser que miraba la vida desde una sustancial y saludable irresponsabilidad histórica, para nada acorde con el legendario rigor y disciplina de los «personeros» de un sistema político dictatorial. Cada vez que yo trataba de introducir una conversación literaria, o sobre literatura (antiguo y moderno vicio de tantos escritores al hablar con otros escritores), Norberto Fuentes se sonreía, irónico casi hasta el sarcasmo, desde el fondo de sus gafas de gruesos cristales oscuros. Gracias a él conocí, entre otros, a un isleño legendario para la literatura: Gregorio Fuentes Betancor, que había sido el patrón del *Pilar,* el yate de Papá Hemingway, durante décadas.

«Éste es el restaurante al que solía venir Fidel Castro en los primeros años de la Revolución», me hizo saber Norberto Fuentes. Estábamos en el Polynesio, en los bajos del hotel Habana Libre. Hablábamos distendidamente mientras esperábamos, entre el tumulto de conversaciones entrecortadas de los comensales de los alrededores, que nos sirvieran la cena. En el diálogo informal surgió el nombre de García Márquez. Estaba en La Habana. «Viene mucho por aquí», me comentó Fuentes. Contraataqué con MVLL. Norberto escuchaba con atención, achicando los ojillos miopes desde detrás de sus gafas oscuras. Me dejó hablar, y yo le di detalles que conocía de la vida y obra del novelista peruano, antaño tan amigo de Cuba. Fuentes callaba. No asentía demasiado a mis comentarios, pero tampoco me llevaba la contraria. Al final, me dijo él lo que había estado rumiando durante toda la conversación.

«Como novelista es bueno —me dijo tibiamente ante mi sorpresa—. Pero a mí me interesa más como político —añadió sin tener en cuenta mi creciente sorpresa—. ¡Carajo, es una de las mejores cabezas políticas del continente!», exclamó en un tono disimuladamente admirativo. Y, luego, se extendió en su exposición, demostrándome que conocía al dedillo los textos en los que MVLL había expuesto en multitud de ocasiones sus ideas políticas sobre el continente latinoamericano, sobre las soluciones políticas y económicas que había que darle a Latinoamérica, sobre el carácter brillantemente polémico de sus afirmaciones (políticas, se entiende) y sobre su capacidad dialéctica para desarrollar cualquier tema que tuviera que ver, siempre, con la política.

Tengo para mí que la opinión, aunque probablemente en las antípodas ideológicas, de Norberto Fuentes sobre MVLL estaba bastante extendida en la clase dirigente de Cuba, al menos en ese tiempo, a mediados del año 1985. Era, desde luego, un adversario político, pero también *un político* cuya cabeza era «una de las mejores del continente». De modo que no sólo no se le despreciaba, sino que se le tenía muy en cuenta. Casi admirativamente, añadiría yo. Norberto Fuentes vive exiliado hoy en Miami, después de protagonizar una sonada e inteligente huelga de hambre y tras un intento de fuga por el puerto del Mariel. Salió de Cuba hace algunos años en el avión personal del entonces presidente mexicano Salinas de Gortari y gracias a la intervención personal de García Márquez. Desde entonces ha escrito, entre algunos otros libros que narran su experiencia en la guerra de Angola, *Dulces guerreros cubanos,* un provocativo ensayo en cuyas páginas se juegan la vida la memoria del escritor y parte de la historia sagrada de la nomenklatura castrista.

Un año antes, en 1984, el presidente de la República del Perú, el arquitecto Fernando Belaunde Terry, había pedido formalmente a MVLL que fuera el primer ministro de uno de sus últimos gobiernos. La noticia saltó desde los círculos políticos y periodísticos de Lima, y fue publicada en todos los diarios de gran tirada del continente y de España. ¿Ingresaría MVLL en la política activa de su país, un país, el Perú, del que el novelista había abominado, al menos moralmente, en todos sus escritos de ficción, desde *La ciudad y los perros* hasta la entonces muy reciente *Historia de Mayta,* tan mal leída por los críticos europeos? ¿Sería jefe de Gobierno del Perú el escritor MVLL, que en todas sus reflexiones sobre su país zahería a las instituciones civiles y militares peruanas no sólo acusándolas de primitivismo e incivilización sino señalándolas, una vez tras otra, como las máximas culpables de la postración en la que se encontraba el Perú?

En *La ciudad y los perros,* por ejemplo, MVLL describe a la perra *Malpapeada,* una de las mascotas de los cadetes del Leoncio Prado, que presenta un físico lamentable tras rascarse su piel acicateada por las chinches y las pulgas en todas las paredes del Colegio, «como la bandera del Perú, blanca y roja». Y ¿no sería ahora mismo general del ejército peruano aquel cadete del Leoncio Prado del que el cadete MVLL (casi sombreado en Alberto, en la ficción, pero también el cadete Ricardo Arana en algunos episodios de *La ciudad y los perros*) se reía a carcajadas recordándolo en formación, firmes y cara a la bandera, mientras el anónimo cadete —quizá general— lloraba de emoción siguiendo las notas del himno nacional peruano?

«¿En qué momento se había jodido el Perú?», se pregunta Zavalita (tal vez MVLL en ciertos episodios de la novela) al inicio de *Conversación en La Catedral.* «Él era como el Perú, Zavalita —continúa escribiendo y describiendo MVLL— se había jodido en algún momento. Piensa: ¿en cuál? Frente al hotel Crillón un perro viene a lamerle los pies: no vayas a estar rabioso, fuera de aquí. El Perú jodido, piensa, Carlitos jodido, todos jodidos. Piensa: no hay solución».

La opinión pública, más o menos informada, entendió que el presidente Belaunde Terry entregaba las riendas del Gobierno a una personalidad internacional, reconocida en todas partes y respetada en todos los ámbitos, aunque no se estuviera de acuerdo con él en muchos de sus criterios. Pero también se preguntaba si MVLL aceptaría lo que —para muchos, y me incluyo— sería el principio de un impensable suicidio literario y, desde luego, la incursión irrefutable en una de las contradicciones más flagrantes de las teorías vitales del novelista: la exclusión, por propia definición, de la política frente a la literatura, activamente interpretadas, puesto que eran vocaciones *exclusivas y excluyentes* tanto la política como la literatura.

La sorpresa de aquella noticia que partía de Lima propició además las especulaciones sobre la ambición política de MVLL. Y, como elemento añadido, su vanidad personal. Muchos se preguntaban cómo podía ser primer ministro de un gobierno un novelista que simplemente había rozado tangencialmente la política, que sólo había estado cerca de la política a través de la teoría, la reflexión y la conciencia comprometida. Muchos otros esperaban que MVLL, ya a caballo entre sus residencias de Londres y Barranco (Lima), negara la veracidad de la noticia o, en última instancia, desdeñara la posibilidad de ser primer ministro del Gobierno de su país, sobre todo —añadían— de un Gobierno de derechas. El presidente Belaunde Terry había tomado la decisión de ofrecer el «premierato» de su Gobierno a MVLL no sólo movido por la gran confianza que le tenía al escritor; no sólo por la amistad que los había unido en los últimos tiempos, sino porque probablemente pensaba que sería una solución momentánea, un período de transición que podría prestigiar su decaída popularidad ante la opinión pública, precisamente en el momento en que se acercaban las elecciones presidenciales en el Perú.

Durante algún tiempo, breve por necesidades de la misma resolución, MVLL dudó en estimar su entrada como primer ministro del Perú. Al final, privó el buen sentido. El novelista sopesó los intereses de su país, el suyo propio incluso, y el de su familia. Pero esa misma duda, y la posterior negativa a Belaunde, quizás acicateara en su interior la posibilidad de dejar para más tarde, para los años posteriores, su ingreso en la política activa del Perú. Quizá no estuviera todavía preparado para aquella aventura, la de la política, que no era una aventura literaria, que siempre es personal. Quizá llegó a sopesar las inflexiones contradictorias de su destino, de su vida personal, casi siempre enfrentada al poder político, al poder institucional, como el aguafiestas irredento que debía ser siempre el escritor, el novelista, en nuestras sociedades, aunque se dieran cambios positivos en la mentalidad de esas mismas sociedades; aunque esas transformaciones pudieran hacer pensar a los ciudadanos que el escribir novelas, ser un escritor profesional, nada tenía ya que ver con aquella vocación de *carácter social* que MVLL pensaba que el hecho de escribir ficciones traía consigo.

MVLL decidió negarse la posibilidad que el presidente Belaunde Terry le ofrecía. Se aferró a su vocación literaria y declaró su indefectible adscripción a la literatura, al *hecho de la escritura,* tal vez pensando en aquel texto de *El grafógrafo,* del mexicano Salvador Elizondo, que él mismo, MVLL, había colocado como cabecera unos años antes (1977) en su novela *La tía Julia y el escribidor:* «Escribo. Escribo que escribo. Mentalmente me veo escribir que escribo y también puedo verme ver que escribo. Me recuerdo escribiendo ya y también viéndome que escribía. Y me veo recordando que me veo escribir y me recuerdo viéndome recordar que escribía y escribo viéndome escribir que recuerdo haber visto escribir que me veía escribir que recordaba haberme visto escribir que escribía y me escribía. También puedo imaginarme escribiendo que ya había escrito que me imaginaría escribiendo que había escrito que me imaginaba escribiendo que me veo escribir que escribo». Es decir, la lógica apabullante e irracional del laberinto de la soledad que significa la vocación del escritor, que en MVLL había alcanzado para entonces características obsesivas, de grafómano convencido del laico sacerdocio de su profesión. Habían pasado veinticinco años más o menos, desde que MVLL fuera definido por alguno de sus amigos como *une bête à écrire.* En ese tiempo no sólo había asimilado la vocación de escritor, sino que la había tatuado en su mente y en su frenética actividad como un vicio tan necesario que su lejanía, o la deserción de ese territorio exclusivo y pasional, se hacía imposible. Aunque esa tentación viniera directamente de la fascinación, más o menos encubierta, que la mujer madura que significa la política ejerciera sobre el escritor MVLL.

Un año antes de que el presidente Belaunde Terry intentara que MVLL se hiciera cargo del Gobierno peruano —responsabilizándolo además de la formación de ese mismo Gobierno del que MVLL tendría que ser primer ministro—, el propio Belaunde Terry lo había invitado a que formara parte de la Comisión de Investigación que se abriría para determinar la causa de la muerte de periodistas peruanos que, presumiblemente, habían sido atacados por unos campesinos que los habían confundido con terroristas de Sendero Luminoso, una de las peores lacras que arrasaban la posibilidad de convivencia democrática y civilizada en el Perú hasta este mismo momento. Junto a MVLL formaban parte de esta comisión investigadora Abraham Guzmán Figueroa y Mario Castro Arenas, prestigiosas personalidades de la sociedad civil peruana. La tragedia tuvo lugar en Uchuraccay, un pueblo del Departamento de Ayacucho, el miércoles 26 de enero de 1983. El suceso levantó las suspicacias de la opinión pública y política del Perú, sensibilizada en extremo ante la guerra abierta que Sendero Luminoso había amenazado con llevar a todo el territorio del Perú hasta su total desaparición como Estado moderno.

La experiencia que para MVLL representó el conocimiento directo de las espeluznantes matanzas de los periodistas y todas las características que rodeaban este caso, así como la trágica situación en la que determinados territorios del Perú se encontraban, casi a merced de la guerrilla senderista, independientemente —pero añadiéndolos— de los consabidos abusos de las Fuerzas Armadas peruanas en ciertos departamentos donde con patente de corso habían ejercido todo tipo de violencias en la población civil, causaron un fuerte impacto moral y político en MVLL. Las conclusiones de la Comisión Investigadora presidida por el novelista provocaron una gran polémica en el momento de su publicación. Una parte de esa misma opinión pública, y política, llegó a acusar a MVLL de frivolidad en la investigación. Esos mismos lo mandaron una y otra vez, a través de los medios informativos y en proclamas donde la enfermiza huella de la mezquindad es notablemente evidente, a un exilio metafórico, exhortándole además a que volviera cuanto antes a sus labores de escritor de ficciones poco compatibles, según la semántica de los adversarios del novelista, con la seriedad que demandaría una investigación profesional sobre el caso.

Los documentos del caso Uchuraccay se fueron publicando conforme arreciaba la polémica. La controvertida figura intelectual de MVLL fue nuevamente objeto de discusión en una parte de la sociedad civil peruana, sobre todo en Lima. Tales documentos han sido recopilados por el propio MVLL y están publicados en la tercera edición de *Contra viento y marea*[4]. De la lectura de las resoluciones de la Comisión Investigadora y de los artículos que siguieron a la publicación de las mismas puede determinarse el grado de incivilidad y barbarie que domina a una gran parte de la sociedad peruana, contra su voluntad, desde luego. En todos los escritos firmados por MVLL en esta edición de *Contra viento y marea* hay una frenética y reflexiva —aunque parezcan calificativos contradictorios— llamada a un urgente cambio en la mentalidad de un país, el Perú, cuyo contexto no ha variado en siglos y que está, desgraciadamente, signado por la violencia, la incultura, el drama de la miseria y la tragedia de la muerte constante. MVLL sostiene en esos textos, que en sentido lato pueden ser catalogados también como políticos, que las muertes de Uchuraccay no deberían nunca separarse —es su reflexión para la erradicación definitiva de la violencia, terrorista o institucional— del contexto de esa miseria cotidiana en la que se mueven los indígenas y gran parte de la población peruana, en la sierra, en la costa y en las ciudades. Contra lo que podía esperarse de una sociedad madura y civilizada, las resoluciones de este trágico episodio pusieron una vez más de manifiesto los sentimientos y las pasiones enloquecidas que puede generar un estado de ruina, moral y física, en una población cansada de promesas y abandonada ya de la esperanza. Pero la pulcritud de las resoluciones, su clarividencia, su rigor estricto y, en definitiva, la conciencia cívica que presidió toda la actividad investigativa han quedado claros luego del tiempo y a pesar de que no ha cambiado mucho el contexto moral y político de la violencia en la que tuvieron lugar. ¿Fue una nueva piedra de toque para MVLL esta experiencia directa en su pensamiento político? ¿Redobló el caso Uchuraccay en

MVLL la voluntad que lo tentaba, tal vez desde que tomó el camino de Damasco ideológico, para transformar a *une bête à écrire* en un político activo?

Cuando Norberto Fuentes me dijo en La Habana que para él MVLL era una de las cabezas políticas más sólidas del continente, aunque recordara entonces algunos de los episodios que, a mi entender, habían marcado la experiencia política de MVLL en su existencia de escritor, no pude imaginar que tan sólo unos años más tarde —en 1989— tomara públicamente la insólita determinación de presentarse como candidato a la presidencia de la República del Perú, el país de las mil caras, controvertido y fundamental protagonista de todas sus novelas (excepción hecha de *La guerra del fin del mundo* y *La Fiesta del Chivo*) y de todos sus demonios, fantasmas y obsesiones como *une bête à écrire*.

12. El caso de Uchuraccay, más allá de un reportaje (1983)

En las paredes de los despachos de algunos redactores-jefes de ciertas e importantes publicaciones del mundo occidental —europeo y americano— ha terminado por brillar, más allá de la deontología profesional, un cariñoso y anónimo consejo que, venido como de los cielos, ha hecho fortuna entre muchos. «No permitas que la realidad te eche a perder un gran reportaje», se lee sin sonrojo alguno en la carta de ajuste a la modernidad periodística. La realidad es aquí también sinónimo, al menos en gran medida, de la verdad y, tras la lectura del texto, se concluye que muchas veces esa realidad —esa verdad— es un obstáculo para que brille un gran reportaje.

La matanza de Uchuraccay, y la posterior intervención de MVLL como miembro de la Comisión Especial de Investigación sobre el caso, trajo como consecuencia una polémica en la que el novelista se enfrentó, entre otros, a Colin Harding, de *The Times,* y a Bo Lindblom, así como a sus adversarios políticos —más que profesionales— de los diarios peruanos, fundamentalmente *Diario de Marka,* varias veces citado en los documentos del caso. En los textos escritos por MVLL aparece, además, uno de los leitmotiv que señala y significa un cambio cualitativo en la visión del propio escritor sobre América Latina, el Tercer Mundo y el Perú en relación con Europa y EE UU, lo que muchos llaman «el concierto de las naciones civilizadas». Que la conciencia política europea, y muchas veces la más progresista conciencia política norteamericana, «proteste» en sus propios países con ocasión, cualquiera que ella sea, del más mínimo recorte de las libertades —las libertades formales— de la democracia, mientras sonríe o entiende ese mismo recorte de esas mismas libertades en los países que no pertenecen a Europa o no son los EE UU, es una contradicción que MVLL no ha dejado pasar por alto. Al contrario. Una de sus más arraigadas acusaciones al mundo europeo —intelectual y político— y al norteamericano es esa especie de paternalismo estereotipado que permite —cuando no las fomenta— en campo extraño las barbaridades por las que se echa a la calle con grandes manifestaciones populares en el propio, bajo la excusa de que a condiciones económicas y políticas distintas corresponden soluciones económicas y políticas distintas.

De boca de decenas de «vividores de la izquierda sentimental» he escuchado —en mis viajes a América Latina, a Norteamérica e, incluso, sin moverme de Europa— el error de perspectiva de MVLL al no darse cuenta de la diferencia entre Europa y América, y vivir pendiente siempre de ese espejo lejano —Europa y sus vicios políticos— que tanto daño ha hecho a América Latina, siempre según los detractores de la tesis contraria, la misma que mantiene MVLL en Lima, Caracas, Berlín, Roma o Londres: que los países latinoamericanos, luego de un largo marasmo político, económico y cultural que se extiende a lo largo de siglos, tienen derecho ya a vivir la democracia de manera exactamente igual —en la forma y en el contenido— a como se vive en Europa y en los Estados Unidos, en el Japón y en el Canadá.

El caso de Uchuraccay es otra piedra de toque en la conciencia política y moral de MVLL. El escritor, luego de pertenecer a la Comisión Investigadora de la matanza, publicó en *The New York Times Magazine* un reportaje de excepción, histórica y literariamente: «Historia de una matanza»[5]. En todos sus capítulos, MVLL contradice, frase tras frase, la cínica y frívola admonición que figura en la cabecera de los despachos de tantos redactores-jefes de publicaciones del mundo occidental. MVLL no se permite en ningún instante que la plenitud de su reportaje descanse sobre la brillantez del estilo y la hipnosis de su talento de periodista y escritor. Pegado a la verdad, «Historia de una matanza» es un reportaje, periodístico y literario, escalofriante, verídico en grado sumo, con un sentido común fuera de duda y, desde luego, escrito con una honestidad —profesional y política— que viene a caracterizar una vez más a quien, dejando de lado sus pasiones ideológicas (en el caso de que las tenga), hace descansar su objetivo sobre la verdad de las cosas, anécdotas y episodios que reconstruyen una realidad —en este caso, la matanza de Uchuraccay— de una historia enigmática, complicada, controvertida y utilizada como moneda de discusión política por tirios y troyanos.

Frente a la agresividad de la demagogia, utilizada en sus reportajes por Harding en *The Times* y por Bo Lindblom en *Dagens Nyheter,* MVLL analiza el fenómeno de Sendero Luminoso con el estilete siempre peligroso de la verdad, alcanzada ésta a través de la constatación de pruebas y de datos que nunca fueron rebatidos con autoridad. Frente a la facilidad y la aparente brillantez del reportaje que no debe ser estropeado por la verdad, MVLL usa con dignidad extrema la dialéctica de esa misma realidad, de esa misma verdad, para conformar la visión de la matanza de Uchuraccay. Uno de esos párrafos, nítido en su alta definición y firme en su acusación, señala no sólo a Harding sino a una cierta conciencia europea, progresista y demócrata, que no opone resistencia alguna a la instalación de dictaduras marxistas-leninistas en el continente latinoamericano, impresentable régimen político que no aceptaríamos para nuestros países europeos. Y a esa doble moral, desde Lima o desde cualquier lugar del mundo, ha contestado MVLL con la firmeza de sus convicciones morales.

«Mis reproches a Colin Harding no se deben, como insinúa, a que yo sea un fanático intolerante —escribe MVLL[6]— para con la más mínima crítica contra el sistema que impera en mi país. Sé muy bien que el sistema democrático peruano es frágil y defectuoso y que debe ser criticado a fin de que mejore. Pero también creo que este sistema defendido por una dictadura militar tipo Pinochet o una dictadura marxista-leninista como la que establecería Sendero Luminoso sería peor y traería más sufrimiento al pueblo peruano del que soporta». Más tarde confirma que «la lucha por defender la democracia en mi país —cosa distinta de defender al gobierno— es algo en lo que, en efecto, estoy empeñado. Es una lucha difícil e incierta y a quienes la libramos nos resulta penoso descubrir que quienes están empeñados en destruir el sistema democrático en el Perú —en América Latina— cuentan a veces entre sus aliados a aquellos periodistas de los grandes órganos democráticos de Occidente que contribuyen, por ceguera, ignorancia, ingenuidad o prejuicio, a desacreditar y difamar a aquellas democracias que, como la peruana, tratan de sobrevivir en condiciones dificilísimas». El párrafo último de «Contra los estereotipos» es, desde mi criterio, todo un ejemplo de conciencia moral, por encima de ideologías y de oportunismos demagógicos, puestos en práctica por esa extraña conciencia, entre farisea y paternalista, que el «occidental progresista» pone en funcionamiento cada vez que se refiere al Tercer Mundo: «El señor Harding me parece un ejemplo de este fenómeno. Que sus afirmaciones y escritos sobre el Perú hagan suyas todas las exageraciones, distorsiones o invenciones más demagógicas de los enemigos de la democracia en mi país no me incomodaría, si no fuera un periodista de *The Times,* un periódico donde, si aquellas especies se filtran, adquieren una respetabilidad y una validez que no tendrían jamás si aparecieran en Gran Bretaña —como aparecen en el Perú— en publicaciones definidas ideológicamente que las relativizan o invalidan». Y concluye con la contundencia de la verdad confirmada: «El hecho, por lo demás, no es excepcional. Como el señor Harding, hay, en Europa occidental, muchos periodistas que, consciente o inconscientemente, caricaturizan a América Latina y contribuyen a fraguar esa imagen, según la cual, para nuestros bárbaros países, no hay más alternativas que la dictadura militar o la revolución totalitaria. La realidad, afortunadamente, es distinta de estos estereotipos».

Esta respuesta de MVLL a los Harding del mundo europeo («No permitas que la realidad te eche a perder un gran reportaje», suscriben casi todos ellos) ¿es la contestación de un político, fanático e intolerante, o más bien es la respuesta, polémica y discutible si se quiere, de un escritor con una conciencia moral por encima de los vaivenes ideológicos, de las trampas del pensamiento político o del oportunismo personalista? La reflexión, los escritos y la polémica en torno a la matanza de Uchuraccay volvieron a situar a MVLL en la picota de la crítica, no sólo en el interior del Perú sino en amplias geografías del mundo de la opinión de nuestros países, en Europa sobre todo, donde con demasiada frecuencia se suele malinterpretar y se lee, con demasiada lejanía, la realidad verdadera del en realidad lejano continente latinoamericano. Y en ese frontispicio dialéctico habría que inscribir, igualmente, la polémica que, dos años más tarde, en 1986, tendría lugar entre el novelista alemán Günter Grass y MVLL, que viene a reafirmar los criterios políticamente esquizofrénicos que el escritor peruano denuncia desde hace años: el diagnóstico equivocado de ciertas religiones ideológicas, la visión —errónea y desenfocada— de determinadas personalidades de la opinión en nuestros países; el astigmatismo político, la flema paternalista y, en el fondo, farisea, del pedestal intelectual desde el que observan, analizan y sintetizan sus doctrinas muchos de los europeos con prestigio entre las clases de opinión del mundo.

No será la última vez, esta discusión con Grass, en la que MVLL sostendrá que el talento literario y la brillantez intelectual no son una patente de corso y una garantía de lucidez en materia política. Así, en febrero de 1987, y en un texto que sirve de prólogo a la edición que Círculo de Lectores publicará de *El Gatopardo,* una de las novelas del siglo que MVLL escogerá para su Biblioteca de Plata (en que también figura *El tambor de hojalata,* del propio Günter Grass), el novelista peruano recuerda que ese gran relato de ficción fue rechazado en Italia «por el mandarín literario del momento, Elio Vittorini», que le cerró las puertas de la prestigiosa editorial Einaudi. «Eran los años de la *letteratura impegniata* —confiesa MVLL— y todos, mal educados por Gramsci y Sartre, creíamos que el genio era también una elección ideológica, una forma de posición moral y políticamente "correcta" a favor de la justicia y el progreso». Y después escribe que «la obra maestra de Tomasi de Lampedusa vino a recordar que el genio era más complicado y arbitrario y que, en su caso, objetar la noción misma de progreso, descreer de la posibilidad de la justicia y asumir de manera resuelta una visión retrógrada —y aun cínica— de la Historia no era obstáculo para escribir una imperecedera obra artística»[7].

La polémica surgió en enero de 1987, en una reunión del PEN Club en Nueva York. Grass discutió en público con MVLL en la cuerda floja siempre tendida entre la política y la literatura. Sostuvo el novelista alemán que era inadmisible la afirmación de MVLL según la cual si se hiciera una encuesta «entre nuestros intelectuales partidarios y adversarios de la democracia, acaso ganarían estos últimos». Fue, según confesión de MVLL, «una humorada», no exenta —añadimos nosotros— de acidez y pesimismo. Grass contestó que él conocía muchos exiliados intelectuales de América Latina que eran sinceros demócratas, lo que —dicho sea de paso— también forma parte de la verdad. Pero, debajo de esta escaramuza dialéctica, latía el debate que obsesiona a MVLL y que, una vez más, descansa en la visión equivocada —hemiplejia moral, la llama el propio MVLL— de los intelectuales europeos con respecto a la situación y la realidad, junto a las soluciones de todo tipo, de América Latina. A la discusión vino a añadirse la pregunta de un escritor surafricano, presente en el foro neoyorquino del PEN, que fue contestada por MVLL con la dureza dialéctica que caracteriza su criterio. Respondió MVLL que lamentaba «que García Márquez hubiera aceptado ser un "cortesano" de Fidel Castro». A principios de verano, en el congreso del PEN Internacional que tuvo lugar en Hamburgo, Grass conminó a MVLL, en ausencia de éste, a retirar las acusaciones que el peruano había hecho contra García Márquez en Nueva York, «so pena —según los cables— de dejar de ser para usted un interlocutor válido»[8]. Y MVLL añadió, siempre reafirmándose en esa realidad moral, de cuerpo entero, que asusta y molesta hasta el ensañamiento a sus adversarios políticos y literarios, americanos o europeos, que «no voy a retirar esa frase: sé que ella es dura pero estoy convencido de que expresa una verdad. Dije también algo igualmente severo, hace algunos años, cuando supe que Borges —un escritor al que tengo como uno de los más originales e inteligentes que haya producido nuestra lengua— había aceptado una condecoración del general Pinochet. Tener un gran talento no me parece un atenuante sino un agravante en estos casos. Simplemente no entiendo qué puede llevar a un escritor como García Márquez a conducirse como lo hace con el régimen cubano. Porque su adhesión va más allá de la solidaridad ideológica y asume a menudo las formas de la beatería o de la adulación. Que un escritor inciense como él lo hace al caudillo de un régimen que mantiene muchos presos políticos —entre ellos varios escritores—, que practica una estrictísima censura intelectual y ha obligado a exiliarse a decenas de intelectuales...»[9]. Y más adelante, insistiendo en la diferencia entre el genio literario y su capacidad para la interpretación de la realidad política que vivimos, escribe que «probablemente admiro la obra literaria de García Márquez tanto como usted. Y, acaso, la conozco mejor, pues dediqué dos años a estudiarla y a escribir sobre ella. Él y yo fuimos muy amigos; luego nos distanciamos y las diferencias políticas han ido abriendo un abismo entre nosotros en todos estos años. Pero nada de eso me impide gozar con la buena prosa que escribe y con la imaginación fosforescente que despliega en sus historias. Porque reconozco en él un talante literario poco común, no puedo comprender que tratándose de Cuba haya renunciado a toda forma de discriminación moral y de independencia crítica asumiendo resueltamente un papel que me parece indigno: el de propagandista»[10].

Tengo para mí que esa discusión con Grass forma parte del debate en el que está inmerso, más moral y éticamente que de una manera política, estrictamente ideológica, el novelista, el escritor MVLL. Su rechazo —reflexivo y contundente— a cualquier tipo de dictaduras —militares de derecha o marxistas-leninistas— en cualquier parte del mundo; su crítica acerada incluso a aquellas democracias aparentes pero que según sus criterios encubren cualquier forma de dictadura amparándose en la máscara democrática —de la democracia de México afirmó varias veces que era una dictadura perfecta— irrita la diletancia sentimental e ideológica de sus muchos enemigos, activísimos a la hora del desprestigio y del ninguneo a su obra, a su personalidad moral y a su biografía. Y hace que MVLL juegue un papel exasperante en esa conciencia emergente en muchos lugares de América Latina y entre abundantes ciudadanos de a pie, además de intelectuales activos y comprometidos con su país. Esa resuelta valentía de MVLL enfrentándose contra viento y marea al Leviatán ideológico de cierta conciencia política de nuestros mundos —esquizofrénica en la mayoría de las ocasiones y, desde luego, anclada en la hemiplejia moral— se resuelve muchas veces en enfrentamientos iluministas que toman como blanco, como conciencia a abatir, la actitud y la conducta del escritor peruano.

Sólo en este contexto del que hablamos —en el que late siempre el debate perpetuo entre barbarie y civilización— hay que insertar el episodio del juez Hermenegildo Ventura Huayhua, un personaje que bien pudiera haber sido sacado de las páginas de ficción de *Historia de Mayta* si no fuera por la palpable realidad de su grotesca actuación. La matanza de Uchuraccay trajo, como hemos dicho, una polémica que mantenía en alto la realidad o no, la veracidad o no, de las conclusiones de la Comisión Investigadora. El juez Huayhua, pecando de infidencia y contradiciendo la ética de su cargo, hizo declaraciones a cuanto medio de información se acercó por Ayacucho a oír sus «bravatas» (término utilizado por MVLL en un artículo publicado por él mismo en su propia defensa). A *La Vanguardia* de Barcelona (12 de febrero de 1985) y al corresponsal del *Miami Herald* (en crónica que fue reproducida por *The Lima Times,* 1 de marzo de 1985), el juez Huayhua les declaró que «tanto el Gobierno como la Comisión Vargas Llosa se van a quedar en evidencia cuando se conozca la sentencia, porque es falsa la versión oficial». Y más: «El Gobierno decidió matar a los ocho periodistas». Reabierta la polémica en Lima, la discusión entre la moral y la política subyaciendo siempre en medio de las palabras del escritor y las bravatas del juez, MVLL fue citado a declarar, lo que hizo a puerta cerrada en dos sesiones (ocho y cinco horas, respectivamente), durante dos días en los que permaneció prácticamente bajo arresto en la habitación de su hotel (un policía lo acompañaba a todos lados dentro incluso del cuarto, según comentará tiempo más tarde el propio MVLL a Ricardo A. Setti).

El juez Hermenegildo Ventura Huayhua estaba viviendo su gran momento. Frente al escritor rico y famoso, mundano y «derechista», se alza su figura, surgida del anonimato, del frío secular de una humanidad que se ha cansado de la injusticia. El gran momento del juez Hermenegildo Ventura Huayhua alcanza su clímax orgiástico cuando ve su nombre y su fotografía en todos los periódicos del Perú; cuando es reclamado por periodistas internacionales y entrevistado mientras los *flashes* de los fotógrafos intentan captar su imagen heroica y su gesto adusto, siempre en disposición de defender la justicia contra quienes, abusando del privilegio de ser famosos y reconocidos, se sienten con el derecho a pasar por encima de esa misma justicia y de imponer sus criterios falsos a comisiones que deben basarse sólo en la veracidad de los hechos. El gran momento del juez Hermenegildo Ventura Huayhua viene acompañado por los acólitos de esa misma demagogia, tan secular como la injusticia a la que dicen rechazar desde lo más profundo de sus ideologías. Ya está servida *la nueva comedia humana,* en medio de la incultura y la barbarie: el juez Huayhua es David frente a Goliath, el pueblo sufrido frente al Gobierno abusivo; el ser anónimo —y, por lo tanto, humano— frente al «semidiós» consagrado por el mundo como uno de sus hijos privilegiados. Y hace su más infeliz declaración afirmando a *La Vanguardia* de Barcelona que «si bien no dudo que (MVLL) no cobrara por formar parte de la Comisión (Investigadora), sí recibió 50.000 dólares por un amplio reportaje publicado en el dominical de *The New York Times...*».

El juez Hermenegildo Ventura Huayhua, en la cumbre de su propia y repentina fama, se convierte en uno de los personajes más grotescos del tablado de la trágica farsa de Uchuraccay, si no fuera porque el trágico balance del caso no permite hacer bromas ni chascarrillos en torno a los episodios que, como este mismo, tuvieron lugar tras la intervención de MVLL como miembro de la Comisión Investigadora de la matanza. Pero, haciendo un esfuerzo por sacar —siquiera un instante imaginario— al juez Huayhua de la lacerante realidad de la que fue cómplice, cuando leemos todos los materiales escritos sobre el caso, una asociación de ideas se nos abre paso en nuestro propio conocimiento de la vida y la literatura, de la actividad política y de la actitud moral de MVLL. El juez

Hermenegildo Ventura Huayhua ¿no padeció una locura momentánea, en su insano juicio, exactamente igual que la padeció Pedro Camacho, el escribidor inventado por MVLL para una de sus novelas? ¿No es el juez Huayhua un resultado de esta terrible realidad peruana donde la verdad real y la ficción dramática o grotesca, según los casos, terminan por darse fatalmente la mano?

Porque lo que mantenía el juez Hermenegildo Ventura Huayhua era lo que exactamente venía manteniendo una parte de la opinión pública del Perú: que los ocho periodistas fueron asesinados porque habían visto cosas peligrosas para el Gobierno. MVLL, redactor del informe de la Comisión, había mentido. Y, además, se había lucrado con la muerte de los periodistas al publicar un amplio reportaje sobre el caso en las páginas de un prestigioso periódico (el juez Huayhua se refería a «Historia de una matanza»). Se trataba, en fin, de dar muerte a un falso prestigio —político, moral y literario— que había encarnado malignamente en el escritor MVLL. Ése era su servicio a la justicia, pensó (me imagino) el juez Huayhua en la soledad de su grandeza. Pero, unos meses más tarde, el poder judicial de la República del Perú encausó al juez Hermenegildo Ventura Huayhua y, algún tiempo después, no sólo descalificó su actitud y sus declaraciones sino que anuló todo el procedimiento que había iniciado contra MVLL, fundamentalmente, y contra los otros miembros de la Comisión Investigadora, el doctor Castro Arenas y Abraham Guzmán Figueroa. Pero la anécdota, la historia, el episodio, balanceándose entre la realidad y la ficción, entre los demonios imaginarios de la irracionalidad literaria y los fantasmas reales de la incultura y la miseria, ocupó su lugar durante una temporada —el gran momento del juez Hermenegildo Ventura Huayhua— en la historia pública de la infamia. Tras un año de condena, sin juzgar a nadie y sin ser protagonista de ningún caso —grotesco o dramático—, el juez Huayhua volvió al anonimato. Cumplió, siempre según su criterio, con su deber. Con el deber de identificarse con todo cuanto la conciencia moral de MVLL denuncia desde hace décadas. Durante un año, más o menos, el juez Huayhua jugó la carta del héroe humano frente al semidiós abusivo, un héroe de ficción —un Batman andino e imposible— frente a la realidad a la que todavía muchos ilustrados e informados no quieren verse jamás. Porque, quizás, en su fuero interno consideran que, en efecto, no es precisamente moral e ideológicamente rentable la imagen que ese mismo espejo devuelve del juez Huayhua. Sobre todo después de su gran momento, como si Pedro Camacho hubiera entrado equivocadamente en las páginas dramáticas —y mal leídas en Europa— de la metáfora de Alejandro Mayta.

13. El diablo en campaña
(1988-1990)

El 8 de mayo de 1984 se inauguraba en el Instituto de Cooperación Iberoamericana, en Madrid, la Semana de Autor dedicada a MVLL. Intervinieron personalidades de la literatura, la política, la crítica literaria y los medios informativos, entre los que cabe recordar a Carlos Barral, Rafael Conte, Jorge Edwards, Joaquín Marco, Rafael Humberto Moreno-Durán, Fanny Rubio, Pedro Altares y Javier Tusell. Hacía tiempo que el nombre de MVLL, sobre todo si se hacía presente el personaje, convocaba a cientos de personas en su entorno. En la inauguración recordé yo mismo, que también intervenía en el homenaje, las palabras de Manuel Scorza las pocas veces que hablamos: «Realmente no entiendo ese interés multitudinario por Vargas Llosa, y mucho menos entiendo de ti que admires a un novelista tan poco importante, tan malo, vaya...». Como contrapartida a esa afirmación tan parcial y subjetiva de Scorza, Carlos Barral llevó a cabo la salutación que la Semana de Autor hacía a MVLL. Afirmó que conoció a MVLL desde muy joven: «Lo conocí ya como un gran escritor... Es decir, conocí a este joven escritor siendo ya un gran escritor; y en ese terreno no ha cambiado nada. Ésta es una historia que más bien me corresponde señalar a continuación. Lo que quiero decir es que tampoco ha variado en nada la persona, ¡eso es mucho más difícil!, cuando un escritor alcanza fama universal y cuando eso le hace rozar los grandes honores que ya ha tenido; que rehúsa, por ejemplo, los cargos políticos, a los que parece que ha sido propuesto. Ya veremos si podrá, si tendrá valor para rehusar, algún día, la presidencia de la República de su país»[11]. MVLL interrumpió a Barral con un «¡Qué horror!» que quizás era un exorcismo inconsciente. Barral había hecho hincapié en una cuestión muy relevante para él: le parecía muy incómodo, quizá ridículo, presentar a MVLL, «un clásico vivo», y observaba que «me parece Mario Vargas Llosa, en tanto que un clásico vivo, una rara excepción de perennidad de la persona a lo largo de la constitución de un personaje público y universal». Ese día nos enteramos, por el propio MVLL, de que había sido Claude Couffon quien le había recomendado que enviara desde París a Barcelona el original de lo que sería definitivamente *La ciudad y los perros;* nos enteramos, además, de que ese mismo original había sido rechazado antes por varias editoriales; que el novelista hubo un momento en que se había decepcionado de su trabajo, que «pensaba que el libro no había salido en absoluto». Meses más tarde, recibió el telegrama de Carlos Barral, quien veinte años después lo llamaba clásico vivo, con el siguiente texto: Paso por París tal día. Búscame en el hotel Port-Royal.

No era la primera vez que yo oía comentar a Carlos Barral, oblicua o informalmente, que MVLL llegaría a ser presidente del Perú. Por mi parte, siempre había puesto esa sospecha, esa intuición de Barral y otros amigos, incluido Jorge Edwards, en la cuarentena de la duda. ¿Cómo podía presentarse a la presidencia de la República del Perú el más terrible de sus escritores, quizá el único que no se prestaba a las medias tintas a la hora de criticar, acusar, ridiculizar y rechazar unas estructuras sociales y políticas, las de su país, el país de las mil caras, en todas sus obras novelísticas, en todas sus conferencias y ensayos, en todos sus artículos y opiniones?

En una de mis estancias en Lima, en 1979, hice una prueba personal, como una especie de pequeña encuesta, quizá sin valor, que guardé para mí hasta este momento. Todos los días, durante la semana que estuve en Lima, tomaba un taxi desde el centro de la ciudad, en los alrededores del hotel Crillón, y me dirigía a Barranco, a casa de MVLL, en el malecón Paul Harris. Me sentaba detrás del chófer, le daba la dirección y guardaba un silencio expectante. Inmediatamente, el taxista empezaba a mirar con timidez y curiosidad por el espejo retrovisor. Me observaba con detalle. Entonces yo me enfrentaba a su mirada con la mía, fijamente, como interrogándolo. «Perdone, señor —decía entonces el chófer del taxi—,

¿va usted a la casa de don Mario Vargas Llosa?». Yo asentía con un gesto. «¿Es usted amigo suyo?», volvía a preguntar el hombre en un tono más cercano. Volvía yo a asentir con el mismo gesto. Y, entonces, el taxista, invariablemente, serrano, blanquiñoso, cholo, costeño, negro o *chino,* se deshacía en elogios sobre «la gloria nacional», «el más importante de nuestros escritores». Tras la retahíla de elogios, se guardaban unos segundos de mutis e, inmediatamente, el taxista, fuera quien fuera, afirmaba: «Será presidente de la República», aserto que contrastaba con el rechazo que la personalidad y la sombra de MVLL despertaban en las llamadas clases políticas, clases intelectuales y, desde luego, en la tropa que hemos denominado «progresía» y «vanguardia» con una prodigalidad increíble, dado que en ocasiones algunos de sus más prestigiosos adalides se caracterizan por todo lo contrario de lo que los identifica ante el mundo.

Si alguna vez había imaginado que MVLL ingresaría en la política activa de su país, yo mismo lo había rechazado. Veía la frenética actividad intelectual y literaria del novelista en cualquier parte del mundo y recordaba que, a pesar de esa pasión contradictoria, en las fronteras fluctuantes del amor y el odio que sentía por el Perú, en muchas ocasiones le había oído decir con taxativa y férrea convicción que nada lo desviaría de su destino y vocación de escritor. Cuando el presidente Belaunde, en un gesto político que se me antoja —en la distancia del tiempo y el espacio— ambiguo y desesperado, lo llamó para que aceptase ser el primer ministro de uno de sus últimos gobiernos, pensé que el inflexible camino de MVLL se torcería ante la llamada del poder político. Respiré cuando supe que había rechazado la oferta. Más tarde, cuando el presidente Alan García decidió nacionalizar la banca peruana y MVLL saltó a la palestra política con la misma agresividad y con la misma pasión que le conocíamos en las lides literarias e intelectuales, comencé a sospechar que los taxistas de Lima entre los que había hecho aquella encuesta informal tenían una parte de razón. Ocurría ya que *el diablo,* como lo llamó el senador comunista Genaro Ledesma, estaba a punto de saltar a la arena[12].

Álvaro Vargas Llosa[13] sitúa el principio de lo que yo mismo he llamado la aventura equinoccial de MVLL en el mitin multitudinario que tuvo lugar en la plaza de San Martín, el 21 de agosto de 1987, como respuesta al proyecto de estatalización de la banca peruana —propuesto por Alan García—, que encubría «en realidad, la captura general por el poder de la economía peruana»[14]. Ahí nació, espontáneamente, el Movimiento Libertad, el ariete con el que MVLL iba a entrar en la política activa de su país. Muchos de los que, desde hace años, seguíamos la trayectoria de MVLL comenzamos a intuir que su determinación intelectual lo llevaba a la política para algo más que *estar* en ella. ¿Había quedado MVLL sorprendido por el apoyo popular recibido en la plaza de San Martín? ¿Lo empujaban al juego político intereses económicos, ideológicos, con los que se había aliado para dar rienda suelta a su vanidad, pecado que se le echaba en cara desde hacía tiempo en amplios sectores «progresistas»? ¿Había desembocado en ese destino obligado por una serie de circunstancias a las que si daba la espalda él mismo, MVLL, terminaría convertido en estatua de sal? «Allí —en la plaza de San Martín (con un quórum de 100.000 personas)— no se habló de presidencia ni de elecciones —escribe Álvaro Vargas Llosa en *El diablo en campaña*—. Nuestra obsesión era detener a un monstruo que nos recordaba las épocas negras de Velasco y del que no nos podríamos librar en mucho tiempo si lograba el propósito que lo animaba. No habíamos tomado la iniciativa: habíamos ejercido la réplica, y en el pandemónium, la necesidad de encontrar rápidamente una cabeza visible había hecho que un escritor independiente fuese improvisado como líder de la resistencia cívica»[15].

Los teletipos, los analistas, todos los medios de información del mundo, incluidos los audiovisuales, dieron parte del nacimiento de ese líder de la sociedad civil, MVLL, hasta ahora un escritor cuyas únicas incursiones en la política habían sido las polémicas de la pluma —por causas ideológicas—, la puntual toma de conciencia en sucesos y episodios que requerían su punto de vista y, desde luego, una constante intervención a través de sus escritos que definían su intachable compromiso con la honestidad, la ética personal, no siempre bien entendida en el caso del mismo MVLL por quienes *no podían* darle la razón so pena de sucumbir ante su rigor, su responsabilidad como intelectual y ante su pensamiento político, siempre en revisión.

MVLL relata en su artículo «En el torbellino de la historia»[16] cómo recibió la noticia del proyecto del presidente Alan García sobre la estatalización de la banca peruana. Estaba en una playa cerca de Tumbes, corrigiendo pruebas de su entonces último libro escrito, la novela *El hablador*, que se publicaría en octubre. El artículo —leído y televisado a los peruanos el 24 de septiembre de 1987— era un mensaje que, además, *iba más allá* de la norma de un escritor independiente: MVLL anunciaba su entrada en la política activa, como resultado de una situación que lo obligaba a tomar una postura que hasta entonces había negado con rotundidad, casi hasta la extenuación. Su conducta no podía ser interpretada —más que torcidamente— como una aquiescencia final a los cánticos de sirena de su vanidad. Al contrario. Era la responsabilidad cívica, su proclamada y reconocida independencia, su ética como ciudadano, lo que le llevaba hasta la política. Y, sobre todo, un factor que en MVLL cobra los visos férreos de un concepto inexpugnable: la libertad como valor supremo del ser humano. Cierto. Hubo quienes, inmediatamente y con todo su derecho, pusieron reparos a su actitud. Hubo también quienes se sintieron sorprendidos hasta la frontera de la traición por un escritor que abominaba de la política porque en ese campo, entre sapos y halcones, no existían los códigos de coherencia moral que la vocación de escritor, exclusiva y excluyente, necesitaba como el aire.

Carlos Barral fue uno de esos sorprendidos por la determinación de MVLL. En un coloquio de TVE, dirigido entonces por Fernando Sánchez Dragó, y en el que también estuvo presente Jorge Edwards, Barral mostró su extrañeza ante la postura de MVLL. «Perderemos a un gran escritor, a un novelista excepcional», comentó con pesimismo. «Una temporada —le contesté irónico—, solamente una temporada». Barral volvió a la carga: dijo que dudaba de la labor que MVLL pudiera realizar al frente de la presidencia del Perú, no porque no lo creyera capacitado, sino porque estaba probada la esterilidad del escritor en la política, sobre todo en América Latina, donde los ejemplos más o menos recientes eran excesivamente claros. La opinión de Carlos Barral era la de un amigo que expresaba su temor por el futuro personal y literario de MVLL, y en ningún modo podía ser interpretada como una postura *en contra* de MVLL. Sin embargo, determinados medios limeños lo tomaron así, torcidamente. Mi posición en el coloquio tampoco estuvo enfrentada a la de Barral. Simplemente le recordé al poeta y editor que él mismo estaba en política sin ser un político profesional. Desde 1982, Barral era senador del PSOE y en ese momento, creo recordar, era todavía eurodiputado socialista. «Esto es otra cosa», me contestó Barral. Edwards terció en la discusión amistosa: MVLL sentía como responsabilidad personal la necesidad de entrar en política. En su postura había un incuestionable concepto que no se podía olvidar: el factor moral. El criterio de Barral era el mismo que mantenía Octavio Paz y muchos otros amigos cercanos a MVLL. «Este matrimonio de la debilidad por la aventura y el sentido casi mesiánico de la responsabilidad, sumado a ese factor decisivo que es en la historia la casualidad —escribe Álvaro Vargas Llosa—, acabó por embarcarlo en la carrera por lo que él mismo llamó el oficio más peligroso del mundo: la Presidencia del Perú» [17].

Parcial —porque es precisamente quien es y lo demuestra—, subjetivo como no podía ser menos, pero con una valentía de excepción que pocos escritores pueden exhibir desde su radical juventud, Álvaro Vargas Llosa describe en *El diablo en campaña* las vicisitudes, contradicciones, infamias y disparates que asumió arriesgadamente MVLL al embarcarse en el oficio más peligroso del mundo. Octavio Paz trató de disuadirlo. MVLL se marchó a Londres tras decidir su candidatura. Thatcher rompió el protocolo británico y lo recibió para darle su apoyo y «consejos». Estaba convencida de que MVLL ganaría las elecciones, además de que era el candidato ideal —desde Europa, al menos— para sacar al Perú del marasmo suicida en el que todavía está metido. Por eso atendió a MVLL y escuchó atentamente y sin decir una palabra cada uno de sus proyectos políticos, si llegaba a alcanzar la presidencia del Perú. Al final, Margaret Thatcher le dio un solo consejo a MVLL: «Sí, todo lo que usted me dice está muy bien, pero para conseguir todo eso hacen falta tres cosas esenciales —le aconsejó—, autoridad, autoridad y autoridad», concluyó. Por su parte, Octavio Paz le dijo en Londres lo que muchos estábamos pensando en silencio: «Lo mejor que puede ocurrir, Mario, para todo el mundo, es que pierdas las elecciones». Sin embargo, muchos de sus enemigos y todos sus amigos pensábamos lo contrario. E, incluso, discutíamos en público y en privado las dotes del Cadete para ser presidente del Perú. Es significativo el comentario que Paz, en plena conversación con MVLL, le hace al escritor peruano. «Eres nuestro primer novelista», le dijo el Nobel de Literatura. Añadió que el período presidencial —cinco años— era un tiempo muy limitado y que no podía llevar a cabo todos sus proyectos de modernización «en un país tan monstruosamente difícil como el tuyo». Trataba de convencerlo, una vez más, de que revocara su decisión, ya irrenunciable. «Lo que pasa es que eres un progresista —le bromeó Paz—. Crees en el progreso». Pero MVLL ya estaba decidido, no dejando traslucir sus posibles vacilaciones internas ante nadie[18]. *El diablo* había entrado en campaña de una manera reflexiva, responsable y frenética: es decir, quijotesca, utópica, disciplinada y férreamente. Tal como había asumido, muchos años atrás, la vocación del escritor que ahora era.

Desde entonces desplegó en todo el Perú una incesante actividad política. Reuniones, viajes, mítines, debates, controversias múltiples. Artículos, entrevistas, visitas pedagógicas a todas las partes del país de las mil caras. Subía como la espuma su popularidad, sin distinción de clases sociales, aunque para muchos fuera el candidato de la derecha, de los banqueros y de los ricos, exclusivamente. De nuevo el maniqueísmo demagógico puso sobre el tapete de la opinión pública lo que Jean-François Revel llama la mentira ideológica, «la primera de todas las fuerzas que dirigen el mundo», esa especie de locura tenebrosa y oscurantista de nuestro tiempo en el que —como decía Brecht y remató más tarde Dürrenmat— se hace no sólo difícil sino imposible *demostrar lo evidente*. Como desde hace tiempo la postura de MVLL es la de la civilización frente a la mala conciencia del tercermundismo, «conviene, pues, confinarlo en la derecha, e incluso en la nueva derecha. No se tiene derecho a ser demócrata si no se es marxista en América Latina», según escribe irónicamente Revel[19]. Y añade: «Es el caso, en particular, porque es de lo que hablamos a propósito de Vargas Llosa y Alan García, de la centralización del crédito en manos del Estado, arma absoluta grata a los socialistas, como lo fue a Hitler y a Mussolini. Porque el nazismo y el fascismo fueron, no lo olvidemos, casi tanto como el estalinismo, celosos nacionalizadores. Tal vez pensando en todos esos precedentes, Vargas Llosa creyó deber señalar en 1987 como un peligro para la democracia y, en todo caso, un freno para la economía la concentración total del sistema bancario y financiero en manos del Estado, y más aún, en tal caso, en un Estado roído por la corrupción. Se ve con este ejemplo cómo un periodista [se refiere al corresponsal de *Le Monde* en Lima] puede, a finales del siglo XX, en uno de los mejores diarios del planeta, escribir un artículo sin ocuparse de la información, ni de lo que procura la actualidad, ni de lo que viene de la historia»[20].

¿De qué se trata, entonces? «De tergiversar los argumentos de Vargas Llosa y denigrar su persona», una vez que no se cree en su proyecto, escribe Revel. «Sin duda —dice— esta inconsecuencia procede de lo que se podría llamar la renuencia ideológica. Ya no se cree en el socialismo, pero se continúa vituperando a los partidarios del capitalismo como si aún tuviéramos algo coherente que oponerle. Esta persistencia de un fenómeno tras la desaparición de su causa es una de las fuentes de la mentira ideológica»[21]. Por tanto, anatematicemos, condenemos, liquidemos y satanicemos todo cuanto diga y haga MVLL. Sobre todo, como ocurría en esos momentos, si el escritor ha cometido la osadía de penetrar los círculos infernales de la política activa. Sobre todo si sus argumentos, su doctrina, sus planes de gobierno y su responsabilidad moral descansan en una inmoderada fe en la libertad del ser humano, en la capacidad del hombre, sea cual fuere su condición y su nacionalidad, su religión o sus creencias ideológicas, para saltar por encima de la tapia nefasta del fracaso histórico y atarse a la utopía necesaria para andar por el mundo con la revisión constante de la historia como estandarte ideológico y reflexivo. Por eso Vargas Llosa es *el diablo,* según el senador comunista peruano Genaro Ledesma, en un evidente lapsus de contradictoria fe religiosa. De modo que, condenado a las tinieblas eternas, cualquier mal es siempre menor —aunque sus argumentaciones se basen en la mentira— que aquel que *el diablo,* Satán, el mal supremo, puede proponernos.

La campaña electoral de MVLL empezó prácticamente a finales de 1988. Es cierto: hubo dudas en el candidato. A mediados de ese mismo año estuvo en Madrid. Tuvimos una de las múltiples reuniones que han ido consolidando nuestra cercanía. Coincidía con nosotros Jorge Edwards. MVLL había hecho saber que retiraba su candidatura a la presidencia del Perú por la coalición del FREDEMO (Movimiento Libertad, de MVLL, Acción Popular —partido político liderado por el ex presidente Fernando Belaunde Terry— de corte centroderechista, Partido Popular Cristiano, de Luis Bedoya, de tendencia democristiana, y Solidaridad y Democracia). ¿Motivo? Su resistencia —la de MVLL— a entrar en las componendas tradicionales de partidos políticos —sus acompañantes en la coalición electoral—, cuyos repartos de poder y protagonismo habían llevado al pueblo peruano al descreimiento casi total y a un escepticismo estéril que significa el principio del final, según MVLL: el suicidio de una sociedad civil, larvado largamente entre la enfermedad de la miseria, el latrocinio, la corrupción política y la incultura tercermundista. Fue con motivo de las elecciones municipales. MVLL *asustó* a sus socios coyunturales. La componenda no era el juego inmoral para el que él había venido a la política. Los viejos vicios de la clase política peruana —de cualquier signo ideológico— no podrían tener cabida en una candidatura como la suya, que había ejercido su determinación y su presencia basándose precisamente en todo lo contrario: en la responsabilidad civil y ética del candidato.

Se comprende que, en medio de la incultura y de la miseria moral de las clases políticas peruanas, MVLL no fuera solamente un heterodoxo, a veces tildado de ingenuo, sino también se tergiversara —incluso por parte de algunos socios políticos coyunturales— su imagen y su figura. Otra vez el maniqueísmo y la torpeza ideológica. Otra vez ese terco astigmatismo de unos y otros en torno a la figura del escritor universal. Para unos llegó el momento de la torpeza idolátrica: MVLL era el *salvador,* un *mesías* laico, joven todavía pero maduro en todas sus actuaciones y pensamientos; rico y reconocido universalmente puesto que nadie era capaz, ni dentro ni fuera del Perú, de negar su indudable éxito, el mismo que hubieran deseado para sí no ya las masas anónimas que lo apoyaban durante la campaña electoral sino los líderes que le habían pedido que se pusiera al frente de esa misma candidatura para salvar al Perú. Para otros, para la izquierda tradicional o los partidos políticos que, haciéndose pasar por progresistas e izquierdistas —de una manera retórica— ejercen esa dictadura astigmática que no sólo niega la evidencia sino que reincide hasta el suicidio en el lodo de sus propios errores, MVLL era *el diablo.* Ya tenemos, sin matices y con todo género de simplificaciones, el cuadro de siempre, el error reiterativo y miope de nuestras sociedades civiles, que siguen mirando la ideología como patrón fundamental e incluso único de las pulsiones políticas de la historia, sincrónica o diacrónicamente.

El domingo día 8 de abril de 1990 tuvo lugar la primera vuelta de las elecciones presidenciales en el Perú. MVLL había mantenido siempre en sus círculos políticos y amistosos que debía ganar en la primera vuelta. Y el alcalde de Lima, Ricardo Belmont, que había mostrado sus preferencias por el candidato del FREDEMO días antes de las elecciones, lo había dicho a voz en grito: «Mario Vargas Llosa debe ganar en la primera vuelta porque ir a una segunda vuelta es sacarle la vuelta al Perú». Se sucedían vertiginosamente los acontecimientos. Y las declaraciones de notables políticos y escritores. Son particularmente significativas —en el campo de la literatura— las de García Márquez (que había dicho en Santiago

de Chile, donde estuvo en la toma de posesión del presidente
Aylwin, que MVLL actuaba en política con toda honestidad)
y Salman Rushdie, a quien yo había conocido porque el propio MVLL lo había traído a cenar a mi casa, entonces en Las
Rozas, en las afueras de Madrid. Rushdie, satanizado por el
fundamentalismo islámico, había reflexionado sobre las afirmaciones que contra MVLL, y contra sus opiniones y opcio-
nes políticas, había escrito en *La sonrisa del jaguar,* un reportaje
testimonial sobre el sandinismo, que fue elaborado a toda carrera, sin reflexión política alguna, en un viaje de muy pocos
días por un territorio que hablaba una lengua —el español—
que el autor no manejaba ni entendía en absoluto. La sata-
nización lo había vuelto a cierta cordura y, tal como recoge
Álvaro Vargas Llosa en su libro sobre la campaña electoral,
Rushdie había escrito en *El País* un no tan sorprendente artículo, al menos para los informados, donde confesaba que «el
tener un escritor serio como Vaclav Havel dirigiendo un país
y posiblemente dos escritores si Vargas Llosa gana las elecciones en Perú, es un signo de que quizá el mundo es un lugar
menos desesperanzador de lo que yo pensaba que era. Sería
maravilloso que así ocurriera».

Pero quince o veinte días antes de esa primera vuelta
de las presidenciales, había hecho aparición en el favor de los
electores un oscuro candidato a quienes los profesionales de
la política y los medios informativos del Perú y del mundo
entero no habían tenido en cuenta hasta ahora: Alberto Fujimori, dudosamente peruano en primera generación, ingeniero
agrónomo, que se presentaba como candidato bajo las siglas
de Cambio 90. Inmediatamente fue llamado el Chino. A la
sorpresa de las encuestas que lo daban como segundo favo-
rito, tras el escritor universal que había decidido abandonar
la literatura para ser presidente de su país, se añadió un comentario en los círculos políticos de España. «Lo del Chino
peruano no es serio. Parece de novela surrealista», decían los
corrillos de informados que seguíamos, paso a paso, casi como si se tratara de nuestro país, la carrera electoral de la República del Perú. Era, en verdad, «el personaje jamás imaginado». «Nadie sabía de dónde venía ni por qué había elegido

esa intrincada comarca para instalarse. Era un japonés, se llamaba Tushía. Como durante la Segunda Guerra Mundial los japoneses fueron hostilizados en el Perú, Tushía venía huyendo de esa persecución, según unos, o de sus delitos cometidos por él en Iquitos, según otros.» Leo este texto una vez más, entresacándolo de *Historia secreta de una novela,* preparado originariamente como conferencia para la Washington State University[22]. MVLL se está refiriendo al personaje que en *La casa verde* aparece bajo el nombre de Fushía. En alguna que otra conversación, mantenida a lo largo de estos años, MVLL me reveló su idea de escribir algún día un relato, tal vez una novela, que recogiera una matanza de «chinos» que tuvo lugar en Lima en una parte de la historia del Perú. Los orientales —y no es extraño que los chinos y los japoneses sean la misma cosa en un país de mil caras y dos mil mestizajes— eran dueños del comercio, la industria, la pesca, y fueron el chivo expiatorio de una población que un día se levantó encolerizada y los colgó por cientos de las farolas de Lima. MVLL se imaginaba aquel dantesco espectáculo y lo había transformado en uno de sus demonios obsesivos destinados a escribir una futura novela.

Alberto Fujimori venía a aguarle la fiesta a MVLL. Era el personaje jamás imaginado por el novelista. «De tanto hablar del milagro japonés, el doctor Vargas Llosa ha terminado por hacerme un favor», decía cínicamente Fujimori. No sólo había evitado que MVLL ganara las presidenciales peruanas en la primera vuelta, sino que trajo a la mente del escritor un dato que siempre tuvo en su cabeza, y que confiesa también Álvaro Vargas Llosa en las páginas de *El diablo en campaña:* si no se ganaba en la primera vuelta, quería decir que las reformas que el vargasllosismo político iba a poner en marcha en el Perú no tenían el necesario respaldo de la población. Fujimori apareció en el escenario de la novela política en la que en los días de las elecciones se había convertido el Perú como un Batman de ficción que arremete contra el Jocker (rico, guapo, famoso, blanco, internacional, sofisticado y mundano) cuando éste va a ganar la guerra del fin del mundo. Salido de las páginas de la ficción más surrealista que es la historia real de América Latina, el Chino se mostró entonces como un sensato apóstol que contempla el desastre peruano con ese sentido reverencial y esperanzador que por la realidad sienten siempre los orientales. Por eso, y por muchas razones con mayor oscuridad que las que citamos aquí, Fujimori se enfrentaba a un novelista, un escritor, que había vivido dieciséis años en Europa, un intelectual que había puesto siempre en entredicho el sentido histórico del Perú, su reconocida inarticulación social, racial, económica y política.

Años atrás, Alfonso Barrantes, que se presentaba entonces a alcalde de Lima, le había comentado a su mayor opositor, el periodista Alfredo Barnechea, que perdía el tiempo haciéndose ilusiones en aquellos comicios municipales. «Eres demasiado blanco para ganarme», le dijo Barrantes. Alguna razón tenía el político marxista. MVLL, a pesar de su mestizaje evidente, es visto como un *blanquiñoso* por el Perú complicadamente multirracial. De modo que el día de las elecciones, entre el APRA (la máscara retórica en la izquierda y todo lo demás en la derecha y en la corrupción) y la izquierda (la del mismo Barrantes y la de Henry Paese), los votantes peruanos se inclinaron por el escritor y por el Chino, porque ninguno de los dos había tenido nada que ver con la política activa hasta ese momento. Entonces se dijo en Lima que otro «fantasma» se paseó por los rincones del palacio de Pizarro agarrándose a sus columnas y carcajeándose frenéticamente. Había evitado que MVLL arrasara su obra, curtida hacia el desastre en los últimos cinco años. En todo el Perú llegaron a llamarlo Caballo Loco, un nombre de ficción que tiene que ver directamente con Alan García. Marxista de Groucho, Alan García llevó al Perú «desde la pobreza a la más absoluta miseria». Incluso alguien llegó a decir que el político parecía el novelista que inventó a Fujimori para matar las ínfulas del escribidor que había amenazado con meterlo en la cárcel por irregularidades y corrupciones urdidas desde el poder de su presidencia. La novela no había hecho más que empezar en la primera vuelta. Formaba parte de esa inacabable aventura equinoccial de un escritor que, rodeado de personajes reales transformados en molinos de viento, se olvidó quizá de imaginar al único personaje que no había figurado en sus pesadillas políticas, literarias o intelectuales: un japonés, que no era precisamente el candidato del Japón pujante que MVLL había visitado meses antes; un japonés que parecía sacado de las páginas más sorprendentes de *Conversación en La Catedral,* la novela que tal vez hubiera querido escribir un político ineficaz e iluminista que alguna vez se llamó Alan García.

14. La visita del arzobispo
(1990)

El candidato MVLL había sido presentado al electorado por ciertos medios informativos peruanos como ateo. Esa acusación, más que un simple calificativo, era y sigue siendo en el Perú un anatema público. El candidato MVLL fue presentado al electorado peruano como un personaje que evadía sus impuestos y sacaba dinero del país, un país de pobres al que, además, *el diablo* quería sumir en la oscuridad más profunda y definitiva. No importaba que el gobierno del presidente García hubiera dejado en el paro a una gran cantidad de funcionarios públicos y que el poder adquisitivo de los que sobrevivían en el fango de la miseria hubiera descendido escandalosamente. El candidato MVLL era, sin duda, un derechista entregado a las líneas maestras del FMI, un hombre que no conocía bien el Perú y que se dejaba llevar, además, por su vanidad, por su prepotencia y sus éxitos. No importaba que MVLL tratara de convencer al electorado de que su éxito personal podía serlo también de la gente, del pueblo peruano, si el Perú seguía una rigurosa política de saneamiento económico y de rearme moral y cultural. El candidato MVLL se iba a cargar a quinientos mil funcionarios más en cuanto ganara las elecciones y formara gobierno. Además, el candidato MVLL —no había que olvidarlo— era ateo. Se había confesado públicamente agnóstico. Incluso afirmó que, a la edad de catorce o quince años, había probado droga. Era, sin duda, un peligroso drogadicto, además de un ateo irredento, una especie de escritor millonario que vivía al margen de la miseria de su país, de modo que no sólo no conocía el Perú sino que, de ganar las elecciones, destrozaría lo poco que había dejado sano Alan García.

Álvaro Vargas Llosa relata en su libro la voluntad de MVLL de no presentarse a la segunda vuelta de las elecciones presidenciales. Visitó, en el más absoluto de los secretos, a Alberto Fujimori, en la casa de su propio suegro, «cerca de la clínica San Juan de Dios». La conversación duró «cuarenta minutos». «Yo no tengo ninguna vocación de ser presidente», dijo MVLL a Fujimori. «Y le explicó —escribe Álvaro Vargas Llosa— que estaba dispuesto a cederle la presidencia para que empezara al día siguiente a trabajar en la formación de su Gobierno. Lo exhortó en términos dramáticos a desligarse por completo del APRA y la izquierda, y a tener en cuenta los planes del FREDEMO»[23]. MVLL cumplía con lo que él mismo se había trazado como voluntad moral antes de celebrarse la primera vuelta de las elecciones presidenciales. Estaba firmemente resuelto a no presentarse en una segunda vuelta, para evitar al Perú una espera estéril que —además— dividiría al electorado peligrosamente en dos partes, en *dos Perús* enfrentados incluso tras las elecciones en la segunda vuelta. Dado que Alberto Fujimori, salido de las entrañas de la nada, había gozado en la primera vuelta de las elecciones de un porcentaje elevadísimo de votos, al punto de dejar en la estacada al APRA y a toda la izquierda, era —según MVLL, que no tenía vocación de político— el hombre indicado para dirigir el Perú. Sólo porque así lo habían querido los electores. ¿Qué había pasado en todo ese tiempo, larguísimo, de una campaña electoral en la que MVLL había contado con medios más que suficientes y con profesionales de campaña electoral que ni siquiera habían previsto el inexorable ascenso de un japonés que, según mantenía, había vendido una casa para pagarse él mismo su campaña electoral?

MVLL recibió a su vez la visita de Fujimori en su casa de Barranco, tras comunicarle que no se iba a presentar a la segunda vuelta. El candidato peruano-japonés venía a decirle al doctor Vargas Llosa que había hecho consultas y que era inconstitucional la renuncia. «Mi padre le contestó —escribe Álvaro Vargas Llosa— sin perturbarse que la decisión estaba tomada. Fujimori, con el rictus congelado, salió de la casa»[24]. Para entonces MVLL ya sabía que la visita que había girado a la casa del suegro de Fujimori, total y absolutamente secreta, era del conocimiento del presidente Alan García. En medio de la discusión sobre la renuncia, Orrego, uno de los vicepresidentes del FREDEMO, luego de elevar la voz («¡Usted no tiene derecho a hacer eso!», le había gritado a MVLL) contó algo revelador. «Dijo que el presidente Alan García había llamado la noche anterior a Fernando Belaunde a Moscú, donde estaba invitado a pasar unos días, con mucha preocupación porque Vargas Llosa había decidido renunciar. Esto ponía en evidencia que Fujimori había hablado con García inmediatamente después de la reunión secreta con mi padre, para ponerlo al tanto de la decisión. La conexión con Palacio estaba confirmada», según Álvaro Vargas Llosa[25]. En ese mismo momento, las sospechas de que Alberto Fujimori estaba apoyado por García, secretamente, y por la Iglesia Evangélica empezaron a ocupar espacios en los medios informativos peruanos. Y las hipotéticas «conexiones» eran desarrolladas por los informadores y reporteros que habían enviado a Lima los principales periódicos y televisiones del mundo para ver el triunfo electoral de un escritor famoso. Fujimori, también por entonces, se declaraba católico practicante frente al candidato ateo, *el diablo* que había en MVLL, que además mostraba una clara voluntad de renuncia ante el resultado, que él consideraba adverso, de las urnas en los comicios presidenciales.

Algunos párrafos de la carta de renuncia —«Mensaje al Perú», se titulaba— que MVLL debía leer a los medios de comunicación, una vez consumada su decisión, son reveladores de la sinceridad y la coherencia del escritor en el punto culminante de su carrera por la presidencia del Perú. En *El diablo en campaña* se encuentra el texto completo del mensaje, pero nos interesa entresacar algunos de los textos de ese documento histórico que nunca llegó a ser publicado por el candidato ateo. «Mi retiro de la contienda —escribe MVLL— será interpretado por algunos como un acto de soberbia. No lo es. Más bien de coherencia con lo que he dicho en la campaña, que es rigurosamente lo que pienso. A mi juicio, al Perú sólo lo puede salvar de la decadencia presente y la barbarie a la que se encamina, una reforma liberal, que ataque sus males de raíz, todos al mismo tiempo. Esto es posible hacerlo en democracia, a condición de contar con un apoyo popular significativo, como el que parecía haber conseguido yo para el cambio en libertad hasta hace un par de meses. Luego, pese a mi empeño y al de muchos peruanos generosos —Ricardo Belmont, por ejemplo, cuyo gesto siempre recordaré como una estrella brillando en el muladar que fue a veces la campaña—, este apoyo fue cediendo hasta reducirse al tercio actual, suficiente, sí, para ganar una elección, pero no para lograr el único propósito que me trajo a la política: hacer del Perú un país de nuestro tiempo»[26]. El candidato MVLL se retiraba. Las noticias que desde el Perú llegaban al exterior mostraban nada menos que las dudas del escritor en presentarse a la segunda vuelta. Meses antes nadie dudaba de su triunfo arrollador. Pero después se vio que el apoyo que mostraban las encuestas de sus propios expertos, e incluso las de sus enemigos, no era tan grande como nos habíamos imaginado. Los demonios habían funcionado una vez más en el Perú. En el hotel Crillón, en medio de La Colmena, en el centro de Lima, funcionó una *oficina de odios,* «en el muladar que fue a veces la campaña». En la calle, MVLL trataba de multiplicarse, volaba de un lugar a otro, de un fin del mundo a otro, buscaba afanosamente que el país se diera cuenta de lo que él estaba haciendo. Pero medio país se dedicó a lo contrario: a que el mensaje de MVLL fuera tergiversado, distorsionado, *temido.* Tras su triunfo sobrevendría el cataclismo, el apocalipsis. Su éxito personal en la literatura lo había llevado a un mesianismo político cuya enfermiza vanidad tenía como meta inmediata ser también el presidente de la República del Perú. Era, además, un ateo confeso —según la Iglesia Católica— y *el diablo,* según la izquierda más dogmática. ¿Cómo iba a llegar a la Casa de Pizarro un «diablo ateo» que amenazaba a los pobres con ser más pobres, mientras a los ricos los dejaba como estaban, si no los iba a convertir en más ricos? ¿No era el escritor el candidato de los banqueros y los ricos? ¿No eran sus mensajes económicos los evangelios de un diablo ateo cuyas recetas harían desaparecer del mapa lo poco que quedaba del Perú? Y estaba además el terrorismo de Sendero Luminoso. Y todos los demás grupos terroristas. Ellos sembraban el miedo en la incultura del ciudadano peruano, «urbanita» o rural. El peor enemigo de todos, el diablo ateo, también para los terroristas, era MVLL, que figuraba en las listas de condenados a muerte por el terrorismo de Sendero Luminoso desde mucho tiempo atrás. Y estaba Uchuraccay, cuya mentira había sido «documentalmente» esparcida por el mundo, interior y exterior, hasta dejar que la duda entrara a saco en las conciencias menos informadas.

Al frente de la oficina de odios, cuyo objetivo principal era «sacar la madre» constantemente a cada dato, cada palabra, cada gesto del candidato MVLL, e incluso encontrar en los archivos de su pasado contradicciones o factores que contribuyeran a desbaratar la imagen moral, coherente y honesta del diablo ateo, estaba un personaje pintoresco, a primera vista simpático, que yo conocí precisamente en la casa barcelonesa de MVLL en 1973. Se llamaba —y se llama— Guillermo Thorndike, un periodista al que vi por primera vez cuando buscaba por todos los medios que Carlos Barral le editara *El caso Banchero* en Barral Editores. Tenía un magnífico abogado para el asunto: MVLL, que había recomendado al editor español no sólo el libro sino también al periodista. Con Thorndike, su mujer y los Vargas pasamos ratos en Barcelona sumamente divertidos. Y arriesgados. Un día decidimos ir a Perpignan con objeto de ver *El último tango en París,* la película erótica que desplazaba a la frontera francesa a masas de españoles que ya estaban cansados de esperar a que el general Franco muriera en la cama. El coche de Thorndike, un Fiat 130, nos transportaba a todos hacia la frontera. Thorndike decía que quería venderlo y explicaba que había sido del político italiano Amintore Fanfani. MVLL se reía a carcajadas con cada broma del periodista, alto, gordo, rubio, con gafas y con una perenne compulsión de cinismo bañando cada uno de sus chistes. Yo carecía de pasaporte —el consejo de guerra contra mí, llevado a cabo por los militares del régimen de Franco, me había impedido hasta entonces desarrollar una normal actividad vital— y, al llegar a la frontera, la Guardia Civil no me permitió salir de España. Era más lógico ese día que ningún otro: ETA había secuestrado en ese momento al industrial vasco Huarte. Volví a Barcelona en tren, mientras los Vargas y los Thorndike seguían camino del paraíso, a encontrarse con las morbosas delicias de la película de Bernardo Bertolucci. Ese mismo periodista dirigía años más tarde la oficina de odios contra el candidato MVLL. Y, en cierto sentido, lo había hecho con bastante acierto. Seguramente ésa era su verdadera vocación, desarrollar la fetidez y la mezquindad que el odio del fracaso y la incoherencia llevan dentro. Sobre todo cuando se miran al espejo de lo que quisieron ser, pudieron ser y no fueron.

La suerte estaba echada. MVLL renunciaba a la segunda vuelta de las elecciones presidenciales. Y, entonces, ocurrió lo insólito, lo surrealista, un suceso digno de pasar a la literatura melodramática de nuestra historia hispánica, con ribetes valleinclanescos de esperpento literario. «De pronto, en medio de todo —escribe Álvaro Vargas Llosa— sonó el teléfono. Llamaban de parte del arzobispo de Lima y primado de la Iglesia peruana, monseñor Augusto Vargas Alzamora, que quería con urgencia comunicarse con el candidato»[27]. No pudieron hablar por teléfono, y por eso monseñor Vargas Alzamora llamó a Luis Bustamante y le dijo que «era cosa de vida o muerte que hablara con Vargas Llosa, que por favor le acompañara a su casa. Y fue así que se produjo un acontecimiento que la historia no debe desdeñar: el arzobispo y primado de la Iglesia se escondió en una camioneta de lunas polarizadas, en posición horizontal y doblado sobre el asiento, y se metió en la casa de Barranco por el garaje, sin que los trescientos periodistas que montaban guardia pudieran distinguir quién era el intruso. Una vez dentro se dirigió al segundo piso, donde está la biblioteca. Avisado de la visita, mi padre interrumpió la comisión política y se dirigió arriba. El contexto no podía ser más literario. Durante toda la primera vuelta uno de los caballos de batalla de los adversarios políticos de mi padre había sido que él no era creyente. Las voces de "¡Ateo! ¡Ateo!" se habían multiplicado contra él desde las trincheras enemigas, convirtiendo el tema religioso en uno de los temas centrales de la personalidad del candidato»[28].

¿Qué buscaba el arzobispo Vargas Alzamora en casa de MVLL? Los rumores de la renuncia del candidato habían llegado ya a todos los rincones del mundo informado. La Iglesia Católica debía tomar cartas en el asunto. Para eso estaba allí monseñor Vargas Alzamora: para exhortar al candidato MVLL, el diablo ateo, a no renunciar a la batalla por la presidencia. «Le dijo que no era cierto que su gesto —el de la renuncia (según escribe Álvaro Vargas Llosa)— obligaría a gobernar sensatamente a Fujimori, pues él tenía pruebas de que detrás suyo estaba Alan García y el APRA. Le dijo, jesuíticamente, que si él continuaba en la carrera todo el nerviosismo que reinaba en los cuarteles se aplacaría instantáneamente (lo que equivalía a decir que su renuncia podría provocar un golpe de Estado)»[29], sospecha esta última que corría por toda la ciudad de Lima desde que se supo que altos mandos militares no estaban dispuestos a soportar a «un chino en la Casa de Pizarro». Además, el arzobispo Vargas Alzamora no hablaba sólo en nombre de la Iglesia conservadora, sino que también «dijo que traía un mensaje de Gustavo Gutiérrez, el símbolo de la teología de la liberación, quien instaba al candidato del FREDEMO, por el bien del Perú, a no renunciar»[30]. Las relaciones de MVLL, como persona y como escritor, con la Iglesia siempre fueron inexistentes. Los curas, sacerdotes o miembros de la Iglesia Católica (e, incluso, de otras religiones o movimientos religiosos y mesiánicos) que aparecen en las novelas de MVLL tienen todos un sombreado de ironía, una caracterización que el novelista —consciente o inconscientemente— ha dejado dibujado en cuanto clérigo aparece en sus relatos. Y esa característica posee además las dotes frenéticas de los seres arrebatados por la divinidad, una suerte de locura que los lleva a creer en sus actitudes, aunque sean del todo irracionales, aunque esas posturas hagan desembocar sus obras en el drama y la tragedia. La confesión de agnosticismo que MVLL ha hecho siempre de la fe religiosa implica además un respeto hacia quienes no piensan como él. Pero ahora el diablo ateo en quien se había transformado en los últimos tiempos había recibido la visita del líder de la Iglesia peruana.

Tengo para mí que MVLL no cedió a las presiones de monseñor Vargas Alzamora. La visita del arzobispo pudo, sin embargo, ser un factor importante en su cambio de postura. Tampoco es que le asustara perder las elecciones, como han dicho algunos de sus adversarios más elementales, en el discurso y en el análisis. Le asustaba, como dejó patente entre los suyos, ganar en unas condiciones extremadamente difíciles, de modo que nunca haría en el Perú las reformas necesarias, en las que creía y había luchado, «y que su presidencia, debilitada, sin mayoría, acabara hundida en el marasmo»[31]. El pasajero de la política sopesó ese día la carga exacta de una responsabilidad que había crecido exageradamente extramuros de su actividad literaria, la misma que él había declarado *exclusiva y excluyente,* como una amante posesiva que no permite que el objeto de sus desvelos y locuras se distraiga en otros placeres, pasiones o arrobos. Cuando decidió seguir adelante, MVLL, el diablo ateo, el pasajero de la política, vio cómo estallaban los aplausos en su entorno, como en la página emocionante de un relato que él mismo hubiera escrito en plena juventud. Todo el mundo hizo lo que pudo para que cediera en su determinación de no presentarse a la segunda vuelta. El único que no había dado su mano a torcer fue Álvaro Vargas Llosa. «No pude ocultar mi frustración por el hecho de que mi padre —escribe Álvaro Vargas Llosa— hubiera tenido la debilidad de ceder. Él me había dicho: "No tengo más remedio. La Constitución me obliga. Estoy jodido"»[32]. Más o menos la misma intención, el mismo objetivo, habían movido siempre al escritor frente a la injusticia, la corrupción y la inmoralidad de la vida política. «En lo que se refiere a la participación activa en política —dice MVLL a Javier Tusell—, hay ciertas circunstancias en las que es muy difícil decir: me abstengo»[33]. Y en multitud de ocasiones, contradiciendo su propio criterio, deja claro que él no es un político, tal como se entiende serlo en nuestras sociedades. «Nunca estuvo en mis planes una participación activa, casi profesional, en política, ni mucho menos, porque yo sé muy bien que hay incompatibilidad total entre lo que es mi vocación y una acción política de esa índole»[34]. Pero en el pasajero de la política, en el aguafiestas que hay en MVLL, en el rebelde que se apasiona por la aventura, cualquiera que ella sea, en el disciplinado escritor que «trabaja como un obrero y vive como un burgués», en el diablo ateo que fue cuando se presentó como candidato presidencial, la conciencia que encubre detrás de todas sus obras escritas, hay un prurito moral, un motor ético que impulsa a su propia personalidad a acometer determinadas empresas que requieren su presencia. La visita del arzobispo de Lima a la casa de Barranco marca un hito histórico de la Iglesia Católica en América Latina, pero es también un episodio literario que difícilmente puede ser olvidado por el novelista y pensador que sigue habiendo, y por los siglos de los siglos, en MVLL. Ante su talla moral, su valiente intervención en las cuestiones políticas de su país, hasta el punto de presentarse a las elecciones porque creyó que el Perú podría ingresar de su mano en el mundo contemporáneo, en el universo de las naciones modernas, sólo cabe una pregunta. ¿Hay en esa actitud, en esa determinación del escritor, algún otro motivo distinto al motor moral, al incentivo ético al que hace alusión el propio García Márquez cuando afirmó, en plenas elecciones presidenciales del Perú, que MVLL se movía, entre todas sus pasiones, fundamentalmente por una, la ética, que lo obligaba a ir a veces más allá de la prudencia y de la cautela de un escritor universalmente consagrado?

15. García y la tentación totalitaria (1985-1987)

Cinco años antes, en 1985, un joven de gran estatura física, orlado con las virtudes de su propia juventud y de la fuerza política que un alto porcentaje de peruanos le había concedido en las urnas presidenciales, llegaba a la Casa de Pizarro, en Lima. Se llamaba Alan García y era, sin duda, «la gran esperanza blanca» de la política peruana que se articulaba en torno al APRA, un partido de tendencia izquierdista que había fundado décadas atrás el patriarca Víctor Raúl Haya de la Torre. De gran contenido ideológico, al menos en su origen, el APRA había ido desinflándose poco a poco, a lo largo de los años, mientras crecía lentamente y ascendía al poder cuando menos lo esperaba. Ya era más populista que popular, y sus tendencias ideológicas de izquierda eran más una máscara que el reflejo de la realidad. Las promesas de Alan García, en la campaña electoral de 1985, llenaron de ilusión a un país que estaba endeudado hasta el infierno y cuyas producciones básicas habían bajado en los últimos años de la dictadura (primero con Velasco y luego con Morales Bermúdez) y en la segunda presidencia de Belaunde. García se encontraba además con un peligro que había salido del bosque unos pocos años antes y mostraba el peor de sus gestos: Sendero Luminoso, que había sido fundado décadas antes por el camarada Gonzalo, Abimael Guzmán, y cuyo objetivo era conseguir la Nueva Democracia a través del exterminio, el terrorismo y la muerte de cuantos se opusieran al movimiento de inspiración maoísta, muy parecido en sus tesis dogmáticas a las practicadas en Camboya por Pol Pot.

El Gobierno de Belaunde no dio mucha importancia, al menos en principio, a Sendero Luminoso. Se le catalogó, cuando llegaron a Lima las primeras noticias de sus actividades, de bandidos y «petardistas», pero pronto se vio que los senderistas iban en serio. Estaban convencidos de su cometido y daban la vida por llevarlo a cabo, extendiendo por todo el territorio del Perú una verdadera guerra. Más que político, Sendero Luminoso fue derivando en su ejecución y en sus doctrinas a algo muy parecido a una secta religiosa que, a través del terror, imponía sus credos liberando territorios y construyendo secretos comandos logísticos dentro mismo de las poblaciones. Los campesinos estaban como quería Sendero Luminoso: aterrorizados y a merced del terrorismo. ¿Qué había ocurrido en el tramo presidencial de Belaunde? Poco a poco, las guarniciones militares, las comisarías de policía, todas las autoridades que pudieran identificarse con las instituciones del Estado peruano fueron cerrándose, y los hombres que cumplían en estos territorios —sobre todo en Ayacucho, pero también en otros lugares del Perú— el papel de autoridades huyeron, desertaron, se volatilizaron en el aire para salvar su propia vida. Los primeros, con la excusa de defenderse de Sendero en los cuarteles preparados para ellos, fueron los militares y los policías.

Alan García no pudo con Sendero. No pudo con la deuda externa. No pudo con el crecimiento de la miseria y la subcultura del Perú que, como un cáncer, se amontonaba en el escaparate de Lima y sus alrededores sin que nadie pudiera hacer nada por evitarlo. Decidió, en un gesto que fue primero aplaudido por la retórica demagógica e inmediatamente rechazado por la sensatez política y económica, que no pagaría la deuda externa. Se enfrentó al FMI, creyendo que iba a ser imitado por otros países latinoamericanos, endeudados como el Perú gracias a la torpeza, el robo y la desidia de sus gobernantes y élites. Huía hacia adelante, mientras en las cárceles se hacinaban los presos, pendientes de juicio en alto porcentaje durante largo tiempo. Crecía la miseria en los «pueblos jóvenes» de Lima. Las esperanzas depositadas en García fueron decayendo en los primeros años y pronto se vio que, cuando la realidad no le cumplía sus deseos, su aparente aplomo dejaba asomar el verdadero rostro que llevaba dentro: la tentación totalitaria. ¿Era Alan García parte de esa crisis de las izquierdas en América Latina a la que dedica su ensayo

José Rodríguez Elizondo? Desde Moncada, en Cuba, en 1953, hasta Alan García, en Lima, a partir de 1985, habían ocurrido muchas cosas en el continente. Los Vietnam en los que creímos, sobre todo porque los había preconizado Che Guevara, se habían venido abajo. La teoría del foquismo era un evidente fracaso. Las dictaduras militares —en Argentina, Uruguay, Brasil, Chile, Paraguay— campaban por sus respetos, cada una a su aire, abonando la historia con la muerte arbitraria y desollando económicamente, excepción del caso de Chile, a sus países. Varias veces se habló de golpe de Estado en Perú bajo la presidencia de Alan García. Pero fueron rumores de gabinete, más deseos que realidad por parte de una minoría que añoraba determinados privilegios de los años en que Velasco y Morales Bermúdez intentaron enmascarar la dictadura militar con el disfraz de la patriotería, el populismo y la salvación del país. La crisis de las izquierdas en América Latina no era sólo producto y resultado de sus propios errores. También había crisis de las izquierdas en Europa. Algo empezaba a moverse en la Unión Soviética —y en otros países del llamado telón de acero— con una rapidez que asustaba al paquidermo comunista. En muchos lugares del continente no existía la democracia. Y cuando el régimen lo era, sus estructuras resultaban débiles, dubitativas, renqueantes y torpes.

MVLL llevaba varios años viviendo en Lima. Seguía entregado a su solitaria, alimentando el bicho de la literatura. Cuando hacía declaraciones de índole política eran criterios de conciencia expresados en los medios informativos por una personalidad independiente cuya actividad conocida y reconocida era la escritura. Es decir, hablaba y escribía un escritor, no un político activo, alguien que tuviera que ver con la política como pasión cotidiana. Pero no perdía ocasión de dejar claros sus puntos de vista sobre todo cuanto de importante estaba pasando en su país, en Latinoamérica y en el mundo. La matanza de Uchuraccay lo trajo de nuevo a la actualidad política y se lo llevó otra vez hasta la cumbre de la polémica. Y en junio de 1986 tuvo lugar, bajo la presidencia de Alan García, la matanza de senderistas en las cárceles de Lurigancho, Santa Bárbara y El Frontón. Dio como resultado ciento veinte muertos. El escándalo, que intentó mantener en silencio el Gobierno de García, dio lugar a protestas, manifestaciones y escritos cívicos, entre los que se encontraba un documento firmado por MVLL como carta al presidente Alan García. Algunos entendimos que no era más que la conciencia cívica de MVLL quien le hacía intervenir, con su pluma pública, en un combate político que estaba degenerando en muertes e injusticias. El presidente García bajaba los peldaños de la popularidad con la misma velocidad con que los había subido cuando el pueblo peruano le otorgó la gran mayoría de su confianza. El FMI cerró filas y advirtió al Gobierno del Perú que el peor camino para pagar la deuda, y recibir nuevos créditos que sacaran del hambre al país, era no pagarla. Molestaba, además, que el ejemplo de Alan García fuera estimado como heroico, frente a los ricos —en ese enfrentamiento repetitivo norte-sur—, y su atrevimiento cundiera por doquier.

Huyendo hacia adelante, García decidió inventar la piedra filosofal dentro de los endebles mecanismos democráticos del Perú. Había que nacionalizar la banca. Winston Churchill cuenta en sus memorias que un día se encontraba haciendo aguas menores en un servicio de caballeros, en el edificio del Parlamento inglés. Entró de repente Clement Attlee, líder laborista. «Quería hablar con usted, Churchill», le dijo Attlee. «Por favor —contestó Churchill—, espere que termine, porque usted cuando ve cualquier cosa que funciona no se le ocurre otra cosa que nacionalizarla». ¿Funcionaba la banca peruana? ¿Alan García era un maniático de las nacionalizaciones, un dogmático del estatalismo? Había subido al poder imbuido de un aliento izquierdista tradicional. Es decir, *ma non troppo*. Y había explicado que no entraba dentro de sus planes nacionalizar la banca. Pero decidió hacerlo. Fue en los días finales de julio de 1987 cuando Alan García hizo pública su decisión.

«La única vez que conversamos —aquella noche en casa de Mañé— nos tratamos de tú, pero en esta carta voy a usar el usted, para hacer evidente que me dirijo al jefe de Estado de mi país.» Es el principio de la carta que MVLL escribe públicamente a Alan García con motivo de la matanza de senderistas en las cárceles de Lima. Viene fechada en Lima, el 22 de junio de 1986. Después de expresar que no ha votado por García en las últimas elecciones, el escritor acaba su carta —titulada «Una montaña de cadáveres»— expresándole al presidente que «desde que usted tomó el Gobierno he visto con simpatía, y a veces admiración, muchos de sus gestos, juveniles y enérgicos, que me parecían revitalizar nuestra democracia tan enflaquecida estos últimos años por culpa de la crisis económica y la violencia política y social. En esta carta no quiero sólo dejar sentada mi protesta por algo que considero un terrible error. También, mi convicción de que por trágicas que hayan sido las consecuencias de él, usted sigue siendo el hombre a quienes los peruanos confiaron, en mayoría abrumadora, la tarea de salvaguardar y perfeccionar este sistema de paz, legitimidad y libertad que recobramos en 1980. Su obligación es sacar adelante esta misión, a pesar de todas las amenazas y los errores»[35].

La segunda vez que el ciudadano y escritor MVLL interpeló duramente al presidente Alan García lo hizo con ocasión de la noticia que alteró la política peruana en los tres últimos años de la presidencia aprista: el proyecto de nacionalización de la banca. MVLL publicó en *El Comercio,* de Lima, un artículo feroz, titulado «Hacia el Perú totalitario». Era el 2 de agosto de 1987. Después de expresar su repulsa por aquellos países —los subdesarrollados— «en los que quienes ocupan el gobierno se apoderan del Estado y disponen de sus resortes a su antojo», MVLL afirma que «éste es el modelo que el presidente García hace suyo, imprimiendo a nuestra economía, con la estatalización de los bancos, los seguros y las financieras, un dirigismo controlista que nos coloca inmediatamente después de Cuba y casi a la par con Nicaragua. No olvido, claro está, que a diferencia del general Velasco, Alan García es un gobernante elegido en comicios legítimos. Pero tampoco olvido que los peruanos lo eligieron, de esa manera abrumadora que sabemos, para que consolidara nuestra democracia política con reformas sociales; no para que hiciera *una revolución* cuasi socialista que acabara con ella»[36]. Se habían iniciado las hostilidades. Lo que ocurrió después fue un vértigo en la vida personal de MVLL y, desde luego, en la historia reciente del Perú. Involucrado en una polémica política que lo llevó en volandas hasta la candidatura a la presidencia del Perú, MVLL se lanzó a una larga y ardua campaña electoral que empezó algo más de dos años antes de abril de 1990, cuando debían celebrarse las elecciones en el país.

Una de las afirmaciones personales que más seriamente ha hecho MVLL a lo largo de la campaña fue la de investigar al presidente saliente, Alan García, que *podía* haberse lucrado personalmente aprovechándose del poder de la presidencia. El monstruo de la política también genera sueños irracionales. García, aplaudido en 1985, cuando tomó posesión de la presidencia de su país, dejaba al Perú en un estado de postración que no tenía precedentes. Además, había que analizar un factor humano de máxima relevancia, independientemente de esas crisis genéticas que las izquierdas latinoamericanas estaban sufriendo en estos momentos, lo que determinaba un ataque espasmódico —nada racional— de sus *personeros* contra el *converso del liberalismo,* el *vocero de Reagan,* el *lacayo del imperialismo yanqui.* O sea, MVLL. Ese factor humano era la desesperanza, la desconfianza del pueblo peruano en los políticos tradicionales y en los partidos con los que se terminó por identificar, masivamente, la ineficacia gubernativa, la corrupción, la torpeza en las relaciones exteriores, la inutilidad en la lucha antiterrorista contra Sendero Luminoso.

El Perú era, en verdad, un país «jodido», un país «malhadado», que iba camino del pasado, pues había iniciado un retroceso que deterioraba toda esperanza, toda ilusión de supervivencia en el pueblo peruano. El Perú era hacia 1987 un país terrible, paradigma de horrores y desastres de toda índole y con una clase política, en su conjunto, que no dejaba lugar a dudas: el fracaso de la política se debía a ellos. El destino del Perú descansaba en el error histórico de su clase política. El éxito de Sendero Luminoso —en una cierta medida— venía apoyado por quienes estaban llamados a combatirlo con las armas democráticas del Estado. Pero esa misma clase política, exhausta y drogada de sí misma, se caracteriza además por la ceguera y la terquedad enfermiza: no veía las torpezas que cometía ni trataba, por tanto, de enmendarlas. El Perú era un país postrado ante su historia, con un futuro incierto y un presente lleno de calamidades. Ningún Perú de los que el escritor MVLL tocó y fustigó en sus ficciones, en sus novelas, en sus ensayos políticos, era peor que el que entregaba Alan García. Que MVLL afirmara que debía ser investigado en cuanto abandonara la presidencia asustaba al aprismo y, sobre todo, a la facción «alanista» del partido fundado por Haya de la Torre. Y, desde luego, enloquecía hasta el disparate al entonces presidente Alan García.

Estamos en 1991, en plena primavera. Desde el Perú, sumido en una epidemia de cólera, que es una enfermedad inédita en todo el continente americano, llegan más noticias que las que generan las dramáticas imágenes de los fallecidos por la enfermedad, la miseria galopante y la ruina total. El Parlamento peruano ha levantado las cautelas legales al ex presidente Alan García. Las fuerzas políticas, en su mayoría, desean que se investiguen hasta el fondo las sospechas de lucro personal que flotan sobre la imagen del político aprista. Pronto puede ser procesado, juzgado y, probablemente, cuando se prueben aquellas sospechas por las que el escritor y candidato MVLL quería investigar al presidente saliente, será condenado. Conviene, sin embargo, aclarar que la polémica y el enfrentamiento entre MVLL y Alan García, o viceversa, no contiene elementos personales más que, en todo caso, en el proceso de intercambios que genera toda pasión política. Acusado desde «arriba» y en plena campaña electoral de no pagar impuestos al Estado —e, incluso, de evadir divisas—, MVLL vio cómo se iniciaba una campaña de desprestigio que iba dirigida a evitar que alcanzara la presidencia de la República. Se sabe que esa campaña fue fomentada, en voz baja, por Alan García, Caballo Loco, que terminó por ser —ante sus ciudadanos— el personaje atrabiliario que hoy todos conocen. ¿Cuál era, entonces, el objetivo de MVLL al acusar a Alan García de inmoralidad y lucrarse poniendo a su servicio personal el aparato del Estado, en plena descomposición gracias a su actuación como presidente de la nación?

212

Una de las más firmes convicciones ideológicas de MVLL es la limpieza moral. Ha hecho de ello, aunque muchas veces se haya querido malinterpretar su actitud, una constante de su conducta. Nada raro tenía entonces, ni tiene ahora, que el ciudadano MVLL, conocido y reconocido en todo el mundo, buscara como objetivo principal de su presidencia la limpieza moral, la honestidad gubernativa, la seriedad y el rigor que el Perú necesitaba para recuperar la creencia en sí mismo. Y en la clase política. Y en los políticos profesionales, que habían tergiversado su misión poniendo al servicio de ellos mismos todos cuantos mecanismos democráticos debían estar al servicio del país. De ahí la desconfianza del pueblo, la mirada torva de los electores de toda laya y condición, el desprecio con que en la campaña electoral de 1990 se observaba a los candidatos a la presidencia, sin excepción. De ahí tal vez ese extraño resultado de la primera vuelta de las elecciones, en las que quedaron fuera de combate muchas de las fuerzas tradicionales de la política peruana. MVLL y Alberto Fujimori salieron adelante por muchísimas razones extrañas. Pero la fundamental, según los expertos, es que *no* eran conocidos por ser precisamente políticamente desconocidos. Toda una paradoja que hacía más indescifrable la respuesta del país de las mil caras.

MVLL no pudo evitar, sin embargo, que se le tuviera dentro y fuera del Perú como el candidato de las derechas. No era un político profesional ni tradicional. Al contrario. En potencia era un enemigo de la política, pero todos los grandes políticos del mundo —incluso quienes ocupaban el poder en el Japón— lo apoyaban explícita e implícitamente como una esperanza para el Perú. Es decir, era el candidato que otorgaba confianza al mundo en el que se le respetaba no sólo por su condición de intelectual de sólido prestigio, sino como hombre de acción responsable y comprometido con el tiempo y el espacio que le había tocado vivir. Eso era así desde Margaret Thatcher hasta Felipe González, desde Mitterrand a Andreotti, desde Reagan y Bush a los líderes latinoamericanos como Carlos Andrés Pérez, Alfonsín o Collor de Mello. Eso era así fuera del Perú, en el mundo, explícita o implícitamente. Pero MVLL no pudo evitar que se colaran en su propia campaña los demonios locales. Al fin y al cabo asistía a las elecciones como protagonista, pero apoyado por las tradicionales fuerzas derechistas y centristas del Perú. Y hay amores —aunque sean de pura conveniencia— que matan. Curioso resulta que MVLL elaborara todo un plan económico para el Perú, si ganaba las presidenciales, que —durante los primeros tiempos— se basaba en las teorías del economista y sociólogo Hernando de Soto, a quien había prologado un ensayo: *El otro sendero*[37].

Titulado «La revolución silenciosa», el estudio de MVLL es un cántico razonado a la libertad y a la democracia, como derechos insustituibles e insoslayables de la vida humana, individual y colectivamente considerada. «Que en *El otro sendero* la alternativa de la libertad aparezca como la elección resuelta de los pobres en contra de las élites —escribe MVLL— no dejará de sorprender a muchos. Porque uno de los tópicos más arraigados sobre América Latina en los últimos años es que las ideas económicas liberales son el tributo más característico de las dictaduras militares». Convencido del error que significa el gigantismo del Estado, el intervencionismo gubernativo en la iniciativa privada, obstruyéndola o estableciendo sobre ella los mecanismos de paternalismo que la llevarían al desastre y a la ruina, MVLL vincula la riqueza económica a la libertad política, con todas las consecuencias.

¿Podía entenderse, en una situación como la peruana, un discurso de esperanza como el que iniciaban Hernando de Soto y MVLL, un tiempo antes de que el escritor hiciera pública su voluntad de presentarse a las elecciones presidenciales? El mensaje fue mal entendido, mal vendido y mal digerido. Pero no cabe duda de que el candidato MVLL prefirió decir la verdad, la deplorable verdad, a los electores que adormilarlos e hipnotizarlos con el juego especular del espejismo político con el que Alan García, cinco años antes, había obtenido una gran mayoría de votos. Prefirió la verdad de la evidencia a la mentira del ensueño que la clase política peruana estaba acostumbrada a dar en campaña, el mismo regalo envenenado que en la política peruana, así en las dictaduras como

214

en las democracias, el pueblo se había acostumbrado a recibir. «*El otro sendero* —escribe MVLL en agosto de 1986— defiende un proyecto social que supone una transformación de la sociedad no menos profunda que la que quisieran los sectores ideológicos más radicales. Porque significa cortar de raíz con una antiquísima tradición que, por inercia, egoísmo o ceguera de las élites políticas ha ido consustanciándose con las instituciones y los usos y costumbres del país oficial. Pero la revolución que este estudio analiza no tiene nada de utópico. Está en marcha, hecha realidad por un ejército de víctimas del sistema imperante que, tras rebelarse contra éste en nombre del derecho al trabajo y a la vida, descubrieron los beneficios de la libertad»[38].

«La revolución silenciosa» no es, desde luego, un programa de gobierno, sino un serio análisis de las razones de la miseria de muchos países del llamado Tercer Mundo, empezando por el Perú, objeto directo y concreto de *El otro sendero*. El texto escrito por MVLL ¿era pura demagogia palabrera, en la línea del discurso político dominante en el Perú o, por el contrario, abría un camino de nueva ilusión a los ciudadanos de su país, en su inmensa mayoría desesperanzados de la historia, diacrónica y sobre todo sincrónica, del Perú? En todo caso fue un mensaje que añadió su grano de arena a la polémica política y económica del Perú. El escritor MVLL lanzaba una vez más su firma a una batalla contra molinos de viento, contra gigantes y cabezudos que habían decidido tomar por costumbre el error y la mentira ideológica como motor de su estabilidad personal y, al mismo tiempo, de la ruina y la tragedia del país.

Han pasado quince años. El texto de «La revolución silenciosa» puede leerse hoy con la misma frescura que cuando MVLL lo acabó de escribir en Londres. Algunas maravillas, más propias de la ficción literaria que de la realidad política, se han dado una vez más en el Perú de las mil caras. Alberto Fujimori ganó las elecciones al escritor MVLL, en la segunda vuelta de los comicios, ante la sorpresa general y la perplejidad del mundo. Hernando de Soto, otrora amigo personal y cómplice en las teorías liberales que MVLL expuso en su campaña electoral, se convirtió en uno de los hombres más fuertes del Gobierno Fujimori, que trataba de luchar contra las penurias económicas, la deuda externa y la ruina interior, casi con las mismas armas que el candidato MVLL había escrito como «carta de batalla» necesaria para vencer a los seculares enemigos del Perú: la miseria, la incultura, la corrupción y el terrorismo, los cuatro jinetes del apocalipsis perenne del Perú milenario, anclado en un primitivismo escandaloso sin que las élites políticas hayan hecho nada por liberarse de esas dictaduras tenebrosas. Hernando de Soto, el autor de *El otro sendero,* estuvo al frente de un equipo gubernamental que «veló» por la economía de un país que no tiene plan económico. El ex candidato MVLL, derrotado en las urnas por Fujimori, pasea por el anonimato placentero de la ciudad de Londres. Sabe, desde luego, que en los últimos años —los que se ha dedicado a ser, pasionalmente, el pasajero de la política— no ha vivido precisamente una aventura literaria.

16. El escritor que no pudo ser presidente
(1990)

El 10 de junio de 1990 se celebró la segunda vuelta
de las elecciones presidenciales en el Perú. Sobre la arena habían quedado dos candidatos que no eran, como se ha dicho hasta la saciedad, dos políticos tradicionales, o lo que se
entiende tradicionalmente por políticos profesionales. Eran
MVLL, escritor y candidato del FREDEMO, y Alberto Fujimori, ingeniero, candidato de Cambio 90. En los días previos
a la segunda vuelta corrió el rumor de una determinación del
candidato MVLL que sorprendió a propios y a extraños: estudiaba la posibilidad de no presentarse a la segunda ronda.
Toda su estrategia electoral se había basado en un principio:
había que ganar en la primera vuelta, porque se trataba de
demostrar que los votantes del Perú otorgaban a MVLL y a su
proyecto de gobierno más del cincuenta por ciento de la confianza a las primeras de cambio. En esas mismas vísperas, crecía un rumor avalado por las encuestas: aunque el candidato
de Cambio 90 no presentaba plan de gobierno alguno ante la
opinión pública, su expectativa de voto crecía imparablemente, hasta el punto de poder ganar al del FREDEMO, MVLL.
Desde fuera del país, en Europa, por ejemplo, se miraba con
reticencia el acontecimiento de las elecciones peruanas, que parecía más propio de una novela imaginativa que de una realidad
lacerante del país más postrado de América Latina.

Otro de los rumores que corrió insistentemente por
los vasos comunicantes de la política limeña fue la inminencia de un golpe de Estado militar, si MVLL se retiraba antes
de la segunda vuelta, lo que venía a significar que Fujimori,
el Chino, sería el presidente electo del Perú. Incluso se sospechaba que ese golpe militar ya estaba en preparación porque
una parte importante de las Fuerzas Armadas peruanas, sobre
todo la Marina, había dejado oír su voz donde era necesario:

no estaba dispuesta, decía la Marina, a soportar un presidente japonés. Rumores o verdades, a medias o enteras, por toda la ciudad de Lima corrieron como la pólvora todo tipo de piruetas posibles en las que, desde luego, siempre hubo un origen de verdad —aunque fuera un simple amago— y un aborto de realidad, al final de la función de los mismos rumores.

Álvaro Vargas Llosa descubre en su libro sobre aquel momento la carta que MVLL, el candidato del FREDEMO, escribió y tuvo preparada para leerla a sus más cercanos colaboradores y darla a conocimiento público. Diversos acontecimientos, que tuvieron lugar entre la sorpresa —conforme han ido conociéndose— y el surrealismo, hicieron que MVLL continuara luchando por lo que algunos ya consideraban una derrota política. En su viaje por España, en el intervalo entre la primera y segunda vuelta, el senador Chirinos Soto se explicó a la perfección en titulares que aparecieron, por ejemplo, en la prensa de Madrid: lo que tenía que hacer MVLL, decía Chirinos Soto, era reconocer la derrota que se le venía encima. Hablé con los Vargas durante esos días de gran tensión nerviosa. Les conté lo que se publicaba en España, aunque esos mismos titulares fueran luego desmentidos por Chirinos Soto, que pasaba por uno de los portavoces electorales del FREDEMO: nunca se le hubiera ocurrido decir tal cosa, sobre todo tal como dicen los periódicos que lo dijo. Pero, para los observadores que seguíamos en la lejanía geográfica cuanto estaba ocurriendo en Lima, Chirinos Soto vino a recomponer una parte del rompecabezas de las elecciones peruanas. Era verdad, entonces, que MVLL estaba a punto de perder las elecciones. Dicho de otro modo: Alberto Fujimori iba a ganar las elecciones.

En este mes y algunos días de campaña —hasta la segunda vuelta—, MVLL fue el escritor más odiado del mundo, sobre todo por sus adversarios políticos, no sólo los que querían que ganara las elecciones Alberto Fujimori, sino los que *no* querían que ganara las elecciones MVLL. Estos últimos, dentro y fuera del Perú, eran legión frente a los exiguos ejércitos que, de repente, comenzaron a reconocer a Fujimori carta de identidad política frente al odiado escritor. La oficina de odios, injurias e infamias que funcionaba en el hotel Crillón navegó a todo trapo para evitar que MVLL, *el diablo,* ganara la campaña electoral y se apuntara un tanto más en sus triunfos personales, además de descubrir el montón de mentiras y corrupciones que se manejaban como moneda común en la política cotidiana del Perú. Otro fenómeno crecía fuera del Perú, mientras la confianza del electorado peruano se iba hacia el lado del candidato Fujimori. ¿Cómo podía un ser desconocido, sin aparente importancia política, sin reconocimiento nacional —al margen de su sorprendente avance electoral en los dos últimos meses de campaña— y ningún conocimiento internacional, arrostrar la presidencia de un país arruinado que necesitaba, al menos *a priori,* un líder con características personales opuestas a las suyas? La reticencia de los observadores políticos del exterior con respecto a MVLL fueron menguando, aunque con moderación, cuando empezaron a darse cuenta de la incógnita que para el Perú iba a representar un presidente como Fujimori, del que poco o nada se sabía. De todos modos, eran los peruanos los que tenían que votar, los que tenían que decidir su inmediato futuro y el futuro incierto de su débil democracia, a la que Alan García, en su hemiplejia moral, había dejado totalmente destrozada.

Tras los resultados de la primera vuelta electoral, MVLL comprendió algo de lo que había pasado y, presumiblemente, seguiría pasando: su mensaje para el cambio en libertad, su tesis de la revolución silenciosa, no había sido entendido por unos y, sobre todo, quienes lo entendieron pusieron su mayor empeño en tergiversarlo. De eso se trataba. Algunos párrafos de la carta escrita por MVLL, que aparece publicada en *El diablo en campaña,* caminan en esa dirección. Su obsesión por las sociedades abiertas frente a la demagogia de quienes propugnaban la permanencia ideológica en la sociedad cerrada, tribal e inarticulada, en que desde décadas se había sumido el Perú, era una batalla perdida en la que la moral y la ingenuidad jugaban bazas que hay que considerar como negativas —en la práctica— ante la evidente falta de escrúpulos de sus adversarios políticos. Incluso algunos de sus aliados, pertenecientes a los partidos que entraban en la coalición del FREDEMO, habían hecho una soterrada campaña contraria a los intereses del candidato, porque estimaban que era el candidato quien, ejerciendo una supervisión moral inédita en la forma de hacer política en el Perú, impedía eliminar los escrúpulos éticos en el trato con el enemigo político, lo que desde luego redundaba en el fracaso que habría de venir y que muchos no sólo sospechaban sino que aireaban antes de tiempo.

«Mi insistencia en ser transparente a lo largo de la campaña —escribió MVLL— y hablar sólo el lenguaje de la verdad fue hábilmente aprovechada por mis adversarios para intimidar a muchos compatriotas con la especie de que nuestro plan para detener la inflación significaba el apocalipsis. No fuimos lo bastante rápidos para desactivar esta y otras campañas de desprestigio que nos fueron erosionando la simpatía de secciones enteras de población»[39]. Así pues, la reflexión escrita de MVLL venía a equiparar que el lenguaje de la verdad —incentivado siempre por un fondo ético— era, en la actual circunstancia, el discurso de la ingenuidad política, la moral imposible para un presidente imposible. Y añade en el mismo tono que «la historia, como el tiempo, nunca se detiene, y no es éste el momento para hacer el balance de lo que ha sido mi contribución a la vida política peruana en estos dos años y medio. Quiero creer que, pese a desaciertos que no niego —después de todo soy un novato en estas lides—, ella sirvió para que la cultura de la libertad adquiriese actualidad, lozanía y una nueva valencia entre muchos de mis compatriotas, y para probar que la política tiene que ver no sólo con los estereotipos, las diatribas y la propaganda, sino también con el pensamiento y los valores y que se puede actuar en ella sin hacer concesiones sobre los principios ni perder la integridad»[40]. El discurso de la libertad es también aquí el discurso de la claridad, la cultura —en todo caso— de la ingenuidad, como si el lenguaje que traduce el pensamiento moral *pudiera* llevarse a cabo en medio de la mugre política. O, por otro lado, la mugre política y la mentira ideológica no existen, en realidad, sino que son un espejismo más de quienes, conversos de la revolución y del marxismo-leninismo —real o simplemente sentimental—, se transforman en reaccionarios que rechazan la visión revolucionaria, transformadora de una realidad que, a su vez, ellos mismos dicen rechazar desde posturas evidentemente reaccionarias.

Ecce MVLL, el odiado escritor. Ante la experiencia política de MVLL, sólo cabe preguntarse si, en efecto, el odiado escritor es un personaje que dice la verdad, que ejerce su deber de honestidad hasta más allá de lo deseable en política y por los políticos profesionales (y tradicionales) o, por el contrario, no es más que un farsante, un demagogo sintáctico cuya capacidad de expresión —mucho más allá, también, de lo que se estima como aceptable normalmente— posee el peligro de convencer, aunque sea durante un tiempo determinado, a quienes son tradicionalmente pasto de los políticos profesionales. Con MVLL, es lo que quiero decir —y no hagiográficamente—, no caben medias tintas. No tienen valor los parlamentos transaccionales desde un punto de vista ideológico y carecen de poder —moral y práctico— cuantas componendas ocultas quieran establecerse con su aquiescencia. Con el odiado escritor no caben, entonces, los tejemanejes y el «choriceo», los pasteleos políticos o los juegos especulares a través de los cuales se alcanza un consenso que va *contra* las promesas electorales que hiciera en el momento de pedir el voto. No hago otra cosa que constatar una postura moral, que podrá ser criticada por sus adversarios políticos —¡faltaría más!— e, incluso, por los que se identifican como partidarios suyos, pero que es, desde todo punto de vista, irreductible. O se dice, como se ha dicho, que es un mentiroso egocéntrico y un idiota moral —a pesar de ser un enorme escritor—, o se admite que su razón política y su iniciativa ética también son insoslayables. ¿Hablamos de un político activo, profesional, o estamos haciéndolo sobre un pensador, un intelectual reflexivo y agresivo que no se baja jamás del caballo a la hora de mirar, como pájaro altivo, a quienes consolidan su prestigio desde las mentiras ideológicas?

El 10 de junio de 1990 el candidato de Cambio 90 Alberto Fujimori ganó las elecciones presidenciales de la República del Perú. El odiado escritor había sido destronado en su irresistible ascensión. MVLL aceptó inmediatamente la derrota, aunque muchos de sus partidarios intentaron lo contrario, olvidando que con el odiado escritor no hay medias tintas; que lo primero es la verdad moral y, mucho menos importante, lo segundo puede ser en todo caso la imagen política. Tengo para mí que MVLL había asumido la derrota mucho antes de celebrarse la segunda vuelta. Sabía que había sido condenado al fracaso aparente por la mujer madura que lo convenció para convertirse, siquiera durante un par de años, en un esclavo de la Circe que ella misma ha sido siempre. Me refiero, obviamente, a la política. Me da la impresión de que MVLL supo, desde el 8 de abril, que él no sería el presidente del Perú, al menos en esas elecciones. Todo su esfuerzo político de los tres últimos años había desembocado en un fracaso electoral que muchos de sus seguidores no esperaban. De ahí su desconcierto —el de sus partidarios—, su sorpresa y, en cierta medida, su desenfreno. Habían jugado todas las cartas al caballo ganador. Y habían perdido. El lenguaje corrupto de la mujer madura era la traducción más o menos exacta de las malas artes, de la brujería moral y el mal de ojo. Ese lenguaje corrupto, que en literatura suele enriquecer la imaginación del escritor, era transformado por la mujer madura y su entorno en una *semántica distinta:* a veces había que dar un gran rodeo a través de muchas mentiras para terminar consiguiendo una mentira mayor. MVLL, el odiado escritor, no transigió con ese pacto de corrupción. Jamás trasladó el discurso de la verdad más allá de sus márgenes éticas. O se puede pensar todo lo contrario: el Perú había derrotado al *diablo,* al enemigo eterno, al demonio, al reaccionario, al destructor, a quien no pagaba impuestos y además había sido drogadicto en su juventud, y sacaba del país divisas, y era el candidato de los ricos, y de los banqueros, y de las derechas, y de los liberales de viejo y nuevo cuño, y de los antimarxistas al servicio del imperialismo yanqui, y del FMI. Hay que escoger: o una cosa —la integridad ética es en MVLL, político y escritor, el único discurso verdadero y sin fisuras— u otra: es, como dicen sus adversarios, un diablo vanidoso al que el Perú condenó al fracaso electoral.

«Me alegro por Vargas Llosa», declaró el Premio Nobel de Literatura Camilo José Cela. Fue en julio de ese mismo año, cuando todavía los rescoldos de las elecciones humeaban en el fondo de una sociedad peruana que miraba el futuro inmediato con la perplejidad del alucinado. Otro tanto de lo mismo vino a decir Octavio Paz, que sería también Premio Nobel de Literatura al año siguiente: «Lo siento por el Perú y me alegro por Vargas Llosa». Eran y son dos escritores con criterios propios, de resonancia universal, que habían rogado en su fuero interno que se cumplieran los malos hados y que el candidato MVLL no ganara las elecciones, no tanto porque el político perdiera sino porque ganara el escritor que había demostrado ser. *C'est un épiphénomène de toi,* le dijo Jean-François Revel a MVLL, telefónicamente. Se refería a Fujimori. «Mario Vargas Llosa era, profundamente, el voto de protesta —escribe con su razón Álvaro Vargas Llosa—. El miedo al cambio radical había opacado el odio del orden existente; las profundas desconfianzas culturales habían impedido que nos uniera, por encima de la contienda, a nosotros y al resto de los peruanos, la complicidad del espíritu inconforme. Acaso no supimos hacer evidentes todas esas cosas. Pero sospecho que hay algo más: aunque hubiéramos sabido hacerlo, ya los oídos del país profundo estaban cerrados para nosotros. Ya no querían oír. Habíamos llegado demasiado tarde»[41].

En Europa, mientras tanto, caía el muro de Berlín. Quedaban, desde luego, otros muros más sutiles, otras murallas cerradas entre nosotros, el mundo occidental —lleno de perversiones, pero insólitamente transformador de las profecías marxistas sin perder las libertades colectivas o individuales—, y el otro mundo, el del socialismo real, el mundo elaborado desde la revolución del año 1917 por los «octubres leninistas», las *debacles* económicas de los años veinte y treinta, las mentiras ideológicas del siglo del cambalache, las ambiciones imperialistas, la Segunda Guerra Mundial, la guerra fría, «la torre de Babel» de las frecuencias dogmáticas. Caía el muro de Berlín. Caía dramáticamente Ceaucescu. Caían uno tras otro, como si fuera un dominó reconocido e histórico, los comunismos referenciales que habían servido de sectas intocables a la hora de establecer el juego de los contrarios. La pérfida Europa, que había hecho dos guerras mortales hasta llenarse de cicatrices históricas, escayolaba lentamente sus recuerdos para unificar su referencia mitológica y transformarla en una realidad necesaria para el siglo venidero. Los comunistas europeos hablaban de transformaciones históricas y de la necesidad de adaptar su ideología —más dogmática antes que ahora, cuando veían que habían luchado contra la *realidad histórica,* malinterpretando las señales de los años en algunos casos con evidente buena intención— a los tiempos modernos. *O tempora! o mores!* Berlinguer había muerto unos años antes. Ideológicamente había sido tan nefasto para los integristas del comunismo internacional como lo había sido Juan XXIII para la Iglesia dogmática. Ahora en Italia, la faz del comunismo occidental tras el *compromiso histórico* llevado a cabo con la perenne Democracia Cristiana, llena de cardenales ateos en todas las poltronas, se llama Achille Occhetto, que publicaba su doctrina política bajo un título ambiguo y certero (ésa es la mayor ambigüedad): *Un indimenticabile 89* (traducido al español con el título, todavía más ambiguo, de *Un año inolvidable*). ¿Qué estaba pasando? Una reconversión política a toda carrera, eso es lo que estaba pasando. La velocidad del tiempo era, evidentemente, superior a esa pretendida reflexión izquierdista y dogmática, leninista y cerrada, imperante en las conciencias progresistas del continente. Mientras MVLL hablaba de Karl Popper, y era tildado —como siempre— de reaccionario, Occhetto cambiaba el nombre al PCI: el *pichí* ya no sería más el *pichí,* sino el partido de los demócratas de izquierdas (lo que hizo a más de uno, y me incluyo, recordar que Ruiz Giménez, el viejo democristiano español que llegó a ser, ingenuamente, ministro de Educación del general Franco, había inventado un partido con siglas parecidas en las postrimerías de la dictadura franquista: Izquierda Democrática). Mientras MVLL se enfrentaba con el *discurso de la verdad* a la *mentira ideológica,* Ion Iliescu, que había sido compañero de fatigas poderosas de Ceaucescu, proclamaba su definitiva conversión a la democracia europea. Mientras MVLL mantenía que las democracias fuertes son aquellas en las que la sociedad civil —y no necesariamente el Estado y sus gobiernos— es fuerte, socialistas tradicionales y comunistas reconvertidos asumían la terminología de Mijail Gorbachov para escapar del infierno: la casa común de la izquierda. Ni las clases sociales *eran ya* para esa misma izquierda los motores de una transformación social necesaria —o al menos no lo eran exclusivamente, y tampoco la clase elegida por los dioses marxistas, el proletariado— ni las ideologías poseían en los finales de este siglo las fronteras nítidas que habíamos creído o querido creer que tenían durante muchas décadas. Ni las izquierdas eran ya las izquierdas de antes ni las derechas eran las derechas de antes. Y nosotros, los de entonces, tampoco somos los mismos.

Pero la verdad es la verdad, la diga Agamenón o su porquero, la diga Karl Popper, MVLL, Gorbachov o Achille Occhetto. Y esa misma verdad, la diga quien la diga, mató la estrella electoral y política de MVLL en las elecciones peruanas. «Nunca se puede decir toda la verdad», escribió Henry Miller. Quizás algunos podrían objetar que MVLL no dice toda la verdad. Por ejemplo, no fustiga los vicios de la sociedad capitalista con la misma fuerza y violencia que ha demostrado con los regímenes totalitarios, pero todo lo que dice es verdad. Y eso, como se ha visto también en su caso, ha contribuido a su fracaso electoral.

¿Y las izquierdas latinoamericanas? En plena crisis de sus valencias, equivalencias y referencias, inventan el espejismo de sus propios temblores para disimular que los medios para llegar al paraíso igualitario se han demostrado un error delirante del ser humano que creyó que ese estado patéticamente ideal llegaría en breve al mundo, pero que era *siempre* necesario eliminar las libertades individuales, porque el enemigo imperialista —otro diablo— lucha siempre en las oscuridades para derrocar a los espíritus del bien, al progresismo con el que se arropan quienes disimulan su propio fracaso ideológico. Profesores, intelectuales, luchadores de toda la vida, ideólogos; todos hablan de la crisis de los movimientos izquierdistas en América Latina, pero han de callar *coram populo* sus propias contradicciones, sus propios errores, sus propios fracasos, restándole dimensión real a las cosas: no pueden permitir que los enemigos, que dicen que tampoco son los mismos, ganen la partida histórica por la que millones de personas han sido sacrificadas en todo el mundo. No voy a valerme ahora de autoridades, de títulos de sesudos ensayos, de espíritus críticos con nombres y apellidos. No es necesario. Además, estamos hablando de la experiencia de MVLL, un escritor que se instaló coyunturalmente en la política activa de su país por una convicción ética que, al menos para mí, no deja lugar a dudas.

El 10 de junio de 1990, el candidato del FREDEMO, MVLL, perdió las elecciones. Sus adversarios políticos, literarios, intelectuales y personales celebraron el triunfo de Fujimori con una bacanal eufórica, vergonzante y sorprendente en una sociedad madura. Quiero decir que no celebraron el triunfo de Fujimori porque fuera su candidato, moral o ideológico, sino que había que celebrar en realidad el fracaso electoral y político de MVLL, su enemigo mortal, política y éticamente. A Fujimori, como él mismo había pronosticado, lo terminaron por elevar a la presidencia peruana los votos del aprismo y las izquierdas, desarticuladas en la primera vuelta por lo que Álvaro Vargas Llosa ha denominado «el odio del orden existente». Fujimori era, en todo caso, un mal menor. Después del maremoto —el *Tsunami*— vendría la calma. *El diablo* huiría despavorido hacia la eternidad de la literatura, hacia las brumas de una ciudad europea que para él, para MVLL, el odiado escritor, seguía siendo un refugio excepcional. Sus enemigos, sin comprender —o comprendiéndolo demasiado bien y actuando para enmascarar el mensaje— sus tesis, lo habían condenado de nuevo al exilio. Yo releo, desde la *alteridad* nada hagiográfica que me dan los muchos años de estudio y trabajo en torno a la personalidad y la obra de MVLL, algunos de los párrafos de *La literatura es fuego:* «Es preciso que todos lo comprendan de una vez: mientras más duros sean los escritos de un autor contra su país, más intensa será la pasión que lo una a él. Porque en el dominio de la literatura la violencia es una prueba de amor». En el terreno de la política esa violencia dialéctica es en MVLL el *discurso de la verdad,* imposible de aceptar en aquellas sociedades en las que la incivilidad, la corrupción administrativa y gubernativa, la complicidad con el delito y la falta total de autoridad moral impiden que esa sociedad progrese por el camino moderno de la libertad, la justicia y la flexibilidad cívica que implica madurez social, cultural e histórica.

17. MVLL y el discurso de la libertad
(1987-1991)

En el verano de 1987, Ricardo Muñoz Suay organizó en Valencia un Congreso de Intelectuales que recordara el que tuvo lugar en esa misma ciudad en el año 1937. Entonces fue una reunión en la que se luchaba desde muchas trincheras contra un enemigo: el fascismo. Los años finales de los ochenta no tenían las mismas características, pero la memoria de la militancia antifascista perseguía además una de esas verdades que crecen en todos los jardines civiles y civilizados: la libertad. Se discutió, se habló de comunismo y otros totalitarismos, hubo trifulcas, voces altas, conciliábulos. Y tuvo lugar, también, un programa de TVE, dirigido y coordinado por Victoria Prego, en el que aparecieron algunas figuras sumamente respetables de nuestro mundo de creación literaria: Fernando Savater, MVLL, Octavio Paz, Manuel Vázquez Montalbán, Jorge Semprún y Juan Goytisolo. El *garbanzo negro,* gran estilista, polémico y dialéctico, fue Vázquez Montalbán, que es también —en mi criterio— un novelista muy respetable. Paz y MVLL discreparon levemente en cuanto a la lectura de Popper, nombre propio que para una audiencia de televisión en España significaba nada, alguien sumamente desconocido de quien muy pocos habían oído hablar.

Popper se ha convertido para el escritor maduro que hoy es MVLL en una especie de guía metódico que cura el pensamiento de todas esas enfermedades que empiezan por la magia, continúan por la religión, se instalan durante un tiempo en el sentimiento trágico de la vida, elucubran sobre los dogmas políticos y, finalmente, organizan el camino para desembocar en la ciencia. Todo son argucias, en el fondo, para huir de este estado de perplejidad que significa tocar con la mano cotidianamente una realidad extraordinariamente sensible a los cambios. Popper, por otro lado, es un desmitificador de la santería ideológica, un heterodoxo que todo lo cifra en la prueba del ensayo, la crítica y la reflexión. Y que, no contento con eso, se somete él mismo y sus criterios a esa sensación de duda que incluye un gran margen de error. Y, consiguientemente, siente un gran aprecio por el concepto de rectificación, que estima como una fuente interesante para progresar en el propio pensamiento y en esa dialéctica excesivamente marcada por el respeto reverencial al chamanismo político, al mandarinato ideológico que finalmente articula la mentira para instalarla en el alma pensante del individuo con la intención de hacerle olvidar que él es quien es, *él mismo.*

¿Queda algo de Sartre en el pensamiento intelectual e ideológico de MVLL? Hay, sin duda, un poso de aquella devoción juvenil, apasionada, que fue pronto dejada atrás para mirarse en el espejo de otro gran heterodoxo del momento: Albert Camus. El cambio de Sartre a Camus puede observarse en los escritos de MVLL publicados durante los sesenta. Y ahí, en los sesenta, hacia finales de la década, también puede situarse en MVLL el despertar de un espíritu crítico al que no le bastaba con creerse las verdades, sino que decidió someterlo todo a esa obsesión humana que llamamos prueba, un método molesto para el pensamiento mágico, para el ocultismo, para los códigos secretos jerarquizados por determinadas ideologías, a izquierda y a derecha del espectro tradicional. Los testimonios de MVLL sobre las discusiones que, en los días grises de Lima, en la Universidad de San Marcos, tenían lugar entre sus compañeros de célula —quizá Cahuide— y él mismo *ya* son claros desde entonces: no podía soportar ese tufillo clerical y religioso de los chamancitos que ordenaban, según los intereses «de la clase obrera y el partido», cuanta creación individual se produjera en el artista. Sus desvíos «burgueses» comenzaban a ser evidentes.

Unos años más adelante, Gramsci será puesto en duda por el pensamiento de MVLL. No tanto en su teoría sino más bien en el uso y abuso que hicieron, también en América Latina, del pensamiento de Gramsci quienes sintieron la llamada mágica del dogma y acudieron a él como manto protector contra todos los errores y pecados. Bajo Gramsci, el intelectual quedaba a salvo de ellos. Invocando sus tesis y teorías acallaba las críticas, interiores y exteriores. Anclado en sus presupuestos ideológicos, el intelectual de izquierdas sonreía al futuro con una ingenuidad pasional que ahora todos, o casi todos, hemos olvidado. Los tiempos cambian y las memorias de muchos son *lodos* de irresponsabilidad que rehacen la historia con la doble moral de la que siempre han acusado a sus adversarios políticos e ideológicos.

Hay que suponer que fueron los años de formación y experiencia europeas los que dieron consistencia y madurez al sentido crítico que habita en cada una de las especulaciones y argumentos políticos de MVLL. Antes que los márgenes de la ideología, que para muchos de nuestros coetáneos ha sido *otra* religión (como suplir una fe religiosa por otra fe con los mismos supuestos y objetivos), había que empezar a pensar en la ética, en la verdad, en la libertad. No sin razón las teorías totalitarias se preguntaron al principio para qué la libertad (y también la ética y, en el fondo, la verdad). En esas teorías totalitarias se trataba nada más que de una cosa: del poder y cómo llegar a poseerlo absolutamente, a través de los medios que fueran necesarios. Poco a poco, MVLL dejó un alineamiento —más o menos aparente— político para adscribirse a *otro* campo difícilmente asumible por la política activa, en muchísimos casos prácticos: la ética de la libertad, amparada siempre en el discurso de la verdad, y sometiendo éste a la prueba de la duda, en el ensayo y la discusión. Se comprende que cuando un escritor como MVLL decide lanzarse a la arena, radicalmente, y denunciar por igual a las dictaduras y arqueólatras de derecha y de izquierda, las almas cándidas del pensamiento mágico-ideológico se rasguen las vestiduras, lloren, se mesen los cabellos y terminen por anatematizar al hereje con las mismas fórmulas del oráculo religioso: si es posible, que se aparte de mí este cáliz.

¿Cómo puede un intelectual, un creador, un escritor universal de la estirpe de MVLL decir una tontería tan enorme, un desatino tan desorbitado, cuando afirma que tanto las dictaduras de derechas como las de izquierdas son iguales a la hora del rechazo o la aceptación? Sólo porque ha perdido el juicio, se ha vendido al capital, se ha pasado al enemigo (o siempre fue un burgués emboscado, un oportunista, «un cabeza de chorlito», apelativo dirigido por Dolores Ibárruri, Pasionaria, a Jorge Semprún en los años sesenta, cuando la primera gran crisis de identidad del PCE). O sea, porque es un reaccionario que no distingue los *fines* de una dictadura de izquierdas de los de una dictadura de derechas. Ya lo dijo Camus, recuerda en algunos de sus escritos el propio MVLL: lo que distingue a las democracias de las dictaduras no son solamente los *fines,* sino también los *medios* a través de los que esos fines deben ser, ética y políticamente, logrados. Colocarse, pues, tan estrambóticamente, tan traicioneramente, en las filas de los adversarios, era —en muchos casos— y sigue siendo un pecado que implica el anatema del pensamiento mágico-ideológico. MVLL dio ese paso peligroso, con todas las consecuencias, como lo dieron Ernesto Sábato, Octavio Paz, Semprún y tantos otros escritores y seres anónimos que huyeron de las ideologías eclesiásticas para ampararse en sus propios criterios, aunque se quedaran fuera de las casas comunes, «a la intemperie», corriendo el riesgo —además— de que no sólo sus antiguos correligionarios los satanizaran definitivamente, sino que sus antiguos adversarios —la reacción ideológica, no menos mágica, aunque más simuladora de sus propios errores históricos— creyeran que habían ganado para su causa, incondicionalmente además, los prestigios de los que gozaban determinadas experiencias y determinados nombres. No había posibilidad de debate: se abandonaba la gran iglesia de la izquierda marxista, se había escogido el camino de los traidores, la senda elefantiásica de la derecha tradicional. No bastaban las evidencias que, entre campos de concentración e injusticias individuales y colectivas, eran ya más que reales a partir de los sesenta. Era de mal tono pronunciarse como MVLL, como un hereje que había abandonado el convento silencioso y mágico, el cielo protector de una entelequia ideológica que *también* había desesperanzado a millones de personas a lo largo del siglo del cambalache.

Karl Popper, su tiempo y el nuestro, fue para MVLL una revelación, un sistema de pensamiento que el propio escritor peruano intuía en la batalla dialéctica frente a la *menti-ra ideológica*. Algunos izquierdistas, más flexibles que dog-máticos, discutieron por activa y por pasiva con MVLL cier-tos criterios del novelista, determinados postulados políticos con los que el escritor caminaba por el mundo dando mando-blazos a izquierda y a derecha. Pero aquella misma y resuelta voluntad literaria se afincó en el discurso de la verdad y la li-bertad hasta desencadenar una certeza en los apóstoles que hicieron lo imposible por volverlo a meter dentro del redil: MVLL estaba perdido definitivamente. Ocurría que para MVLL la libertad —individual y colectiva— empezaba no sólo por un discurso sino que continuaba, en su curso simultáneo, con un ejercicio constante de la crítica de esa misma libertad y de todas las demás situaciones en las que la libertad o no estaba o sobraba; o era compulsivamente reprimida. ¿Por qué tanta histeria por la libertad, un concepto que —usado por tantos demócratas de verdad y dictadores verdaderos— se ha-bía ido vaciando de su precioso contenido a lo largo del siglo del cambalache y la perplejidad? Porque la libertad era el *único* vaso comunicante a través del cual el hombre se instalaba no sólo en su historia, sino en su tiempo y en su mundo; porque la libertad, como afirma Popper, y su ejercicio constante, es el fundamento del progreso hacia las sociedades abiertas. Nada es *del todo* como nos lo han dicho ni como hemos aprendido a verlo, ni siquiera la redondez de la tierra, aconseja Popper, y cita MVLL. Y se comprende que un espíritu crítico, adquirido ese tono heterodoxo de la libertad, no sólo sea molesto indi-vidualmente para las élites de las tribus, las *nomenclaturas,* los *aparatos* que articulan los pensamientos y las ideologías mági-cas con todos sus mitos, ceremonias y autos de fe, que jamás pondrán en duda los *principios fundamentales* de la doctrina que sustenta el error de las sociedades cerradas, sino que —desde ese punto de vista *tribal*— es necesario que sea expulsado del paraíso, lapidado, desprestigiado y, finalmente, olvidado en el Averno de los erráticos.

«Probablemente ningún pensador ha hecho de la li-bertad una condición tan imprescindible para el hombre como Popper. Para él —escribe MVLL—, la libertad no sólo garantiza fórmulas civilizadas de existencia y estimula la creatividad cultural; ella es algo mucho más definitorio y radical: el requisito básico del saber, el ejercicio que permite al hombre aprender de sus propios errores y, por lo tanto, superarlos, el mecanismo sin el cual viviríamos aún en la ignorancia y la confusión irracional de los ancestros, los comedores de carne humana y adoradores de tótems».

¿Cuál es el procedimiento para llegar a ese estado de cosas que el mismo Popper llama sociedades abiertas? El antidogmatismo como método, la tolerancia como carácter fundamental de la cultura, el pensamiento político, los argumentos sociales, sus prácticas, usos y costumbres. «Si no hay verdades absolutas y eternas —escribe MVLL—, si la única manera de progresar en el campo del saber es equivocándose y rectificando —tesis de Popper que, de todos modos (y algo paradójico parece), también puso en práctica (a veces) el propio Lenin—, todos debemos reconocer que nuestras verdades pudieran no serlo y lo que nos parecen errores de nuestros adversarios pudieran ser verdades». Frente a la lógica de la tolerancia, de la duda, frente a la prueba del «ensayo y el error», la locura del dogmatismo, la contumacia del totalitarismo: «Retroceder, ni para tomar impulso», dice Fidel Castro mirando hacia el norte con digna ira. Y cuando a la locura del dogmatismo se le intenta hacer ver que, en efecto, la rigidez significa un encefalograma plano en cualquiera de los campos vitales que aspire al progreso del ser humano, el chamán, con la misma digna e irracional ira responderá: «¡Viva la rigidez!», que es el gran mecanismo eclesiástico para obviar irracionalmente los errores —y horrores— que son ya demasiado evidentes.

¿Lo que siente MVLL por la libertad, por lo que él entiende por libertad, tiene visos de idolatría, características inmersas en los errores que él mismo denuncia en el pensamiento mágico y en las sociedades tribales? «Contra lo que cabría suponer —escribe MVLL desacralizando una vez más el concepto de libertad para transformarlo en método filosófico, en piedra filosofal del ser humano—, entre los beneficiarios más directos de la entronización del espíritu crítico y la libertad de pensamiento se hallan quienes han hecho la más implacable oposición intelectual al desarrollo de las sociedades abiertas, postulando, bajo máscaras y con argumentos diversos, el retorno al mundo mágico y primitivo de los entes gregarios, felices e irresponsables, que, en vez de seres soberanos, serían instrumentos de fuerzas ciegas e impersonales, conductoras de la marcha de la historia». Es decir, son los idólatras de la historia, los historicistas —seguidores a ultranza de los diversos dogmatismos totémicos del pensamiento, «platónicos, hegelianos, marxistas», maquiavelos, comtianos, spenglerianos o toynbeestas...—, los que de una u otra manera acusarán a los defensores del discurso de la libertad como nuevos idólatras, acusando a quienes desean liberar de pensamientos más o menos mágicos a su propia sociedad de la misma enfermedad contagiosa y mortal que ellos han transmitido a lo largo de muchos años: la idolatría. «La propuesta de Popper —confirma MVLL— contra el *historicismo* es la "ingeniería fragmentaria" o reforma gradual de la sociedad». El fracaso de la revolución, dentro y fuera de la revolución, estriba en que la deuda prometida, el cielo místico y feliz aposentado en todo el planeta gracias a la conquista por la fuerza del poder y todos sus mecanismos, se ha transformado en una deuda impagada, en la parte de un fraude en el que creíamos hasta convertirnos nosotros también en parte de ese ente gregario que caminó durante siglos tras la llamada de la *tribu,* prescindiendo de las libertades personales en aras de una profecía que se reveló además como genocidio, en muchísimos casos. Mejorar las cosas un poco, que es lo que vemos que podemos hacer sin menguar la libertad y sin faltar al discurso de la verdad, significa afrontar otra verdad: sólo podemos mejorar las cosas *poco a poco.* Paradójicamente, viendo y analizando los tiempos que vivimos, somos los occidentales, los que existimos y respiramos en las democracias occidentales, y aspiramos a mejorarlas poco a poco a través de la libertad, los que observamos perplejos el vértigo que ha invadido a los países del socialismo real: no pueden esperar, porque han esperado demasiado. Ahora tienen libertad, se ha resquebrajado el muro de la rigidez, y se aferran a ese fuego robado a los dioses como el bien más preciado que han tenido en los largos períodos de oscurantismo y totalitarismo de este siglo. Eso dice Popper. Eso mantiene MVLL. ¿Cómo es posible que neguemos la evidencia si nosotros, la democracia española, con todos sus defectos y corruptelas, somos precisamente el ejemplo de progreso a través de los mecanismos mantenidos por Popper?

Una de las más sonadas polémicas públicas en las que MVLL ha intervenido, seguramente bien que a su pesar, tuvo lugar en México. Octavio Paz y una cadena de televisión privada habían organizado unas jornadas de discusión en la capital mexicana. Todo transcurrió como una balsa de aceite, hasta que MVLL, el eterno aguafiestas, volvió a repetir algo que muchos le habíamos oído algunas veces en público y en privado: la democracia mexicana no era un ejemplo a seguir; el PRI era el paradigma a través del que se *podía* llegar a retroceder quizá irreversiblemente en el proceso de las libertades democráticas. Su perpetuación en el poder lo transformaba en una maquinaria de poder perpetuo y, por tanto y en cierta manera, absoluto. Una determinada manera de impedir la profundización en la democracia real anidaba en las élites priístas que, hasta ahora, mantienen su posición de poder en la sociedad mexicana, que se mueve en libertad, pero en una precaria libertad, vigilada muy de cerca y estrechamente por el poder. La democracia instituida por el PRI en México, venía a decir MVLL, era la máscara de la dictadura perfecta. Fue un escándalo. MVLL, según la prensa, precipitó su salida de México por razones personales. Eso mantuvo en público el propio Octavio Paz, que, además, tuvo que «matizar», contradiciendo algunos criterios de MVLL, los argumentos del escritor peruano, «el mejor de nuestros novelistas», según el propio Octavio Paz. ¿Qué había hecho MVLL? ¿Por qué, provocativamente, tras perder unas elecciones en su país, Perú, tal como le recordaban con aviesa y dudosa actitud determinados medios de información mexicanos, venía a México no sólo a «dejar mal» a su anfitrión sino a insistir en criterios que no respondían a la realidad y que, encima, habían sido ya utilizados por los enemigos de la democracia mexicana en la que el priísmo ha impregnado hasta la corrupción y la parálisis todos los órganos sociales, intelectuales, políticos y culturales del país? Se escribió que el Perú había entendido mejor que nadie quién era MVLL. Por eso las urnas lo habían derrotado, porque sus criterios y, finalmente, sus tesis llevadas a la práctica hubieran provocado la ruina total del país. Los electores peruanos eran muy previsores e inteligentes, más o menos lo mismo que los mexicanos, que han estado votando mayoritariamente: la filosofía de la *mordida,* que poco tiene que ver con la formulación ética de la política y, mucho menos, con el discurso de la verdad.

Fue después de perder las elecciones cuando MVLL «molestaba» una vez más al oficialismo político mexicano. El aguafiestas, irredento e irrespetuoso, confundiendo una vez más la realidad con la ficción, la novela con la historia, insistía tercamente en la prueba del «ensayo y el error». Paz moduló algunos argumentos y algunas afirmaciones de MVLL. La democracia mexicana no era una dictadura perfecta, aunque fuera la más imperfecta de las democracias. Se podía mejorar. Desde la matanza de Tlatelolco, en el año 1968, hasta el año 1990, había llovido mucho. Se mejoraba. El poeta había tenido que abandonar, en un gesto ético inolvidable, la embajada de México en Delhi, donde era el titular, como protesta a un estado de cosas que el PRI de Díaz Ordaz y Luis Echeverría había llevado a cabo. Al día de hoy, todavía faltan por aparecer muchos de los cuerpos de quienes, se supone, fueron asesinados en la plaza de las Tres Culturas. Años más tarde, en ese galimatías mexicano en donde las cosas no son evidentemente lo que son sino todo lo contrario, un lugar tan transparente del aire que las palabras enmascaran la realidad, el novelista Carlos Fuentes repitió el gesto de Paz: abandonó la sede diplomática de México en París —en un gesto que lo honra— como protesta por el nombramiento de embajador en Madrid de Gustavo Díaz Ordaz, en el mismo momento en que Luis Echeverría —ministro del Interior con Díaz Ordaz en la presidencia, en el momento de la matanza de Tlatelolco— ejercía de técnico de la UNESCO en el centro de la isla de Cuba, siendo catalogado por el presidente Fidel Castro como «compañero». Las palabras: todo es lo mismo, no más que diferente, para quien no quiera entenderlo. Juzgar tal galimatías salva solamente dos gestos: el de Paz y el de Fuentes, en un instante de lucidez y transparencia. Pero no evita, en ningún momento, que la acusación *exagerada* de MVLL contenga grandes dosis de una verdad que muchos callan pero saben. Otra vez el aguafiestas, no contento con su fama y su derrota; otra vez el escritor reflexivo que dice lo que piensa aunque lo que piense no deba decirse ni expresarse con claridad, so pena de ser *satanizado* de inmediato por el anatema.

De Sartre a Camus; de Camus a Malraux; de Malraux a la brillante obsesión por el «ensayo y la prueba», el discurso de la libertad, la manía persecutoria de pensar por sí mismo. Hasta llegar a Popper. Quizá nació en Camus el sentido ético que MVLL da al contenido ideológico y a la práctica política; quizá también en Camus, en Malraux y en él mismo se encuentran las claves de su radicalismo liberal frente a la impostura, «la inmensa impostura que ha falsificado todo el siglo —dice Revel (y la verdad es la verdad, la diga Agamenón o su porquero...)— en parte por culpa de algunos de sus más grandes intelectuales. Ella ha corrompido hasta en sus más mínimos detalles el lenguaje y la acción política, invertido el sentido de la moral y entronizado la mentira al servicio del pensamiento».

Parece como si, en efecto, la técnica embustera de la mezquindad hubiera conquistado el castillo de la política democrática, incluso en las sociedades abiertas. (Lo que en literatura es un enriquecimiento cultural, imaginativo, textual y totalmente ambiguo —ése es precisamente el reino de la literatura— ha hecho incursión en el mundo de la política hasta confundir la verdad de las mentiras con la mentira verdadera a la que muchos intelectuales y políticos de nuestros propios sistemas democráticos han prestado su apoyo, con la misma doble moral con que antaño prestamos todos un poco el alma al diablo del totalitarismo.) Se comprende así que MVLL, un novelista peruano de cincuenta y cinco años de edad, en plena madurez, con una conciencia crítica que ha terminado por ser insoslayable, despertara —más allá de los recelos— el rechazo de legiones de «clérigos» y arqueólatras ideológicos que aún andan anclados en el gregarismo mental y en los resabios tribales de parte de nuestras sociedades. Tal vez ese motor —el de la mentira ideológica—, que rige el mundo en gran medida, sea el molino de viento contra el que MVLL se ha visto obligado a luchar, hasta el punto de presentarse a las elecciones presidenciales del Perú para demostrarse al menos a sí mismo lo que el viejo pescador de Ernest Hemingway: que el hombre puede fracasar en muchas de sus batallas, pero no está hecho en ningún momento para la destrucción, sino para todo lo contrario.

III. «Madame Bovary c'est moi»

Un livre n'a jamais été pour moi qu'une
manière de vivre *dans un milieu*
quelconque.
Voilà ce qui explique mes hésitations,
mes angoisses et ma lenteur.

(Gustave Flaubert en carta
a Mlle. Leroyer de Chantepie,
el 26 de diciembre de 1858; citado
por MVLL en *La orgía perpetua*.)

18. Sobre los héroes e impostores: *La ciudad y los perros* (1962)

En el mes de julio de 1976 llegué al aeropuerto Jorge Chaves, en Lima, por primera vez en mi vida. Por supuesto que mi interés fundamental por visitar el Perú residía en que era el país de MVLL. Porque el Perú, con ser sumamente importante en la historia del imperio español, despierta poco interés en los estudiantes, incluso en los universitarios, excepción hecha de aquellos que han escogido nuestra historia como especialidad académica. El Perú, por tanto, no era para mí más que una nebulosa terrenal, más o menos conquistada por Francisco Pizarro. Y un lugar perdido en el mapa de América Latina, donde se habían intentado algunos movimientos revolucionarios que nunca habían tenido éxito. Cuando leí *La ciudad y los perros,* mi interés por aquella geografía lejana subió muchos enteros. Me imaginaba las calles de Lima, tal como las describe MVLL en esa novela. Me imaginaba las avenidas, las gentes mestizas, las luchas sociales y políticas siempre en función de aquella novela, *La ciudad y los perros.*

En los momentos de la primera lectura de la novela, Lima era para mí fundamentalmente *La ciudad y los perros,* y algunas otras fotografías literarias, como la de Melville, que hace una somera descripción de la ciudad desde el mar, retratándola con tonos oscuros y provocando en el lector de *Moby Dick* un rechazo sentimental y psicológico por aquel mundo extraño y lejano. De modo que aquella visita, emprendida desde Caracas, era el resultado de una larga espera, la historia secreta de un deseo literario que había reprimido sus ímpetus hasta llegar el momento indicado: el de constatar, *in situ,* todo cuanto había leído con fruición en *La ciudad y los perros* siete u ocho años antes de pisar por primera vez la ciudad de Lima.

Supe después que *La ciudad y los perros* no había sido el nombre originario de la novela de MVLL. Diferentes versiones han sido contadas una y otra vez por especialistas y periodistas del *boom* y de la literatura hispanoamericana. Hoy se sabe que en 1962, según recoge José Miguel Oviedo en su magnífico ensayo sobre MVLL —*Mario Vargas Llosa: la invención de una realidad*—, el entonces aprendiz de novelista hizo un viaje al Perú y que ya traía en su equipaje el original de lo que sería finalmente conocido con el nombre de *La ciudad y los perros*. Sebastián Salazar Bondy, un escritor peruano al que MVLL profesaba verdadera admiración, leyó el original. Y, tal como dice José Miguel Oviedo, «propuso el libro a un editor argentino, quien no le concedió importancia». Casi contra su propia manera de entender las cosas, MVLL envió el original a la editorial Seix Barral, de Barcelona, entonces dirigida por Carlos Barral. Y, durante muchos meses, no obtuvo respuesta alguna. ¿Qué había pasado? El original de la novela de MVLL había sufrido la lectura de un experto editorial. El juicio que a ese lector había merecido la novela no era bueno. Y su informe escrito a mano —según el propio MVLL, que tuvo acceso años después a aquel secreto— fue negativo. Aquel lector fue Luis Goytisolo, novelista español de gran renombre, que afirma hoy: «Yo leí la primera novela de Mario Vargas Llosa, *La ciudad y los perros,* como lector de Seix Barral y mi informe fue muy favorable» (*Tribuna,* Madrid, 20 de agosto de 1990, p. 98). Y aquí están las dos versiones fundamentales, y distintas, de un mismo hecho. Mientras Carlos Barral —y el propio MVLL— me han confirmado que el informe de Luis Goytisolo era negativo, razón por la que el original estuvo durante largos meses condenado al silencio, el propio Goytisolo «recuerda» lo contrario: que su informe fue positivo. Claro que no se entiende, y más contando con el testimonio del editor, Carlos Barral, y con el del mismo novelista, MVLL, que *La ciudad y los perros* retrasara tanto su edición y cayera en ese marasmo de largos meses al que, muchas veces de una manera injusta, gran cantidad de lectores editoriales condenan originales de gran valía literaria.

No fue, pues, providencial —como sostiene Oviedo— que MVLL y Carlos Barral se conocieran en París. Todo lo contrario. Barral viajaba por aquellos días a París, por razones editoriales, justamente jornadas después de haber descubierto —y ésa es la casualidad— y rescatado del olvido el original que sería titulado como *La ciudad y los perros*. MVLL recuerda que Barral le envió un telegrama a París. Se encontraron en la Ciudad Luz. Y ese encuentro ha sido descrito, en *versión oficial*, por el propio Carlos Barral en la introducción a la edición de *Los cachorros* (editorial Lumen, Barcelona, 1967). Carlos Barral le propuso a MVLL que lo presentara al Premio Biblioteca Breve, de Seix Barral. Dicen que MVLL dudó, lo pensó mucho. Y, al final, se decidió a hacerlo. Lo presentó al premio con el título de *Los impostores*. José Miguel Oviedo escribe que MVLL había decidido su apuesta mayor cuando apenas contaba veintiséis años. Y es exacto.

El propio Oviedo relata el destino primero de *La ciudad y los perros* en el Premio Biblioteca Breve. «La historia interna del concurso —escribe José Miguel Oviedo— se da en términos y cifras escuetas: concurrieron ochenta y un originales (treinta de América Latina); el jurado compuesto por José María Castellet, José María Valverde, Víctor Seix, Carlos Barral y Juan Petit otorgó a la novela de Vargas Llosa (que por entonces ya se llamaba *La morada del héroe*) cinco votos en cada uno de los cinco turnos de escrutinio; e hizo constar en el acta que "pese a la alta calidad de los originales presentados, por primera vez el Premio Biblioteca Breve se ha concedido por unanimidad"»[1].

Unánime fue la crítica, diletante o especializada, en el momento de la publicación y lectura de *La ciudad y los perros,* en octubre de 1963. Y, como ganadora del Premio Biblioteca Breve, *La ciudad y los perros* tenía el derecho de acceder como candidata al Prix Formentor, que entonces significaba un grande y verdadero prestigio literario. Las crónicas cuentan que *La ciudad y los perros* obtuvo tres votos en la última votación, contra cuatro del escritor —ex ministro de Cultura del Gobierno socialista español— Jorge Semprún, que había presentado su novela *Le Long voyage,* originalmente escrita en francés. Fue una competición reñida. Y no exenta de subterfugios, según puede leerse en *Cuando las horas veloces,* el último tomo de memorias publicado por Carlos Barral. «Hubo guerras y escaramuzas —recuerda Barral—, tal vez no siempre limpias. En mayo de 1963, en Corfú, en el primer exilio, eran candidatos principales al Premio Formentor la novela de Mario Vargas Llosa *La ciudad y los perros* —que había obtenido el Premio Biblioteca Breve el año anterior y estaba todavía inédita, en galeradas repartidas a los votantes— y la novela en lengua francesa de Jorge Semprún *Le Long voyage,* creo que también en pruebas de galera. Vargas Llosa tenía en contra el hecho de que el año anterior se había llevado el premio un escritor en castellano, Juan García Hortelano, con *Tormenta de verano,* ahora exhibida en trece ediciones simultáneas, y, quiérase o no, en este tipo de premios internacionales la rotación de lenguas y naciones es ley secreta, implícita, que generalmente se respeta. Otro Premio Formentor a la narrativa en castellano resultaba un poco cuesta arriba, y además estaba el turno de presidencia de los editores, que, digamos que casualmente, parecía mantenerse en el premio principal y que era mucho más propio del secundario. A favor de Vargas estaba el hecho de que Semprún fuese de todos modos un escritor español, aunque su novela fuera francesa, y la evidencia de que el intento literario de Vargas Llosa era mucho más ambicioso. La opinión de los siete editores votantes estaba, al parecer, dividida y equilibrada. El español, el escandinavo y el inglés estaban por la novela de Vargas; el italiano y el norteamericano, además del francés, por la de Semprún. No hacía falta una sagacidad excepcional para comprender que el grupo parisino que aglutinaba Monique Lange estaba detrás de la candidatura del amigo Semprún. El asesor de Einaudi para el caso, Elio Vittorini, había leído el grueso manuscrito de Vargas en una noche y había decidido, muy en francés, que se trataba de una aburrida historia campamentaria escrita para digerir el dialecto cuartelario de los militares sudamericanos...». Vale la pena seguir al pie de la letra el relato que Carlos Barral hace en estas páginas de *Cuando las horas veloces,* porque con subterfugios y coartadas poco limpias terminan muchas veces no sólo sugiriéndose los prestigios de la literatura oficial, sino también asentándose entre los escritores criterios que no responden para nada a la estricta verdad de los hechos. En su memoria, Barral concede que «todo era muy confuso y recuerdo muy bien aquella noche de conspiraciones entre whiskys y llamadas telefónicas de asesores y consejeros. A mí, la novela de Semprún me parecía muy bien, pero por razones que no vale la pena que exprese ahora no me parecía comparable. Alguna de aquellas llamadas fue decisiva. Monique Lange habló repetidamente con París aquella noche mientras otros hacíamos circular confidencias y rumores por entre los veladores del bar. A la mañana siguiente apareció sobre la mesa de Rowholt un pintoresco telegrama en el que se advertía al editor alemán del peligro moral que significaba otorgar el premio a un conocido agente estalinista como Jorge Semprún. El telegrama estaba firmado por Salvador de Madariaga y expedido no en Londres, sino en París, en la estafeta de telégrafos más cercana al domicilio del matrimonio Goytisolo-Lange. Juan Goytisolo estaba en París, por supuesto; se supo luego que Madariaga había pasado por la capital francesa en aquellas fechas, lo que quizá no sean más que casualidades. Enzensberger y Rowholt reaccionaron inmediatamente contra la supuesta injerencia reaccionaria del supuesto don Salvador. El premio fue para Semprún, de lo que no me dolí mucho, pero me irritó, porque si bien su libro era más que respetable, el procedimiento de reconocerlo me pareció y me sigue pareciendo infantil y mafioso»[2].

Toda esta soterrada polémica no llegó, sino muchos años después, a España. *La ciudad y los perros* fue aplaudida por la crítica, y tras la derrota sospechosa del Formentor obtuvo en nuestro país el Premio de la Crítica Española 1963, a lo largo de muchos años un galardón libre de toda sospecha y, desde luego, jerarquizador —hasta hace poco— de los verdaderos prestigios literarios de nuestras literaturas. El nombre de MVLL, a través de la lectura de *La ciudad y los perros,* se convirtió inmediatamente en un «hecho literario» digno de atención y estudio. Primero, porque una insultante juventud acompañaba al escritor que, prácticamente, salía de la nada; segundo, porque la crítica especializada, que muestra casi siempre un rigor excesivo con lo que el mercado suele entender como «hallazgo», se atrevió con *La ciudad y los perros* a interpretaciones que convirtieron la novela en obligada lectura, no sólo en español sino también en otras lenguas a las que fue inmediatamente traducida, siendo a lo largo del tiempo casi siempre muy bien recibida por el público.

Por eso, llevando en la memoria más cercana la lectura de *La ciudad y los perros,* las conversaciones mantenidas con MVLL en Barcelona, Madrid y Las Palmas de Gran Canaria, y algunas referencias lejanas (históricas, folklóricas o literarias), busqué inmediatamente la fotografía viviente de aquella ciudad que el novelista peruano me había enseñado desde las páginas fulgurantes de *La ciudad y los perros.* Todavía la ciudad de Lima no era lo que llegó a ser después, desgraciadamente, una suerte de Calcuta de miseria en plena guerra abierta. Pero se adivinaba el empobrecimiento, la distancia social de unas clases con respecto a las otras, el caos multirracial que el propio MVLL señala en su novela identificándolo con algunos de los personajes principales de la obra.

Me hospedé en la casa de la viuda de un escritor limeño por recomendación de MVLL. Estaba precisamente en el barrio de Miraflores, el barrio «bien» del paisaje literario que el novelista describe en *La ciudad y los perros.* Y, desde el primer momento, convencí a MVLL para que recorriéramos, dentro de lo posible, aquellos escenarios en los que se había basado para escribir la novela. No sólo quería yo conocer Miraflores. Quería llegar a El Callao; quería ver las avenidas, Larco, Salaverry y todas las demás que cortan Lima, desde la costa hasta La Colmena. Quería probar los sabores de las comidas y las bebidas descritas en la novela. Quería hablar con el novelista de su propia creación, de sus personajes, de sus recuerdos quizá frescos todavía. Quería, en definitiva, que visitáramos incluso el Colegio Militar Leoncio Prado, que MVLL no había vuelto a ver por dentro desde muchos años atrás. Quería, en fin, ver Lince, El Surquillo, investigar en los rostros femeninos que veía a mi paso por las calles algunos gestos de Teresa, el principal personaje femenino de *La ciudad y los perros,* el mismo al que algunos críticos habían puesto reparos, los únicos reparos, porque era mucha casualidad que llegara a ser el centro de atención del amor adolescente y maduro de algunos de los cadetes del Leoncio Prado. Quería ver con mis propios ojos que MVLL no había inventado *otra* ciudad, aunque la Lima de *La ciudad y los perros* hubiera cobrado desde el principio una dimensión por literaria perfectamente autónoma.

Y todo eso, todo lo que hay de inmediatamente urbano en *La ciudad y los perros,* pude verlo, fotografiarlo y examinarlo con mis propios ojos, acompañado por un cicerone excepcional: el mismo autor de la novela que me había impulsado a visitar la ciudad, MVLL. Recuerdo la excursión a El Callao, el barrio populoso del puerto de Lima, con sus mercadillos multicolores impidiendo el paso de los transeúntes y los automóviles. «Ahí vivió el Jaguar», me dijo MVLL señalándome un vulgar edificio de dos plantas que en nada se diferenciaba de los demás. El Jaguar había sido interpretado por la crítica como «la supervivencia», la fuerza según cuya filosofía había que implantar para sobrevivir «el ojo por ojo y diente por diente», el triunfo salvaje de la ley del Talión. Cínico, primitivo, intuitivo, brutal en la estrategia, cruel desde la sospecha hasta el final de la obra, el Jaguar no era, entonces, un personaje atípico en Lima. Y en *La ciudad y los perros* lo único que hizo el escritor balzaciano fue desarrollar de una manera natural y literaria aquel personaje que, sin duda, existió, el mismo que MVLL recordaba de su estancia en el Colegio Militar Leoncio Prado. «Ahí vivió el Jaguar», me dijo MVLL. Y yo lo miré, casi furtivamente, de soslayo, sólo por ver si el novelista se mentía para engañarme, para mantenerme hipnotizado como una mariposa en la luz artificial de su literatura. Al final, comprendí que eso era lo de menos. Lo de más, la verosimilitud con la que MVLL había dibujado con palabras a todos sus personajes, las vidas de esos mismos personajes; la verosimilitud con la que había descrito aquella ciudad en la que ahora me encontraba, leyendo con mis ojos nuevamente *La ciudad y los perros.*

De todas las expediciones urbanas, de todas las correrías vespertinas que hicimos MVLL y yo a través de *La ciudad y los perros* en aquel mes de julio de 1976, la primera vez que fui a Lima, la más interesante fue la visita —casi clandestina— que giramos al Colegio Militar Leoncio Prado. Aparcamos el coche pidiendo permiso al centinela. Lo dejamos a unos cuantos metros del muro del cuartel, al borde del mismo océano Pacífico, inmenso, silencioso, señorial desde la costa limeña. Lucía esa tarde un sol oscuro, grisáceo, muy propio de Lima, según dicen los mismos limeños y todos los que conocen la ciudad con una cierta familiaridad. No había nubes y la garúa de la mañana, con aquella humedad que a veces recordaba al propio MVLL sus estancias en Londres, había desaparecido. Entramos al patio del Leoncio Prado con la timidez de estar pisando un recinto eternizado en las páginas de una novela proclamada excepcional en todos los ámbitos culturales en los que había sido leída. Allí, a pocos metros, estaba la estatua del héroe epónimo. Mientras yo observaba tratando de retener todo cuanto mis ojos estaban viendo, con la fundamental intención de identificar lugares y sensaciones en aquel *otro* Leoncio Prado de *La ciudad y los perros,* MVLL hablaba lentamente. «Allá estaba la piscina», me dijo, el mismo lugar donde el cadete Alberto —probablemente un *alter ego* literario de su propia memoria de escritor— se escondía para escribir las novelitas pornográficas que luego vendía por unos soles a sus mismos compañeros. Recordaba MVLL el lugar exacto donde formaban cada mañana y cada tarde los cadetes. Poco o nada había cambiado en aquel colegio-cuartel donde, eso dice la leyenda periodística, habían sido quemados algunos cientos de ejemplares de *La ciudad y los perros* como desagravio a las instituciones peruanas, sobre todo a las militares y al mismo cuartel del Leoncio Prado. Buscaba MVLL los lugares por donde los cadetes tiraban las «contras», las escapadas furtivas y clandestinas que los personajes de *La ciudad y los perros* llevan a cabo para escapar del asfixiante ambiente militar del colegio.

He hecho alusión en algunos de mis escritos sobre *La ciudad y los perros* a esa obsesión de MVLL por el misterio a lo largo de gran parte del relato. Ese misterio, hurtándole al lector algunos factores que ayudarían a la comprensión inmediata del relato, es sin duda una de las cualidades fundamentales de *La ciudad y los perros.* El misterio de cara al lector es, como concepto estructural de la misma novela, todo un ámbito de clandestinidad —ésa es una de las claves de la novela— que impregna cada uno de los gestos, cada una de las acciones, cada uno de los episodios de la narración. *La ciudad y los perros* está edificada sobre un aparente castillo de naipes que suele despistar al lector poco avisado. Y, como ha dicho José Promis Ojeda, la novela podría integrarse en «la larga tradición literaria caracterizada por la presencia del *enigma*»[3]. El argumento de la novela corresponde, fundamentalmente, a los siguientes episodios:

a) Robo de un examen en un Colegio Militar (Leoncio Prado).

b) Castigo colectivo. Suspenden los mandos los permisos de fin de semana a todos los cadetes de la sección en la que tuvo lugar el robo hasta que el ladrón o los ladrones sean descubiertos.

c) Denuncia del ladrón por parte de un cadete de la sección ante las autoridades militares del Colegio.

d) Muerte violenta del delator durante unas maniobras militares.

e) Nueva denuncia del presunto asesino por parte de otros cadetes ante esas mismas autoridades militares.

f) Comienza la investigación pertinente.

g) Se suspende la investigación. Las autoridades militares determinan que la muerte del cadete delator fue un mero accidente.

Yendo más allá de la simple dualidad (la ciudad y el colegio) de la trama novelesca, veremos que existen en esta trama otros mundos más oscuros y laberínticos, que ponen de manifiesto una ambigua característica de «duplicidad» (personal, temporal, conceptual, funcional). De modo que la misma característica, la «duplicidad», la realidad y el teatro de los gestos visibles de esa misma dramática realidad vivida por los cadetes y los militares en el Leoncio Prado, será el centro de la contradicción, los dos estratos contrarios que se fusionan o separan simultánea y constantemente durante el proceso narrativo.

La asimetría de la estructura formal de *La ciudad y los perros* ha sido ya analizada con insistencia en todos los ámbitos[4], como si la arbitrariedad creativa del autor ejerciera un dominio total sobre la novela, desequilibrando a veces el discurso narrativo. Se deduce de esta crítica que el novelista suelta los cables y las claves del relato porque el texto mismo se convierte en dueño de la situación, de manera que el mismo relato alcanza a ser el agente que fragua y decide autónomamente su propia estrategia. Como contrapartida, están los críticos que señalan la asfixiante presencia del autor ahogando incluso su creación narrativa, las acciones de los personajes y los protagonismos dentro de la novela. Es aquí, sin embargo, en donde me parece a mí que MVLL ha situado su *totalidad narrativa,* entre *la ambigüedad y el determinismo,* lo que acentúa mucho más el modelo bipolar de la novela. Es probable que, durante la primera fase de la construcción narrativa de *La ciudad y los perros,* MVLL no hiciera hincapié de una manera racional en dicho desarrollo bidimensional, sino que incluso el mismo proceso de creación podría haber influido en su propia esencia el proyecto de ruptura con una dimensión única y lineal.

Luis Harss califica a MVLL como un novelista «testarudamente determinista y antivisionario», incapaz de forzar a sus personajes a superar aquellas situaciones que *determinan* que sus «individuos... están perdidos en la densidad de su entorno. No son personas, sino más bien estados de conciencia que sólo se manifiestan a través de las situaciones que los definen»[5]. En ese mismo criterio abunda Rosa Boldori, decidida a analizar *La ciudad y los perros* desde el prisma del destino mágico y unidimensional como *deus ex machina,* como una «novela de determinismo ambiental»[6], de manera que el azar, el accidente y el destino deciden las acciones de los personajes[7].

José Miguel Oviedo, por otra parte, observará que es la libertad —condicionada a veces por el ambiente, el entorno y determinadas situaciones— lo que hace de *La ciudad y los perros* una novela existencial (y es verdad que algo hay de parentesco con la mejor filosofía narrativa de Albert Camus), sartreana también en cierta manera, enmarcando el condicionamiento humillante de las normas y entornos colectivos y la rebelión irracional de quienes, colocados en una determinada

251

situación, esquivan las dificultades y escogen libremente la mejor manera personal para escapar del laberinto.

De modo que, en esta «mezcla de dos filosofías totalmente diferentes: determinismo social y existencialismo», que captó McMurray[8], está arraigado el factor que obliga muchas veces a que los personajes configuren como suerte o ambigüedad —pero por su propia voluntad, que conste— aquellas acciones o reacciones que funcionan como elementos fundamentales en *La ciudad y los perros* (atracción o rechazo, confinamiento o disociación) a provocar su contrario, de modo que cada concepto desempeñe el papel incluso de su contrario, con el fin de contrastar las personalidades problemáticas e inadaptadas de los protagonistas para definirlos bipolarmente («cada uno es dos»), en una simbiosis de violencia y serenidad, de evidencia y clandestinidad.

No vemos que el azar sea, desde luego, el elemento clave de la confirmación total de *La ciudad y los perros,* y tampoco ejerce ninguna función estructural y organizadora en el discurso narrativo. Tampoco es posible establecer consecuencias analíticas apropiadas, serias y profundas a partir de suposiciones unidimensionales de la crítica determinista. Tiene mucho más sentido observar, y examinar, *La ciudad y los perros* como una novela en la que se mueven dos mundos que configuran la simetría o asimetría de los elementos que constituyen el conjunto de la novela.

Si enumeramos —analíticamente— las características de los ocho primeros capítulos de la novela (su primera parte), observamos que esas características de *simetría* y *objetividad* configuran un mundo interior que responde a códigos secretos, a diferentes lecturas del mundo de la presencia o de la evidencia. Como una consecuencia inherente a esas mismas características surge, en esta primera parte de la novela, un concepto fundamental en el que la crítica especializada no ha puesto todavía suficiente interés: la *clandestinidad,* ese código secreto en el que se mueven los gestos y los episodios de los cadetes.

Si analizamos la segunda parte de la novela, los segundos ocho capítulos, observamos características *distintas* (y, en algunos casos, opuestas) a las indicadas, a las de la primera parte de la misma. Aquí, en esta segunda y última parte de *La ciudad y los perros,* reina la subjetividad y la espontaneidad, es decir, la *denuncia* que desgasta los pasadizos secretos del mundo clandestino de los cadetes, aquel universo subterráneo recogido por sus propias leyes que veíamos en la primera parte de la novela, con códigos de honor —secretos— creados a imagen y semejanza de los organizados por el Círculo en el que manda el Jaguar. El análisis crítico determina que en los ocho primeros capítulos la acción, en cierta manera, avanza gracias a una conciencia personal y colectiva que respeta en sumo grado esos códigos secretos que organizan *clandestinamente* el mundo de los cadetes. De manera que ningún otro personaje —no *cadete,* se entiende— tendrá acceso a ese mundo oculto y construido por los mismos cadetes, para sustituir incluso a este otro mundo de la evidencia, el del Colegio y su apariencia, con todas las reglas que le son impuestas desde fuera por los mandos militares.

Consecuentemente, ¿dónde, en qué concepto se apoya el código de los cadetes? En la *clandestinidad,* porque todos los cadetes son, hasta cierto punto, cómplices del silencio y de todos los actos clandestinos del Círculo, todos participan de sus ventajas y de sus inconvenientes. Ésa es su moral y, claro está, el origen del drama que envuelve el ambiente novelesco de *La ciudad y los perros.* Y son los cadetes los que fundamentalmente mueven la acción de la novela, sus verdaderos personajes, «los actantes» que la memoria del novelista ordena a lo largo del proceso creativo. Así, de las ochenta y una secciones que *La ciudad y los perros* contiene, sesenta y ocho expresan —abrumadoramente— el punto de vista de los cadetes: Alberto (treinta y tres veces), el Jaguar (trece), Boa (trece), Cava (una), el Esclavo (siete), colectivo (una). Ellos, los cadetes, crearon ese mundo secreto que mueve los episodios fundamentales de una parte de la obra. Ellos, los cadetes, son los llamados a emular a sus mayores —a los que tanto odian—, rompiendo esos pactos secretos y vinculantes, que exigen la coherencia del grupo y evitan, hasta el momento de la denuncia, el contrapunto conceptual de la traición[9].

Así pues, los propios cadetes terminarán disolviendo su mundo secreto. Tras la denuncia de Alberto, al teniente Gamboa se le descubrirá el mundo clandestino que los cadetes han urdido, y vendrá el desmantelamiento de aquellos valores que constituyen —para los cadetes— los signos de la virilidad: las fugas del Colegio («contras»), los cigarrillos, el alcohol, los robos, los «negocios», el violento mundo sexual de la masturbación y el bestialismo. Tal denuncia se basa en un episodio capital de la novela: la muerte del Esclavo. Denuncia y venganza son producto de la misma estrategia juvenil. Cuando Alberto denuncia la actividad secreta del Círculo, pone de relieve y al descubierto la vida clandestina del Colegio:

«—Lo volvían loco [al Esclavo], lo batían todo el tiempo, ¡y ahora lo han matado!... —dijo Alberto.
Los oficiales no saben nada de lo que pasa en las cuadras.»

«—Todos fuman en el Colegio —dice Alberto agresivo—... Los oficiales no saben nada de lo que pasa.»

«Pisco y cerveza, mi teniente. ¿No le digo que los oficiales no saben nada? En el Colegio se toma más que en la calle.»

«—¿Quién lo mató?
—El Jaguar, mi teniente...
—¿Quién es el Jaguar? —dijo Gamboa—. Yo no conozco los apodos de los cadetes. Dígame sus nombres.»

Además, los cadetes, como entidad colectiva, no sólo llevan a cabo los complicados mecanismos del contenido, ni se limitan a manipular únicamente la funcionalidad de la anécdota. Si lo analizamos a fondo existe un gradual paralelismo entre la coherencia interna del mundo de los cadetes —que está basada en el concepto de la *clandestinidad*— y la proporcionalidad de la estructura de *La ciudad y los perros*. Al asistir a la desintegración de los valores que secretamente idean y mantienen en el Colegio, estamos asistiendo a la lenta disolución de la proporcionalidad de la estructura formal de la novela, que aún predomina en toda la primera parte. Mientras los códigos colectivos de los adolescentes permanecen intactos, esto es, secretos, y los cadetes respetan sus contenidos, podremos y podemos hablar del equilibrio proporcional de la estructura novelística de *La ciudad y los perros*. Como contrapunto, será desde la base de la disolución de dichos códigos —que han hecho posible la unión entre los cadetes y su mundo secreto— cuando la proporcionalidad, la exacta regularidad de los niveles estructurales de la novela, se desintegra con el fin de dar paso a la incoherencia formal, como si se hubiera roto un pacto, un juego de señales y gestos entre los protagonistas de la novela y sus acciones. De modo que, al menos en este sentido, puede determinarse que tal concepto de la *clandestinidad* ejerce una función estructural en *La ciudad y los perros*.

¿Cuándo comienza a resquebrajarse la regularidad, la proporcionalidad estructural de la novela? Dos episodios señalan el límite de esa ruptura. En primer lugar, por razones personales, Ricardo Arana, el Esclavo, delata el robo del examen de química (primera parte, capítulo sexto). La complicidad colectiva se derrumba. Y, en segundo lugar, el propio Arana sufre un accidente fatal durante unas maniobras militares (primera parte, capítulo octavo). Pero eso no es más que una conjetura, y —en todo caso— es verdad que se ha derrumbado la complicidad colectiva. Los cadetes y el lector, los lectores, no nos daremos cuenta hasta más adelante de que esos dos episodios señalan el principio de la disolución del código de honor, precipitando razones y sinrazones, acusaciones y delaciones que, en última instancia, provocarán la desintegración del mundo secreto de los adolescentes. Será a partir de la noticia de la muerte del Esclavo (segunda parte, capítulo primero) cuando el argumento de la novela, a medida que avanza hacia su desenlace, nos presenta —a nosotros, lectores, y a los oficiales del Colegio— el mundo clandestino de los cadetes. Al mismo tiempo, ese proceso de disolución conceptual

tendrá una influencia directa en el parámetro estructural de
la obra. La irregular conducta del grupo principal de actores
del drama novelesco lleva simultáneamente a una estructura
irregular, a niveles formales, se entiende. Esta funcionalidad
del concepto de *clandestinidad* en la estructura formal de la novela constituye, sin duda, una de las características fundamentales, y a la vez, uno de los rasgos estilísticos más sobresalientes
de *La ciudad y los perros*[10].

MVLL confiesa a Ricardo Cano Gaviria que la novela
había sido empezada en Madrid, pero fue acabada en París,
cuando ya había decidido vivir en la Ciudad Luz la aventura
de transformarse en un gran novelista. «Ya tenía el magma
—dice MVLL—, lo había comenzado en Madrid. Pero el gran
envión se lo di durante mi estancia en el hotel Wetter, que
fue de un año y medio aproximadamente. La novela la terminé en la casa de la *rue* de Tournon, en 1961»[11].

De *La ciudad y los perros,* en todo lo que se refiere a interpretación crítica, queda poco por decir. El texto ha sido
repetidamente hurgado, examinado, estudiado a fondo, perseguido y expuesto al público en general por una crítica literaria que ha alabado el trabajo del novelista como uno de
los títulos capitales de la literatura en lengua española en los
últimos cincuenta años. La tesis de que MVLL consiguió escribir una novela que fuera considerada, en sus análisis más
exigentes, como un «microcosmos» del Perú en el que cupie-
ran las mil caras de este país contradictorio y fascinante, se ha
ido abriendo camino a lo largo de los años. En efecto, la experiencia personal de MVLL es el punto de arranque de la novela. Podemos afirmar que MVLL, adolescente como cadete y
cadete él mismo, vivió el mundo de *La ciudad y los perros;* el
mundo caótico de la sociedad civil limeña y el mundo militar, con su brutal disciplina y su apariencia caballeresca, del
Colegio Militar Leoncio Prado. Ahí, en el Leoncio Prado, vivió MVLL su aventura adolescente, durante aproximadamente dos años, 1950 y 1951. Y allí, según su propia confesión,
conoció que el Perú es un país multirracial, con unas terribles
diferencias sociales y políticas, derivadas del tiempo de la colonia y de una pésima concepción del Estado. A pesar suyo,

La ciudad y los perros es una novela moral, en el sentido balzaciano y sartreano del término moral. Y ese sentimiento recorre las páginas de la novela desde que el Jaguar comienza a
hablar —en esa *apertura inmediata* del relato que sorprendió
a su mejor lector, Carlos Barral— hasta que el relato se cierra
en el diálogo final entre el propio Jaguar, ya civil, y su amigo, el flaco Higueras. No en vano, la primera parte de *La ciudad y los perros* se abre con una cita del *Kean* de Jean-Paul Sartre bastante significativa, sobre todo porque avisa de lo que
viene y, en cierto caso, también de las intenciones del autor
que ha escrito la novela:

> *On joue les héros parce qu'on est lâche et les saints parce
> qu'on est méchant; on joue les assassins parce qu'on meurt d'envie de
> tuer son prochain, on joue parce qu'on est menteur de naissance.*

Igualmente parece moral el objetivo que MVLL persigue al llamar la atención sobre el texto de Paul Nizan que
abre la segunda parte del relato:

> *J'avais vingt ans. Je ne laisserai personne dire que c'est le
> plus bel âge de la vie.*

Y los versos que abren el epílogo de la novela, escritos
por Carlos Germán Belli, poeta peruano al que MVLL admira, no dejan lugar a duda alguna:

> *... en cada linaje
> el deterioro ejerce su dominio.*

Los críticos y los estudiosos de la novelística y la personalidad de MVLL han buscado desesperadamente las huellas del escritor en el interior de las experiencias de sus propios personajes, de los protagonistas de *La ciudad y los perros*.
A partir de la afirmación de MVLL de que todas las ficciones
que escribe tienen una base real, un origen en la realidad que
luego, a través del proceso de creación literaria, se transforma
en autónoma, los rastros autobiográficos del novelista son

muestras de las cicatrices que lo convirtieron en escritor. *La ciudad y los perros,* como primera novela, como ópera prima que —de todos modos— no lo parece, está llena de esos detalles en los que el escritor, consciente o inconscientemente, retrata su propia experiencia en términos literarios. Muchos críticos han identificado al cadete Alberto con MVLL. Otros han visto rasgos del novelista en algunos de los episodios que MVLL escribe como parte de la existencia de otros cadetes. Como caso ejemplar está a la vista el relato de la entrada de Ricardo Arana, el Esclavo, en el Leoncio Prado. O el encuentro del mismo personaje, el cadete Arana, con su padre, que para los conocedores de la biografía personal de MVLL no puede ser considerado ficticio. Claro que, a partir del confesado flaubertismo de MVLL, a pocos puede extrañar que el novelista haya llegado a la realidad de «ficcionarse» en múltiples protagonistas de la novela, dando a unos y a otros parte de esos recuerdos, anecdotario personal y colectivo, que él mismo debió de vivir durante los años que cursó estudios en el Leoncio Prado o en sus correrías por los barrios bajos y los bajos fondos de una ciudad que es la suya, al menos literaria y vitalmente. Incluso ese Leoncio Prado que aparece como escenario fundamental en *La ciudad y los perros* es parte de la geografía personal de MVLL, con todas las atrocidades que el novelista describe y con toda la ternura que puede desprenderse de los sentimientos encontrados de los cadetes. El drama de la existencia juvenil, con todas las consecuencias; la dramática respiración del adolescente atisbando todos los días un mundo nuevo, sórdido, mezquino, en el que la ley del más fuerte es la que vence en cada movimiento, es también la del novelista MVLL mientras escribe parte de su existencia, parte de su experiencia, con una fuerza y una dinámica literaria y moral que deja pocas dudas a la interpretación múltiple que se ha llevado a cabo a partir de la lectura de *La ciudad y los perros.* En ese mismo mes de julio de 1976, encontrándome de vuelta en Caracas, MVLL pasaba por el aeropuerto Simón Bolívar en escala técnica del vuelo de la Lufthansa que lo llevaría hasta Frankfurt, para asistir a uno de los tantos congresos literarios y editoriales que exigen constantemente su presencia.

Ese domingo de julio fuimos hasta Maiquetía junto al profesor venezolano Efraín Subero y el coronel Eli Santeliz, que hizo de anfitrión informal del novelista peruano en las dos o tres horas de la escala que MVLL hacía de camino a Europa. En la sala de autoridades del aeropuerto Simón Bolívar, reposando del calor asfixiante de aquel día gracias al silencioso quehacer de los aparatos de aire acondicionado, el coronel Eli Santeliz se dirigió a MVLL con una sorprendente revelación, luego de haber entablado un diálogo intrascendente que giraba en torno a la situación latinoamericana y a la implicación de determinados escritores —fueran o no de primera línea— en los procesos políticos, económicos, sociales y culturales del continente. «Tenía usted toda la razón cuando escribió *La ciudad y los perros*», dijo el coronel Santeliz, dirigiéndose a MVLL. Al escritor peruano, como a Efraín Subero y a mí mismo, el comentario de Santeliz nos dejó perplejos. MVLL puso esa cara de circunstancias que le conocen sus amigos, un gesto serio y el silencio, casi hosco, mientras espera las próximas palabras de su interlocutor. Santeliz se tomó su tiempo para seguir hablando. Luego dijo: «Yo estuve también en el Leoncio Prado, y todo lo que usted relata en *La ciudad y los perros* tiene que ver con lo que allí ocurría». Pensé entonces en que *La ciudad y los perros* es también —como relato literario— parte de esa memoria personal que los escritores depositan en la literatura; parte del recuerdo de su educación sentimental, de su iniciación a la vida en unos años que difícilmente se borrarán después de la memoria. Todo lo contrario, terminarán esos recuerdos por transformarse en obsesiones, en fantasmas interiores del escritor, en demonios literarios que no descansarán hasta verse escritos, transfigurados en otra vida —la literatura— que no deja de ser parte de la anterior, la realidad de donde el novelista MVLL saca el origen de cualquiera de sus relatos. Pensé en la frase célebre de Gustave Flaubert, la mejor defensa de un escritor de novelas frente a la agresión de la realidad: *Madame Bovary c'est moi*. De la misma manera podría MVLL decir que *La ciudad y los perros* es él en gran medida.

Como afirma José Miguel Oviedo: «No es nada extraño que a *La ciudad y los perros* se le haya adjudicado una serie

Gasinit25 Gas

ya bastante larga de antecedentes, influjos y semejanzas, encontrados en otras literaturas»[12]. Y añade: «Su temática característica del *Bildungsroman,* el préstamo y la invención de técnicas heterogéneas, su clásico dilema entre individuo y sociedad, son aspectos que, de una manera u otra, vinculan esta obra con las preocupaciones generales de la novela contemporánea»[13]. De entre la larga lista que recoge Oviedo, debida a la asociación de ideas de la crítica literaria de nuestras literaturas, tendría que quedarme hoy con tres títulos que rozarían, sin duda, el parentesco moral con *La ciudad y los perros: L'enfance d'un chef,* de Jean-Paul Sartre, *From Here to Eternity,* de James Jones, y *Die Verwirrungen des Zoglings Törless,* de Robert Musil, novelas todas de la *iniciación,* que se anclan en la memoria en una edad del hombre que no suele olvidarse.

Diferentes versiones cinematográficas y teatrales trataron en estos años de asumir el espíritu de *La ciudad y los perros* para trasladarlo a la imagen del celuloide o a la interpretación dramática sobre un escenario. Francisco Lombardi, director de cine peruano, intentó y consiguió llevar al cine *La ciudad y los perros.* El resultado, con ser más respetable que la primera respuesta cinematográfica de —por ejemplo— *Pantaleón y las visitadoras,* es decepcionante. Probablemente la película de *La ciudad y los perros,* que ya hemos podido ver en Europa, se realizó sin medios técnicos y económicos suficientes. Lombardi trata de reproducir con firmeza y carácter el espíritu de la novela. Reproduce igualmente, con bastante dignidad, los espacios naturales en los que tiene lugar el relato de MVLL, sobre todo el mundo de los cadetes encerrados en el Leoncio Prado. Hace hincapié en los caracteres humanos que se mueven dentro de la «pandilla» de personajes que son los protagonistas de la acción. Pone su mejor voluntad en realizar una película a partir de una gran novela, *La ciudad y los perros,* pero no consigue captar para el espectador el mismo código literario de la novela. Esa pequeña traición inconsciente que hay en toda traducción —y el pase de la literatura al cine, del mundo de la palabra escrita al mundo de la imagen, lo es— se nota con frecuencia en la película de Lombardi, que hace sin embargo un gran esfuerzo por conseguir que la película sea *suya, La ciudad y los perros* de Lombardi. No lo consigue del todo, claro está, probablemente porque las carencias técnicas y económicas no le permitieron al director usar del todo ese entramado que el cine contemporáneo lleva tras de sí y que a veces es capaz de solventar con éxito esos terribles puntos de sutura que no terminan de atar a la literatura y al cine, a pesar de sus grandísimas concomitancias, presentes en muchísimos novelistas y claramente en las novelas y relatos de MVLL.

La versión teatral de *La ciudad y los perros* la estuvo trabajando durante años en España, mientras disfrutaba de una beca de estudios, el director teatral Edgar Sawa, también peruano. Finalmente Sawa pudo estrenar en Madrid el fruto de su trabajo y *La ciudad y los perros* subió al escenario dramático con muy poco éxito. Hay que señalar, una vez más, el esfuerzo pasional de Sawa por *captar* para sus espectadores toda la fuerza dramática y moral del relato de MVLL, pero también la incapacidad del director para conseguirlo, al menos convincentemente. El público y la crítica rechazaron, con respeto pero también con indiferencia, la versión teatral de Sawa, que prácticamente pasó desapercibida.

Es posible que esa incapacidad, a la que ahora tengo que hacer alusión —la de los *lectores-directores,* cinematográficos o teatrales—, para asumir y trasladar el *espíritu moral* de un relato que nació inscrito en otro género literario, más totalizador, más demoníaco, más capacitado para asumir él mismo las demás variantes artísticas de la creación literaria, la novela, no sea un error sino parte de esa realidad que se niega a ser *trasladada* a *otra materia,* cuando fue pensada (y sufrida, en el proceso de creación) de muy distinta forma a la que quizá piensan en el momento de la adaptación sus pasionales seguidores, por muy fieles que pretendan ser. Añadamos a eso que, al menos en *La ciudad y los perros,* el factor de la experiencia personal del novelista hace más vívida, no sólo más verosímil sino más veraz, la narración de ese mundo bifronte que desarrolla el relato. El escritor recuerda sus propias vivencias, las sueña, las digiere a lo largo de años, las deglute en imágenes etéreas que se escapan a veces durante meses de su memoria, pero que regresan tal vez reforzadas por aquella ausencia anterior. El novelista ordena sus escenarios, sus personajes, las acciones del relato con una capacidad totalizadora que anula cualquier posterior interpretación, versión, traducción o traición. El novelista va más allá de la sugerencia, no le importa caer y recaer en la obviedad, incluso de una manera inconsciente, siempre que todo cuanto escriba sirva finalmente al objetivo del relato. *La ciudad y los perros* es la conjunción de múltiples ideas sobre la novela; es un relato que rompe en mil pedazos los cabos sueltos de la memoria del autor, de MVLL, para conseguir un puzle literario, narrativo, que camina acorde con el contenido del mismo relato. Es verdad lo que afirma Oviedo: todas las características del *Bildungsroman* están presentes en *La ciudad y los perros*. Con un añadido más: la madurez del joven escritor MVLL traduce la lucidez de su talento y su memoria en un relato múltiple, que ha sido capaz de retratar —en la medida de lo que es posible— el país de las mil caras que es el Perú. El testimonio del propio MVLL va por ese camino, cuando nos describe parte de su memoria personal en «El país de las mil caras», texto leído en la Universidad Internacional Menéndez y Pelayo, en Sevilla, como clausura a un curso de literatura que dirigí en julio de 1983. Escribe MVLL que conoció Lima «cuando empezaba a dejar de ser niño y es una ciudad que odié desde el primer instante, porque fui en ella bastante desdichado»[14]. Pero vale la pena reproducir aquí, como final de este capítulo, la memoria del autor sobre aquellos días, su iniciación a la vida en un medio totalmente hostil a su sensibilidad. MVLL sostiene que ahora le parece una suerte, incluso, poder recordar aquella experiencia terrible (y haberla llevado tan literariamente a la novela, *La ciudad y los perros*), «pero, entonces —1950—, fue un verdadero drama. Mi padre, que había descubierto que yo escribía poemas, tembló por mi futuro —un poeta está condenado a morirse de hambre— y por mi "hombría" (la creencia de que los poetas son todos unos maricas está aún muy extendida en cierto sector) y, para precaverme contra esos peligros, pensó que el antídoto ideal era el Colegio Militar Leoncio Prado. Permanecí dos años en ese internado. El Leoncio

Prado era un microcosmos de la sociedad peruana. Entraban en él muchachos de clases altas, a quienes sus padres mandaban allí como a un reformatorio, muchachos de clases medias que aspiraban a seguir las carreras militares, y también jóvenes de los sectores humildes, pues el Colegio tenía un sistema de becas que abría sus puertas a los hijos de las familias más pobres. Era una de las pocas instituciones del Perú donde convivían ricos, pobres y medianos: blancos, cholos, negros, indios y chinos; limeños y provincianos. El encierro y la disciplina militar fueron para mí insoportables, así como la atmósfera de brutalidad y matonería. Pero creo que en esos dos años aprendí a conocer la verdadera sociedad peruana, esos contrastes, tensiones, prejuicios, abusos y resentimientos que un muchacho miraflorino no llega a sospechar que existían. Estoy agradecido al Leoncio Prado también por otra cosa: me dio la experiencia que fue la materia prima de mi primera novela. *La ciudad y los perros* recrea, con muchas invenciones, por supuesto, la vida en ese microcosmos peruano. El libro tuvo un llamativo recibimiento. Mil ejemplares fueron quemados ceremonialmente en el patio del Colegio y varios generales lo atacaron con dureza. Uno de ellos dijo que el libro había sido escrito por "una mente degenerada", y, otro, más imaginativo, que sin duda era una novela pagada por el Ecuador para desprestigiar al ejército peruano. El libro tuvo éxito pero yo me quedé siempre con la duda de si era por sus méritos o por el escándalo»[15].

En este libro, en esa novela, en *La ciudad y los perros,* no hay más que una presencia salvable, lo que también ha sido señalado por los críticos. Es el profesor Fontana, sombra literaria del poeta surrealista César Moro, que daba clases en ese momento de MVLL en el Colegio Leoncio Prado. MVLL lo recuerda como un ser «distinto» dentro de aquel mundo de «brutalidad y matonería», *un poeta,* César Moro, que se atrevió a fechar uno de sus poemas, «agresivamente» —dice MVLL—, en «Lima, la horrible». «Años después —escribe MVLL en "El país de las mil caras"— otro escritor, Sebastián Salazar Bondy, remató la agraviante expresión y escribió, con este título, un ensayo destinado a demoler el mito de Lima»[16]. Escritores así, novelistas de esta estirpe no escriben precisamente para que se les quiera más. Su pasión por la literatura surge allá, en la bruma de la infancia, con una ruptura que desequilibra fatalmente la relación entre el escritor en ciernes y la realidad que lo rodea. MVLL no escribió *La ciudad y los perros* para que lo quisieran más. La escribió porque *no tuvo más remedio,* en defensa propia, en defensa de su propia memoria y de su vocación de escritor, cercana no sólo a Gustave Flaubert sino también a Sebastián Salazar Bondy, el novelista que, al leer el original de *La ciudad y los perros,* fue el primero que apostó por la novela de un joven escritor prácticamente inédito; el escritor a la memoria del cual MVLL dedicara, algunos años más tarde, *Los cachorros,* subtitulada provocativamente *Pichula Cuéllar,* un relato cruel emparentado directamente con *La ciudad y los perros.*

19. La hipnosis del recuerdo: *La casa verde* (1966)

La ambición de la *novela total* tomó cuerpo en *La casa verde,* aparecida en marzo de 1966, luego de más de cuatro años de trabajo angustioso. Es la segunda gran novela de un escritor que ha sorprendido con su ópera prima. *La casa verde* vino a representar la consagración de una promesa: MVLL se convertía en un novelista mayor, a pesar de su extrema juventud. Leída y aplaudida por casi toda la crítica, a pesar de los evidentes problemas de comprensión que acarreaba su complejidad técnica, *La casa verde* justificaba el riesgo laberíntico que había arrostrado el novelista cuando dispuso un mar de materiales narrativos densísimo, «un magma» (un mamotreto) que se componía al principio de cuatro mil folios y que, además, dio para episodios que luego serían incorporados a otras obras, como *Conversación en La Catedral, La Chunga* y *¿Quién mató a Palomino Molero?*

El proceso de creación de *La casa verde* se convirtió, desde la publicación del relato, en objeto de la curiosidad de críticos, universitarios y lectores en general. MVLL ha escrito, a partir de una conferencia «inglesa» («Escrita en un rudimentario inglés que su amigo Robert B. Knox mejoró...») que fue leída en la Washington State University (Pullman, Washington) el 11 de diciembre de 1968, un ensayo titulado *Historia secreta de una novela*[17]. Tengo para mí que es una de las confesiones más completas —y profundas— que un novelista contemporáneo ha hecho de su propia obra, de una de sus novelas. Lo que MVLL dice haber hecho con *La casa verde* es un *strip-tease,* de manera inversa: en eso consiste el vicio de escribir para el novelista peruano. «Escribir una novela es una ceremonia parecida al *strip-tease...* Lo que el novelista exhibe de sí mismo no son sus encantos secretos... sino demonios que lo atormentan y obsesionan, la parte más fea de sí mismo: sus nostalgias, sus culpas, sus rencores», dice MVLL. Y añade —para explicar la inversión del *strip-tease*— que «la trayectoria es la inversa en el caso de la novela: al comienzo el novelista está desnudo y al final está vestido»; y luego de referirse a ese corazón autobiográfico que late fatalmente en toda ficción, define que «escribir una novela es un *strip-tease* invertido y todos los novelistas son discretos exhibicionistas»[18].

La casa verde es un mundo impresionante de palabras, historias, anécdotas, episodios y dramas humanos que han sido colocados por el novelista sobre dos escenarios fundamentales: Piura, ciudad situada al norte del Perú que forma parte de la experiencia personal y la biografía de MVLL, y la selva, cuyo primer conocimiento directo causó un impacto «obsesivo» en la mente del que más tarde sería «un discreto exhibicionista». Y *La casa verde* es, a la vez, el lugar de encuentro de los recuerdos infantiles y, en cierto sentido, juveniles, del autor y el ilimitado motor de donde salen todos los humos y fuegos que inundan la novela, esa «infinita fragmentación de la sociedad peruana que junta los puntos más bajos y más altos de la escala en una parodia de unidad»[19]. José Miguel Oviedo señala cinco historias fundamentales —las mismas que organizan el «magma» y dan lugar a la exactitud laberíntica de la novela— en *La casa verde:* a) «La historia de Anselmo y la Casa Verde» (el fundador del prostíbulo piurano y el lugar de encuentro cuya memoria genera en el novelista la necesidad de escribir un relato sobre ella); b) «La historia de los Inconquistables» (los compinches de La Mangachería, los mangaches, políticamente urristas porque Sánchez Cerro, general-presidente del Perú, y fundador de la Unión Revolucionaria, había nacido «falsamente» en el barrio); c) «La historia de Bonifacia y el Sargento» (personajes dobles, con máscaras y personalidades duplicadas), que tiene lugar en Santa María de Nieva, poblado selvático; d) «La historia de Jum», crónica de un suceso también selvático con fondo de enfrentamientos seculares, entre el poder establecido —y sus vicios atávicos— y los aborígenes de la región, Urakusa, los aguarunas, de los que Jum es jefe; y e) «La historia de Fushía y Aquilino», un contrabandista japonés que termina leproso en el lazareto de

San Pablo, luego de haber sido un mito y una leyenda en la región de los huambisas, en una isla del río Santiago, relator —Fushía— de su propia historia a su amigo Aquilino.

Esas cinco historias principales configuran el universo, aparentemente caprichoso, de *La casa verde*. Personalmente, desde que por primera vez leí la novela, siento debilidad por la quinta historia, por la narración de Fushía a Aquilino, con todo lo que de grandeza y miseria tiene un relato que, por sí mismo (autónomamente), se transforma en mito luego de nacer de la leyenda. Pero no es extraña, ni mucho menos, la angustia obsesiva en la que se vio envuelto el joven Vargas Llosa en el momento de acometer tamaña aventura. MVLL recuerda que fue en París donde volvió a encontrarse con los recuerdos de Piura —la casa verde y la Mangachería— y la selva, la Misión de Santa María de Nieva, Jum, Tushía (con T, en la realidad de su memoria). Dice MVLL que había decidido escribir dos novelas, «una situada en Piura... y otra en Santa María de Nieva, aprovechando como material de trabajo lo que rememoraba de las misioneras, de Urakusa y de Tushía»[20]. Y aquí, en el proceso de creación, crece la confusión, la angustia, los demonios y los fantasmas de los recuerdos mezclándose perceptiblemente con los de su imaginación, «la loca de la casa». «Absurdamente, mi esfuerzo mayor consistía en mantener a cada personaje en su sitio. Los piuranos invadían Santa María de Nieva, los selváticos pugnaban también por deslizarse en la casa verde... Estaba escribiendo la historia de Piura y, de pronto, me sorprendía reconstruyendo trabajosamente la perspectiva que ofrecía el pueblo desde lo alto de la misión; estaba escribiendo la novela de la selva y de pronto la cabeza se me llenaba de arena, algarrobos y burritos. Al fin sobrevino una especie de caos: el desierto y la selva, las habitantes de la casa verde y las monjitas de la misión, el arpista ciego y el aguaruna Jum, el padre García y Tushía, los arenales y la espesura cruzada de caños se confundieron en un sueño raro y contrastado en el que no era fácil saber dónde estaba cada cual, quién era quién, dónde terminaba un mundo y dónde empezaba el otro.»[21] ¿No es, precisamente, este *striptease* de MVLL la descripción de un caos telúrico e imaginativo, lleno de memoria e irracionalidad, simultáneamente, el mismo caso, la misma locura en la que, años más tarde, se perderá el escribidor, Pedro Camacho, en las páginas de la novela *La tía Julia y el escribidor?* El esfuerzo del novelista por apartar con fronteras exactas a esos dos mundos que flotan en su cabeza creativa resultará inútil. «Decidí entonces —escribe MVLL— fundir esos dos mundos, escribir una sola novela que aprovechara toda esa masa de recuerdos. Me costó otros tres años y abundantes tribulaciones ordenar semejante desorden»[22]. ¿No es ya el deicida quien mata a Dios para transformarse en el señor omnisciente que «ordena el caos» y estructura el mundo a su imagen y semejanza, incorporando no ya sólo los recuerdos biográficos, sino también cuantos factores imaginados saltan a la realidad autónoma de esa nueva creación, la novela, dándole al mundo del recuerdo el elemento artístico que lo transforma, una vez ordenado, en literatura?

«Las cosas no son como las vemos, sino como las recordamos —escribirá años más tarde MVLL acogiéndose a la frase de Ramón del Valle-Inclán—. Para casi todos los escritores, la memoria es el punto de partida de la fantasía, el trampolín que dispara la imaginación en su vuelo impredecible hacia la ficción. Recuerdos e invenciones se mezclan en la literatura de creación de manera a menudo inextricable para el propio autor, quien, aunque pretenda lo contrario, sabe que la recuperación del tiempo perdido que puede llevar a cabo la literatura es siempre un simulacro, una ficción en la que lo recordado se disuelve en lo soñado y viceversa»[23]. El resultado de esta reflexión, escrita muchos años más tarde por MVLL, se anticipa en *La casa verde,* perfecto mestizaje entre los recuerdos del novelista y la imaginación desarrollada en el lento y siempre dubitativo proceso que el novelista lleva a cabo en cada una de las estaciones recorridas hasta llegar a ser precisamente un novelista. Pero, además, MVLL adelanta también su conocida teoría de la *novela total,* que explicará en *García Márquez. Historia de un deicidio* tan sólo unos años más tarde (en 1971), *el afán totalizante* al que se referirá uno de los más profundos intérpretes de *La casa verde:* Carlos Fuentes. Después de afirmar que la novela de MVLL «regresa al más tradicional de los temas latinoamericanos —el hombre asediado por la naturaleza—», Fuentes se compromete con *La casa verde* hasta extremos pasionalmente ideológicos. «Señalo —escribe—, desde luego, que semejante retorno es sólo parte de un afán totalizador que quisiera medir, doblegar, resistir esa permanencia del trasfondo inhumano de la América Latina con las armas de un lenguaje que lo traspasa en todos los sentidos: *La casa verde* puede servir como ejemplo supremo de una novela que no existiría fuera del lenguaje y que, al mismo tiempo, y gracias al lenguaje, reintegra la permanencia de un mundo inhumano a nuestras conciencias y a nuestro lenguaje»[24]. MVLL ha tocado la historia con el lenguaje exacto; el relato totalizador de *La casa verde* se desarrolla precisamente a través del lenguaje expresado por el novelista. La aventura, el mito, la leyenda, «el horror de la angustia», estaban ya en la novela de caballerías, en la novela —sobre todo— de aventuras. Flotan en los alrededores de *La casa verde* las voluntades influyentes de Conrad y Melville, por ejemplo. Y dice Fuentes que «*La casa verde* es la historia de una peregrinación del convento (la Misión de Santa María) al burdel (en las afueras de Piura, sobre las arenas, la mítica *casa verde*). *En el camino* (y subrayo *en el camino; La casa verde* no es ajena a la pasión del autor por las novelas de caballerías y su dinámica de correrías, de aventuras, de peregrinaciones seculares) tienen lugar múltiples aventuras del tiempo y el espacio, similares a las aventuras del lenguaje que es la acción de la novela»[25].

La fascinación que produjo en la crítica la lectura de *La casa verde* llevó a la mayoría de los especialistas a buscar influencias y a adentrarse en exégesis originales las unas y peregrinas otras tantas. Todo el que se sintió alguien en la crítica literaria, incluso fuera de nuestro ámbito lingüístico, quiso poner su grano de arena, opinar sobre la gran novela que el todavía joven MVLL había escrito tras *La ciudad y los perros*. La fascinación suele, también en literatura, carecer de la objetividad necesaria, de modo que los árboles no dejan ver el bosque con la claridad que sería de desear. Las influencias, en efecto, son múltiples, desde la que «descubre» Mario Benedetti (Michel Butor) hasta la que «vislumbran» otros especialistas, que ven en *La casa verde* la huella del *nouveau roman*. Los comentarios sobre la novela traducen exactamente ese sentimiento de la crítica al que nos referimos: fascinación. Hay algo, sin embargo, en lo que muchos expertos lectores estuvieron de acuerdo: *La casa verde* tenía un parentesco atávico, ancestral, antiguo, con la debilidad de MVLL por las novelas de caballerías. «Bien podemos preguntarnos —escribe Frank Dauster— si los cuatro niveles —objetivo, subjetivo, mítico e instintivo— que Vargas Llosa dijo que intentó incluir en *La casa verde* no son una alusión consciente a los cuatro niveles que ve en la novela de caballerías. Tal como Rodríguez Monegal ha señalado, la estructura de ambos libros está directamente en la línea de la novela de caballerías[26]. En el sentido más amplio, puesto que se trata de la novela de la ciudad y de la novela del agro, ¿no son acaso novelas caballerescas a gran escala, es decir, un esfuerzo para capturar y recrear toda la realidad?»[27].

Mientras Mario Benedetti, honradamente, se refiere al «fértil escándalo» de MVLL («En esa limpia correspondencia se inscriben, por ejemplo —dice Benedetti—, su adhesión a la Revolución Cubana, su digna actitud frente al proceso a los escritores Daniel y Siniavski, o su espléndido discurso pronunciado en Caracas al recibir el Rómulo Gallegos. Pese al rotundo éxito, a los suculentos premios, a la bien ganada fama, Vargas Llosa se ha resistido —en su obra, en su vida— a integrarse en ese voraz proceso de frivolización que tan a menudo suele darse en los escritores latinoamericanos que eligen el exilio europeo...»[28]), Lillian Castañeda se deshace en elogios al hablar de MVLL, que asume en *La casa verde* el papel de *autor-Dios* (el omnisciente, el que todo lo sabe), y se *fascina* (el crítico literario) por «su concepción del tiempo y el espacio». «Cosmóvoro», el novelista tratará de trasladar a su novela, *La casa verde,* no sólo la totalidad obsesiva que rige sus pasos como escritor, sino la complejidad de la realidad, que va desde la fotografía histórica de la injusticia de una tierra al retrato casi intemporal del «reptil verde», verdadero protagonista de la novela, según José Luis Martín («Lo verde como lo satánico que seduce, pudre y devora a sus víctimas. La selva es verde, en el girar del símbolo, porque la clorofila diabólica del reptil verde la ha pigmentado al seducirla, al corromperla. Esa selva pura y virgen en un principio —Bonifacia de niña— se ha transformado en selva putrefacta y destruida luego: *la Selvática...*»[29]).

El «fértil escándalo» al que se refirió Benedetti lo es en *La casa verde* no sólo por la forma estructural, aparentemente complicada (aunque sólo compleja), que el autor escoge para asumir la totalidad de la realidad que debe crear en la novela, sino en sus mismos contenidos, los cinco relatos fundamentales de la obra, los mismos que señala Oviedo, aunque haya algunos críticos que encuentran más aplicable a *La casa verde* otra disección distinta. Lillian Castañeda, por ejemplo, escribirá que «no se trata, sin embargo, de cinco historias (o cinco realidades), sino de una sola realidad vista a varios niveles que conducen a una visión totalizadora de esa realidad»[30]. Y cita a MVLL cuando le confesó a Luis Harss que «yo estoy [...] por la novela totalizadora, que ambiciona abrazar una realidad en todas sus fases, en todas sus manifestaciones»[31]. Pero, aunque todas las interpretaciones críticas de *La casa verde* intentan discernir la magnitud de la obra, hay que reconocer hoy que aquel esfuerzo del novelista, aún joven, por alcanzar la *novela total* forma parte de la obsesión del escritor por sus propios parientes literarios, señalados ya por el mismo MVLL: las novelas de caballerías. No cabe duda de que *La casa verde* es, además (y así puede ser leída), una novela de aventuras, en la medida en que la novela de caballerías también lo es de aventuras. Los distintos niveles estructurales a los que hacen alusión los especialistas son precisamente eso: lecturas de especialistas, nada despreciables por otro lado, pero que no aclaran —salvo para universitarios y «expertos en competición literaria»—, porque no pueden hacerlo, la obsesión del escritor por dos elementos sustanciales de su literatura: la teoría de los demonios y la tesis de la *novela total.* Para cualquier lector de *La casa verde* la dificultad de lectura no le impedirá ver lo mismo que han visto los críticos: hay cinco historias repartidas en cuatro libros y un epílogo. Cada uno de los miles de lectores de la novela tendrá sus preferencias por las historias que se desarrollan en los libros de la novela, que se dividen —cada libro— en capítulos, que a su vez se dividirán en partes, hilos, *historias,* relatos con nombres y apellidos de sus protagonistas, que brincan, corren, sufren y viven en los escenarios citados y escondidos por los fantasmas y demonios de MVLL. Ése es un tercer elemento, una tercera tesis, la de los *vasos comunicantes,* la de las *cajas chinas,* que tiene su origen —también— en las novelas de caballerías (MVLL coloca a la cabeza de todas ellas, como se sabe de sobra, a *Tirant lo Blanc,* de Joanot Martorell). *Demonios, novela total, vasos comunicantes:* he aquí las tres columnas del único dios verdadero, el novelista en tanto que autor omnisciente. He aquí, pues, *La casa verde.*

«Conservaba dos imágenes distintas de *La casa verde* —escribe MVLL—. La primera, ese maravilloso palacio de los médanos que yo había visto sólo de fuera y de lejos, y más con la imaginación que con los ojos, cuando era un niño de nueve años, ese objeto insinuante que azuzaba nuestra fantasía y nuestros primeros deseos y que estaba prestigiado por los rumores enigmáticos y los comentarios maliciosos de la gente mayor». Aquí está el origen de la novela, incluso la denominación y título de la misma. Y añade en su confesión: «La segunda, un burdel pobretón adonde íbamos, siete años más tarde, los sábados de las buenas propinas, los alumnos del quinto año de media del Colegio San Miguel. Estas dos imágenes se convirtieron en dos casas verdes en la novela, dos casas separadas en el espacio y en el tiempo, y erigidas, además, en diferentes planos de realidad. La primera, la casa verde fabulosa, se proyectó en un remoto y legendario prostíbulo cuya sangrienta historia sería algo real y objetivo, algo así como la otra cara, el reverso pedestre e inmediato de la mítica, dudosa institución: un burdel de precios módicos, donde los mangaches iban a emborracharse, a charlar y a comprar el amor»[32]. Las otras historias, entrecruzadas en sus distintos niveles de realidad, ficción, tiempo y espacio tienen el mismo origen: los recuerdos obsesivos transformados, a lo largo del tiempo, en demonios literarios. Viajes a la selva, relatos que en la imaginación del novelista cobraron la dimensión del fulgor narrativo —incluso antes de ser materia efectiva de la novela—, leyendas o personajes entrevistos en la realidad o la imaginación del niño que fue, del adolescente que recordó y archivó en su memoria los elementos fundacionales de la epopeya dramática que es *La casa verde,* «motivos» de estudio del universitario aplicado que hubo siempre en MVLL y, finalmente, material productivo, «magma» flotante en la cabeza articulada del novelista que pudo, al fin, con todos esos mundos desordenados que fueron el motor originario de la novela[33].

Algo hay, además, en *La casa verde* que «adelanta» la realidad de ahora mismo, y no sólo la disciplina impresionante a la que —obviamente— se sometió MVLL para escribirla. Es esa especie de devoción por los elementos narrativos, explícita en cualquier declaración de MVLL, esa obsesión por el *acarreo ordenado* de los materiales de construcción de los que se servirá el *autor-Dios* para crear su mundo autónomo, su *realidad-otra,* ese *deicidio* que es escribir, «una manera de defenderse, de salvarse, de reintegrarse a una sociedad de la que se está o se cree estar excluido, o a un mundo familiar del que uno se siente expulsado», según confiesa MVLL a Luis Harss[34] y recoge en su ensayo sobre *La casa verde* la citada Lillian Castañeda.

La casa verde, además, constituye un salto cualitativo en la obra de MVLL con respecto a *La ciudad y los perros,* aunque no todos los críticos estén de acuerdo en este punto. *La ciudad y los perros,* desde mi criterio, *rompe* con las dudas del novelista que hay en MVLL; *La casa verde* consolida sus tesis y sus afirmaciones sobre el género literario de la novela, convirtiéndolo además en un teórico, en un profesor seguro de sus propias teorías. Mito, aventura y realidad en un mismo mundo, el literario, el autónomo, el fabricado sólo con palabras desde la omnisciencia y omnipresencia de un novelista que lo sabe todo (de todo lo que escribe) y que está, como Dios, presente en su creación, aunque no se le vea del todo en ninguna parte por los ojos del lector.

Implicados en esa lectura de *La casa verde,* algunos miembros del Jurado Central de Venezuela del Premio Rómulo Gallegos proponen la novela «oficialmente» para el galardón. Y *La casa verde* gana el entonces más prestigiado y difícil premio literario (y el más honrado literaria y políticamente) de la literatura escrita en español a lo largo de la década de los sesenta. *La casa verde* gana a otra gran novela, escrita por otro gran novelista hispanoamericano: *La vida breve,* de Juan Carlos Onetti. Pero, además, obtiene por segunda vez —cosa entonces harto difícil en España— el Premio de la Crítica (también entonces sumamente prestigiado por la seriedad de la elección de los jurados y las obras premiadas) a la mejor novela en lengua española publicada a lo largo del año 1966 en España. Y, como dice Oviedo, «una sorpresa»: el Premio Nacional de Novela del Perú. Extrañamente, su país —el Perú de las mil caras— vuelve su rostro convulso e inextricable hacia el hijo pródigo. Se sabe que *La casa verde* ganó el Rómulo Gallegos por un solo voto, y yo me atrevo a discernir hoy, con la ventaja que da el tiempo pasado, que en la determinación de los miembros que compusieron el jurado del premio estuvo presente esa hipnosis traducida en fascinación tras la lectura de *La casa verde;* la misma fascinación que, pasado el tiempo, puede encontrar hoy cualquier lector avisado en las páginas de la novela. Todos estaban dando en el clavo, quizá sin una conciencia exacta de lo que estaba pasando, incluidos los críticos literarios que manejaban a su gusto y versátil voluntad la jerarquización de los prestigios literarios en nuestro ámbito cultural.

A pesar de todo cuanto haya dicho la crítica, el origen del título de la novela lo confiesa MVLL en su *Historia secreta de una novela,* aunque ya haya dado datos a Emir Rodríguez Monegal («Me acuerdo cuando leí por primera vez *La educación sentimental,* de Flaubert, al llegar al último capítulo cuando los dos amigos se preguntan cuál es el mejor recuerdo de su vida, y dicen que es la casa de la Turca, en Rouen o no me acuerdo dónde, que era un prostíbulo con los postigos pintados de verde»)[35]. Escribe MVLL que *La educación sentimental* «es todavía la novela que me llevaría a una isla desierta si me permitieran una sola»[36]. Después, inmediatamente, hará alusión a «*la maison de la Turque,* un prostíbulo con los postigos pintados de verde, que iban a espiar ansiosamente en las noches». Gustave Flaubert, la devoción de MVLL, escribe que *la maison de la Turque* era, en efecto, *l'obsession secrète de tous adolescents.* Ese párrafo es definitivo para MVLL y sus irremediables asociaciones mentales como escritor atado a sus recuerdos auto-biográficos, aunque José Miguel Oviedo rectifica el error de ese demonio del texto de Flaubert que da origen al título de la novela, conjuntamente con los recuerdos del novelista peruano. «En realidad, la memoria ha traicionado al lector flaubertiano —escribe Oviedo— porque lo que cree recordar Vargas Llosa está en la penúltima página de *L'Éducation Senti-mentale,* pero allí no encontramos ningún prostíbulo con pos-tigos verdes; el establecimiento de *la Turque* sólo tenía un bocal de *poissons rouges près d'un pot de réséda sur une fenêtre*»[37].

La novela, como antes ocurrió con *La ciudad y los pe-rros,* fue inmediatamente asediada por los editores de otras lenguas distintas a la española, a pesar de la indudable difi-cultad de traducción. Ya se sabía que el esfuerzo literario de-sempeñado por el novelista iba acompañado, además, por una minuciosa sapiencia adquirida para ese mismo esfuerzo, el li-terario: MVLL se había documentado hasta la extenuación en la zoología selvática, en la geografía peruana que aparece en la novela como escenario literario de las historias que la compo-nen y, como era natural, en el mundo botánico que configura el «reptil verde», la selva en todo su telúrico e inabarcable universo. El resultado es de una brillantez que acude directa-mente a señalar a sus grandes predecesores realistas e, incluso, naturalistas, aquellos lejanos franceses del XIX entre los que hay que citar ahora a Balzac, como *deuda interna* del novelista que es MVLL. Esa sapiencia adquirida para escribir la novela, ese esfuerzo no estrictamente literario pero que ayuda al es-critor de novelas a «centrarse» en el escenario fundamental de sus demonios, de sus obsesiones vitales y literarias, es una prueba más de la disciplina, la seriedad y el rigor intelectual de MVLL. Ni será la última vez que lo haga, ni la crítica de-jará pasar la ocasión de recordarlo a los lectores vargasllosia-nos. Años más adelante, ante la lectura de *La guerra del fin del mundo,* la novela que MVLL escribió sobre Canudos, un poco como homenaje a Euclides da Cunha, de quien recibió direc-tamente el testigo del demonio literario en que se transformó la lectura repetida de *Os Sertões,* volverá a repetir esa ingente demostración documentada a la que el novelista, «el último realista» —así lo llamó también Carlos Barral—, se ve abocado en cada trabajo de creación literaria.

En la casa barcelonesa de Carlos Barral vi alguna vez el dibujo que Antoni Tàpies realizó expresamente para la cubierta de la edición de *La casa verde*. Era uno de los tantos recuerdos editoriales que Barral guardaba de sus mejores tiempos. El mismo editor me comentó en más de una ocasión el problema que los correctores de estilo habían causado en el momento de la lectura editorial del original de *La casa verde*. A la lectura de la sintaxis del novelista MVLL seguía cierta sorpresa entre los lectores profesionales de Seix Barral. Si la estructura sintáctica de la frase en *La ciudad y los perros* había acarreado no pocos conflictos para su entendimiento entre los profesionales y, después, entre sus primeros lectores, la complejidad de *La casa verde,* sus extrañas *constantes* sintácticas y, en definitiva, el «estilo», complejo o complicado (según los términos que expresaban los lectores de la novela aún inédita), seguían insistiendo en la especie de rechazo que provocaba en ellos la sintaxis del novelista peruano. Cuando MVLL recibió las pruebas de imprenta de *La casa verde* notó al instante que en su texto original alguien había intentado «mejorar» su estilo, demasiado alejado del castellano tradicional y, desde luego, del «estilo» al uso entre los novelistas españoles e hispanoamericanos de la década de los sesenta. Por ejemplo, en los diálogos, el repetitivo «dijo» que MVLL emplea de manera consciente, el «profesional del estilo» se sintió obligado a cambiarlo por todos cuantos sinónimos del verbo decir se le vinieron en ese momento de la corrección a su erudita cabeza. El resultado, dramático para un escritor como MVLL, fue la obligada repetición de las pruebas de imprenta con la orden expresa del editor Carlos Barral de que no fuera removida ni una coma, ni término alguno, ni frase —aunque pareciera incorrecta— ninguna en todo el texto de *La casa verde*. Pero hubo que hacer, según Barral, el gasto editorial de producción que significaba «picar» en imprenta dos veces el mismo texto.

Antes, en este mismo capítulo, dije que a mí la historia que más fascinación —por seguir utilizando el término que significa la traducción del estado de ánimo de casi toda la crítica literaria con respecto a *La casa verde*— me había producido en la lectura de la novela era la del japonés, Fushía, en la realidad Tushía (también en el texto de la novela aparece ese fantasma de la errata que viene a delatar, a través de la fluctuación de las grafías F/T en algunas partes del relato, las dudas del autor entre el verdadero nombre del japonés, la realidad real, y el de ficción, la realidad autónoma y literaria). Me parece que es el personaje que más se acerca a los protagonistas del drama humano, aquellos en los que el bien y el mal han perdido ya todas sus fronteras, todas sus claridades y barreras. ¿No es acaso Fushía una parte del Kurt que se busca desesperadamente a sí mismo en *El corazón de las tinieblas,* obra maestra de Conrad y de la novela de aventuras? Leyenda, mito, aventura y memoria: he ahí a Fushía, elevado a *semidiós* por el poder y la gloria del *self-made-man* que lucha contra todo, incluso contra la ley del hombre, por sobrevivir en esa jungla de la vida en la que ha transformado su existencia clandestina y legendaria. Su aventura, al margen de los ribetes de *amoralidad* que atenazan su conducta y su escala de valores, es la misma locura de don Quijote, la misma voluntad que anima al protagonista indestructible de *El viejo y el mar,* el mismo afán de supervivencia —más que de poder— que lleva al ser humano a arrostrar e interpretar su vida como una aventura. Al final, dándole la vuelta al tiempo, Fushía se encuentra consigo mismo, con la enfermedad que la clandestinidad, su secreta existencia, su temida personalidad, ha ido engendrando en su ser físico: la lepra. MVLL no cita nunca la enfermedad de Fushía, pero la describe en todas sus fases y en la misma voz del japonés cuando ya, viejo, cuenta la sórdida crueldad de su historia humana a su amigo Aquilino. He ahí a Alonso Quijano, curado de su espanto enloquecido. He ahí al hombre, a Fushía, que quiso escapar de sí mismo, del destino cruel de su propia sordidez. El mito de Fushía es, como personaje creado por MVLL, de una trascendencia literaria con parentesco cercano a los personajes inventados por la ficción de las novelas de caballerías, pero también por los novelistas que soñaron consigo mismos al verse retratados en el espejo de sus personajes. Fushía es una obsesión, es la aventura del hombre por *trascenderse* y por sobreponerse a su destino. Por eso es un personaje patético, al final de sus días, entrañable luego de la *catarsis* que significa para el lector seguirle los pasos a través de las intrincadas páginas de cuantas historias teje el novelista de *La casa verde*.

Observo de nuevo, en la solapa de la edición de *La casa verde* de Seix Barral, la fotografía *antigua* de MVLL. Recorro con los ojos la misma seriedad gestual que vi antes en la fotografía de los primeros sesenta, en la solapa de *La ciudad y los perros*. Es, sin duda, la misma fotografía, que capta a MVLL con bigote, gomina en el cabello y unos ojos negros, profundísimos, acordes con la adustez del joven Vargas Llosa que conocieron tantos testigos y amigos cuando MVLL empezaba a transformarse en un novelista profesional. Esa fotografía, de 1966, la que aparece en la edición del momento hecha en Barcelona, no corresponde ya con su realidad de París, donde escribió *La casa verde*. Hay otras instantáneas del momento, en Londres, con Patricia y su hijo Álvaro, todavía de muy poca edad, en alguna plaza o parque londinense. Ha pasado muy poco tiempo, pero —no poco contra lo que Benedetti explica en su texto sobre el «fértil escándalo» del novelista peruano— MVLL se va convirtiendo en *otro* sin dejar de ser él mismo. *La casa verde,* su última producción escrita, así parece confirmarlo. El periplo que comenzó con el exilio de aquel Madrid gris donde empezó a escribir *La ciudad y los perros* tiene ahora una estación temporal, Londres, que MVLL mantiene hasta hoy como en aquellos mismos años, como uno de los principales nidos de creación para su modo de entender la vida: literariamente. El placer del anonimato que para él significa aún la ciudad de Londres flota en esas fotografías en las que, saboreando todavía el éxito que ha provocado la fascinación de la lectura de *La casa verde,* MVLL sonríe a la cámara, lejos de aquella gestualidad llena de escondida tristeza que asomaba en las fotografías de las solapas de sus libros. Más que la vida, es la literatura actuando como fuego de su existencia creativa la que lo va convirtiendo en quien quiere ser, contra viento y marea, contra tirios, troyanos y contemporáneos.

20. Victor Hugo en Lima, la horrible:
Conversación en La Catedral
(1969)

Leí por primera vez *Conversación en La Catedral* en tres días de la Semana Santa del año 1970. Quedé impresionado. Después de conocer *La ciudad y los perros;* luego de admirar la arquitectura y las cinco historias que componen *La casa verde,* me había preguntado si era posible que un novelista —MVLL— pudiera superarse a sí mismo incesantemente. ¿Dónde pretendía llegar MVLL? Su utópica *novela total* se me antojaba una meta soñada, la otra cara de la luna, la zanahoria que se pone delante del burro. La idea del novelista como ser omnisciente, que está en todo y al tanto de todo lo que dentro de su novela va creciendo y desarrollándose, era evidente en sus dos novelas anteriores, y en el relato *Los cachorros. Pichula Cuéllar,* que había aparecido en las librerías en 1968. Precisamente *Los cachorros,* que representó «un experimento literario» sorprendente desde múltiples puntos de vista, parecía dar a entender que MVLL había desistido, al menos de momento, en su conquista de la *novela total. Conversación en La Catedral* venía inmediata y categóricamente a desmentirlo.

José Emilio Pacheco había escrito un artículo —titulado «El contagio de la culpa»— que servía de introducción al disco *Mario Vargas Llosa,* editado por la Universidad Nacional Autónoma de México en la serie *Voz viva de América Latina.* Fue utilizado dicho texto en varias recopilaciones de críticas a la obra de MVLL, hasta entonces publicadas (1968). Uno de esos libros es el titulado *Asedios a Vargas Llosa*[38], en donde además el poeta y crítico mexicano añade una *posdata* de 1970, cuando ya había leído *Conversación en La Catedral.* «*Conversación en La Catedral* me parece —dice José Emilio Pacheco— la obra maestra de Vargas Llosa y la mejor novela política que se ha escrito en nuestros países. Vargas Llosa es uno de los pocos autores que todavía cree en la literatura...

Cuando el género abdica de todos sus privilegios en favor de los nuevos medios, Vargas Llosa realiza un acto de fe en el poderío de la novela para colonizar un territorio en donde nada puede competir con ella». Del texto crítico, y apasionadamente favorable a *Conversación...*, escrito por Pacheco, me interesa destacar un pequeño párrafo, síntesis de mi propio sentimiento cuando acabé de leer por primera vez la novela: «A pesar de su complejidad y de que en varios pasajes se lleva a extremos innecesarios la maestría técnica, *Conversación...* no llega nunca a ser confusa ni a perder lo que llamaríamos con un anglicismo su compulsiva legibilidad».

Compulsiva legibilidad: ésa es una de las características fundamentales que posee, como si de magia se tratara, *Conversación...,* y es, al mismo tiempo, la sensación que cualquier lector avispado puede sacar en consecuencia tras el ejercicio hipnótico que significa toda lectura. Esa *compulsiva legibilidad* se traduce en un temblor obsesivo por volver al libro, si es que hemos sido capaces de abandonar su lectura durante unas horas. Nos ha pasado con algunas novelas, de la casta de los clásicos, indudables e intocables. Pero nos había pasado solamente con una novela contemporánea: *Cien años de soledad,* de García Márquez. Con *Conversación...* volvía a repetirse la sensación —esa *compulsiva legibilidad...*—, mientras tratábamos de reflexionar y asociar mentalmente la novela de MVLL a ciertos títulos clásicos cuyos ecos podían resonar en las páginas de la novela peruana.

MVLL había hablado durante el proceso de creación de la novela de un relato que quería escribir o ya estaba escribiendo: era la historia de un guardaespaldas, antiguo luchador, que poseía ciertas claves de otras historias porque su experiencia le había llevado a estar en contacto con la vida íntima —y social— de algunos personajes relevantes de la época dictatorial del odriismo. Anclado en la historia, dándole la vuelta a las esquinas de la memoria y de la imaginación, MVLL trabajó durante tres años y medio larguísimos en la doma de todo el material salvaje que constituía la idea de *Conversación...* Desde mediados del año 1966 a finales de 1969, *Conversación...,* que llegó a alcanzar en estado magmático más de mil quinientos folios, fue encontrando la horma de su propio orden a través de la disciplina, por un lado, y la memoria del escritor, por otro. Uno de esos recuerdos está añadido en la novela: el rescate en una perrera pública de un animal suyo, en los tiempos en los que el novelista estaba recién casado. «El antecedente más remoto del tema fue un barcito de Miraflores, El Patio, en el que solían reunirse en las noches un grupo de cachaschanistas y luchadores que vivían en un hotel de la vecindad —confiesa MVLL—. Yo fui algunas veces allí y me fascinaba escuchar a esos animales musculosos que caminaban en dos patas y usaban corbata. Algunos se dejaban contratar, por temporadas, como guardaespaldas, y contaban anécdotas de experiencias como matones de políticos o como rompemanifestaciones. Algunos meses o años después tuve que ir a la perrera a rescatar un perro mío, que había sido atrapado en la calle por la policía como perro vagabundo. En la perrera vi cómo ejecutaban a los animales: los metían en un costal y dos forzudos los pulverizaban a palazos. Desde esa vez imaginé una historia que tendría como protagonista a un luchador, que luego de un pasado glorioso de guardaespaldas profesional, acaba sus días arruinado y escéptico, matando perros con un garrote y por unos pocos centavos»[39].

En *Conversación...* el viejo guardaespaldas es Ambrosio, uno de los hilos conductores del procedimiento narrativo que MVLL escoge arriesgando el éxito del relato total a lo largo de todas sus páginas: el diálogo múltiple y entrecruzado de todos sus personajes principales. Ambrosio habla con Santiago Zavala, Zavalita, de los viejos tiempos en los que fue chófer de su padre, don Fermín Zavala. Pero también fue chófer —y se entiende que guardaespaldas— de Cayo Bermúdez, Cayo Mierda, jefe de la policía y de la seguridad del Gobierno dictatorial de Manuel Odría, presidente de la República del Perú desde 1948 a 1956, el llamado «ochenio» odriista. El diálogo desencadena la memoria de los protagonistas en esta saga brillantísima en la que el novelista recuerda su propia experiencia en pleno odriismo, y *añade* cuantos elementos de ficción ha ido acumulando a lo largo de los años en su fascinante carrera hacia la *novela total*. La mayoría de la crítica especializada ha visto en *Conversación...* una novela política (el propio Pacheco lo asevera pasionalmente tras la lectura del relato) que trata de la frustración y la mediocridad, la misma sordidez que ese mismo poder genera en todo su entorno. Se ha dicho también, y con toda razón, que es la novela de la corrupción. En cuanto a que *Conversación...* sea una novela política, habría que matizar ciertas afirmaciones. Es una novela *de* la política, pero no una novela política, o lo que se entiende por tal hasta hoy mismo: un relato que sirve de cauce a unas ideas políticas, por lo que la narración es siempre secundaria —y por ello siempre la historia narrada es un fracaso literario— y lo fundamental es el objetivo político que late en sus páginas. *Conversación...* es, además, la novela del fracaso, individual y colectivo; individual, de sus personajes; colectivo, de la historia del país del que MVLL habla: el Perú.

¿Qué época rememora el novelista en *Conversación...*? Es aquella, entrando en la década de los cincuenta, en la que MVLL ha ingresado en la Universidad de San Marcos y tiene que trabajar «en muchas chambas», hasta siete, según su propio relato autobiográfico. «Bueno, los siete trabajos eran... uno, como ya te dije —confiesa MVLL a Ricardo Cano Gaviria— secretario de un historiador con el que fichaba mitos, en las crónicas de la conquista del Perú. Otro, en la Radio Panamericana, donde tenía el título de Director de Informaciones y jefe del Servicio Noticioso. Pero el jefe era también el único redactor con el que contaba ese servicio. Preparaba los boletines, que comenzaban a las ocho de la mañana y acababan a las diez de la noche. Lo que hacía en realidad era copiar las noticias del periódico. Las cortaba, las pegaba en hojas y se las llevaba al locutor. O sea que sólo entraba y salía de la Radio. Además trabajaba en la biblioteca del Club Nacional, que era símbolo de la oligarquía peruana. Yo tenía un puestecito en la biblioteca... una biblioteca *sui generis*: tenía una extraordinaria colección de novelas pornográficas y policíacas. Estaban abonados a un montón de revistas eróticas. Debo reconocer con gratitud que allí pude leer toda la colección *Les Maîtres de L'Amour,* publicada por Apollinaire, donde están el Aretino, Sade, Restif de la Bretonne, Cleland, etcétera. Aparte de eso escribía artículos para *El Comercio* y para la revista *Cultura peruana*. El puesto número siete era el más pintoresco de todos. Me lo había conseguido un profesor de la Universidad. El cementerio colonial de Lima, el cementerio Presbítero Maestro, tenía una serie de cuarteles de la época de la colonia, cuyas células habían desaparecido. No existen registros, no se sabía quiénes estaban fichados en esos nichos. Mi trabajo consistía, en las horas libres, en ir al cementerio con una ficha y descifrar, en todas las lápidas borrosas, los nombres de los muertos y las fechas en que habían sido enterrados. Me pagaban a destajo; por tantos muertos clasificados, tantos soles...». Cano Gaviria le dice a MVLL: «A destajo..., igual que Ambrosio matando perros en *Conversación*...». Y MVLL contesta: «Era una época tremenda. Llegaba a mi casa agotado, porque además de todos esos empleos yo seguía en la Universidad. Estaba terminando tercero de letras, y el cuarto y quinto años los hice así. Casi no tenía tiempo para leer; leía en los ómnibus, en los taxis, en los colectivos. Llegaba a mi casa a las diez de la noche y cuando trataba de leer se me saltaban las letras. Sólo me quedaban los domingos para escribir... Y ahora yo mismo me pregunto cómo me alcanzaba el tiempo para todo eso. Lo hacía todo mal, todo a medias»[40].

Muchos especialistas quieren ver —no sin cierta razón— la sombra del joven Vargas Llosa en la penumbra vital de Santiago Zavala, Zavalita, como antes quisieron ver —con cierta razón también— esa misma sombra en el cadete Alberto Fernández, no en vano llamado el Poeta, en *La ciudad y los perros*. «En qué momento se había jodido el Perú... Él era como el Perú, Zavalita, se había jodido en algún momento. Piensa: ¿En cuál?», escribe MVLL en la primera página de *Conversación*... como un adelanto de lo que va a ser toda la novela: el relato de la frustración, el relato de la mediocridad colectiva, el relato del fracaso personal, toda una historia de una época del Perú que arrasó grisáceamente por todo el mundo. Cuando Zavalita se pregunta por el momento en que se jodió el Perú, no hace otra cosa que contestarse más abajo, inmediatamente más abajo: «El Perú jodido, piensa, Carlitos jodido, todos jodidos. Piensa: no hay solución». Es verdad: Zavalita es el personaje del que huía despavorido, en la realidad de su propia existencia, el joven Vargas Llosa, buscando desesperadamente llegar a ser MVLL. Zavalita es el retrato del periodista frustrado, junto a Carlitos, otro personaje secundario de *Conversación...* Ambos, Zavalita y Carlitos, rememoran lo que querían ser y no fueron, el bolero triste de unas vidas —las suyas— acordes con el Perú jodido, jodidas como el mismo Perú, como el tiempo y el espacio que vivieron en la época de Odría. Luis A. Díez, en «*Conversación en La Catedral:* saga de corrupción y mediocridad», señala dos de los diálogos clave entre Zavalita y Carlitos, para fotografiar la realidad frustrante de ambos personajes, cercanos a las experiencias del propio MVLL cuando no era más que el joven Vargas Llosa, con siete chambas y queriendo ser Balzac:

> «Aquí tuvimos nuestra primera conversación masoquista, Zavalita —dijo—. Aquí nos confesamos que éramos un poeta y un comunista fracasados. Ahora somos sólo dos periodistas. Aquí nos hicimos amigos, Zavalita» (II).

Y:

> «—Nunca te inscribirás [en el partido], y cuando termines San Marcos te olvidarás de la revolución, y serás abogado de la International Petroleum y socio del Club Nacional.
> —Consuélate, la profecía no se cumplió —dice Carlitos—. Ni abogado, ni proletario, ni burgués, Zavalita. Sólo un pobre mierdecita entre los dos» (I).

Y añade Luis A. Díez que «vivir en la mediocridad de modo consciente y voluntario es la clave del drama de Santiago»[41]. Algunas otras claves consanguíneas con la biografía del propio MVLL han querido verse, por parte de la crítica y los lectores especializados, en las tensas y también dramáticas relaciones personales que a lo largo de toda la novela desarrollan el propio Zavalita y don Fermín Zavala, el Bola de Oro, cuya secreta homosexualidad —en la novela— queda desvelada por Ambrosio Pardo, el chófer, a lo largo de la confesión con Zavalita y, claro está, de los recuerdos que —en la novela— va desgranando el viejo luchador. Las relaciones entre

MVLL y Ernesto Vargas, su padre, nunca fueron buenas. Es posible —siempre dentro del flaubertismo que modula toda la narrativa de MVLL, con *Madame Bovary c'est moi* como fórmula constante de cabecera intelectual— que esas relaciones reales tengan en *Conversación...,* que es la reivindicación de la memoria de aquella época —algo así como la venganza particular del escritor que escapó de Zavalita—, el *elemento añadido* de la literatura, definido por MVLL como «el pivote sobre el que se sostiene esa nueva realidad, esa realidad de segundo grado, que tiene sus propias leyes, su propio orden, su propio ritmo, que es, en una palabra, autónoma, distinta de la realidad que le sirve de modelo»[42]. De modo, añadirá MVLL, que si falta el *elemento añadido* «todo falla en la obra». Es decir, el calco exacto entre *Conversación...* y la realidad de la que sale en primera instancia (el odriismo) no es posible, aunque las sombras originarias y ciertos demonios del escritor, anclados en sus recuerdos, floten en las páginas de la novela con la solvencia de personajes que han traspasado ese umbral de la realidad real a la realidad literaria y autónoma.

Uno de los personajes más interesantes de *Conversación...* es, sin duda, Cayo Bermúdez, Cayo Mierda, el jefe de la policía del odriismo. Es otro de los recuerdos del joven Vargas Llosa, cuando en la Universidad de San Marcos militaba en una célula comunista, pasionalmente marxista, que aparece en *Conversación...,* con su propio nombre de guerra en la realidad real: Cahuide. Cayo Bermúdez se basa en otro personaje real, señalado ya por algunos críticos. Se llamó, en la dictadura de Odría, Alejandro Esparza Zañartu. Algunos años después de la publicación de *Conversación...,* Ricardo A. Setti hará recordar a MVLL que ese personaje, Cayo Bermúdez, entró en la vida del novelista cuando éste, el joven Vargas Llosa, «fue conducido a la presencia del jefe de la seguridad del entonces dictador peruano Manuel Odría». «Exactamente —confirma MVLL a Setti—, don Alejandro Esparza Zañartu, que ya murió». MVLL, que estudiaba en San Marcos, y otros amigos —de la misma célula, Cahuide, debe entenderse— fueron a llevarles unas mantas a otros estudiantes universitarios que estaban presos. Como la dirección de la cárcel negó tal permiso, tuvieron que pedir una audiencia con el jefe de seguridad. Se les concedió. «Era el hombre más odiado del régimen, el hombre que era el centro de la fuerza, porque él consiguió establecer un sistema de delaciones e informantes que permitió a la dictadura durar ocho años», dice MVLL. Y añade en el mismo relato que Esparza Zañartu «era un hombre insignificante, que apenas sabía expresarse, que daba la impresión de una gran mediocridad. ¡Y pensar que ese hombre tenía concentrado semejante poder!... La idea de la novela es mostrar cómo funciona una dictadura, pero sobre todo en sectores aparentemente tan alejados de lo que puede ser la vida política, o sea, en qué forma una dictadura de este tipo puede llegar a corromper la vida universitaria, la vida cultural, la actividad profesional, las relaciones amorosas; hasta qué forma un clima tan corrompido por la dictadura puede envilecer a toda una sociedad». MVLL afirma que Esparza Zañartu, «como diría Borges, se encontró con su destino». Su doble destino: el real, el gran policía —tributario, en cierto modo del Jobert de *Los miserables* de Victor Hugo— y el de Cayo Bermúdez, Cayo Mierda, en la universalidad del género literario de la novela, a través de *Conversación...* «Él —Esparza Zañartu, dice MVLL— leyó el libro y fue muy divertido, porque cuando salió la novela en Lima se reconoció inmediatamente al personaje. Un periodista fue a entrevistarlo a él, que vivía en ese tiempo en Chosica, en las afueras de Lima y estaba totalmente dedicado a cultivar aguacates y a la filantropía. Había donado un terreno para que se hiciera un hospicio (sonrisas). Entonces hizo un comentario muy divertido. Dijo: ¿Por qué Vargas Llosa no vino a verme? Yo habría contado cosas mucho más interesantes que las que cuenta en su novela (carcajada)»[43].

Cayo Bermúdez es hijo de uno de los principales hombres de Chincha, sospechoso de una conducta poco correcta. En Chincha, de niños y jóvenes, lo conoció Ambrosio Pardo, que luego lo reencontrará cuando ostente el poder oscuro que le concede la dictadura. El chófer Ambrosio lo es de Fermín Zavala —padre del Flaco, de Zavalita— y de Cayo Bermúdez. De los dos es confidente en la novela el negro Ambrosio, «sambo» (escrito así, deliberadamente por MVLL, según Oviedo, «para evitar que, en países como Argentina y España, se entienda como de piernas torcidas en vez de hijo de negro e india»[44]), pero también de Santiago Zavala. Casi todos los personajes femeninos de la obra entrecruzan sus vidas, exactamente igual que los masculinos, o con los masculinos. Hortensia, Queta o Amalia, e incluso Ana, se mueven entre sombras en el relato de MVLL, y están casi siempre al servicio del protagonismo de los cuatro personajes principales de esta novela *totalizadora:* Cayo Bermúdez, el poder; Fermín Zavala, la clase que social y políticamente presta sus servicios al poder mientras es sacudida y humillada por ese mismo poder totalitario; Ambrosio Pardo, que no hace otra cosa que ser la víctima —casi siempre leal— de las circunstancias que han llevado a este Perú, el de la novela *Conversación...,* a joderse en alguna esquina de su historia; y Santiago Zavala, contradictorio y frustrado personaje, mezcla de sordidez, irreflexión e inmadurez y, probablemente, una alusión metafórica a quienes, poco a poco y de manera entreguista, se dejan llevar por la marea de la dictadura hasta posiciones definitivamente traicioneras. Insisto en que Santiago Zavala, Zavalita, pudo haber sido muy bien el propio MVLL si de joven, en lugar de haber seguido con disciplina —e insubordinación al medio social, cultural y político— el mandato de su conciencia personal, se hubiera dejado manejar por las maneras de la época y por el corsé que el odriismo había impuesto en las clases retratadas por el novelista, años más tarde, en *Conversación...*

Cayo Bermúdez es, además, un pornómano de dimensiones enfermizas. Si en *La ciudad y los perros* y —al menos en ciertos episodios— en *La casa verde* la «sal gruesa» fue empleada con frecuencia por MVLL, en *Conversación...* la escatología es normal porque ese desnudo —difícil de llevar a cabo siempre en cualquier novela— es necesario aquí para caracterizar —y ridiculizar— al poder y su identificación con Cayo Bermúdez. También en *Conversación...* Cayo Bermúdez es igual físicamente al modelo de la realidad: es insignificante y «apenas sabe expresarse, daba la impresión de una gran mediocridad —como dice MVLL a Setti— y cuando hablaba por teléfono decía sólo sí, mañana, bueno, y cuando la señora le hacía bromas arrugaba apenas los cachetes y ésa era su risa» (I, 226). Cayo Mierda tiene una segunda personalidad, que desarrolla en la clandestinidad y el secretismo que le da su poder. Erotómano y pornógrafo, Cayo Bermúdez llega a Lima y lo primero que compra es *Los misterios de Lesbos*. Termina convertido en un *voyeur* de gran envergadura, siempre caminando con la complicidad de ese mundo sórdido que se mueve y apila en los burdeles, entre Queta y Hortensia. Lo que en el cadete Alberto Fernández —en *La ciudad y los perros*— es un negocio en el Leoncio Prado, en Cayo Mierda es el gran vicio oculto dentro de *Conversación...* Tal vez, como ha dicho cierta crítica, es no sólo un fin la erotomanía de Cayo Mierda, sino también un procedimiento para conocer la vida privada y las secretas conductas sociales de sus ciudadanos, lo que en concreto ocurre con Fermín Zavala, de quien en la novela terminan conociéndose todas las vergüenzas. El «señor» respetable lo es solamente en su fachada: Fermín Zavala, a pesar de su educación y su desprecio por esa casta de poderosos de Odría a la que él sin duda pertenece, no puede mantener oculta su otra personalidad. Es homosexual, lo que en esa sociedad limeña es —y en ese momento más— y representa el gran desecho.

Conversación... resulta así *la verdad de las mentiras* que siempre es una novela; y es una novela de un momento histórico y político del Perú, la época de la juventud de MVLL, el momento en el que el joven Vargas Llosa decide huir, escapar hacia su destino de gran escritor dejando tras de sí la piel de Cayo Mierda, la política de Cahuide y la política —en general— del general Odría. *Conversación...* es fiel a aquella determinación del escritor MVLL al hablar de lo que es una novela política —o de su mismo interés por la política—. «Hay que llegar a través de la política —como se puede llegar a través del amor, la muerte o cualquier otro tema— a aludir a la totalidad de la experiencia humana, ante la cual la anécdota política no es más que un episodio.» Está hablando de *La educación sentimental,* de Flaubert, donde lo que menos le interesa al novelista MVLL es que «en ella esté descrita la revolución de 1848..., sino el fondo de humanidad que desfila en ese escenario revolucionario». Y confirma su objetivo al escribir *Conversación...*, emparentándola con *Los miserables,* de Victor Hugo, que será poco a poco una de las obsesiones literarias de su madurez intelectual: «Exactamente lo mismo se puede decir de *Los miserables,* también a propósito de la revolución de 1848», porque también en esa novela, como en *La educación sentimental,* «esa revolución es algo más que una revolución: por una parte, una sociedad convulsionada, y por otra, la manera como distintas personas, distintos espíritus reaccionan frente a determinado tipo de estímulos. Es sobre todo acerca de esto último que significan algo para nosotros aquellas novelas que, a pesar de ser sobre tema político, no son políticas, aun en el caso de que hubieran pasado por tales en su momento. Yo aspiraba a escribir una novela así, cuando escribí *Conversación en La Catedral,* y nunca pensé en una novela que contara simplemente la historia del odriismo...»[45].

Naturalmente, Lima, como latitud geográfica y como fotografía oscura, no escapa a MVLL en *Conversación...* Si Melville en *Moby Dick* retrató con crueldad objetiva a la ciudad de Lima y Sebastián Salazar Bondy, desde su saludable razón de *outsider,* le dedicó el piropo histórico de «la horrible», MVLL dispara constantemente todo tipo de improperios sobre la ciudad de su juventud y de su madurez. A lo largo de *Conversación...* se destaca la relación *amor-odio* del escritor MVLL con respecto a la ciudad de sus recuerdos. Lima forma parte para él, en *Conversación...* —más que en ninguna otra novela— y en otros relatos, de esa *verdad de las mentiras* que se archiva en la memoria del novelista hasta ser trasladada a la literatura en forma de narración. «Las cosas no son como las vemos, sino como las recordamos», escribe MVLL rememorando a Valle-Inclán. Y añade: «Para casi todos los escritores, la memoria es el punto de partida de la fantasía», autor; escritor, novelista que «aunque pretenda lo contrario, sabe que la recuperación del tiempo perdido que puede llevar a cabo la literatura es siempre un simulacro, una ficción en la que lo recordado se disuelve en lo soñado y viceversa»[46], lo que el propio MVLL llama «el reino de la ambigüedad». Y cita de nuevo a Hugo: «Aunque la cinematográfica batalla de Waterloo que aparece en *Los miserables* nos exalte, sabemos que ésa fue una batalla que libró y ganó Victor Hugo y no la que perdió Napoleón»[47]. La Lima que MVLL describe en *Conversación...* está más allá de la realidad, se pierde en el tiempo y en el espacio soñado y recordado por el novelista. Pero es mucho menos horrible que la fotografía real de esa misma ciudad hoy en día, cuyo centro —llamado La Colmena— no deja de ser una negra conspiración de la realidad peruana —miseria, injusticia, incultura y abuso— y la visión que deja en cualquier visitante avisado. Con cierta exageración, nacida de la expresión literaria, la definí ante mis amigos, y ante el propio MVLL, «como una Calcuta americana perennemente en guerra». La descripción de Lima que aparece constantemente en *Conversación...* implica un rechazo estético del escritor-autor, del novelista, un sentimiento de repugnancia que alcanza, a veces, el vómito purgativo en el reino de la ambigüedad que es siempre la literatura de ficción; una sensación fiel, sumamente cercana a la idea que MVLL tiene del escritor, según la cual lo mejor que puede ocurrirle a un verdadero escritor es escribir de su país, de su ciudad, cuantas cosas horribles ve y recuerda de él, como una misión extraña que anida en la memoria —siempre selectiva— del novelista, cuya relación de amor-odio el propio MVLL ha definido como «más adulterina que conyugal: es decir, impregnada de recelos, apasionamientos y furores». Añadamos nosotros: también *incestuosa,* terriblemente contradictoria, a caballo entre los sentimientos de repulsión, atracción y venganza. O sea: Flaubert, Balzac —porque, en efecto, la novela es *también* la historia privada de las naciones— y Victor Hugo, el ambiguo mundo de la literatura que tanto apasiona a MVLL.

Conversación... no es de lectura fácil. La maestría técnica demostrada por el novelista tiene antecedentes en Joyce y John Dos Passos, en *Ulises* y *Manhattan Transfer.* Pero la aparente complicación de esos procedimientos narrativos adquiere en *Conversación...* una sinuosidad laberíntica que, a mi modo de ver, es una nueva demostración de la brillantez del escritor peruano. En el momento de la publicación de *Conversación...* sorprendió el despliegue de esos procedimientos. Y anonadó a más de un lector, para Julio Cortázar —a veces nada fácil de leer, hay que acordarse, por ejemplo, de *Rayuela*, sin ir más lejos— el único personaje fundamental de toda novela. Pero los círculos infernales, los diálogos entrecruzados, las cajas chinas y los vasos comunicantes —de los que se sirve MVLL para articular su conocida teoría de la *novela total*—, las descripciones y todo cuanto el novelista pone en práctica para alcanzar el reino de la literatura en su más estricta ambigüedad no tienen un claro antecedente en la literatura contemporánea de nuestra lengua, a no ser que recalemos en sus dos novelas anteriores —*La ciudad y los perros* y *La casa verde*— como puntos de referencia inmediatos, consanguíneos y, nuevamente, *incestuosos,* en la medida en que la relación de ambas con *Conversación...* lo es desde cualquier perspectiva de forma y de contenido. El propio Luchting deja claro en su ensayo *Mario Vargas Llosa, desarticulador de realidades* la idea literaria sobre la *novela total,* que ha intentado llevar a cabo en *Conversación...* el novelista peruano. En cuanto a la forma —a la técnica, a los procedimientos narrativos novelísticos—, Luchting afirma que es de una «sistematicidad asombrosa. Pero no se trata de una forma de severísima disciplina aplicada al material a narrarse», sino de «un sistema muy cuidadosamente ponderado cuya lectura revela una serie de cosas de fondo», porque en *Conversación...* «como se ve, las relaciones entre los personajes de la novela son complejas, y la estructura del material lo refleja a la vez que lo expresa. El fondo penetra la forma»[48]. Y viceversa, añadimos nosotros. «Con tales elementos de técnica y materia —escribía María Rosa Alonso— el talento creador de Vargas Llosa ha sido capaz de hacer unas criaturas que vemos y oímos vivir: están ahí, delante de nosotros, pero no hechas, las vemos hacerse en sus actos y reacciones; las vemos hablar y pensar; oímos lo que dicen y entendemos lo que piensan; sabemos cuándo hablan y cuándo callan unos, porque otros no dirán lo que aquéllos han silenciado. Si leemos con atención (hay que leer con atención), todo nos será desvelado y surgirá a lo largo de tantas páginas, a su momento (los momentos contados, como los pasos), la integridad del personaje»[49].

Conversación... fue escrita en Londres. MVLL recuerda aquellos momentos de su pasado, cuando escribía o trataba de escribir la *novela total* que, según confesión propia, casi lo dejó agotado, inmerso como estuvo durante más de tres años y medio en el magma truculento de mil quinientos folios y en la angustiosa pesadilla cotidiana del reino de la ambigüedad que siempre es la literatura. «A mediados de los sesenta —recuerda MVLL— yo vivía en Londres, de profesor universitario, en un barrio que por estar lleno de australianos y neozelandeses era llamado el Valle del Canguro. Mi departamento, en una callecita en forma de media luna, tenía dos cuartos y un pequeño jardín que, como nadie cuidaba, fue adquiriendo una personalidad inextricable, un semblante salvaje y feroz que impresionaba a los visitantes. Era un departamento hospitalario y tranquilo donde vivía feliz. Pero tenía algunos defectos; por ejemplo, el ser viejísimo. La verdad es que se nos iba cayendo a pedazos. Una tarde, un ventarrón arrancó una ventana —cristal y marco— y la hizo añicos contra el pavimento, en mis propias narices (yo trabajaba en una mesa pegada a esa ventana). La propietaria, Mrs. Spence, que también era mi vecina, confundida con el percance, me prometió que, si todavía quedaba en Londres un operario, lo encontraría para que salvara de la pulmonía a mi hijo recién nacido»[50]. Londres, entre 1966 y 1967. Lima, la horrible —también en la memoria selectiva del escritor—, entre 1948 y 1956. MVLL, entre la memoria archivada en aquella época por el joven Vargas Llosa y la *otra memoria* no vivida realmente, Zavalita: el reino paralelo y ambiguo de la literatura. En suma, *Conversación en La Catedral.*

21. Las tesis del deicida
(1971-1991)

«No sabrá literatura, pero sabe hacerla mejor que nadie»; una frase de García Márquez defendiendo y refiriéndose a Juan Rulfo, que dio lugar a otra, también del Nobel de Literatura: «La literatura no se habla, se escribe». Pero MVLL, riguroso en todo su proceder literario, haciendo la literatura que vive cotidianamente, es de aquellos novelistas que no sólo no desdeñan la teoría literaria, sino que despliegan un extraordinario campo de actividad en esta materia, fruto de la cual es una lista importante de títulos críticos, estudios profundísimos y pasionales, sobre sus propios modelos y obsesiones literarias. Artículos, conferencias, documentos, opiniones, ensayos de mayor o menor envergadura, independientemente de su rigor académico, forman un bosque dialéctico en el que el novelista se sumerge con cierta frecuencia, para reconocerse a sí mismo en aquellas constantes literarias que le sirven de paradigma.

Su confesada devoción por Gustave Flaubert —y, fundamentalmente por *Madame Bovary,* novela que juzga perfecta— lo ha llevado a estudiar no sólo la creación literaria del gran novelista francés, sino su vida a través de documentos, cartas poco conocidas e investigaciones múltiples. *La orgía perpetua*[51] comenzó siendo un prólogo para *Madame Bovary*[52] y terminó por transformarse, un año después, en un ensayo vargasllosiano de contundente confirmación flaubertiana. Siempre me ha llamado la atención esa deificación que MVLL hace, constantemente, de Gustave Flaubert, un novelista al que a él le gustaría parecerse. Siempre he visto en sus novelas que, en lugar de aparecer Flaubert, surgen por doquier Balzac y Victor Hugo, en esa constante que implica al novelista en su propia vida y que ve su propia vida —su existencia dentro de un contexto histórico determinado— como parte de un relato, una novela interminable: la que él escribirá a lo largo de su vida. «En el método es Flaubert», esgrime Jorge Edwards cuando hablamos de MVLL y su obsesión por Flaubert. Lo es. En el método de trabajo, en el rigor de la documentación (llegó a usar en sus novelas textos legales, como la Ley de Seguridad Interior, de 1949, en *Conversación en La Catedral;* y una documentación exhaustiva, al margen de su experiencia personal y sus recuerdos, en *La casa verde,* y —sobre todo— en *La guerra del fin del mundo*) y en el tratamiento del lenguaje como materia de primer orden para llegar a la creación de otro mundo autónomo, siempre ambiguo pero siempre verosímil —sin cuyo factor la novela sería un fracaso—, que desencadena el relato, el género literario de la novela.

La teoría literaria de MVLL se ha ido desarrollando a lo largo de los años. Sus lecturas infantiles y juveniles descansan sobre la base de algunos nombres conocidos, que se repiten en declaraciones, artículos e, incluso, en la devoción que MVLL atribuye a algunos de los personajes de sus novelas por estos autores. Alberto Fernández, el Poeta, es un acusado lector de novela erótica y pornográfica en *La ciudad y los perros;* Cayo Bermúdez, otro tanto de lo mismo; Fonchito, el malvado depredador sexual de *Elogio de la madrastra,* tiene como libro de cabecera alguna novela de Alejandro Dumas. Salgari es otra de las visiones lectoras del *niño* Vargas Llosa, que más tarde —joven y maduro, finalmente— demostrará su pasión por Conrad. Pero antes desarrollará su espíritu de contradicción —en los prolegómenos de su vocación literaria, cuando estudia en la Universidad de San Marcos— leyéndose todos los ciclos de la novela de caballerías, una de sus obsesiones y constantes. Y, al mismo tiempo, se embeberá todavía más en las colecciones de novelas eróticas en la biblioteca del Club Nacional, en Lima, mientras trabaja allí por algún tiempo. La crítica de esa variada lectura, pasional y apasionada, deja tal huella en el escritor MVLL que se empeñará en hacer constar sus devociones literarias, desarrollando esas tesis suyas en frecuentes prólogos y ensayos, o —en su defecto— en citas brillantes que vienen a comprometerlo con los autores citados.

Una de sus obsesiones primeras recayó en Sartre. No en vano fue llamado por sus amigos de la época el «sartrecillo valiente». Devoto en su primera vocación de Jean-Paul Sartre, MVLL bebió religiosamente las tesis que el filósofo y pensador francés desarrolló en el prólogo a *Aden Arabia,* de Paul Nizan, donde el existencialista hace una desenfrenada y frenética defensa del marxista político y del anarcoide escritor que hay en Nizan. Sartre fue un dios pasajero que, sin embargo, dejó en MVLL su cicatriz indeleble, independientemente de que el novelista peruano tomara partido, desde mediados de los sesenta, por las posturas de Camus. Política —ideología— y literatura se entrecruzan en su historia, en su vida personal y en sus estados de ánimo, frecuentemente contradictorios. Sartre y Camus serán objeto de crítica y lectura, en artículos y comentarios que envía a las revistas y periódicos de Lima en sus primeros años de París. Asistimos a la lenta y profunda fragua de un crítico riguroso: MVLL.

Su obsesión por las novelas de caballerías le hace leer, releer y estudiar a fondo la novela del valenciano Joanot Martorell, uno de sus amores eternos, junto a *Madame Bovary.* Para ambos, para *Tirant lo Blanc* y para Flaubert, habrá un espacio de tiempo, mientras madura su vocación y su profesionalidad, que se traducirá claramente en una defensa *total* de la ficción martorelliana y del método de Flaubert para entrar a saco en la realidad real y transformarla en realidad literaria. Evidentemente, MVLL penetra en el academicismo literario —y en las exégesis críticas— sin romperlo ni mancharlo, añadiendo a las tesis decimonónicas de la novela (siempre agonizante, siempre renuente en su respiración literaria, aunque nunca más allá de los umbrales de la muerte; anclado a lo que se ve en la eternidad) algunas novedades, propias de sus mismos criterios narrativos, que hacen que los críticos profesionales lo hayan tildado en algunas ocasiones de romántico en sus planteamientos y tradicional en sus resultados estrictamente literarios. La polémica surgida tras la publicación de *García Márquez. Historia de un deicidio,* entre el uruguayo Ángel Rama y el mismo MVLL, fue recogida un poco más tarde en un volumen esencial para entender al MVLL crítico, en su más puro y excelso estilo polémico: *García Márquez y la problemática de la novela,* publicado en diciembre de 1973, en Buenos Aires, por Corregidor-Marcha. A una lectura de altura, la de García Márquez —su biografía y sus novelas—, sucede una discusión de la misma altura: la de MVLL y Rama, o viceversa.

MVLL había escrito *García Márquez. Historia de un deicidio* con la misma convicción intelectual —y el mismo rigor dialéctico— con el que había escrito sus novelas: con ese *afán totalizante* del que habla Carlos Fuentes como característica del novelista peruano. Esa voluntad totalizadora surgía de su propia tesis sobre el género novelesco y su búsqueda desesperada de lo que él llama la *novela total,* una especie de obsesión que insiste hasta la extenuación del escritor en agotar, inventando un nuevo mundo literario, lo que es el mundo real e imaginativo, en todas sus esferas y perspectivas, de la realidad real. Elegir a García Márquez para desarrollar las tesis de su *novela total* fue, a la vez, un acierto generoso y un riesgo arrostrado con todo tipo de escrúpulos. El resultado es un discurso literario y una crítica de la lectura de la obra del colombiano que delata la *orgía perpetua* que MVLL siente por el ejercicio cotidiano de la literatura. La polémica no tardó en surgir, con Rama a la cabeza, seguida por algunas objeciones que los académicos vieron en sus tesis, para ellos más *totalitarias* que totalizadoras. ¿Qué podían esperar, me pregunto yo, de un novelista que hace de la literatura el *todo absoluto* y redundante de toda su vida? Fiel a su dogma (dentro de la literatura, todo; fuera de la literatura, nada), MVLL desplegó sus velas críticas en un ensayo faraónico que, después de treinta años de su publicación, nadie se ha atrevido a superar. Ése es uno de los resultados del *afán totalizante* de MVLL, también en el aspecto crítico, cuyo origen habrá que buscarlo en el método, también totalizador, de Gustave Flaubert.

Si polémica y contundente es la tesis sobre la *novela total,* desmenuzada a lo largo de los años en su teoría y práctica por el propio novelista, no menos sorprendentes y discutibles son sus tesis sobre los llamados demonios, esos factores humanos irracionales, en cierta medida, que son el germen de la novela. Entre la realidad real y la realidad ficticia, por síntesis e incluso por ósmosis casi siempre incontrolada, se alcanza la utópica *novela total,* a través de la cual el novelista es un deicida, un asesino del dios real que ordena el mundo de la evidencia pero que no es capaz de crear ese otro mundo secreto que genera. Dicho de otro modo, pero con el mismo destino: como Dios, pero reorganizando ese mundo «normal», el novelista genera, crea, articula otro universo, otro orbe autónomo —el mundo siempre ambiguo de la novela—, un simulacro verosímil que, gracias al lenguaje y su matrimonio con la historia —lo narrado—, transforma al escritor en *demiurgo* omnisciente de todo cuanto escribe y relata. Los demonios, esos fantasmas obsesivos que pueblan las angustias del verdadero escritor hasta quedar transformados en literatura, flotan en el proceso de creación como fórmulas adquiridas y archivadas por el escritor, siempre a partir de la realidad pero con una hegemonía *totalizadora* de lo imaginario en el resultado. Si el escritor de novelas es un *deicida* que construye su mundo entre nebulosas enfoguetadas por los recuerdos personales, históricos y culturales (aquí hay que situar a sus propias lecturas transformadas en demonios constantes), la escritura será un *infierno,* un *bicho solitario* y hereje del que emerge ese mundo ambiguo y autónomo, y naturalmente verosímil, que es la novela, la ficción literaria. El ejemplo —el paradigma global— es *Tirant lo Blanc* y su autor Joanot Martorell, según MVLL, cuyo ensayo *Carta de batalla por Tirant lo Blanc* —que sirvió de prólogo a la edición en lengua española de la novela del valenciano— no sólo *rescata* del olvido académico un texto de relevancia extraordinaria, sino que se convierte en un auto de fe en el escritor y su obra.

Una vez más, MVLL quiere confundir conscientemente su propio reflejo con el espejo en el que se mira literariamente. Él mismo, MVLL, es Joanot Martorell; él mismo define la *novela total* a partir de la crítica apasionada de la lectura de *Tirant lo Blanc:* novela de caballerías, fantástica, histórica, militar, social, erótica, psicológica, «todas esas cosas a la vez y ninguna exclusivamente; ni más ni menos que la realidad». La defensa de *Tirant lo Blanc* es la defensa de sí mismo, de sus tesis y sus obras, de su concepto de la *novela total* (autónoma, ambigua, independiente y desinteresada, ni más ni menos que la realidad de la ficción, la verdad de las mentiras o, viceversa, las mentiras de la verdad, que no es precisamente todo lo contrario, sino la literatura). Esa defensa incluye, teóricamente, la desaparición del narrador de todo cuanto narra, aunque la imparcialidad que reclama la ausencia del novelista en lo narrado no sea indiferencia, sino todo lo contrario, pasión narrativa por relatar una gran selva de historias, tal como había dicho unos años antes de García Márquez. Flaubert, Tolstoi, Joyce, Faulkner, Balzac, Hugo, Dickens, son citados por MVLL como parte de ese Olimpo eterno donde pastan los héroes que fueron capaces de suplantar a Dios para convertirse en escritores. El mito de Prometeo robando el fuego de los dioses y el papel de Filoctetes, gritando en soledad su propio dolor (la cicatriz de la que hablaba Sartre: duele cuando no se escribe, pica cuando parece que se escribe fácilmente), son metáforas mitológicas que pueden asociarse mentalmente al destino del *deicida* que MVLL ve en los novelistas con *afán totalizante*, a través del cual el escritor alcanza el paraíso de una realidad «distinta». En el origen está todavía Sartre, pero en el desarrollo la sombra de Flaubert (y, evidentemente, de Martorell) es alargada hasta la eternidad. Sacerdote o Casandra, Prometeo o buitre, Filoctetes o ave fénix: *ecce homo* el novelista, el suplantador de Dios, el *deicida*.

Declarado lector de novelas eróticas y pornográficas desde su primera juventud, MVLL sentirá delirio intelectual por algunos de los herejes que aprendieron a curtirse en el erotismo, entre el tótem y el tabú de sus angustias humanas. Especial devoción demuestra, por ejemplo, por Georges Bataille, a quien prologó en 1971 *La historia de Gilles de Rais* y, más tarde, algunas otras obras. «El señor Bataille se precia de interesarse únicamente en lo más vil, lo más deprimente y lo más corrompido del mundo.» Quien esto afirma no es un inquisidor que anatematiza al hereje, sino el famoso André Breton, en el Segundo Manifiesto Surrealista, en 1930, texto que MVLL cita en su prólogo a *El verdadero Barba Azul (La tragedia de Gilles de Rais)*. Esa parte maldita, oculta, prohibida, perversa y pecaminosa del ser humano es un componente fundamental de la literatura y, sobre todo, de la novela erótica en la que Bataille era un gran experto. ¿No es ésa, precisamente, la fuente narrativa y cinematográfica de David Lynch, por ejemplo, en *Terciopelo azul, Twin Peaks* o *Corazón salvaje*, esta última filmada según el relato —*Historia de Sailor y Lula*— de otro deicida contemporáneo, Barry Gifford? ¿No es David Lynch, cinematográfica y narrativamente, un suplantador de Dios, como lo fuera, por ejemplo, William Faulkner, con quien precisamente lo relaciona otro suplantador de Dios, gran erotómano y constante pornógrafo, el cubano Guillermo Cabrera Infante?

Frente al bien, el mal —según Bataille— «no niega sino que completa la naturaleza humana», y MVLL lo recoge y aprende. El reino del mal sólo es posible gracias a un elemento que también necesita la novela como género vital, como resultado del deicidio: la libertad, otro fuego robado a los dioses del bien, los sacerdotes del orden y los chamanes de la prohibición y el respeto que, según Bataille, hacen el mundo real inhabitable. Y aquí es donde el deicida MVLL dice encontrarse más cerca de Bataille: en las nociones que el escritor francés tiene de rebelión, soberanía, irracionalidad, en su concepto del mal como motor vital, porque la literatura puede así expresar «*toda* la experiencia humana», sobre todo la parte maldita, la misma que ambiciona la soberanía, la misma que se subleva, la razón por la que existe la literatura: el hombre se siente infeliz y, en su angustia, cercenado en su condición de ser libre. El erotismo como subversión es parte de ese motor que subleva, de ese motor maldito que genera en el posible deicida la capacidad suficiente para trastocar el mundo real en un mundo imaginario, en *imaginario* como soberanía, como suprema obsesión del escritor. Cita MVLL una novela esencial de Bataille, *Ma mère*, que relata una relación incestuosa y depravada, y delata en una historia literaria todo cuanto el erotismo tiene de revelador y rebelde, todo cuanto ese mundo prohibido por los tabúes humanos oculta y trata de olvidar. El Eros enfrentado a la civilización ordenada; el Eros individual conculcando leyes, instituciones, cuanta moralidad escrita o no escrita pulula por nuestro subconsciente colectivo.

Bataille no es el único deicida «erótico» que MVLL aplaude. Hay que añadir a Restif de la Bretonne, a quien cita repetidas veces en algunos de sus ensayos —sobre todo en *Historia secreta de una novela,* fechada en 1968, en la Washington State University—, y a otros autores menores y mayores (Henry Miller será uno de sus escogidos, con *Trópico de Cáncer;* pero también Vladimir Nabokov, con *Lolita,* una novela clásica del erotismo contemporáneo, para formar parte del pelotón de cabeza de sus gustos literarios, recogidos en *La verdad de las mentiras*) por los que siente una especial delectación.

Más de cuarenta años de incesante oficio y voluntad literaria contemplan la persecución que MVLL hace de su paraíso particular: la *novela total,* con todas sus implicaciones, métodos, procedimientos narrativos, artimañas, artificios, trucos, memorias, químicas convulsas y contradictorias (desde el llamado *elemento añadido,* a la *teoría de los vasos comunicantes y las cajas chinas,* la tesis de la *dualidad flaubertiana* y, desde luego, la presencia perenne de los demonios, esos fantasmas que hacen que el novelista no elija los temas, sino que sean los temas de la novela que ha de escribir quienes elijan al deicida que ha de mostrarlos al mundo). Más de cuarenta años de *afán totalizante* demuestran que las tesis literarias de MVLL, a veces rozando el dogmatismo, otras veces el romanticismo, pero siempre funcionando como entes activos y capacitados para acelerar la sangre viciosa de la solitaria, no son tan sólo un apéndice profesoral —más o menos académico, más o menos universitario— sino una parte esencial de su condición humana como escritor, como novelista, como aguafiestas irredento que da siempre la vuelta al mundo real para mostrar la otra cara de la luna, el simulacro verosímil del mundo ambiguo en el que reina la literatura.

De modo que la defensa apasionada de escritores y obras olvidadas no es más que un aldabonazo de ese espíritu crítico, y de crítico literario, que late en MVLL. Al encendido elogio que hace a Sebastián Salazar Bondy en el momento de su muerte, hay que añadir la convocatoria que en Caracas, en 1967, en plena apoteosis veraniega, hará de un poeta olvidado: Oquendo de Amat. Son dos escritores, peruanos, extraterritoriales en grado sumo, herejes, aguafiestas, que vivieron el picor del «bicho» y la fiebre de la solitaria con una adicción viciosa que los transformó en seres distintos, dentro y fuera de una sociedad que los rechazaba precisamente por eso: por heresiarcas insoportables que pretendieron hacer la revolución en el mundo a través de sus ideas literarias, trasegadas a lo largo de sus vidas y experiencias en sus obras poéticas o narrativas. Mención importante en *la estación crítica* (así llama Oviedo al trabajo teórico literario de MVLL) merece el novelista José María Arguedas, con quien MVLL tuvo puntos de contacto y de fricción, no sólo personales sino también políticos e intelectuales. Arguedas representa el punto culminante de toda una tradición literaria andina. Y el tipo de escritor consumido en su propia angustia, temblando él y haciendo temblar a su tiempo mientras trataba de escribir el mapamundi de esa terrible manía personal de cambiar al mundo a través de la literatura. Luchando entre la tradición andina y la necesidad de la universalidad de la literatura, Arguedas pasó su tiempo de escritor llegando a ser un pequeño dios local, respetado también fuera de las fronteras del Perú. Su problema, dice MVLL, era el de la expresión literaria dentro de las fronteras peruanas. Tratando de acercarse al novelista de *Todas las sangres* y *Los ríos profundos* (a quien seguirá, en cierto sentido, en su novela *El hablador*), MVLL expone el problema de esa misma expresión literaria reivindicando en más de una ocasión la expresión literaria en lengua española, incluso para situaciones en las que es difícil entender esa lengua; incluso para narraciones en las que es difícil relatar la visión del mundo a través del *imaginario* personal y la memoria del escritor y el orden de sus nombres y de los mundos que los componen. Su ensayo *José María Arguedas, entre sapos y halcones,* que sirvió como discurso de entrada en la Academia Peruana de la Lengua y que fue leído en sesión pública celebrada en Lima el 24 de agosto de 1977, es un acercamiento a la contradicción literaria en la que se mueve la angustiosa experiencia de Arguedas y sus propios resultados narrativos. Pero, incluso en su madurez literaria, aparentemente *pacifista y pacífica,* late en las palabras de MVLL ese poder polémico que lo convierte y mantiene constantemente dentro de las lindes de lo que él definiera, casi en sus principios, como el aguafiestas irredento, ese deicida que se esconde agazapado en todo novelista, en todo escritor, como queda demostrado en 1996 con la publicación de *La utopía arcaica,* un polémico ensayo sobre la literatura y las ideas políticas de José María Arguedas.

No por casualidad se vio también atraído por Gustave Flaubert el filósofo Jean-Paul Sartre, dos de los polos con nombres propios que escogieron críticamente a MVLL, los mismos que sirven de base y desarrollo a sus creencias literarias y a sus opiniones críticas. MVLL sigue citando a Flaubert: «La vocación del novelista seguida pacientemente, inocentemente, se convierte en una función casi física, en una manera de existir». La solitaria, la cicatriz sartreana, es un principio y un fin de todas las cosas, un vicio que se alimenta de sus propias experiencias personales —las del novelista—, los demonios aludidos y desarrollados en sus teorías como fantasmas etiológicos que dan pie a la obsesión, al mismo vicio de escribir, siempre sobre experiencias que el escritor ha padecido, bien por sí mismo o porque se las han contado. «Es el caso de *Los miserables*», dice MVLL en una conferencia pronunciada en el Paraninfo de la Universidad de Montevideo, el 11 de agosto de 1966. Relata que Víctor Hugo se pasó toda la vida en el esfuerzo de escribir esa novela, *Los miserables,* que le ocupó —en diferentes etapas de su existencia— más de veinticinco años. «Cuando era joven —dice MVLL con respecto a Hugo— descubrió en una calle una cuerda de presos y este espectáculo lo impresionó». Lo que siguió fue exactamente la obsesión —entre romántica (Hugo creía en la inspiración...), política y literaria—, un ronroneo que se fue por encima del tiempo que el mismo Hugo trataba de entregar a ese relato, que debía —en origen— haber sido breve y con el objetivo moral de mostrar al mundo la injusticia en la que se sumía a los presidiarios. Experiencia tras experiencia, frustración tras frustración, documento sobre documento, Hugo pasó su tiempo de escritor fabricando una protesta que terminó en la visión interior de otro mundo, el autónomo y literario que tanto apasiona a MVLL. «Sólo comenzó a escribir la versión definitiva de *Los miserables* muchos años después, cuando estaba exilado en una isla en el Atlántico.» Estamos en 1966. Ya MVLL se sabe tocado por la grandeza de ese monumento literario, intemporal y eterno, que es *Los miserables,* una epopeya histórica y personal de Victor Hugo que, casi un siglo más tarde, sería convertida por consejo de Alfred Hitchcock en una ópera musical de considerable éxito artístico. ¿Pensaba el todavía joven Vargas, anclado entonces —y todavía hoy— en su pasión por Flaubert, que algún día el trabajo y la experiencia vital de Victor Hugo terminaría por obsesionarlo hasta convertirse en uno de sus demonios particulares?

En Londres, mientras continúa escribiendo «como un obrero y viviendo como un burgués», MVLL se reconcilia consigo mismo, especula con sus recuerdos, sus propias experiencias y memorias; teoriza constantemente, añadiendo a su ya considerable cuerpo de doctrina literaria demonios y fantasmas que esperaron su momento para salir al sol del escritor a través de su visión del mundo. Salió Flaubert, con quien en *La orgía perpetua* bailó hasta la saciedad, hasta pagar su deuda eterna; saltó García Márquez, ese otro magma especular en el que ahondó para encontrarse como escritor y como teórico de la literatura narrativa; palpó a Sade, a Restif de la Bretonne, a Bataille, Miller, Nabokov; silenciosamente gustó de Conrad, como remembranza madura del fantasma juvenil que hay en Salgari; la novela de caballerías que había adorado en Alejandro Dumas cobró magnitud universal en Martorell y en su *Tirant lo Blanc,* el eterno retorno de MVLL; entró en Lampedusa, Arguedas, Grass, Joyce, Hemingway, deicidas en los que se apoyó para levantarse sobre sí mismo como novelista; recorrió los mundos secretos de Virginia Woolf y los de Doris Lessing; todos ellos indiscriminada y rigurosamente fueron observados con paciencia entomológica por MVLL. Detrás, al fondo, en el bosque de la noche, tal vez entre los árboles frenéticos de la política, durmiendo mientras esperaba su tiempo, crecía Victor Hugo y se agrandaba en su memoria la lectura múltiple de *Los miserables.* Ya trabajaba sobre esa biografía que hizo posible la novela, una de las más encendidas verdades de aquellas mentiras que los suplantadores de Dios, como Victor Hugo o MVLL, se atrevieron a escribir como réplica al orden establecido, al fuego de los dioses, porque —parafraseando a Bataille— «la vida real, la vida verdadera, nunca ha sido ni será bastante para colmar los deseos humanos. Y porque sin esa insatisfacción vital que las mentiras de la literatura a la vez azuzan y aplacan, nunca hay auténtico progreso... —escribe MVLL. Y añade, finalmente—: Las mentiras de la literatura, si germinan en libertad, nos prueban que eso nunca fue cierto. Y ellas son una conspiración permanente para que tampoco lo sea en el futuro»[53]. MVLL se refiere, sin duda, a aquellos poderes que quisieran tener a los hombres «satisfechos y conformes», como método para evitar «el corrosivo permanente» que es la literatura.

22. Militares y putas selváticas: *Pantaleón y las visitadoras* (1973)

Cuando los amigos, los periodistas, los curiosos y, como es natural, los novelistas, abordaban a MVLL para preguntarle sobre lo que estaba escribiendo en ese momento —en 1972, más o menos—, el escritor peruano sonreía, esbozaba un gesto de diversión y afirmaba que estaba escribiendo un «relato» de un militar a quien el ejército peruano encarga que ponga en marcha un servicio de prostitutas en la selva amazónica. El servicio, «social» donde los haya, estaba destinado a solventar los problemas de «la masculinidad de la tropa», acuciada por la nostalgia, la soledad y todas esas cosas de la vida que describen los tangos y los boleros, las canciones tristes que vuelven al hombre mustio, abúlico y desesperanzado.

En el origen del relato está, como en todas las novelas de MVLL, un hecho real al que el novelista tuvo acceso en uno de sus viajes a la selva amazónica. «En un viaje que hice yo a la selva, descubrí que los militares de la frontera recibían *visitadoras,* que llegaban directamente a los cuarteles —dice MVLL a Ricardo A. Setti—. Y lo descubrí por el rencor y la envidia que esto provocaba en la población civil masculina. Los vecinos veían, con gran indignación, pasar a las *visitadoras* ante sus narices, entrar en los cuarteles e irse; y ellos no podían disfrutar también de ese servicio, digamos, cívico. Pues eso me dio a mí inmediatamente la idea». MVLL recuerda en esta misma entrevista-libro que él había estado, en sus años juveniles, en el Colegio Militar Leoncio Prado y que conocía los mecanismos militares, la mentalidad cuartelera, «lo cual me hizo pensar que este servicio tenía que haber sido organizado como se organizan las cosas en el ejército, es decir, de acuerdo con una burocracia muy estricta. Y esto me sugirió la idea de este pobre oficial al que un día le encargaron organizar este servicio. Así nació Pantaleón»[54].

Pero, mientras estaba escribiendo *Pantaleón y las visitadoras,* MVLL era reiterativamente interrogado por la novela que estaba escribiendo en esos momentos. «¿Qué son las visitadoras?», le pregunté intrigado en una ocasión, aunque vagamente intuía la respuesta. «Son las putas que el ejército ponía a disposición de la tropa en los destacamentos de la selva», me contestaba. Como el novelista hablaba de relato más que de novela imaginé que estaba escribiendo una novela corta, en la línea de *Los cachorros,* por ejemplo, un relato irónico que, seguramente, sería considerado como *obra menor* en el proyecto de *novela total* que MVLL perseguía. «Es muy divertida —añadía MVLL—, muy cómica». Esa afirmación me dejaba de piedra, sobre todo viniendo de un novelista que había hecho ascos del humor, adscribiéndose a la tradición de los escritores que odian el humor en la literatura porque —sostienen— la novela degenera, precisamente por el humor, en subproducto literario o, cuanto menos, en género menor.

«Fue la novela que me sirvió para descubrir el humor en la literatura, porque primero quise contar esta historia en serio, y me di cuenta de que era imposible, ya que esa historia, en serio, era increíble, nadie podía aceptarla. Y fue que descubrí que hay ciertas historias que sólo se pueden contar en una vena risueña»[55], confiesa MVLL. En efecto, con *Pantaleón y las visitadoras* los lectores y los críticos que había ganado MVLL en poco más de diez años de novelista descubrían la faceta prohibida, clandestina, casi reprimida de este novelista que fustigaba todos los mercadeos de la sociedad y del país en el que había nacido. Descubrían el humor. Pero no un humor ácido, virulento, más allá del sarcasmo y la comicidad. Todo lo contrario. El humor de MVLL en *Pantaleón y las visitadoras* es parecido al de los humoristas italianos, delirantes y sabios actores como Alberto Sordi, Ugo Tognazzi, por ejemplo, e incluso Vittorio Gassman y Marcello Mastroianni, cuando adoptan esos magistrales papeles en el cine o en el teatro. Un humor cuya comicidad, cuyo sentido grotesco reside fundamentalmente en la parodia de todo cuanto toca, pero que para llevarlo a cabo se necesita una distancia de los hechos suficiente para no ser el autor cómplice de lo que narra en ningún momento. MVLL puede decir que *Pantaleón y las visitadoras* es divertida, que se divirtió mucho escribiéndola, lo que es obvio en una lectura elemental de la novela. Pero, además, el humor vargasllosiano que se escenifica en el texto del relato proclama como característica fundamental la *distancia pasional* del autor —objetivo en esta obra narrativa más que en ninguna otra— de su propio hijo literario.

Uno de los primeros ejemplares de *Pantaleón y las visitadoras* me fue entregado por MVLL en Barcelona, en mayo de 1973. La sobrecubierta de ese ejemplar no es la misma que la de la edición que Seix Barral distribuyó en las librerías de España. Confieso que me impresionó entonces la reproducción del cuadro de Carlos Mensa titulado *Mono desnudo,* de la colección Rodríguez Aguilera. Sobre un fondo marrón, la figura de una mujer blanca, ajada, con profundas ojeras, distorsiona una sonrisa «profesional» en su rostro mientras termina de despojarse de su ropa. Casi desnuda, en su torso, entre sus dos brazos —cruzados sobre el cuerpo— y por encima del ombligo, sobresale el dibujo de la cara de un gorila, cuya mueca, surcada por las arrugas y una sonrisa más o menos grosera, es todo un *poema* brutal. La sobrecubierta fue retirada por la editorial, probablemente «por consejo» de la censura del momento, cuando ya el franquismo estaba en plena descomposición. Pero la reproducción del cuadro espléndido de Carlos Mensa no deja lugar a dudas: era toda una provocación antimilitarista usarla como sobrecubierta de *Pantaleón y las visitadoras.* Prudentemente fue cambiada por otra más amable y, al mismo tiempo, más ambigua y pacífica, más «tratable» para todos, para los militares, los gobiernos, los críticos y los lectores inmediatos de la novela. De modo que no creí entonces, ni creo ahora, que *Pantaleón y las visitadoras* sea una *novela de humor* o lo que se entiende tradicional y críticamente por ello. Es una novela que tiene como protagonista principal ese factor extraño de humor que llamamos sarcasmo, aunque en el caso de *Pantaleón y las visitadoras* la acritud característica de ese tipo de humor —el sarcástico— se esconde en la forma, en los procedimientos narrativos utilizados por el novelista: los informes militares sobre las *visitadoras,* el carácter del capitán Pantoja, la onomástica de los generales y los demás personajes del relato, esa especie de imposible clandestinidad que rodea el servicio patriótico, cívico y social que asume Pantaleón Pantoja porque se lo han ordenado, la obediencia debida al mando, la nomenclatura del servicio (SVGPFA, oficialmente; Pantilandia, popularmente), todo lo que hace que José Miguel Oviedo la defina como «una parodia del mundo jerárquico». Mientras que en el fondo, en el contenido del texto existe, sin duda, un tratamiento amable, cómico e, incluso, chistoso del episodio que da origen a la misma novela.

Así, los lectores de MVLL descubren un novelista distinto en *Pantaleón y las visitadoras;* sobre todo gracias al humor. Pero también es *diferente* porque, consciente o inconscientemente, MVLL abandona, por primera vez en su obra narrativa, lo que Carlos Fuentes había definido como «el afán totalizante de Vargas Llosa»[56]. Salvo la historia, relativamente oblicua, del Hermano Francisco (tal vez pariente literario del padre García, de *La casa verde,* con todos sus matices y variantes), todo el relato se centra en el vértigo servicial de Pantaleón Pantoja por cumplir las órdenes y la subsiguiente comicidad que genera cada uno de sus actos, hasta el punto de conseguir finalmente todo lo contrario de lo que el proyecto inicial —el servicio de las *visitadoras*— pretendía. Pantoja, como el teniente Gamboa de *La ciudad y los perros,* no entiende que el mando, la jerarquía militar, ordene el *teatro de operaciones,* pero sólo como *teatro,* como gesto, como apariencia. Al cumplir las órdenes a rajatabla estos oficiales cavan su fosa. Buscaban la medalla del héroe en campaña y ganan el desprecio del ejército, el destierro patético, el desenlace fatal de sus ilusiones castrenses. Servir, en definitiva, a la jerarquía militar implica para estos oficiales *serviles,* que cifran toda su actuación y horizonte en las órdenes recibidas del mando superior, un suicidio, «se los traga la selva» vertical de la jerarquía, parafraseando metafóricamente a José Eustasio Rivera. Pantoja es, de esta manera, un personaje novelesco de estirpe kafkiana, cuya contradictoria grandeza lo lleva a perderse en un destino menor, el que implica perder la razón precisamente por no pensar jamás que las órdenes que vienen del mando pueden implicar, en sí mismas, no sólo un contrasentido sino una locura cómica y grotesca.

Si el capitán Pantoja despierta poco a poco la ternura de los lectores, que entienden su papel con una sonrisa aunque —como el autor del relato— jamás le conceden complicidad subjetiva alguna, otro tanto ocurrirá con las mujeres de la novela, con las mujeres normales y con las «otras», el divertido infierno de las *visitadoras,* las mujeres de la vida que son militarizadas para levantar una bandera de servicio por la patria en las lejanísimas comarcas de la Amazonia. Ellas son las heroínas del «Servicio de Visitadoras para Guarniciones, Puestos de Frontera y Afines (SVGPFA)», que cobran una nueva vida —y nuevos nombres— en el momento de asumir tan alta misión no exenta de abnegación, sacrificio y amor a la patria. Se ha producido lo que José Miguel Oviedo llama la *subversión ética,* a través —fundamentalmente— del humor que MVLL desarrolla en todo el texto de la novela. Añade, además, estrambóticamente, de una manera exagerada e hiperbólica, un factor que en esta novela es fundamental: el tratamiento escatológico, grueso hasta la extenuación, en los términos y en los contenidos, que dan ribetes de cierto sentimiento despiadado por parte del novelista a la hora de dibujar determinados episodios y personajes. Ejemplo básico del lenguaje escatológico —con el gesto de la comicidad sarcástica desbordándose de las mismas frases, modismos y términos empleados en ellos— de *Pantaleón y las visitadoras* puede encontrarse constantemente en los informes militares —siempre secretos— que el capitán Pantoja envía a sus mandos naturales. Leamos parte de uno de esos «sesudos» estudios que Pantaleón Pantoja, capitán de Intendencia, titula Parte número uno:

... La señora Curinchila explicó al suscrito que, muy al contrario de lo que éste ingenuamente sospechaba, no es una mayoría sino una reducida minoría de clientes la que se contenta con una prestación simple y normal (tarifa: 50 soles; duración: 15 a 20 minutos), exigiendo los más una serie de variantes, elaboraciones, añadidos, distorsiones y complicaciones que encajan en lo que se ha dado en llamar aberraciones sexuales. Que entre la matizada gama de prestaciones que se brindan, figuran desde la sencilla masturbación efectuada por la meretriz (manual: 50 soles; bucal o «corneta»: 200), hasta el acto sodomita (en términos vulgares «polvo angosto» o «con caquita»: 250), el 69 (200 soles), espectáculo sáfico o «tortillas» (200 soles c/u), o casos más infrecuentes, como los de clientes que exigen dar o recibir azotes, ponerse o ver disfraces y ser adorados, humillados y hasta defecados, extravagancias cuyas tarifas oscilan entre 300 y 600 soles...[57].

Texto novelesco y, al mismo tiempo, *castrense* en el que la subversión de la ética desemboca en la comicidad pornográfica e hilarante del lenguaje utilizado por Pantaleón Pantoja. Texto donde, como en otras escenas y «partes» de la novela, aparece un novelista, MVLL, que se delata como un lector aficionado (e, incluso, adicto) de la literatura pornográfica, hermano mayor —en la realidad— del cadete Alberto, quizá parte de su *alter ego* de ficción, que vende novelitas pornográficas en el Leoncio Prado, en la novela *La ciudad y los perros.*

A pesar de esa apariencia grotescamente cómica que embadurna el texto de *Pantaleón y las visitadoras,* del sarcasmo subversivo de MVLL, algunos críticos han querido ver acertadamente que el personaje que dirige la operación de las putas amazónicas tiene, en el fondo, un estilo flaubertiano. Oviedo lo califica de «artista del deber», «perfeccionista del mundo jerárquico» al que sólo «le interesa ser un eslabón (un buen eslabón) de esa cadena» militar[58]. El mismo Oviedo cita un texto esclarecedor de Abelardo Oquendo, en el que el crítico explica que Pantoja «es víctima de su deber como el novelista lo es de su vocación», lo que enlaza directamente con la obsesión literaria de MVLL por Gustave Flaubert y su *discurso novelístico:* «... el modo de asumir esa misión que es ya no sólo su vida —escribe Abelardo Oquendo—, que es él mismo, que lo llena y lo recrea en cada oportunidad, lo asimila al arquetipo que Vargas Llosa postula para el escritor. Puesto en marcha, ya nada existe sino su obra; es ella la que dicta las leyes y él quien debe cumplirlas. Su entrega debe ser exclusiva y excluyente»[59].

En la época en que MVLL escribía *Pantaleón y las visitadoras,* recibí una carta del novelista peruano en la que me daba parte de una intervención quirúrgica que el doctor Javier Lentini, poeta, reportero y lúcido epicureísta contemporáneo, le había efectuado. El nombre de esa afección era tan desagradable como las consecuencias del sufrimiento que conlleva y como los terribles dolores del posoperatorio: hemorroides (vulgar y popularmente, almorranas). Siempre supe que ese problema era cosa de camioneros y de escritores empedernidos, algunos de los cuales habían escrito toda su obra de pie (el caso de Hemingway; o el más sospechoso de Karl Marx; sin olvidar el de Balzac) e, incluso, sentados en el excusado, en la mismísima taza del *water* (en español, retrete, nombre tan cacofónico como el de almorranas, a pesar de ser usado mucho más frecuentemente como palabra y objeto). Siempre supe, en fin, que —a pesar de las apariencias— era una enfermedad «literaria», por lo que no me extrañó demasiado que MVLL tuviera que ser intervenido por el poeta-proctólogo Lentini en medio de la *catarsis viciosa* que para él, para MVLL, representaba el acto solitario de escribir. Sí me sorprendí al conocer que Javier Lentini poseía una colección fotográfica de los culos de los famosos a los que había operado de hemorroides, un museo particular y profesional de los horrores por los que sus ilustres pacientes ofrecían su voluntad *posterior* al gran chamán que, sin duda, sanaría para siempre sus dolores. Y mucho más sorprendido quedé al leer en *Pantaleón y las visitadoras* que el mismísimo Pantaleón Pantoja sufría del mismo problema físico que su creador literario, precisamente por las mismas fechas en las que MVLL dedicaba todos sus esfuerzos a escribir la novela que llevaría el nombre de pila del oficial del ejército peruano y el de *visitadoras,* púdico sobrenombre dado por el Servicio a las putas de las guarniciones militares del Amazonas.

Simultáneamente a la redacción de *Pantaleón y las visitadoras,* la novela, MVLL escribía el guión cinematográfico de la película que llevaría el mismo título del relato. Vi la película en Lima, en julio de 1976, en un pase privado para los actores, el propio MVLL y algunos amigos que en ese momento lo acompañábamos. En un hospital de la avenida del Brasil agonizaba el general Juan Velasco Alvarado. Había toque de queda en Lima, ordenado por el Gobierno Militar del general Francisco Morales Bermúdez. Y, como era de esperar, no sólo se había prohibido rodar la película en todo el Perú (y en algún otro país latinoamericano) sino que también se prohibía la exhibición de la cinta cinematográfica. La película se filmó en la República Dominicana, bajo la dirección conjunta de José María Gutiérrez y el propio MVLL. Pero el resultado artístico y estético fue un fracaso. MVLL confiesa que tuvieron que hacer cambios en el guión, además de su inexperiencia cinematográfica. «Y, por otra parte, intentamos hacer una coproducción con actores españoles, mexicanos, dominicanos, peruanos y, al final, no dio resultado. Creo que es mejor que no hayan visto la película en el Brasil, porque no vale gran cosa.»[60] Ese trabajo simultáneo —el literario, estrictamente, y el cinematográfico, como guionista de la futura película— tal vez resiente en cierta medida el texto del relato novelesco de *Pantaleón y las visitadoras,* escrita íntegramente durante el tiempo en que los Vargas vivieron en Barcelona, cuando el escritor peruano pudo dedicarse, por fin, excluyente y exclusivamente al ejercicio de la escritura, si hacemos excepción de algunas clases y conferencias que daba en la Universidad de Bellaterra. O quizá —esa «bajada de tensión» en su teoría de la *novela total*— no es más que un espejismo, una mera apariencia de lectura, de un lector adicto a la novela de MVLL y a su *afán totalizante.* Hoy recuerdo que, en el momento de hojear el ejemplar de *Pantaleón y las visitadoras* que MVLL me había firmado en su propia casa, en Barcelona, en la calle Osio, le comenté mi sorpresa al ver la dimensión física de la novela. «Creía, por lo que me habías dicho, que era un relato mucho más corto», le dije. «Es terrible —me contestó—, hasta ahora me he sentido agobiado con las novelas que había escrito. *Pantaleón* ha sido un respiro. De aquí en adelante no escribiré novelas tan ambiciosas». Probablemente no había todavía imaginado que escribiría, algunos años más tarde, *La guerra del fin del mundo,* un resultado literario que surgió de un proyecto cinematográfico —un guión fílmico— que, unos meses antes, le había propuesto el director brasileiro Ruy Guerra y en el que, junto a los dos *Pantaleón* (el de la novela y el del *otro* guión), había estado trabajando «como un obrero» en la fructífera estancia en la ciudad Condal; tampoco seguramente había previsto escribir y publicar en el 2000 la novela *La Fiesta del Chivo,* un artefacto narrativo de gran madurez estilística.

En cuanto a *Pantaleón y las visitadoras* hay una segunda versión cinematográfica, dirigida por Francisco Lombardi, que se acerca mucho más al espíritu de la novela en continentes técnicos y en contenidos narrativos, y como resultado fílmico resulta muchísimo más atractivo y profesional que la cinta dirigida por José María Gutiérrez y el propio MVLL. En el año 1997, unos empresarios españoles —los Collado— nos comprometieron a Alfonso Ussía y a mí mismo para escribir una adaptación teatral de *Pantaleón y las visitadoras,* que se estrenó en Madrid ese mismo año en el Centro Cultural de la Villa. Esa puesta en escena fue dirigida por Gustavo Pérez Puig y resultó un completo fracaso: la adaptación era muy mala y la puesta en escena no mejoraba desgraciadamente nuestro proyecto. Como justamente correspondía a un trabajo tan deficientemente terminado, la crítica teatral se mostró inmisericorde y tiró a degüello sin ningún miramiento, en especial la aparecida al día siguiente del estreno en *El País* bajo el título de «Pantaleón y los adaptadores», firmada por Eduardo Haro Tecglen, cuya vida es en realidad un guión de una novela de terror que bien podría firmar el mismísimo Stephen King.

23. Autorretrato en vivo: *La tía Julia y el escribidor* (1977)

Tuve noticia de Julia Urquidi —la tía Julia— mucho antes de que se convirtiera en uno de los motores protagonísticos de *La tía Julia y el escribidor*. Quienes la conocieron en Barcelona alrededor de los primeros años sesenta recordaban a una mujer extraordinariamente llamativa, amable e, incluso, esplendorosa. Tanto Enrique Badosa como Carlos Barral o Juan García Hortelano mantuvieron siempre aquella visión, aunque fuera Barral el que, por motivos de cercanía, tuviera más relación con Julia Urquidi.

Uno de los períodos de la relación con los Vargas en la que estuve, por razones geográficas, más alejado de ellos fue la época en la que MVLL estaba escribiendo en Lima *La tía Julia y el escribidor*. Sólo hubo algunas llamadas telefónicas de larga distancia, desde Canarias a la capital peruana, y un viaje a Lima, en julio de 1976, cuando los Vargas estaban terminando las obras de su nueva casa, en Barranco, realizada por el arquitecto *Cartucho* Miró Quesada. En ese viaje, primero de los míos al Perú, recorrí Barranco a pie, con MVLL de anfitrión y guía. «¿Te vas a quedar para siempre en el Perú, Mario?», le pregunté mientras caminábamos por el barrio limeño que parece volcarse sobre el acantilado del océano Pacífico. MVLL sonrió. «Espero que sí», contestó con un cierto aire de convicción. Fue en ese viaje cuando el nombre de Julia Urquidi volvió a tomar para mí una determinada actualidad literaria. MVLL me habló del libro que estaba terminando de redactar, «un viejo proyecto, sobre un personaje central, un guionista de radionovelas», y se reía mientras me contaba algunas de las historias que luego aparecerían en la novela *La tía Julia y el escribidor*. Les confieso que uno de esos cuentos se me quedó grabado en la mente hasta el punto de iniciar yo mismo sobre esa historia un relato que no terminé porque lo vi en *La tía Julia y el escribidor,* con las variantes magistrales que incorporó a él MVLL a lo largo del proceso de creación. Se trataba de un personaje que tiene un accidente de automóvil y que pasa horas esperando que lo vengan a auxiliar. Cuando por fin oye pasos, cansado de la angustia y a punto de perder la esperanza en la vida, quienes acuden a él lo desvalijan en lugar de prestarle el socorro que estaba esperando.

Cuando salió a las librerías *La tía Julia y el escribidor* (1977) algunos críticos, *soi-disant* o diletantes de ocasión, vieron un nuevo motivo para hincar el diente a MVLL. El texto de *La tía Julia y el escribidor* seguía los pasos de *Pantaleón y las visitadoras.* No era, en definitiva y según ellos, una novela a la altura del «genio» que había escrito *La ciudad y los perros, La casa verde, Conversación en La Catedral* y la novela corta *Los cachorros. Pichula Cuéllar.* Leí *La tía Julia y el escribidor* con la fruición del adicto, acicateado además por algunas de las cosas que MVLL me había contado en aquel viaje al Perú, un año antes de aparecer la novela. Observé, como luego escribieron sus críticos más cercanos, que MVLL volvía a romper uno de sus tabúes, el humor como elemento literario y factor humano de la novela, del que había abominado hasta 1973, año de la publicación de *Pantaleón y las visitadoras.* Para entonces, en una de las conversaciones que tuvimos sobre la novela, le reproché a MVLL su teológica «batida» contra el humor en la novela, factor que —según él y otros escritores como él— había que rechazar «porque hace de la novela un género menor». «Eso te indica —me dijo tras mi reproche— que ni siquiera en literatura tenemos derecho a ser dogmáticos». Por un tiempo, y para una cierta *barriada estética* de nuestra literatura, MVLL dejó de ser considerado como un gran novelista para entrar en un período de revisión. Haber abandonado el tono sacralmente moral, casi de música wagneriana; olvidar el tono épico-dramático, de denuncia sociológica con todas sus implicaciones ideológicas; además, *dimitir* de la «seriedad» a la que nos tenía acostumbrados en sus novelas anteriores para descender incluso a la «chismografía» de su propia existencia, ¿no era una traición estética, ideológica, literaria y política? El caso es que, por un tiempo, MVLL dejó de ser

MVLL para transformarse en un personaje de sí mismo, más o menos el Varguitas que aparecía en *La tía Julia y el escribidor,* pariente, sin embargo y paradójicamente, del Zavalita de *Conversación en La Catedral.* Con el respeto debido a un escritor «mayor» ésa fue la revisión que, por ejemplo, llevó a cabo el poeta y crítico —al menos en esa ocasión— Félix de Azúa en su texto «La juventud de Mario Vargas (¿Varguitas?)», aparecido en *El País,* en Madrid, el 12 de octubre de 1977, recién publicada la novela.

De *La tía Julia y el escribidor* he hablado muchas veces con seguidores y amigos de MVLL, ellos mismos escritores. Y, aunque no todos estaban de acuerdo en los matices, confesaban que a la larga era una de las novelas que más les interesaba de las escritas por MVLL. ¿Por qué?, me preguntaba yo. ¿Qué misterio tiene este texto novelesco para ir ascendiendo en el interés de los lectores conforme avanzaban los años? Hoy sé que, junto a *Elogio de la madrastra, La tía Julia y el escribidor* es la más flaubertiana de las novelas de MVLL. ¿Qué es *Madame Bovary* sino un chisme de provincias elevado a la categoría de obra de arte literaria, hasta tal punto que para muchos escritores se ha convertido en una «novela de cabecera», de obligada y repetitiva lectura? La escritura, la literatura como género de vida, como «vicio» abrasivo, excluyente, exclusivo, absorbente, ¿no es lo que mueve los resortes respiratorios de ese personaje tan grotesco como dramático que MVLL transforma en paradigma bajo el nombre literario de Pedro Camacho en *La tía Julia y el escribidor?* Y él mismo, MVLL, Varguitas, ¿no es el adelanto y la adivinación del futuro de un novelista en sus años juveniles, una especie de «educación sentimental» a la que, inconscientemente, el novelista vocacional se somete «a la manera de los modelos, de los grandes escritores en los que cree»?

En realidad, *La tía Julia y el escribidor* sorprendió a la crítica literaria. Y a los lectores que MVLL se había ganado hasta el momento. El novelista había advertido de su intención de no escribir «novelas tan ambiciosas» como las que había publicado hasta 1969. Pero los más avanzados, leyendo entre líneas y sacando conclusiones nada apresuradas, se daban cuenta de que en MVLL había también «un proceso revisionista», interior y literario, exterior y político. Factores que para nada aparecían en sus textos novelísticos anteriores eran ahora fundamentales. Si *La casa verde* nos descubrió la tesis del *striptease* que, según MVLL, realiza todo novelista cuando escribe una novela, *La tía Julia y el escribidor* podía ser considerada, en todos los sentidos (*ma non troppo,* por supuesto), es decir, añadiendo unos granos gruesos de ironía a lo cocinado, como un desnudo integralmente obsceno, donde cada movimiento de la autobiografía de Varguitas podía ser mirado por el ojo inquisitivo de los lectores. Pero, digámoslo de una vez, *La tía Julia y el escribidor* era, sobre todo, una novela divertida, sumamente entretenida, hasta la caricatura literaria y en la frontera «argentina» de la cursilería, variante de lo que los peruanos, y sobre todo los limeños, llaman huachafería[61]. Novela con *happy end* (¿es esto serio?, se preguntaban con el gesto adusto «los buscadores de oro puro» en la novela contemporánea), *La tía Julia y el escribidor,* amén de un *desnudo* sentimental demasiado evidente, era, también, una pequeña traición. O una traición grande y sacrílega.

José Miguel Oviedo, crítico y biógrafo «oficial» de MVLL, catalogó la novela como un «autorretrato en clave». Y no se equivocó. «Aunque en toda su obra se presenta esta ceremonia exhibicionista, esta pasión por contarse al mismo tiempo que cuenta una ficción nunca ha sido tan notoria, tan rigurosamente íntima como en *La tía Julia y el escribidor...* no sólo porque la mitad de la novela es un recuerdo de un episodio de la vida juvenil del escritor (su primer matrimonio, recordado con pelos y señales, con nombres propios y precisiones indiscretas), sino porque aun la otra mitad del relato, la que presuntamente debía ocurrir en el nivel irreal y exagerado del melodrama radial, es la antípoda de lo autobiográfico, es también un fragmento oblicuo de esa vida, un catálogo de obsesiones y perversiones que invaden toda la novela, haciendo de ella, en su conjunto, la primera narración de Vargas Llosa cuyo hilo subterráneo es el del escritor escribiendo, escribiendo la ficción de su vida, escribiendo una vida en la ficción.»[62]

Hoy sabemos, además, que gracias a su *matrimonio* con la *tía* Julia, MVLL fue en un tiempo *tío político* de su *actual mujer,* Patricia Llosa, que es además su *prima hermana;* que su actual *suegro,* Luis Llosa, fue en un tiempo —cuando estuvo casado el novelista con Julia Urquidi— su *concuñado,* porque entonces era *cuñado* de la *tía* Julia, que a su vez es *tía carnal* (¡qué adjetivo!, ¿no?) de la actual *esposa* del novelista, la *prima* Patricia (que aparece en las últimas páginas de *La tía Julia y el escribidor*), porque la actual *suegra* de MVLL no sólo es la *hermana* de la *tía* Julia, sino también la *madre* de Patricia y, por tanto, la *abuela* de los *hijos* del novelista. Así, las dos mujeres de MVLL han sido diacrónicamente *esposa, tía* y *ex esposa* (Julia Urquidi); y *prima hermana, esposa* y *madre* de sus hijos (Patricia), rabelaisiana consanguinidad sin salirse de esa tribu humana que llamamos «familia» y que, en la literatura de MVLL, ocupa —así como en su vida— un papel fundamental. Se entenderá de esta forma mucho mejor el epígrafe que MVLL colocó al principio de su novela, un texto sacado de *El grafógrafo,* del mexicano Salvador Elizondo, y que nos acerca a lo que John Updike llama «vicio de escribir», definido por el novelista norteamericano como una «adicción, una liberación, un presuntuoso intento de domar la situación, una forma de expresar con ligereza lo insoportable. Envejecer y dejar tras nosotros estos restos de los muertos, irrecuperables, es al mismo tiempo intolerable y la cosa más vulgar del mundo: a todos les ocurre... Escribir, al aligerar el mundo —codificándolo, distorsionándolo, embelleciéndolo, verbalizándolo—, es casi como blasfemar»[63], definición que es también pariente cercanísima y consanguínea de la pasión de MVLL, *une bête à écrire,* epíteto mucho más feliz que todas las diferencias teóricas y universitarias que haya podido «codificar» en sus *Essais Critiques* el escritor francés Roland Barthes.

No voy a estar de acuerdo con los críticos y estudiosos que, amparándose en teorías universitarias, desplazan a Pedro Camacho, el escribidor, a la categoría humorística de la caricatura. Pedro Camacho es, en realidad, la sombra literaria (y autónoma, al mismo tiempo) de Raúl Salmón, un radiofonista que MVLL conoció en los oscuros días de su juventud en

Lima. Tengo para mí que, incluso, MVLL comenzó a escribir la novela dándole como nombre al personaje literario, Pedro Camacho, el de la *realidad real,* Raúl Salmón, al que entonces se había perdido de vista. Fue precisamente a raíz de unas declaraciones de MVLL sobre la novela que estaba escribiendo entonces cuando reapareció la voz y la sombra del frenético hombrecillo literario al que MVLL había prestado tanta atención en su juventud que se convirtió en uno de sus demonios personales. Desde Bolivia (¡otra vez Bolivia, y siempre Bolivia, en la vida de MVLL!), el verdadero Raúl Salmón, es decir, Pedro Camacho en carne y hueso, amenazó a MVLL con denunciarlo si usaba su nombre en la novela y aprovechaba para advertir al famoso novelista de que sacaría a la luz algunos oscuros episodios de la vida de Varguitas que serían un verdadero escándalo: sus pretendidas aventuras homosexuales (¡!). José Comas ha explicado en *El País* las raíces verídicas y reales de Pedro Camacho, es decir, Raúl Salmón, ya fallecido, que llegó a ser en un tiempo alcalde de la ciudad de La Paz, el mismo personaje que, transformado por la literatura en modelo de escribidor, odiaba a los argentinos, razonable motivo por el que la dictadura del general Videla prohibió durante algunos años la circulación y aun la lectura de *La tía Julia y el escribidor.* Más que odio, lo que supura Pedro Camacho contra los argentinos es una especie de desdén, un sentimiento superior, cuyo origen no estaría solamente en las relaciones sentimentales con alguna de sus mujeres, sino también en el conocimiento despreciativo de aquella malvada *boutade* atribuida a Jorge Luis Borges: «Argentino que piensa en indio se convierte en boliviano...».

Ecce homo: Era un ser pequeñito y menudo, en el límite mismo del hombre de baja estatura y el enano, con una nariz grande y unos ojos extraordinariamente vivos, en los que bullía algo excesivo. Vestía de negro, un terno que se advertía muy usado, y su camisa y su corbatita de lazo tenían máculas, pero, al mismo tiempo, en su manera de llevar esas prendas había algo en él de atildado y de compuesto, de rígido, como en esos caballeros de las viejas fotografías que parecen presos en sus levitas almidonadas, en sus chisteras tan justas. Podía tener cualquier edad, entre treinta y cincuenta años, y lucía una aceitosa cabellera negra que le llegaba a los hombros. Su postura, sus movimientos, su expresión parecían un desmentido mismo de lo espontáneo y natural, hacían pensar inmediatamente en el muñeco articulado, en los hilos del títere.[64]

Ecce Pedro Camacho. ¿Es Raúl Salmón pasado por la voluntad literaria y disciplinada de un Flaubert criollo, *une bête à écrire,* que soñó desde que era Varguitas en convertirse en un *alter ego* de los novelistas que más admiraba? Observando las últimas fotografías de Raúl Salmón no podemos encontrar demasiados parecidos entre el personaje retratado por MVLL y el que nos devuelve la realidad. Pero tal vez ése es el elemento flaubertiano que MVLL ha introducido en su novela para «trucar», como un deicida, la realidad en literatura, parte de esa verdad de las mentiras —o la mentira de esa verdad a medias que siempre es la realidad—, necesaria siempre para transformar la realidad real en realidad ficticia, en novela.

Raúl Salmón no armó ningún escándalo al publicarse *La tía Julia y el escribidor.* Hasta sus últimos momentos dijo que él no se reconocía en Pedro Camacho. MVLL insistió una vez más en ese criterio transformado por él en una constante práctica: que todas las novelas que escribe tienen un fondo de realidad, han surgido de esa realidad que marca la novela realista, aunque en el proceso de creación literaria intervienen *siempre* factores irracionales que no sólo enmascaran sino que *matan* a los personajes reales, de los que ha sido sacado el retrato del personaje de la novela, en personajes de ficción, inventados por el novelista, que cobran una dimensión distinta y autónoma, solamente literaria. La aventura de Pedro Camacho, tal como la describe MVLL en su *desnudo integral,* es en el fondo una aventura literaria. Él se cree un gran escritor, un caballero medieval cuyo torneo con la vida, cotidianamente, se sitúa fuera de las coordenadas de las personas comunes. Camacho es un escritor —un escribidor— que vive *solamente* pendiente de las «historias», los relatos y los cuentos fantásticos (aunque sacados de la realidad de su imaginación contradictoria y febril). Ésa es su vida, porque desde el principio del relato de MVLL su entrañable personaje crece desaforadamente hasta convertirse en un loco para el que la ficción está llena de contenido real y para el que la realidad no tiene gran valor, precisamente porque carece de fantasía, carece de *palabras,* de «historia», hasta que el escritor —el escribidor— la transforma en esa realidad inasible en la que Pedro Camacho se envolvió hasta volverse loco. ¿No es Pedro Camacho, observado así, una especie de aventurero que recorre su vida como don Quijote recorrió a lo largo de la inmensa novela de Cervantes un territorio ficticio —el cervantino— que conocemos geográficamente por La Mancha? Tengo para mí que la locura de Pedro Camacho es semejante a la de don Quijote. Alonso Quijano enloquece de tanto leer novelas de caballerías. Recupera su cordura sólo cuando deja de reconocerse en el caballero andante que dio lugar a la novela. Es decir, metafóricamente, vuelve a la realidad. Añadamos a estos datos la adicción de MVLL por las novelas de caballerías, especialmente por *Tirant lo Blanc,* en donde lo importante —según el propio MVLL— es la forma de esa otra realidad —*el elemento añadido*— ficticia y literaria que cobra sustancia de realidad fantástica. No importa que los personajes mueran en cualquier batalla. Ni siquiera importa para Joanot Martorell que en una página cualquiera aquel personaje muerto en las páginas anteriores reaparezca con la cabeza en su sitio, en un nuevo episodio en el que es más interesante el *torneo* con la realidad que la verosimilitud real de la misma historia. En el pleito que Martorell lleva a cabo, entre la realidad y la ficción, MVLL escribe que el escritor valenciano «transparenta ya, de manera flagrante, la supremacía absoluta que las palabras han tomado sobre los actos en este asunto, el predominio total de las formas sobre los hechos. O, más exactamente: el divorcio que se ha establecido entre las palabras y lo que expresan»[65]. Cuando la palabra alcanza esa «desatinada libertad», no sólo se ha emancipado de su contenido —como asegura MVLL—, sino que entra de lleno en el terreno de la ficción literaria. La locura de Pedro Camacho en *La tía Julia y el escribidor* tiene la misma génesis que la de algunos caballeros andantes, variante de la revelación que sufre el soldado herido que, encerrado con el solo juguete de una biblioteca con libros sólo de vidas de santos, termina por transformarse en san Ignacio de Loyola; la misma que echa a andar a don Quijote de La Mancha por los predios intemporales de la literatura universal.

Ecce Gustave Flaubert cuando, ante el pelotón de sus acusadores, sacando de la realidad el suceso del que se le acusa, distingue la realidad a la que se refieren sus acusadores de la ficción que encierran las páginas de su magistral novela: *Madame Bovary c'est moi,* dirá entre arrogante y divertido el «idiota de la familia», el novelista Flaubert, cuando es preguntado por la identidad de su heroína. ¿Quién es don Quijote? «Soy yo», contestaría hipotéticamente el ingenioso hidalgo Miguel de Cervantes Saavedra. ¿Quién es Pedro Camacho? *C'est moi,* podría igualmente haber contestado MVLL ante un hipotético pelotón de fusilamiento que hubiera encontrado ciertos indicios de culpabilidad (esa *culpabilidad moral* que para los policías de la historia real es un peligro cuando se transforma en buena literatura) en *La tía Julia y el escribidor.* ¿Acaso no queda fascinado Varguitas ante la deslumbrante y vital actuación cotidiana de Pedro Camacho, el guionista radiofónico que todo lo ordena, cada minuto de su vida, cada nervio de su energía, en función de lo que escribe, de las locuras en las que la realidad cobra visos de ficción loca para, dos o tres capítulos adelante, encontrarse de nuevo con una esquina de la realidad de la que partió la misma locura de Camacho, en una efervescencia, constante y evanescente, en donde las fronteras de la lucidez pueden hallarse mirándose al espejo de la ficción, escrita, hablada y creada por el escribidor? Preguntado de otra manera, ¿no había encontrado en el hoy lejano Raúl Salmón el ahora famoso novelista MVLL al primer escritor profesional que se tomaba en serio toda su vida precisamente a través de lo que escribía, precisamente un escritor profesional, deformado por la profesionalidad en el caso de Raúl Salmón, a la manera en la que MVLL joven soñaba vivir en el futuro, cuando marchara a Europa? *Ecce* Varguitas: «Le conté toda mi vida [a Julia], no la pasada sino la que tendría en el futuro, cuando viviera en París y fuera un escritor. Le dije que quería escribir desde que había leído por primera vez a Alejandro Dumas, y que desde entonces soñaba con viajar a Francia y vivir en una buhardilla, en el barrio de los artistas, entregado totalmente a la literatura, la cosa más formidable del mundo»[66].

Doy un salto en el tiempo. Intento salir de la literatura por un momento. Veo una vez más el vídeo del programa *El novelista que puede ser presidente,* realizado por Paul Yule y Andy Harries para la BBC, cuando MVLL había hecho ya pública su candidatura a la presidencia de la República del Perú. Detengo una y otra vez la cinta. Observo con detalle a Julia Urquidi paseando, tal vez, por su residencia en La Paz. Vive sola en la capital boliviana, tras un tercer matrimonio que también acabó en divorcio. Camina delante de la cámara. Al fondo, La Paz, una ciudad aparentemente tranquila levantada en un valle del altiplano andino. Julia Urquidi vive en su país, el país también de Raúl Salmón, el país del escribidor, el país de Pedro Camacho. «Imagínate —dice la señora Urquidi Illanes mirando a la cámara—, el muchacho engreído, el cerebro de la familia, se casa con una mujer diez años mayor y divorciada. No era lo mejor para toda la familia. Sobre todo mi suegro —y la señora Urquidi endurece el rostro al recordar— reaccionó de una forma muy, muy violenta. Quería matarme, me sacó del Perú y me exilió en Chile. A Mario lo hizo fichar en la policía para que no pudiera seguirme». En ese momento interviene MVLL, tal vez en su apartamento de Londres. Muestra una sonrisa muy propia del novelista que es característica de su personalidad, ya madura y reflexiva: «El matrimonio duró muchos años. Me enamoré de ella inmediatamente. Ahora pienso que resultó una experiencia maravillosa», dice y asiente con el gesto, sin dejar de sonreír. Regresa a la imagen la señora Urquidi Illanes. Ya debe ser una mujer de sesenta años largos, pero nunca abandonó esa prestancia, la clase personal de la que me habían hablado cuantos la conocieron hace ya casi cuarenta años. Recuerda su vida en París con un MVLL que escribe su primera novela, a finales de los años cincuenta. «Él trabajaba en París de noche y de día —dice, y la señora Urquidi relaja su gesto— y en la noche escribía, así estuviera bien o mal escribía. Es muy disciplinado, muy perfeccionista», afirma antes de abandonar la escena. No cabe duda de que, a grandes rasgos, retrata a MVLL. Y a Varguitas.

Cuando salió a las librerías *La tía Julia y el escribidor,* MVLL escribió una carta a Julia Urquidi y le envió conjuntamente un ejemplar de la novela. Según el propio MVLL, la tía Julia le contestó agradeciéndole el gesto. Pero, tiempo más tarde, probablemente a raíz del «culebrón» que de la novela hiciera la televisión colombiana (donde un joven escritor era prácticamente seducido por una mujer mucho mayor que él), la señora Urquidi cambió de postura. Se habló de proceso judicial, incluso. «No llegó a ser un proceso —contesta MVLL a Ricardo A. Setti—. Nosotros habíamos tenido una relación muy bonita, y yo le guardaba mucho cariño, porque fue una persona que me ayudó mucho, me estimuló mucho en mi trabajo de escritor, y ésa es la razón por la que le dediqué la novela. El primer ejemplar de la novela se lo envié a ella con una carta muy cariñosa, y ella me respondió con otra carta, también bastante cariñosa. Pero luego, desgraciadamente, hubo gran curiosidad periodística, no siempre bien orientada, muchas veces amarillista, chismográfica, morbosa. Yo tengo la impresión de que eso fue lo que la irritó, la exasperó. Entonces cambió enteramente de actitud y... bueno, por desgracia comenzó toda una campaña periodística de gran hostilidad, incluso ha publicado un libro. Éste fue el peor resultado que ha tenido *La tía Julia:* el haber malogrado esa relación, que hasta entonces era cordial»[67].

El libro al que se refiere MVLL apareció en La Paz, Bolivia, en 1983, bajo el título *Lo que Varguitas no dijo.* Es un alegato de Julia Urquidi en su propia defensa. Narra la versión de los hechos que se relatan en los capítulos de *La tía Julia y el escribidor* que pertenecen a la vida privada de Varguitas y la tía Julia, la de la novela. Julia Urquidi Illanes escribe *Lo que Varguitas no dijo* sólo como documento. No creo que nadie que haya leído el libro pueda sostener que posee un valor literario intrínseco. Es un texto nervioso, deshilachado, tenso y, hasta cierto punto, resentido. Tengo para mí que no podía ser de otro modo. Y confieso que leí el libro, *Lo que Varguitas no dijo,* con la misma fruición de adicto con que leí *La tía Julia y el escribidor,* sin saber dónde realmente empezaba la ficción y dónde finalmente terminaba la realidad. Es decir, para mí los personajes de esta historia se habían convertido en protagonistas de una ficción «totalitaria», parte de esa *novela total* que persigue MVLL como novelista. Leyendo las páginas de *Lo que Varguitas no dijo* palpaba la ficción de MVLL en los bajos más profundos de la confidencia. *Ecce* el joven Vargas Llosa, luchando por convertirse en quien había soñado. Hasta tal punto que, amén del morbo añadido como elemento vertiginoso a la lectura del texto de Julia Urquidi, lo que más me interesó del libro fueron las cartas de MVLL que la autora del libro reproduce en sus páginas. ¿No es parte de ese Flaubert fantasmal y obsesivo que se aparece en la mente de MVLL como si fuera una sombra familiar? Por las razones que sean, *Lo que Varguitas no dijo* no ha vuelto a ser publicado. Existen muy pocos ejemplares del libro y quienes poseen alguno de ellos afirman haberlo leído pero no tenerlo ya en su biblioteca. Yo tampoco lo tengo. Lo leí cuando Heberto Padilla me dejó un ejemplar un par de días. «Es parte de la educación sentimental de un escritor. Por eso es interesante. Te lo presto para que lo leas», me dijo el poeta Padilla. Comentario que, sin duda, servirá solamente para que, de nuevo, vuelva a perderme en la realidad y la ficción de esta historia tan rocambolesca como el matrimonio del joven Varguitas con la tía Julia de la novela. O de la realidad.

Lo realmente cierto es que todavía permanece inédito *otro* libro de Julia Urquidi sobre MVLL y su relación, sobre *La tía Julia y el escribidor.* Ése es, al menos, el testimonio de Ramón Serrano, agente literario, escritor y periodista. De ese libro tuve noticia editorial siendo yo director literario de Argos Vergara, en Barcelona, hacia 1981. Una mañana recibí la llamada de Enrique Cerdán Tato, un novelista español, combativo, comunista a pecho descubierto y excelente persona. Me dijo que le habían propuesto desplazarse a La Paz por algún tiempo. Se trataba de ayudar a escribir un libro a Julia Urquidi Illanes, «la tía Julia de la novela de Vargas Llosa», me dijo. Le financiaban el viaje, la estancia, los gastos y, además, le daban una cierta cantidad de dinero, muy a tener en cuenta en esa época y siempre. «Por el trabajo», me dijo Cerdán Tato. Le aconsejé que no lo hiciera, que no valía la pena, porque —sobre todo— no añadía nada a su vocación de novelista. Cerdán Tato decidió ir a La Paz. Unos meses más tarde, apareció en mi despacho editorial Ramón Serrano. Traía el original de *Lo que Varguitas no dijo,* escrito por Cerdán Tato y firmado por Julia Urquidi. Traía, además, obras de Manuel Scorza y de «quien va a ser el próximo ministro de Asuntos Exteriores socialista», Fernando Morán. Lo miré con seriedad luego de dejarlo que me expusiera la posibilidad de editarlo en Argos Vergara. «Comprenderás que yo soy el único que no puedo editar este libro», le contesté sin echar un vistazo mínimo al original de Julia Urquidi. «Lo sabía, pero mi obligación como agente literario es correr el original por las editoriales que más nos convengan.» Estuve de acuerdo con él. Y él conmigo. De modo que se llevó no sólo el original de *Lo que Varguitas no dijo,* sino los libros reeditables de Fernando Morán y las novelas —reeditables también— de Manuel Scorza, algunas de las cuales fueron luego recuperadas por la dirección editorial de Argos Vergara y publicadas en ese sello ya desaparecido.

Hasta hace más o menos un par de años pensé que el libro que había leído bajo el título de *Lo que Varguitas no dijo* era el texto que Cerdán Tato había ayudado a escribir a Julia Urquidi. «Es otro —me dijo Ramón Serrano sacándome de mi error—. Lo tengo yo, y es el bueno, el de Cerdán Tato». Este texto, inédito todavía, era una conversación entre Cerdán Tato y la señora Urquidi Illanes, transcrito de cintas magnetofónicas que —según Ramón Serrano— obran en poder del propio Cerdán Tato. ¿Qué había pasado para que se hubiera producido esa duplicidad de textos? «Lo que apareció con ese título, *Lo que Varguitas no dijo,* no sé quién lo escribió, ni quién, en todo caso, ayudó a Julia Urquidi a escribirlo», me contestó Ramón Serrano. «Lo que ocurrió con el nuestro, con el que Cerdán Tato escribió, es que Julia Urquidi no estuvo de acuerdo con los resultados. Me imagino que, entonces, decidió publicarlo en otra editorial. Desde luego, para la editorial boliviana que nosotros hicimos el proyecto no pudo ser, porque el mismo proyecto editorial fue sólo eso, un proyecto. Jamás vio la luz», me dijo Ramón Serrano. No he podido constatar con Cerdán Tato los detalles de este asunto rocambolesco entre la tía Julia —verdadera o falsa— y MVLL, sea Varguitas su sombra juvenil o simplemente ese demonio familiar que cada escritor lleva dentro, el mismo que en pedazos de nuestros propios recuerdos se va rompiendo con los años, lo que John Updike llama «restos de los muertos, irrecuperables».

La tía Julia y el escribidor sigue siendo una *piedra de toque* en la literatura novelesca de MVLL. Algunos críticos y novelistas han añadido, además, otras connotaciones al texto y la primigenia intención del autor de la novela. No sólo es una novela con *happy end* —al menos para uno de los protagonistas fundamentales, Varguitas o MVLL—, sino que también tiene características de novela rosa, ese subproducto literario excesivamente menospreciado por la crítica literaria al uso. De sobras es conocido, sin embargo, el aprecio que MVLL tiene por Corín Tellado, leidísima escritora de novelas rosa y, desde luego, de «culebrones» radiofónicos y televisivos, comparables a los del personaje de ficción llamado Pedro Camacho. El propio MVLL entrevistó a Corín Tellado en su casa de Gijón para el programa dirigido por él en la televisión peruana, *La torre de Babel*. Corín Tellado diría, más en serio que en broma, en un reciente programa de televisión que «Vargas Llosa vino a verme porque no entendía por qué yo vendía tantas novelas y él tan pocas», lo que no deja de ser una ingeniosa respuesta, propia sin duda de quien ha dedicado toda su vida a escribir novelas de amor, melodramas lacrimosos que, sin embargo, hacen las delicias cotidianas de lo que Montaigne llamaba «el hombre del común». Tanto MVLL como el novelista cubano-británico (parece una contradicción, pero no lo es; parece una broma de ficción, pero es toda una realidad) Guillermo Cabrera Infante han mostrado en muchas ocasiones su aprecio por Corín Tellado. Y aquí, a mi entender, vuelve a salir la sacralización flaubertiana que siempre sedujo a MVLL: todo lo que se dispone en la vida se dispone en función de lo que se escribe.

El catedrático y crítico literario Andrés Amorós, uno de los más profundos estudiosos de la novela rosa, haría alusión a *La tía Julia y el escribidor* en algunas conferencias y escritos. «Creo —le oí decir una vez, con motivo de la Semana de Autor en homenaje a Manuel Puig (ICI, Madrid, 1990)— que Vargas Llosa no habría escrito *La tía Julia y el escribidor* si no hubiera leído, también, a Manuel Puig», afirmación que, a la muerte del notable novelista argentino, volvería a recordar el propio Cabrera Infante desde —según él, y no deja de ser una *boutade* inteligentemente «infernal»— Londres, Primer Territorio Libre de América Latina. Quizá las afirmaciones de Amorós y Cabrera Infante sobre *La tía Julia y el escribidor* forman parte de ese universo exagerado al que nos adscribimos con suma facilidad los escritores de novelas y sus críticos, sobre todo los que tenemos una cierta tendencia al pantagruelismo y a la *boutade* hiperbólica. Pero es cierto que *La tía Julia y el escribidor* posee un parentesco cercano con algunas de las novelas de Puig, especialmente con sus primeros títulos —*The Buenos Aires Affaire* y *Boquitas pintadas,* por ejemplo—, aunque ese flaubertismo camuflado, disfrazado, carnavalesco, del que la novela de MVLL se encuentra impregnada no está, a mi modo de ver, en ninguna de las motivaciones que hicieron que Puig escribiera esas novelas tan desbocadas, locas, espléndidas de provocación y ejecución. Sí me atrevo a afirmar que la novela rosa, con visos de autobiografía, melodrama y cotidianidad nostálgica, está presente en *La tía Julia y el escribidor,* siquiera de una manera inconsciente, como un elemento más, añadido a las características del proyecto literario y su resultado final.

Varias versiones de *La tía Julia y el escribidor* han sido llevadas a la televisión y al cine, con variada suerte. Pero todavía hay productores, directores y guionistas que están estudiando el texto de esta novela *ejemplar* de MVLL, la novela de Varguitas, la del escribidor Pedro Camacho, la de la tía Julia —la misma u otra distinta a la que escribió *Lo que Varguitas no dijo*—, la novela de la que el más profundo y literario estudioso de la obra y la personalidad de MVLL diría que «se mueve en ese preciso margen en el que el escritor ya no habla en sus libros, sino que sus libros hablan por él»[68].

24. El regreso a la novela total: *La guerra del fin del mundo* (1981)

Antes de conocer a Ruy Guerra, MVLL no había oído hablar de Canudos. Era, en todo caso, un mundo lejano, irreconocible, que no le correspondía. Para el novelista el fundamento de la memoria literaria se fragua a través de una lenta digestión de los recuerdos que, alguna vez, fueron su propia experiencia. Con *La guerra del fin del mundo* MVLL entraba en un universo desconocido, que tocaba a tientas, documentándose con cientos de informes, artículos, noticias de la época y, desde luego, con la polémica y el debate surgidos en Brasil después de la revuelta de Antonio Consejero. Al acometer la escritura de *La guerra del fin del mundo,* el novelista peruano incurría nuevamente en contradicción. Él había dicho, cuando terminó *Conversación en La Catedral,* que, en cierto modo, desistía de su ambición, de esa persecución terrible y angustiosa de la *novela total.* Afirmó que sus proyectos literarios, sus relatos y novelas, serían desde entonces (y estábamos en 1969) menos ambiciosos, menos amplios, más a flor de superficie. Había afirmado también que a él, como escritor, como novelista, sólo le interesaba el Perú, su país, y hasta el momento de la escritura de *La guerra del fin del mundo* todas las narraciones que escribió fueron precisamente sobre el Perú. A estos dos elementos, que rompían dos determinaciones suyas (volvía a la *novela total* y, además, escribía una historia de un país que no era el suyo, Brasil), hay que añadir dos dificultades enormes: el territorio, la escena del relato era una especie de desierto que sólo existía, para MVLL y en el momento de retomar el *tema* para llevarlo a la novela, en los mapas, en la lectura de los informes y documentos y, naturalmente, en su imaginación; y, además, los personajes que se movían en ese territorio hablaban una lengua que no era la suya, y tampoco la de la inmensa mayoría de los personajes que poblaban todos sus anteriores relatos y novelas.

MVLL ha definido la historia de Canudos —hoy en el fondo de la laguna, geográficamente hablando— como una historia llena de historias; una historia central —la que marca la insurrección de Consejero en Canudos— que desarrolla en su interior, y con ramificaciones, cientos de historias que, como confirma el propio novelista, podrían transformarse en su globalidad en una historia totalizadora e interminable. Nuevamente MVLL se encuentra, en el proyecto del relato de *La guerra del fin del mundo,* con esa angustiosa situación que genera la creación de una novela: el crecimiento desorbitado de los materiales y el método a emplear para sujetar, domar, situar, articular y jerarquizar a cada uno de los elementos y personajes utilizados para la ficción. De modo que, como con *La casa verde* o *Conversación en La Catedral,* el novelista tuvo que dar por terminada la novela, *La guerra del fin del mundo,* antes de que la novela y el trabajo desorbitado que ella generaba acabaran con él, con el novelista, con MVLL.

La guerra del fin del mundo no sólo es una historia múltiple sobre una historia, sino también un libro —una novela— de un libro —de un relato documental y sociológico—, tal como escribe José Miguel Oviedo. La causa remota de *La guerra del fin del mundo* es la lectura de ese libro, *Os Sertões,* de Euclides da Cunha, que llega a manos de MVLL porque Ruy Guerra quiere que el peruano escriba un guión —trabaje con él como coguionista— para una película sobre la revuelta de Canudos. Originariamente ese guión se llamó *La guerra particular* y, luego, *Los papeles del infierno.* Pero la película, como quedó dicho en capítulos anteriores, nunca se hizo. Flotando en la memoria herida del novelista quedó todo un material, un mundo en desorden que comenzó a interesar más allá de la mera información al escritor. Ese primer encuentro con Canudos lo tiene MVLL en 1973, mientras reside en Barcelona y escribe *Pantaleón y las visitadoras.* La historia, frenética e hipnótica, la ha escrito Euclides da Cunha, en 1902, y se titula *Os Sertões.* Pero, quede claro desde ahora porque —además— en ello ha insistido más que nadie el propio MVLL, no es una novela, sino un documento histórico, sociológico y político. Eso sí, de incalculable valor documental, periodístico y antropológico.

Canudos comenzó a ser Historia de los hombres gracias a Antonio Vicente Mendes Maciel, un carismático líder religioso, sectario y fanático, llamado *O Conselheiro,* el Consejero. Estamos a finales del siglo XIX, entre 1893 y 1897, en una zona lejanísima, situada en el noroeste del Brasil, en el Estado de Bahía, en un desierto cuya región recibe el nombre de Canudos. La República del Brasil ha sido proclamada en 1889 y, como escribe Oviedo, «la República quería ir más allá: soñaba con un Brasil moderno, progresista, civilizado, unificado»[69]. Ya no hay esclavitud, abolida años antes por la misma monarquía (1885) y ante el Brasil del futuro inmediato se abre el mundo, la gloria y la utopía de la modernización. Caldo de cultivo para cualquier tipo de experimentación, la inmensidad del Brasil, atractivo e interminable como la novela que el propio MVLL se apresta a escribir con ese material épico de *Os Sertões,* se extiende en la amalgama de deseos, ambiciones y tribalismos del hombre. Cuando surge el Consejero, el mundo librepensador y progresista establece un diálogo, un debate consigo mismo. Y resuelve. Se trata de un regreso al pasado, a los orígenes tribales y primitivos del ruralismo brasileiro, la incultura, la miseria y ese aspecto a veces peligrosísimo del alma humana que desencadena el fanatismo religioso con la fórmula política y belicosa. Todo lo que para la República es adelanto —la flexibilización de las leyes, el sistema fiscal, la primacía del Estado sobre los poderes eternos, hasta entonces, e intocables de la Iglesia— para el Consejero y sus seguidores, empezando por los yagunzos, es un sacrilegio que se debe pagar con la muerte, un signo de debilidad que, con la ayuda de Dios, tendrá que ser eliminado por los fuertes —ellos, los sublevados, los primitivistas, los religiosos hasta el fanatismo— de la faz de la tierra. Como verán, hablamos de una variante latinoamericana de una corriente religioso-política muy de moda en nuestros tiempos modernos: el fundamentalismo, el integrismo, el fanatismo anclado en las tradiciones más obsoletas; en la mentira ideológica, religiosa y política, que ha generado y genera en todas partes ruina, muerte y destrucción, desde las instituciones inquisitoriales de la España medieval hasta los movimientos terroristas islámicos, en pleno final del siglo XX y comienzos del XXI, y americanos, el más conocido de los cuales es sin duda Sendero Luminoso, no por casualidad nacido en el Perú.

La guerra que la República lleva a Canudos es la lucha de la modernidad contra el primitivismo. Pero lo que parecía un paseo militar, una batalla desigual que acabaría en muy poco tiempo, se transforma en una obsesión civil y militar en todo el Brasil. Sólo después de un terrible asedio y tras el envío de cuatro expediciones militares cae Canudos, para vivir de aquí en adelante en la Historia, en el mito y, desde luego, en la literatura de ficción a través de *La guerra del fin del mundo*. ¿Qué cantidad de gente murió en Canudos, al caer la ciudad y la región en manos de los soldados de la modernidad, la República del Brasil? De veinte mil a treinta mil muertos es una cifra barajable por los historiadores, que todavía hoy no salen de su asombro. Irrefutable prueba de la pasión que levantaron la guerra y la matanza de Canudos fue el material periodístico, ensayístico, documental y universitario que generó aquel episodio recogido en *Os Sertões* por Euclides da Cunha en 1902.

No podemos simplificar. La historia de Canudos no sólo llega a interesar a MVLL como material literario. Detrás y debajo de esa historia, que le ha abierto el apetito intelectual y ha hecho que la documentación crezca sobre su mesa de trabajo como pudo crecer en su interior la gana de escribir la novela de la guerra de Canudos, está gran parte de la historia de Latinoamérica. Si por un lado la República, con todo lo que ello significa de alcance de la modernidad, llega al Brasil, por otro son los mismos republicanos quienes, en una intolerancia repetitiva y sumamente suicida, sienten la necesidad de asentar las bases institucionales hasta tal punto que caen en el propio defecto y exceso que tratan de curar en la sociedad civil de la que son protagonistas: la intolerancia y, al otro lado de la ideología, el totalitarismo de las ideas y las prácticas civiles. Por eso es la República la que *no* entiende qué pasa con el Consejero, no traduce lo que está sucediendo en Canudos, sino que lo define prácticamente con el mismo anatema condenatorio con el que el mismo chamán de los yagunzos, el Consejero, ha definido a la República y sus agentes satánicos: Canudos no es más que la reencarnación del infierno primitivista de los monárquicos. Y el Consejero es un falso profeta que se identifica con todos los males que aquejaron al Brasil hasta el advenimiento del Bien, la República. Ya están los dos bandos, los mismos que —por distintas razones— se enfrentan en el Waterloo que Victor Hugo refleja en *Los miserables* —inolvidable para un lector como MVLL— y en las páginas de *Guerra y paz* que Tolstoi lanza escritas hasta la inmortalidad. Ésa es, *grosso modo,* la realidad, la historia real, inconclusa, troceada, parcial a veces y subjetiva siempre de la revuelta de los yagunzos, con el Consejero al frente, en la región perdida del desierto brasileño, en el Estado de Bahía, en un lugar olvidado, en el fin del mundo: Canudos.

Cuando MVLL lee *Os Sertões* queda impresionado por lo que cuenta Euclides da Cunha. Ése es el principio del aguijón, el bicho que despierta la solitaria, el queroseno que echa a andar el motor de la literatura de ficción en el interior del escritor MVLL. Pero, como Tolstoi, uno de sus modelos en *La guerra del fin del mundo,* MVLL va *más allá* de la historia. Porque *La guerra del fin del mundo* no es sólo una novela para leer, sino un libro para reflexionar, en la misma dirección quizá y con la misma intensidad que el novelista MVLL reflexionó tras la lectura de *Os Sertões.* No es, por supuesto, una novela doctrinaria, sino una historia de ficción basada en hechos reales que se *reencarnan y reescriben* en la novela de MVLL. Por eso *La guerra del fin del mundo* es un manual, incluso literario, de «latinoamericanismo», de esa manía persecutoria y terrible que el continente tiene por devorarse selváticamente, como en *La vorágine* de José Eustasio Rivera, y devorar a sus hijos, como Saturno en la mitología y en el cuadro eternizado por Francisco de Goya. Canudos fue, como afirma Setti, una sucesión de equívocos, desde la interpretación fácil del *buen salvaje,* cargada de todos los tópicos románticos, hasta la exégesis del socialismo utópico con el que el continente ha soñado durante más de dos siglos. ¿Es toda una metáfora de la ideología ilusa de América Latina, ese todo aparte que quiere verse *distinto* del mundo, con todas sus contradicciones, errores y dudas? ¿Qué es lo que puede tener Canudos de paradigmático para un latinoamericano?

«Lo que tiene Canudos de ejemplar para un latinoamericano —dice MVLL— es esa ceguera recíproca, a partir de la visión fanática de la realidad, de la que participan tanto republicanos como yagunzos, es la misma ceguera para admitir la crítica que la realidad hace a la visión teórica. Ésa es la historia de América Latina. La tragedia de América Latina es que, en distintos momentos de nuestra historia, nosotros nos hemos visto divididos, enfrentados en guerras civiles, en represiones, y a veces en matanzas peores que la de Canudos, por cegueras recíprocas parecidas. Quizá es una de las razones por las que Canudos me impresionó tanto, porque en Canudos eso se puede ver como en un laboratorio. Pero el fenómeno es general: es el fenómeno del fanatismo, básicamente, de la intolerancia que pesa sobre nuestra historia. En algunos casos, eran rebeldes mesiánicos; en ocasiones eran rebeldes utópicos y socialistas; en otras eran las luchas entre conservadores y liberales. Y si no era la mano de Inglaterra, era la del imperialismo yanqui o la de los masones o la mano del Diablo. Nuestra historia está plagada de esa intolerancia, de esa incapacidad de aceptar divergencias»[70].

La documentación que MVLL leyó para escribir *La guerra del fin del mundo* no se limitó a la lectura de cientos de materiales periodísticos, informativos, geográficos e históricos. Giró una visita al Brasil, expresamente para conocer las tierras y las gentes que se había imaginado en *La guerra del fin del mundo,* mientras recogía los materiales necesarios para escribirla y recordaba la lectura de *Os Sertões.* Ésa es, tras la lectura del libro de Euclides da Cunha, la segunda impresión imperecedera de MVLL en esta aventura: el viaje por el *sertão* bahiano, el terreno lejano en donde Canudos y el Consejero todavía hoy son referencias sumamente cercanas. Ante la visión de ese fin del mundo, MVLL se pregunta qué tipo de filtro mágico, religioso o político inyectó el Consejero en las venas desesperanzadas de los yagunzos y sus gentes. «Lo que les dio fue una posibilidad de interpretar —dice MVLL—, de ver esa condición desamparada, trágica, que ellos tenían, como algo que podía enorgullecerlos y dignificarlos. Es decir, el ser extremadamente pobre, gracias a la prédica del Consejero, se convirtió en un ser elegido, una señal de elección»[71]. Esa distinción, esa elección, ese gesto iluminista que el Consejero consigue unificar hasta el punto de que incluso los bandidos y maleantes se le unen en la lucha contra los republicanos, es el principio de un fanatismo al que los republicanos, para no ser menos, imprimen su inflexibilidad de seres progresistas. Y ésa es la historia, asumida durante siglos por América Latina, desde los tiempos en los que el generalísimo Francisco de Miranda, uno de los más grandes ilustrados que diera el continente, quiso que la lucha entre conservadores y liberales fuera también una guerra de independencia continental, cuyo testigo tomó precisamente quien, siendo teniente coronel, lo apresó en La Guaira, tal vez horas antes de que Miranda se evadiera de Venezuela: Simón Bolívar, cuya gesta se ha ido deshilachando en el continente, con una lucha continua entre dos conceptos que no sólo no se acercan sino que se repelen constante y perennemente: la civilización y la barbarie.

Sobre esta historia, escrita por tantos pero afilada en *Os Sertões* por Euclides da Cunha, y sobre esa profunda reflexión histórica e ideológica que promueve el episodio de Canudos, MVLL elabora una novela que es además un *punto de partida* moderno, civilizado y progresista —ideológicamente hablando— no sólo en su literatura de ficción sino en su pensamiento personal y, desde luego, en la constante reflexiva que constituye uno de los debates y venas abiertas de América Latina: la trifulca terrible y cruenta de la barbarie contra la civilización, y viceversa. Fiel —hay que añadirlo cuantas veces haga falta— a su flaubertismo literario, a su disciplina intelectual y profesional, MVLL hurgó en un pozo sin fondo inmenso de documentación para escribir, con verdadero conocimiento de causa, la historia ficcionada de la rebelión de Canudos. Una montaña de material documental corrió por la cabeza del escritor y fue delineándose y alineándose en su trabajo literario, hasta delimitar el espacio, el tiempo y los personajes de *La guerra del fin del mundo,* junto a la acción narrada por el novelista. Repitamos: *Os Sertões,* su lectura apasionada, es el origen, pero no es el desarrollo ni tampoco el resultado en *La guerra del fin del mundo,* como novela, que ya es *otra cosa* bien distinta, un mundo personal y autónomo creado por el novelista MVLL a partir de un suceso histórico que ya escribieron otros antes que él, aunque nunca con temperamento y profesión de novelista. *Os Sertões* fue, explica a Setti el propio MVLL, «una de las grandes experiencias de mi vida de lector. Yo tengo esa experiencia como lo que fue para mí leer de niño *Los tres mosqueteros,* o ya de grande *Guerra y paz, Madame Bovary* o *Moby Dick...* Me parece que es uno de los grandes libros que se han escrito en América Latina»[72]. Entre la documentación —la lectura exhaustiva del tema— y la experiencia personal —el viaje a Canudos, la relación con la gente, el conocimiento directo del lugar, su pobreza, sus características sociales y culturales— se produjo la epifanía literaria. El resultado es *La guerra del fin del mundo,* para MVLL su novela preferida, la que más arduamente lo ha hecho trabajar, la ficción que con más ahínco pulió y escribió. ¿Es, en el fondo, un aliento de Tolstoi, el novelista que escribe *Guerra y paz?* «Siempre quise escribir una novela que fuera de algún modo lo que pudo ser, respecto de su época, digamos, *Guerra y paz* o las series históricas de Alejandro Dumas o *Moby Dick* inclusive; es decir, libros con una gran peripecia épica», dice MVLL a Oviedo[73]. Una gran peripecia épica y, desde luego, aventurera. Ahí están, en su propia literatura, ciertos demonios personales y culturales de MVLL. Tolstoi, sí —sobre todo aquí, en *La guerra del fin del mundo*—, la alusión a Melville tampoco es gratuita, pero también ese sentido aventurero de la epicidad literaria que hay en las ficciones de Conrad, en *El corazón de las tinieblas,* por ejemplo, con todo su sentido de reflexión, o —¿por qué no?— *El negro del Narciso, Lord Jim* o *Nostromo.* ¿Por qué no también la visión literaria de la aventura que Conrad tiene, por qué no también Conrad en las páginas de *La guerra del fin del mundo?* ¿No es el aliento de Conrad —el literario y el indiscutible— aquel que descansa en la capacidad de *acaparar* para sí una historia, un episodio real o ficticio, y transformarlo en leyenda a través de la aventura, la aventura de escribir literariamente la aventura?

No es nueva la obsesión de MVLL por situar dentro de la ficción escrita a «escribidores», escritores, poetas, periodistas y amanuenses. Desde Alberto Fernández, el pornógrafo adolescente de *La ciudad y los perros,* hasta el Pedro Camacho de *La tía Julia y el escribidor,* pasando por el importantísimo papel de Zavalita en *Conversación en La Catedral,* la constante del escritor MVLL por dibujar en sus ficciones siluetas y personajes especulares es obvia. Pero, como bien ha visto el mejor de sus críticos y estudiosos, José Miguel Oviedo, en *La guerra del fin del mundo* esa constante se multiplica en la diversidad: nada menos que cuatro personajes escriben dentro de *La guerra del fin del mundo,* «tres personajes se dedican intensamente a esa actividad, y un cuarto que, sin escribir, juega una relación muy significativa con ellos, pues es un narrador oral»[74].

Ellos son Galileo Gall, que tiene su origen en la realidad; el segundo, al que el novelista llama el periodista miope, es la sombra de Euclides da Cunha, según todos los indicios y la propia afirmación del escritor MVLL; el tercero es un escriba, una especie de cronista que el Consejero lleva a su lado para que vaya tomando cuenta de la «historia sagrada» y la «guerra santa» en la que los yagunzos han entrado para liberar al Brasil del diablo y el ateísmo: es el León de Natuba, del que MVLL lee y oye que iba junto al Consejero, una especie de personaje que tiene ciertas deformaciones físicas (y que en la novela sigue siendo un ser deforme, Felicio Pardinas, que camina como un animal, sobre cuatro patas, moviendo constantemente la cabeza); y un cuarto narrador, esta vez oral, el Enano, una especie de superviviente de un circo, un personaje que cuenta los relatos solamente porque se los sabe de memoria, o los ha oído y aprendido alguna vez, profesionalmente, sin que tenga nada que ver con el mismo relato, un personaje que parece sacado de algún cuento de *Las mil y una noches* si eso fuera posible.

La guerra del fin del mundo también es la novela que relata todos esos episodios que enfrentan, belicosamente, a los yagunzos de Antonio Consejero con los republicanos. El deleite de MVLL al escribir la novela le hace penetrar en los misterios documentales de las intendencias de ambos bandos, sus intenciones, sus creencias, sus fanatismos y, desde luego, sus manías. Como en *Conversación en La Catedral,* los materiales con los que se habría de construir la novela —con esos personajes escritores o escribientes que, todos, son inolvidables para cualquier lector— fueron creciendo desmesuradamente. MVLL tuvo que frenar los impulsos desordenados del propio género literario por convertirse, una vez más, en torre de Babel. Decenas y decenas de personajes fundamentales, de tipos humanos palpables o extraños, desde el propio Consejero —cuya reencarnación en la realidad es fácil de asimilar si estudiamos los últimos acontecimientos en el mundo— a los liberales, los utópicos socializantes, los sacerdotes del futuro que nunca llegará. El novelista no imparte doctrina, cuenta lo que quiere, que es lo mismo que se ha convertido en obsesión literaria para él. Eso es la novela. Eso es *La guerra del fin del mundo.*

Cuando la novela se publicó en España, en octubre de 1981, nada hacía presagiar que la historia relatada por MVLL se transformara, al menos para algunos, en la traducción literaria de sus ideas políticas, tildadas de reaccionarias. Polémica tras polémica (en Brasil hubo una diatriba iniciada por Edmundo Moniz, autor de *A Historia Social de Canudos,* que consideró la novela como un texto ideológicamente reaccionario, antisocialista), *La guerra del fin del mundo* fue leída por todo el mundo, y muchos interpretaron que en ella se daba de lleno el «pecado de plagio». Velada o claramente, la novela brasileña, tolstoiana, conradiana —más que ninguna otra— de MVLL *La guerra del fin del mundo* fue señalada como un plagio por muchos detractores, no tanto de la misma novela sino del novelista, al que no le consintieron ni siquiera el clarísimo guiño tributario que hacía a Euclides da Cunha dedicándole el libro (junto a Nélida Piñon, amiga del novelista peruano, excelente mujer y escritora). A esa polémica, casi siempre soterrada y propia más de los ambientes literarios, hay que añadir la que Ruy Guerra levantó, un tiempo después, cuando acusó a MVLL de utilizar para su novela un material literario —y fílmico— común, el que habían trabajado durante algunos meses en Barcelona, en el curso del año 1973. Pero han pasado los años y *La guerra del fin del mundo* se ha ido afianzando como título novelesco que implica, en su lectura y relectura, una reflexión ideológica y literaria, no sólo sobre la verdad de las mentiras que siempre es una novela, sino sobre la mentira ideológica y de verdad, *excesivamente verdadera,* que hay en las posturas iluministas, frenéticamente suicidas, en muchas partidas, facciones y banderías políticas de América Latina, tradicionalmente revolucionarias, intocables, impolutas y éticamente celestiales. MVLL insistirá en este «peligroso recorrido reflexivo» por la Historia con la *Historia de Mayta,* sintética narración que vuelve a señalar acusadoramente al iluminismo ideológico como uno de los más grandes males de América Latina.

Pero, a pesar de todo, cada vez que hay ocasión para señalar a *La guerra del fin del mundo* como un plagio evidente habrá siempre voces que aprovechen el motivo para hablar, ¡cómo no!, no sólo del plagio sino del reaccionario MVLL que se atrevió a cometer semejante pecado de lesa escritura. ¿No era algo más que una *boutade* pensar que todo lo que no es plagio era tradición? ¿Existe de verdad el plagio en la novela universal? Uno de los últimos mohicanos que ha señalado como plagio textual *La guerra del fin del mundo* ha sido, hasta el momento presente, el novelista portugués José Saramago, Premio Nobel de Literatura en 1998, sumamente estimado en muchas latitudes literarias dentro y fuera de nuestro entorno cultural. Saramago, ayudándose del ambiente congresual en el que se debatían cuestiones literarias, lanzó de nuevo el anatema, quizá haciéndose eco de algunas críticas no publicadas que otros escritores hacían a la novela de MVLL *La guerra del fin del mundo.* Algunos medios informativos escritos —en España y en América— publicaron los argumentos de Saramago, a los que se añadió afirmativamente —según los mismos comentarios publicados en la prensa española— Ángel Crespo, estimable poeta del 50 (fuera de muchas antologías de esa generación, injustamente, a mi modo de entender) y gran traductor y especialista en literatura de lengua portuguesa. Llegó incluso a ponerse en boca de Crespo que él mismo había sido quien había «descubierto» *Os Sertões* y Euclides da Cunha a los ojos de MVLL. Todo ello fue desmentido y articulado por MVLL en una contestación que no pretendía ser tal, pero en la que quedaba claro que *La guerra del fin del mundo* era una novela, literatura de ficción, cuyo origen era otro libro, *Os Sertões*, de Euclides da Cunha; que el novelista era tributario de la lectura de ese libro —histórico, sociológico, doctrinario, si se quiere, pero no literario, nada novelesco—, pero que *La guerra del fin del mundo*, al fin y al cabo, era una novela en su resultado literario, que poco o nada tenía que ver con la visión del mundo que Da Cunha tiene de Canudos y que el novelista peruano conoce por la lectura de *Os Sertões*, más su propia experiencia personal, el recorrido, el viaje iniciático por la geografía del Estado de Bahía en el que tuvo lugar la revuelta del Consejero. Canudos, el pueblo donde se hizo fortaleza el movimiento iluminista del Consejero, la iglesia que era su emblema, todo está hoy bajo las aguas, como una leyenda que se perdió en el fondo de una laguna. *Os Sertões*, como ensayo, y *La guerra del fin del mundo* como el regreso a la novela total guardan su memoria escrita, en la realidad y en la ficción literaria.

Cuando se publicó la novela, tuvo lugar la presentación de rigor en el Instituto de Cooperación Iberoamericana. MVLL estuvo presente junto a sus editores. Era octubre de 1981, y había conocido al Rey en aquella misma ocasión, gracias al interés que el propio MVLL había mostrado a través de las ondas, en un programa radiofónico de Luis del Olmo. Llegué tarde a la antigua Cultura Hispánica, cuando ya se estaban tomando las copas y repartiendo sonrisas, canapés y saludos entre los asistentes, que buscaban con afán de repentinos lectores un ejemplar gratuito —cedido en toda presentación por la editorial— de *La guerra del fin del mundo*. Subía corriendo las escaleras, al menos para llegar a los postres de una reunión en la que volvería a ver al escritor y al amigo, luego de algún tiempo de distancia geográfica. Las alfombras mullidas del Instituto rezumaban historia de la Madre Patria, leyenda conquistadora y aliento de cristianización histórica de España en todos los fines del mundo que eran el continente americano. Y allí, al final de la escalera, vestido de negro, sólo con pantalones y una camisa abierta hasta más abajo de mitad del pecho, en una esquina del primer piso, triste, solitario y extraño, me encontré con otro escritor de ficciones, novelista de aventuras de reconocido éxito de ventas. «Hola, Alberto», le dije con ánimo amistoso (venía sudoroso de subir a trompicones los peldaños alfombrados de la escalera y quería entrar en el salón en el que MVLL departía con sus invitados). Él se quitó de los labios el purito habano que fumaba a la manera de los que quisieron algún día ya lejano haber sido sombras plagiarias de James Dean en *Rebelde sin causa*. «¿Tú crees que *eso* —me espetaba el novelista de aventuras— es de verdad un escritor, un novelista?». Mientras me preguntaba, volvió la vista con pesadumbre y desprecio hacia donde en ese momento estaba MVLL. Se refería al novelista peruano. «¿Es tu amigo, verdad?», volvió a preguntarme, con media sonrisa cinematográfica y californiana cayéndosele de los labios. «Claro», le dije como única contestación. Esperaba ya su reproche final. «Ya te irás dando cuenta de lo que realmente es», me dijo con cara de insurgente y marcando las distancias con él, que era un escritor —se supone— de «los de verdad». Es una anécdota que sirve de ejemplo para ciertas actitudes que se siguen con MVLL en determinados círculos «literarios» o políticos. Cualquier excusa vale, cualquier coartada o postura personal insiste siempre en la necesidad de desprestigiar una figura que, contra viento y marea, ha ido escalando paulatinamente el cielo que se había prometido en los años cincuenta, en los días grises y tristes de Lima, cuando era joven, arriesgado y sumamente ambicioso; y soñaba, luego de haber imaginado que alguna vez iba a ser torero o aviador, con escapar de las sombras de toda esa frustración que provoca la falsa literatura, sombra de la cual era aquel novelista que me encontré en la esquina más oscura del primer piso del Instituto de Cooperación Iberoamericana el mismo día en que presentaban *La guerra del fin del mundo*, la novela de un escritor de ficciones que hincaba su reflexión en los problemas más terribles del continente latinoamericano.

25. Otros demonios habladores
(1958-1987)

Si *La guerra del fin del mundo* recoge ideológica y dialécticamente una de las grandes preocupaciones de MVLL como escritor, como ciudadano y como latinoamericano comprometido con su tiempo —el grave problema de la intolerancia y el iluminismo era evidente a lo largo de las páginas de la novela, en muchos de sus episodios y personajes, de uno y otro bando—, *Historia de Mayta* insiste en la misma reflexión: un estado lamentable en todos los campos sociológicos, desde el económico al cultural y político, determina casi siempre actuaciones que acaban traduciéndose en errores graves dentro de las cúpulas dirigentes o entre aquellos que se erigen en «salvadores de las patrias» a través de cualquier ideología.

La historia de Alejandro Mayta existió en la realidad como germen de la novela, como demonio histórico y real en la mente de MVLL. ¿Estamos ante un escritor, MVLL, que hace a la vez de «profeta» del desastre y, naturalmente, de fustigador de los vicios políticos de los maximalismos revolucionarios? Ése parece ser uno de los caminos políticos y literarios abiertos por MVLL en sus últimos tiempos. Hubo una vez en el Perú un pequeño levantamiento, en un departamento serrano, que tuvo como protagonistas fundamentales a Alejandro Mayta, de filiación trotskista, y a algunos mandos medios del ejército peruano. Fue en 1958, pero en el escritor MVLL esa noticia, olvidada entonces para muchos, fue cobrando categoría de alternativa literaria. A su modo, el demonio de Mayta, quien se transformaría en protagonista de una de sus novelas años más tarde, fue desarrollándose en el interior de MVLL y asomando sus señas de identidad como una posible narración dentro de la cual, a su vez, había una enseñanza que, en el momento de escribir la novela y publicarla, estaba flotando en el ambiente peruano, en particular, y latinoamericano, en general, como una lacra aparentemente luminosa. ¿Hablaba en su novela MVLL del germen (o de algún germen) de lo que en ese mismo momento era ya Sendero Luminoso? Los personajes de *Historia de Mayta* recorren el mismo camino de frustración que muchos otros de otras novelas de MVLL: del iluminismo revolucionario de los años jóvenes de los personajes, con todo lo que de entrega —errónea, en este caso— e ilusión significa el supuesto sacrificio de toda su existencia a una sola causa (la revolución que implica la salvación de la patria), no quedan sino las cenizas apagadas, los rescoldos estériles de un recuerdo que se pasea por los barrios de Lima arrastrando su sombra olvidada. Ése es el dibujo de Alejandro Mayta. Y la experiencia de tantos personajes que, en la vida real, han intentado el cambio revolucionario a través del ejercicio de la violencia.

Estoy pensando en las basuras de la barriada de Mayta todavía cuando diviso, a mi izquierda, la mole de Lurigancho y recuerdo al reo loco y desnudo, durmiendo en el inmenso muladar, frente a los pabellones impares. Y poco después, cuando acabo de cruzar Zárate y la plaza de Acho y estoy en la avenida Abancay, en la recta que me llevará hacia la Vía Expresa, San Isidro, Miraflores y Barranco, anticipo los malecones del barrio donde tengo la suerte de vivir, y el muladar que uno descubre —lo veré mañana, cuando salga a correr— si estira el pescuezo y atisba por el bordillo del acantilado, los basurales en que se han convertido esas laderas que miran hacia el mar. Y recuerdo, entonces, que hace un año comencé a tabular esta historia mencionando, como la termino, las basuras que van invadiendo los barrios de la capital del Perú[75].

Este párrafo es el final de *Historia de Mayta,* la novela. También es el final, metafórico y real, de Alejandro Mayta, su retrato cruel, feroz y definitivo. Sigue siendo parte de esa fotografía que MVLL hace de Lima y, en general, del Perú, escrita en colores sepias, que nada tienen que ver con la nostalgia, pero sí con el rechazo de una determinada estética ideológica, cultural y social: la que MVLL descubre al lector que lo siga a través de *Historia de Mayta,* la geografía de la degradación en todas sus formas y contenidos. La visión que MVLL tiene de este Perú de Mayta, ¿no es consanguínea de la que aparecía ya en *La ciudad y los perros, La casa verde* y *Conversación en La Catedral,* entre otras de sus novelas? Probablemente no es sólo la misma visión, desarrollada a través del tiempo de maduración que en la mente del escritor sufren los demonios, esos recuerdos que se filtran más allá de la razón del novelista y acaban transformándose en la traducción escrita de la solitaria, el bicho, la literatura. Bien pudiera ser que los militares —los mandos intermedios del ejército peruano que aparecen en *Historia de Mayta*— fueran algunos de los mandos íntegros —o no— que ya caminaban por las páginas de *La ciudad y los perros* y *La casa verde.* Pero tanto la geografía limeña y la rural de *Historia de Mayta* como la de *La ciudad y los perros* y, en este caso, *Conversación en La Catedral* es la misma, exactamente la copia literaria elaborada por el escritor como un escenario móvil dentro de todas estas novelas.

Lo que era de verdad *Historia de Mayta* no sólo fue mal interpretado por cierta crítica literaria, sino que muchos de los lectores de MVLL *no entendieron o no quisieron entender* el relato, bien porque en ese momento el *tema* no vendía en Europa —y no querían las élites izquierdistas que vendiera en América—, bien porque el asunto no interesó mayormente a un gran público. Dije —escribí— en octubre de 1984 que *Historia de Mayta* era una de las mejores novelas que había escrito MVLL. Y tampoco lo entendió nadie. No me refería solamente al tratamiento del lenguaje y al uso magistral de los procedimientos narrativos que ya había empleado el mismo MVLL en relatos anteriores —ya citados arriba—, sino en la intención que el novelista demostraba al dejar claro que los aventurerismos revolucionarios, junto a los maximalismos ideológicos, no conducen más que al suicidio de las alternativas y, finalmente, consiguen el propósito contrario al que quieren provocar en origen. Mayta, en este sentido, es no sólo un paradigma, sino un suceso real que la historia —peruana o de cualquier país— olvida con esa facilidad frívola con la que las instituciones del Estado democrático tienden a *ocultar* sus propias faltas.

Mayta es el fracaso de su propia existencia, la sordidez sexual —silenciada porque militar y socialmente es la peor de las lacras—, la personificación de una parte del Perú, ese Perú «jodido» en la reflexión de Zavalita, en la primera página de *Conversación en La Catedral*. Mayta es, de algún modo, ese Perú «jodido» de antemano, perdida la fecha de su frustración en algún ángulo oscuro de su historia. Pero Mayta es también Zavalita, y don Fermín y Ambrosio Pardo; y, en cierto modo, mantienen parte del mismo iluminismo que hace que Antonio Consejero termine creyéndose que él es el salvador de las almas de sus creyentes, los yagunzos y sus gentes. ¿Puede una insurrección armada, desde dentro de la institución militar y apoyada desde fuera, por algunos civiles también iluminados por los credos políticos totalitarios, llevar a la salvación a un país postrado, «jodido», como el Perú? Para MVLL la respuesta, hasta ahora, es *Historia de Mayta*. El resto es parte de esta misma reflexión que el autor se hace desde que comenzó a escribir *La guerra del fin del mundo*, en Barcelona, en los alrededores del año 1973. Once años más tarde trasladó sus mismas preocupaciones al escenario de su existencia, a Lima, a los barrios que conoce perfectamente desde su adolescencia: Surquillo, La Victoria, El Callao, La Colmena, San Isidro (donde la ciudad comienza a cambiar estéticamente), Miraflores (su barrio de siempre) y Barranco (su casa de entonces). *Historia de Mayta* es también un diario, la crónica de un escritor angustiado, asfixiado moralmente por la cotidianidad que ofrece el Perú. ¿Hubo exageración en MVLL al escribir del pasado inmediato en *Historia de Mayta* con la fotografía del futuro rondando en la cabeza de cualquier lector avisado, conocedor de los males que aquejaban al Perú? Hay que remitirse a la historia de ahora mismo, al presente y al sombrío período de mandato de Fujimori y Montesinos del Perú. Y sacar las consecuencias adecuadas al caso.

Pariente, en cierto modo, de la reflexión que latía en *La ciudad y los perros* y *Conversación en La Catedral, Historia de Mayta* pasó como una exhalación por la existencia de MVLL, como escritor y personaje público. Un par de años más tarde, insistiendo sobre los mismos problemas, con Sendero Luminoso cobrando carta de identidad terrorista en lo que el propio grupo llamaba «territorio liberado», MVLL desgajó de la vieja novela *La casa verde* un relato intermedio que tituló *¿Quién mató a Palomino Molero?* ¿Es una novela de intriga, un relato policíaco, un juego de espejos con fórmulas tradicionales de *suspense* gobernando las páginas de esta novela corta? *¿Quién mató a Palomino Molero?* goza de parentesco con *La ciudad y los perros* —la institución militar es, de nuevo, puesta en duda en su integridad moral y en su apariencia marcial—, con ese Perú «jodido» de *Conversación en La Catedral,* y con algunos episodios y escenarios vagamente parecidos a algunos de *La casa verde,* de donde además salen también las sombras de algún personaje que empieza a ser constante en la novelística de MVLL, como un ser errante que aparece y desaparece de las páginas de su novela: Lituma.

Es, desde luego, *¿Quién mató a Palomino Molero?* una novela con *suspense,* con intriga tradicional, con todos los elementos escondidos, sórdidos y clandestinos que la apariencia social desconoce, aniquila y anula totalmente para la propia supervivencia de las instituciones —y de quienes las rigen— en las que se sostiene la sociedad. El relato crece en tensión, como una novela policíaca, y a quienes conocemos la literatura de MVLL la cabeza se nos va en el recuerdo hacia una pregunta mil veces planteada en nuestras propias reflexiones: ¿Quién mató a Ricardo Arana, el Esclavo de *La ciudad y los perros?* No son episodios paralelos, pero sí parecidos, con personajes que se mueven más o menos entre las mismas maquinaciones humanas, el amor, el sexo, la violencia, las pasiones ocultas. Alguna vez a lo largo de este libro hemos citado ya a David Lynch, como la culminación de todas las intrigas clásicas que han sido llevadas al cine desde la literatura o aquellas otras que nacieron —en guión cinematográfico— para ser llevadas directamente al celuloide. Tal vez lo menos importante para el esteta finisecular que ve cine y lee novelas sea quién mató a Laura Palmer en *Twin Peaks* o qué asesinato violento va a cometerse, secuencia a secuencia, en *Terciopelo azul.* Lo de más es el desarrollo de esa misma violencia, los agentes que luchan por ocultar el mal —puesto que ellos mismos lo cometen salvajemente, como una vía de escape de las propuestas en su filosofía por Bataille— y los que luchan y trabajan por que se vea lo que el mal trata de ocultar. En ese sentido *¿Quién mató a Palomino Molero?* contiene y posee sabiamente distribuidos todos los ingredientes de una buena novela de *suspense* y todos los factores de intriga que hicieron apasionada la lectura de cualquier relato terrorífico de Edgar Allan Poe y crearon adicción a las películas de Alfred Hitchcock.

De todos modos *¿Quién mató a Palomino Molero?* hay que insertarla temporalmente entre las máximas preocupaciones del escritor MVLL, las que manejan sus narraciones entre *Historia de Mayta* (1984) y *El hablador* (1987). Son preocupaciones cuyo poso último es una constante de filosofía política. El propio MVLL sufre en estos momentos la duda que lo corroe, a pesar de su rechazo público, desde hace tiempo: ¿entrará en la actividad política de su país, el Perú, presentándose a presidente de la República en las próximas elecciones o, por el contrario, seguirá su camino de escritor, invariablemente inmerso, eso sí, en las preocupaciones que pueden alterar la existencia de un escritor gracias o por culpa de su compromiso consigo mismo y con su país? Dicho de otro modo, sin interrogantes o disyuntivas, MVLL se acoge a la literatura de creación, al relato o a la novela, no sólo como un fin en sí mismo, sino también como un método dialéctico para, mintiendo con conocimiento de causa —ésa es la verdad de las mentiras, según el propio MVLL—, «hacer una reflexión sobre los límites de la verdad histórica, las grandes limitaciones de la verdad histórica, lo relativa que es esta verdad»[76]. De modo que duda más de la verdad histórica que de la misma ficción que escoge el tema histórico —que ocurrió realmente en la realidad—, porque «existe una interpretación que está siempre manipulando los hechos, basta transformarlos», dice MVLL[77]. Estamos ya ante lo que Jean-François Revel llama, con evidente sarcasmo y con una sinceridad que siempre será muy mal vista por quienes tratan de esconder las verdaderas razones de los hechos históricos y los hechos mismos (¿es o no parte de la inquisición histórica este método?), *la mentira ideológica,* el más grande motor del mundo. Si en literatura, la ficción y todos los factores que se introducen en ella con absoluta verosimilitud —la verdad de las mentiras y las mentiras de la verdad que generaron, para un novelista realista, como llaman todos a MVLL— son todo un síntoma de fortaleza y enriquecimiento literarios, en la realidad, en la historia, en el relato de la verdad histórica, la mentira es el motor que organiza la farsa, el teatro de una parte de las ideologías que lleva directamente al laberinto que las manipula hasta enmascararlas. Escribir así no es precisamente una filosofía que esté de moda, porque encara el riesgo con todas las consecuencias. En ese estado anímico e ideológico escribió MVLL no sólo ¿Quién mató a Palomino Molero?, sino Historia de Mayta y, finalmente, El hablador, aparecida en 1987, cuando el escritor se encontraba a pocos meses de hacer pública su determinación de presentarse a las elecciones presidenciales del Perú.

«Vine a Firenze para olvidarme por un tiempo del Perú y de los peruanos y he aquí que el malhadado país me salió al encuentro esta mañana de la manera más inesperada», escribe MVLL al principio de El hablador. Es el mismo narrador que ha encuestado hasta la extenuación a cuantos personajes se mueven en Historia de Mayta: el mismo escritor obsesionado por su país, convertido en un demonio personal y perenne que lo enloquece y, al mismo tiempo, lo catapulta hacia lo que es su vocación exclusiva y excluyente: la literatura; el mismo país que genera en él sentimientos y pasiones contradictorios. El escritor que es y aparece como tal en sus ficciones, MVLL, se va y regresa de tiempo en tiempo a su país, el Perú, al que ha transformado en su fantasmagórico acompañante, en su sombra demoníaca. De modo que no sólo quiere zaherirlo, criticarlo, azotarlo dialécticamente a través de sus novelas y relatos, sino que además pretende, como deicida, transformar su realidad, elucubrar con lo que es y no ha podido ser. El hablador, como otras tantas de sus novelas —desde La ciudad y los perros a Historia de Mayta—, expresa esa dualidad perenne de MVLL. Está en Florencia, ha salido huyendo del Perú, país «jodido», «malhadado país» (sus enemigos políticos utilizarán en la campaña electoral todos esos epítetos para hacer fracasar la fuerza de su imagen). Pero el demonio central de sus relatos va más allá de su propia voluntad: lo acompaña siempre. Y en este caso, en el caso de *El hablador,* se le aparece en los escaparates de algún anticuario florentino en la forma más primitiva y lejana: «... arcos, flechas, un remo labrado, un cántaro con dibujos geométricos y un maniquí embutido en una cushma de algodón silvestre. Pero fueron tres o cuatro fotografías las que me devolvieron, de golpe, el sabor de la selva peruana. Los anchos ríos, los corpulentos árboles, las frágiles canoas, las endebles cabañas sobre pilotes y los almácigos de hombres y mujeres, semidesnudos y pintarrajeados, contemplándome fijamente desde sus cartulinas brillantes»[78].

El discurso novelesco de MVLL cobra en *El hablador* una dimensión «distinta» gracias a la incorporación de una parte de su propio mundo, ese demonio aborigen que ha esperado, silenciosamente, durante años para empezar a *hablar,* a *decir* míticamente de su existencia dentro mismo de todas las sangres del escritor que hay en MVLL. Estoy por asegurar que ese narrador que habla en unos capítulos de la novela —el narrador que escribe, el dibujo ambiguo de MVLL, el mismo que aparecía, por ejemplo, en *La tía Julia y el escribidor,* muy claramente, y en *Historia de Mayta,* de un modo más dudoso— está enfrentado al narrador oral que, evidentemente, habla, recoge las tradiciones de los *machiguengas* y las dispara hacia el futuro, hacia la eternidad, a través de la palabra: se rinde culto al propio pueblo, a los *machiguengas* y a su código de lengua secreto —y sagrado—; se le admira, pero también se le «profana» por medio de la escritura, de la literatura. El novelista MVLL, sin embargo, no vive en *El hablador* esa angustiosa cercanía, sangrienta a veces —muy emparentada con la sombra de la propia muerte—, que encontramos en Arguedas. Al contrario. MVLL ejerce su distancia de escritor con una claridad insoslayable. Por eso mismo advierte que «no se trata de una autobiografía disimulada», en lo que respecta a él mismo y al narrador de *El hablador,* el que queda sorprendido por la visión repentina del Perú lejano en un escaparate —«una vitrina»— de Florencia. Y una vez más, MVLL aclara que *El hablador* «es una novela, una ficción en la que también hay elementos autobiográficos integrados con elementos de la imaginación»[79]. La fotografía del escritor hurgando en parte del pasado mitológico del Perú, a través de una tribu concreta —los *machiguengas* y su hombre que «habla»— y el otro demonio que constantemente lucha con el demonio constante: su *yo* de escritor —disfrazado en los factores imaginativos— y el Perú, «el malhadado país», el Perú «jodido» de Zavalita.

Antes de acometer la que para MVLL ha sido su más ardua aventura intelectual —escribir *La guerra del fin del mundo*—, el novelista se había aferrado a la idea de escribir siempre sobre lo que más le preocupaba y conocía: el Perú. Es evidente que el Perú actúa en MVLL como ese demonio interior o exterior que revuelve su voluntad de novelista y, al mismo tiempo, enloquece su imaginación de creador literario. Fue siempre así, desde la primera de sus historias escritas, hasta las eróticas y escatológicas *Elogio de la madrastra*, y *Los cuadernos de don Rigoberto*, publicadas en junio de 1988 y en abril de 1997. Desde los demonios, ya lejanos en el tiempo, que alimentaron y organizaron su primer libro de relatos, *Los jefes*, hasta *Elogio de la madrastra* y *Los cuadernos de don Rigoberto*, el Perú es el gran demonio, el instigador de toda esa vindicación personal del deicida gracias a la cual el aguafiestas se transforma poco a poco, pero imparablemente, en el crítico más exagerado y serio de su propio país. ¿Es *El hablador* una crítica al Perú? Aunque muchos de sus enemigos políticos —y literarios, desde luego— han utilizado ciertas lecciones y adjetivos de MVLL para señalarlo como «un caso perdido» que sólo usa al Perú para satisfacer parte de una también exagerada vocación ególatra —su vanidad desorbitada, dicen—, es obvio que ese sentimiento descarnado, próximo siempre, contradictorio —en las fronteras del amor-odio—, se traduce también en un *eterno retorno* que descansa dentro del escritor, en el mismo MVLL. En ese sentido *El hablador* me parece el relato de dos mundos, la visión de dos habladores (o de un *escritor* y de un *hablador,* como ustedes quieran) enfrentados dialécticamente al demonio que los une —el Perú— a través de sus vocaciones vitales: el vicio de escribir y el sacerdocio de hablar. Ambos, por otro lado, convergen en un verbo: narrar. Y ésa es la síntesis, la lección de *El hablador* como ficción novelesca: el hablador es el Perú, el escritor —MVLL— también es el Perú, *otro y él mismo,* de un rostro y de mil caras.

Ese demonio de mil caras aparecía ya en cada cuento de *Los jefes,* editado en España en 1959 tras obtener el Premio Leopoldo Alas de relatos y ser publicado por ediciones Roca. El libro ha sufrido, posteriormente, varias ediciones, pero —desde el principio— la crítica y sus lectores estuvieron de acuerdo: en el tiempo, en el espacio, en las formas y en los contenidos estamos en la prehistoria del escritor que más tarde se llamará MVLL. Pero ya en *Los jefes* hay elementos autobiográficos, que el mismo novelista ha explicado muchas veces, con todas sus implicaciones, inmadurez, tributos, deudas e influencias. MVLL no es precisamente uno de esos escritores de novelas que se pasan la vida matando freudianamente a sus padres literarios, intelectuales o políticos. Al contrario, fiel a su propio *strip-tease,* no sólo se desnuda explicando las historias secretas de muchos de sus relatos, sino que además da las claves de esos mismos relatos y los modelos en los que, en todo caso, se basó para escribirlos. Esos demonios culturales abundan en toda la novelística de MVLL, y han sido estudiados profusamente por sus críticos. Aquí *tan sólo* hemos abierto varias puertas de ese edificio inmenso que ya es la narrativa de MVLL.

Los jefes no es sólo el principio de esa narrativa, sino que también es el principio del escritor que había tomado la determinación de serlo en las fechas en las que aparece en España, publicado por primera vez, un libro que lleva su firma. Faulkner, Miller —con sus *Trópicos,* sobre todo—, Dostoievski, son sombras de escritores que aparecen en *Los jefes.* Pero también Hemingway, a quien «imitaba [...]. Estos cuentos deben también mucho al legendario personaje que, en esos años precisamente, vino al Perú a pescar delfines y cazar ballenas», dice MVLL, probablemente recordando también al Melville de *Moby Dick.* Y, sorprendentemente, uno de los relatos de *Los jefes,* «El abuelo», «es residuo de lecturas —dos bellos libros perversos de Paul Bowles: *A Delicate Prey* y *The Sheltering Sky*—». Pero el relato que más le sigue gustando a su autor es «Día domingo». En la memoria del escritor crece lo que se llama «la institución del barrio», toda una geografía enorme que, siendo pequeña cuando cualquiera tan sólo es adolescente, se mistifica hasta el infinito en la memoria del que ya es maduro; y que, cuando se regresa físicamente a ese estado de la memoria, no es más que eso: un recuerdo enorme que, en realidad, se reduce geográficamente a una pequeña latitud. MVLL desnudó estos relatos escribiendo una pequeña «introducción-recordatorio» a la edición que Seix Barral hizo conjuntamente de *Los jefes* y *Los cachorros,* en mayo de 1980. Esa introducción viene fechada en Lima, en febrero del año anterior al que apareció la edición conjunta, y en las pocas páginas de que consta ese recordatorio el despliegue de la memoria del escritor no deja lugar a dudas: sus demonios, incluso los más lejanos en el tiempo, siguen presentes en el archivo literario del deicida. El creador de ficciones no es sólo un disciplinado personaje de sí mismo, que se obsesiona con el dibujo de la escritura, consolidando nombres, hombres y todo un *imaginario* que le es propio a su proceso de creación pero que, también, descansa en su memoria. Es, en definitiva, un personaje extraño que rinde culto cotidiano a la memoria, a su propia memoria, a la experiencia de las cosas que ha vivido y que son tal como él las recuerda.

«También el barrio —escribe MVLL— es el tema de *Los cachorros.* Pero este relato no es pecado de juventud, sino algo que escribí de adulto, en 1965, en París». Emasculado por un perro, Pichula Cuéllar crece hacia su propio destino, el suicidio. *El barrio,* los compañeros, ese mismo destino personal, el terrible secreto que lleva en la *distinción* de sus compinches de lucha vital, borrachera, juerga, *muchachas.* Es una educación sentimental imposible. O la exégesis de un personaje, Cuéllar, que no podrá jamás incorporarse a su propia sociedad porque «no es normal». Es un rebelde imposible, pero rebelde por causas que van contra sí mismo: es un castrado. A veces la lectura de *Los cachorros* —MVLL la escribió y reescribió más de seis veces hasta darla a la imprenta— nos lleva directamente al juego de *las pandillas juveniles,* de gente acomodada y bien, tal como aquellos personajes que se reflejan en *Rebelde sin causa,* cuyo protagonista principal e identificación es el personaje que encarna James Dean. En la vida real,

Dean murió muy joven, no por las mismas razones que Cuéllar, desde luego, pero de una manera similar, con accidentes automovilísticos de por medio. ¿Es *Los cachorros* una metáfora del artista adolescente, un retrato real del artista que ve la imposibilidad de caer en el pozo normal de la sociedad que sus compañeros respiran? Hasta ahí ha llegado la crítica en su voracidad para crear un mundo interpretativo en torno al relato que MVLL escribió recordando una noticia de prensa que había leído en su juventud: un perro había castrado a un joven, el mismo que en la ficción él llamó Pichula Cuéllar con el afán totalizante de su provocación (pichula es uno de los nombres que se da en ciertos países latinoamericanos al miembro sexual masculino).

Los cachorros apareció, por primera vez, en 1967, en Barcelona, cuando su autor ya iba camino de la gloria literaria. Vivía en Londres, escribiendo desaforadamente *Conversación en La Catedral,* y era el tiempo en que *La casa verde* ganaba el Premio Internacional de Novela Rómulo Gallegos. El interés que despertaba su nombre, y cualquier publicación que MVLL acometiera, hizo que se desbordara la imaginación de los exégetas y de toda la crítica literaria, que agotó cuantas interpretaciones pueden hacerse de un relato escrito por un novelista contemporáneo. El propio MVLL, cuyo esfuerzo por conseguir esa pequeña obra maestra que es *Los cachorros* está fuera de duda, quedó sorprendido de alguna de esas exégesis que se hacían de uno de sus demonios más entrañables. Años más tarde, recordando su propio trabajo y escribiendo sobre él, diría como colofón de todos esos demonios que se encierran en dos (como *las tablas de su ley*), el *yo mismo* y *el Perú,* que «mi sorpresa fue la variedad de interpretaciones que merecerían las desventuras de Pichula Cuéllar: parábola sobre la impotencia de una clase social, castración del artista en el mundo subdesarrollado, paráfrasis de la afasia provocada en los jóvenes por la cultura de la tira cómica, metáfora de mi propia ineptitud de narrador. ¿Por qué no? Cualquiera puede ser cierta. Una cosa que he aprendido, escribiendo, es que en este quehacer nunca nada está del todo claro: la verdad es mentira y la mentira es verdad y nadie sabe para quién trabaja. Lo seguro es que la literatura no resuelve problemas —más bien los crea— y que en vez de felices hace a las gentes más aptas para la infelicidad. Así y todo, ella es mi manera de vivir y no la cambiaría por otra»[80]. Por mi parte, leída tantas veces la novela *Los cachorros,* todavía no he dejado de preguntarme si, en efecto, este antihéroe, castrado, «jodido», malhadado Pichula Cuéllar, no es precisamente la *identificación literaria* de ese otro demonio eterno que acompaña a MVLL, su país, el Perú, la deuda interna y la perenne enfermedad que genera la solitaria, el bicho, el vicio de escribir de MVLL, alias el Cadete.

26. Elogio de «las partes malditas» (1988)

A mediados de mayo de 1987 supe que MVLL había terminado un relato erótico. Se titulaba *Elogio de la madrastra*. Habíamos ido a Tenerife, donde el novelista peruano abría un ciclo de conferencias —en el que también estuvieron Torrente Ballester y Pilar Miró, entre otras personalidades creadoras e intelectuales— patrocinado por Cajacanarias. MVLL quedó en enviar un capítulo de *Elogio*... si, realmente, el proyecto de dedicarle un número monográfico de la revista *Liminar* (que dirigía García Ramos en Santa Cruz de Tenerife) se llevaba a cabo. Pero, como otras tantas de las euforias que padecemos los escritores, por diversas causas y sinrazones no se publicó ni aquel número homenaje a la obra de MVLL que proyectamos en Puerto de la Cruz, Tenerife, en la entrada del verano de 1987.

Antes de saber nada más sobre *Elogio de la madrastra*, revolví mis notas, recopilé en mi memoria el gusto confesado de MVLL por la literatura pornográfica y erótica, pasé revista a algunos personajes de sus obras que, sin duda, se verían nuevamente sombreados por el novelista peruano en *Elogio de la madrastra*. En algunas «confesiones literarias», esas largas entrevistas en las que los escritores suelen desnudarse hasta la indiscreción y el exhibicionismo, MVLL había afirmado que fue, en su juventud, un gran aficionado a la lectura de novelas eróticas. Una de aquellas siete chambas que tuvo en la Lima que, años más tarde y desde Londres, describiría en *Conversación en La Catedral* fue la de bibliotecario del Club Nacional, refugio masculino de los señores criollos que se reunían allí aparentemente para jugar al tenis, para charlar «de sus cosas» y establecer y mantener relaciones sociales. Pero MVLL, en su papel de bibliotecario, «descubrió» que los patriarcas de la sociedad limeña poseían un secreto, un tesoro clandestino, un vicio vivificador que mantenían prácticamente oculto a los ojos del resto del mundo: tenían allí una gran biblioteca de literatura erótica y pornográfica, adobada además por suscripciones completas a muchas revistas de carácter pornográfico y erótico. «Debo reconocer con gratitud —dice MVLL— que allí pude leer toda la colección *Les Maîtres de L'Amour,* publicada por Apollinaire, donde están el Aretino, Restif de la Bretonne, Cleland, etcétera»[81]. Y, tiempo más tarde, como ya hemos escrito, mostró su predilección por algunos novelistas contemporáneos cuyo sentido erótico les llevó a escribir dos de las grandes novelas de este siglo: *Trópico de Cáncer,* de Henry Miller, y *Lolita,* de Nabokov.

¿Es don Rigoberto, el cornudo de su propio hijo, uno de esos señorones criollos que, tras vencer las tentaciones de los ideales colectivos de su juventud, lleva en su madurez una vida tranquila y apacible, mientras oculta, tal vez sólo por prudencia y discreción, que su mayor *hobby* es, sin duda, una colección de libros y grabados, cuadros e ilustraciones eróticas? El drama que se describe en *Elogio de la madrastra*[82] es eterno: un triángulo amoroso, concupiscente, lascivo, en el que un niño, Alfonso/Fonchito, «enamora» a su madrastra, una mujer cuarentona y «todavía» espléndida, doña Lucrecia, que a su vez está enamorada de don Rigoberto, el padre del niño perverso. Don Rigoberto es un enfermizo dechado de limpieza, hasta el punto de dedicar un tiempo *extra* a la obsesión de su cuerpo a lo largo de cada día de la semana. Como ritual sagrado, imposible de soslayar, don Rigoberto ejecuta la ceremonia de limpiar su cuerpo como el sacerdote cumple con el sacrificio ritual: por obligación religiosa. Sus ejercicios son, al final, manías de enfermizo, de gran *narciso* enamorado de su propia perfección física. La enfermedad de don Rigoberto —que contrasta con la secreta devoción que siente por la pornografía y el erotismo— da al novelista la posibilidad de desarrollar en *Elogio de la madrastra* todo un repertorio escatológico que el personaje, don Rigoberto, adora tal vez sin darse cuenta. Hay, pues, dos «sacrificios» en don Rigoberto: uno de preparación para el otro; uno, la limpieza de su cuerpo, que el novelista llama, con un punto de irónico sarcasmo, «abluciones»; y dos, el ejercicio del amor sexual con doña Lucrecia, en el que la imaginación de don Rigoberto le hace noche tras noche, luego de apagar la luz, preguntarle a doña Lucrecia: «¿Sabes quién soy?».

Experto en grabados eróticos e iluminado de la pornografía, don Rigoberto *puede* ver que en su propia vida, en la parte que recoge el relato del *Elogio de la madrastra,* el vicio de *ver, interpretar e imaginar* las obras de *arte* que aparecen en el relato no será sólo prerrogativa de su propio *hobby.* También el novelista introduce su *morbidezza* para describir, a partir de la visión de un cuadro, una leyenda —vieja o nueva— cuyo destino es la interpretación erótica, el goce sensual (y sexual) del arte plástico cuando imaginamos lo que hay detrás del mismo cuadro y de la creación de esa instantánea artística. MVLL dispone algunas de sus preferencias en *Elogio de la madrastra* para relatarnos, como un heresiarca, que lo «sagrado» del ser humano está casi siempre unido a lo que Bataille llama *la part maudite.* De modo que los mismos protagonistas de los cuadros son, a su vez, personajes fundamentales del *Elogio de la madrastra,* desde Candaules, rey de Lidia, cuyo libidinoso «pecado» le llevó a enseñar el culo de su mujer (mantenía que no había otro igual en todo el orbe conocido), hasta *La Anunciación,* de Fra Angelico (fresco que se encuentra en el monasterio de San Marco, en Florencia, que sirve a MVLL para entrar a saco en la leyenda religiosa que preludia el cristianismo), pasando por la *Diana después del baño,* de Boucher, *Venus con el Amor y la Música,* del Tiziano Vezellio, *Cabeza I,* de Bacon, y *Camino a Mendieta 10,* de Fernando de Szyszlo, pintor peruano e íntimo amigo del novelista. ¿Son arbitrarias las elecciones que de cada uno de los cuadros que van a ir dentro de *Elogio de la madrastra* hace el novelista MVLL? O, por el contrario, ¿responderán esos grabados a alguna secreta y clandestina clave, que no conocemos bien todavía y que el novelista nos enmascara hasta después de la lectura de la novela, además de ser «llamadas de atención» dentro del texto que relata el drama del triángulo familiar? Escojan ustedes, arriesgándose como lectores a penetrar los distintos velos prohibidos de la *morbidezza* de ustedes mismos, como lectores y como expertos —si lo son— en literaturas pornográficas y eróticas.

El desarrollo de la acción erótica en *Elogio de la madrastra* posee una sabia distribución de los factores eróticos por parte de MVLL. El niño Alfonso, además, lee historias muy extrañas y aventureras. Ya sabe, a sus pocos años, que existe Alejandro Dumas, como no por casualidad lo supo también el niño MVLL. Se me dirá que hay muchos niños que saben de la existencia de Alejandro Dumas, bien por sus novelas «mosqueteras» o por sus novelas más o menos históricas. Cierto. Pero no deja de ser una casualidad que en MVLL se hayan dado, como favoritos de infancia y juventud, estos dos factores literarios que siempre se consideraron clandestinos, peligrosos, negativos para la sociedad (tal como puede considerarlos en *Elogio de la madrastra* don Rigoberto): Alejandro Dumas, y las novelas de caballerías (que inyectaron la obsesión de la aventura en MVLL), y las novelas y libros eróticos y pornográficos. Ambos «secretos» aparecen distribuidos entre los gustos de los protagonistas en *Elogio de la madrastra*. Cuando, corrompida por la sensualidad del niño, doña Lucrecia se pregunta qué hay dentro de la cabeza de un ser aparentemente puro que, sin embargo, es capaz de vislumbrar en un cuadro abstracto —el de Szyszlo, precisamente, que está en el salón de la casa en la novela— el retrato de su propio sexo, de su propia imagen desnuda, no está haciendo otra cosa que entregarse a la *morbidezza* concupiscente que le produce a don Rigoberto la limpieza exagerada de su cuerpo, el ceremonial lúbrico y perverso que conduce al paraíso del amor carnal en la cama del matrimonio.

Al final se produce el drama esperado. Doña Lucrecia sale del paraíso por pecadora. Don Rigoberto descubre la «maldad» de su mujer al leer una redacción que su hijo Alfonso ha hecho para el colegio. Es un relato de todo cuanto ejecutan ritualmente doña Lucrecia y él, Alfonsito, en ausencia del padre de familia y ante la sorpresa contenida de Justiniana, la mucama, la asistenta a la que doña Lucrecia va dando noches libres para poder pasarlas, ella y Alfonsito, en plena libertad. La literatura como hecho pernicioso, como vindicación de una realidad que se oculta y que sólo sale a flote completa y enteramente a través del ejercicio de la escritura, es clave en la interpretación de *Elogio de la madrastra*. MVLL, siguiendo ciertas líneas exegéticas, ha entendido siempre que la literatura es algo peligroso, que desencadena esos demonios y fantasmas que trabajan con desorden en la mente del escritor y que, al ser transformados en literatura, no hacen sino mostrar al mundo la otra cara de la luna, el rostro prohibido de la sociedad. Vindicación y venganza: también ésa es una interpretación posible de *Elogio de la madrastra*.

En el mito clásico de Fedra, la tragedia se consuma con el suicidio por ahorcamiento de la protagonista. En ausencia de Teseo, Fedra se había enamorado de Hipólito, que había rechazado aquella pasión con verdadera indignación. Cuando Teseo volvió del laberinto, cuando regresó a la luz, Fedra desplegó los factores del teatro femenino: se desgarró los vestidos, se mesó los cabellos, se enlutó. Fingía para que Teseo creyera que Hipólito había querido violarla. Y aquí surgen los dioses. Poseidón le había prometido a Teseo cumplirle tres deseos. El héroe, no atreviéndose a matar a su hijo por su propia mano, pidió al dios del mar que le procurara un monstruo que fuera enviado contra Hipólito. Así fue. Cuando el hijo de Teseo conducía su carro en los alrededores de Trezena, el monstruo marino salió de las profundidades del océano y lo mató. La *hybris*, la ruptura de las leyes no escritas desde la soberbia del hombre, provoca siempre la tragedia. Los sueños de la razón producen la sinrazón, la monstruosidad que prohíbe tajantemente el tabú.

«Desgarrado entre razón y sinrazón —escribe MVLL refiriéndose a las tesis de Bataille—, entre el deseo de durar y el de vivir *soberanamente,* el hombre, paradoja miserable, no debe dejarse encerrar en los límites de la razón, pero tampoco puede abolir esos límites so pena de extinguirse: primero debe aceptar esos límites, tiene que reconocer la necesidad del cálculo de interés; pero debe saber que existe en él una parte irreductible, una parte soberana que escapa a los límites, que escapa a esa necesidad que reconoce»[83]. La *hybris* a la que hacían alusión los griegos clásicos forma parte de esa maldición humana que Bataille reconoce como necesaria para completar el destino del hombre, reconocible en el drama de la muerte y en la soberanía *absoluta* de una libertad utópica. Y, abundando en sus tesis sobre la literatura y el mal (la literatura como mal), MVLL habla de nuevo de Bataille, el gran hereje: «Cuando Bataille describe la relación apasionada y destructiva entre una madre y el hijo al que corrompe *(Ma mère)* y las complicadas combinaciones en las que se traduce el insaciable apetito de depravación que ambos comparten, es difícil no sentirse, ante esa compacta condensación de sucio horror, conmovido. Pero aun en estos casos, los relatos de Bataille incurren en cierto vicio característico de toda literatura maldita: la reiteración maniática»[84]. Para terminar citando de nuevo al escritor francés, que mantenía que, en efecto, es la literatura quien da rienda suelta a la sinrazón, a la tortura que para el escritor representa mantener en silencio, encadenada a sus propios recuerdos, toda la fuerza irracional de sus demonios.

Si Bataille rompe los tabúes tradicionales a través de la literatura, dibujando el mal —*la parte maldita*— del ser humano con el lenguaje, el relato erótico —hasta la profanación, por ejemplo en *Madame Edwards,* que también cita MVLL—, el ensayo —que es el mejor Bataille, para el propio MVLL—, MVLL, seguidor de Bataille, heresiarca él mismo precisamente a través de la *hybris* que es la literatura, profanador de la realidad con el factor imaginativo, cincela este *Elogio de la madrastra* como el relato de un incesto que transmuta todas las relaciones humanas de una microsociedad, precisamente aquella sobre la que se asienta toda convención civilizada: la familia. Las leyes no escritas de la familia, los tabúes sexuales dentro de la familia, deben ser respetados siempre. Cuando no se respetan, por cualquier razón, deben ser silenciados. Cuando ese silencio se rompe y el pecado llega a oídos del mundo, el drama, la tragedia que causa la *hybris,* la soberbia del ser humano, es condenada irremisiblemente por los dioses. Ése es el destino de doña Lucrecia: ser expulsada del paraíso familiar, sensual, sexual y vital de la casa de don Rigoberto, para quien la mujer ha cometido la peor de las vilezas, el pecado innombrable del incesto, el más grande tabú familiar, por los siglos de los siglos. Erotismo, pornografía, tabú: eso es también *Elogio de la madrastra*. La perversión de doña Lucrecia es aquí inversa que en el mito de Fedra. Es el niño, el hijo, quien corrompe, con artes de ángel, a la mujer madura de su padre, el imaginativo y maniático personaje que, lleno de narcisistas escrúpulos por su limpieza, se atreve a pensar que todo cuanto es brillante en la vida, todo cuanto es llamativo, es mediocre y despreciable, un personaje entrecortado, a medio camino entre el enfermo y el *narciso* que todos llevamos dentro.

La madrastra, el padre y el hijo: *ecce* el triángulo, el paseo por el amor, el placer y la muerte, por el mundo prohibido de la pornografía y el erotismo, a cuya religión ha rendido culto MVLL a lo largo de su obra. Hemos citado aquí con frecuencia las andanzas y la profesión del Poeta, el cadete Alberto Fernández, que escribía novelitas pornográficas y cartas de amor, a petición de sus compañeros, a cambio de unos cuantos soles. En *La ciudad y los perros,* por otro lado, las escenas eróticas y pornográficas, y algunas de bestialismo contradictorio (en el mismo acto convulso existe también un sentimiento de cariño), pueden leerse sin tribulaciones de ningún género: el novelista las sitúa en un contexto brutal en el que la ruptura de la norma sexual, civilizada y educada, es lógica hasta la frontera de la cotidianidad. En *Conversación en La Catedral,* el amor carnal es muchas veces el prohibido (Fermín y Ambrosio, por ejemplo), pero además uno de los principales personajes, Cayo Mierda/Bermúdez, es un pornómano, un *voyeur* (como a veces, y estratégicamente, lo es Alfonsito en *Elogio de la madrastra;* como lo es don Rigoberto en su pasión clandestina por el arte y los grabados eróticos), un erotómano que se solaza en su propia depravación utilizándola políticamente para sus objetivos. En *Pantaleón y las visitadoras* el humor entra a saco en el lenguaje institucional y cuartelero que el capitán Pantoja debe utilizar en sus informes, y en toda la novela rige una sensación de erotismo ridículo que, cuando llega a ser público, provoca la caída del héroe desde la cúspide de su gloria. En *Historia de Mayta* la personalidad secreta del protagonista, Alejandro Mayta, esconde la peor de las lacras entre sus colegas: la homosexualidad. En *Los cachorros,* subtitulada intencionadamente como *Pichula Cuéllar* (que define y designa al personaje fundamental de la novela por lo que, precisamente, no tiene), hay tambіén una metáfora de la existencia donde la importancia de la sexualidad es evidente. En *La tía Julia y el escribidor* se juega, metafórica y realmente, con los dos tabúes que dan nombre a la novela: la parte maldita que llamamos incesto, una convención indestructible desde el punto de vista de la sociedad civilizada (que se defiende de sus destructores echándolos del paraíso que cree que es su seno); y la *hybris* —la soberbia también pecaminosa— que significa la literatura, una profanación social que hace que el escritor sea considerado, dentro de esa misma sociedad, como medio anormal, «medio marica», incluso. Ambos pecados los cometió, insaciable y triunfalmente, el novelista MVLL. Tal como literariamente los cometen en *Elogio de la madrastra* dos malditos de la obra, con la parte de huachafería (que vemos también en *Kathie y el hipopótamo*) que a ambos les corresponde, a doña Lucrecia y a Alfonsito, el ángel demoníaco que habita el paraíso de don Rigoberto hasta destrozarlo, trastornarlo y hacerse dueño de él, desde su infancia más mimada y aparentemente inocente.

Evidentemente algo flota de manera distinta en *Elogio de la madrastra:* un cierto tono de humor —negro o verde, si se quiere— endulza el *tema,* el asunto incestuoso. MVLL decidió restarle importancia al tabú del incesto mostrándolo como si, en efecto, nada de malo llevara dentro el pecado convencional por casi todos respetado. El tratamiento del *tema,* entonces, cobra además una dimensión *amable,* casi de novela galante, de una manera consciente, como si no se estuviera hablando de lo que se está hablando, como si todo lo que se cuenta no tuviera nada de parentesco con lo escabroso del asunto, con lo terrible del drama, con el destino de la tragedia. La novela está escrita a la vez por un cómplice (en muchas lides) del *tema* y por un distante narrador (omnisciente) que juega con el asunto como si nada tuviera que ver con él, con su pasión por *el tema* y por su pasión por escribirlo. Vemos ahora las fotografías del MVLL que se escondió en «el cielo barroso de Lima» para escribir *Elogio de la madrastra.* Su aspecto es el de un escritor que ha triunfado con sus criterios en el mundo entero. Delata una seguridad en todo cuanto inicia, lo que se traduce en unos resultados personales que siguen siendo una trasgresión literaria. Adelgaza constantemente, bien recluyéndose durante días en clínicas que tratan su manía por la obesidad, o bien levantándose todos los días a hacer *jogging* y correr por el malecón de Barranco y en el Hyde Park londinense, cuando todavía las brumas de la noche no han terminado de levantar con sus dedos rosados la luz del día hasta el firmamento. Viste casi siempre de una manera elegantemente tradicional: traje —chaqueta y pantalones del mismo corte—, camisa casi siempre blanca, corbata a juego —a poder ser poco llamativa— y zapatos también a juego. No busca la perfección exagerada en la elegancia, sino adecuar naturalmente su imagen, su figura real, a la vestimenta. Su cabeza se ha ido llenando de canas, aunque todavía el rostro se mantiene firme y joven, en plena madurez. Ha edulcorado también algunos de sus gestos. Su seriedad (que confiesa un aparente y casi siempre real interés por su interlocutor) ya no desprende aquel aliento de distancia —entre la tristeza y la desconfianza— que provocaba el hablar con él. Al contrario. Se ha convertido en un «entrador», un ser sumamente atractivo, siempre bien peinado, un escritor maduro, contemporáneo, llamativo, a la manera de los que él soñó cuando era joven. Algunos adversarios sostienen que juega a convertirse —también— en un actor californiano, capaz de llamar la atención por donde pasa, deseoso siempre de ser aplaudido en su más elemental vanidad. Sinceramente, creo que no lo necesita. A ese camino, al de la madurez atractiva y reconocible en su triunfo, ha llegado MVLL por sí mismo, a través del trabajo diligente, profundo e insaciable de la solitaria, la literatura, cuyos resultados son los títulos de sus novelas, sus obras, la última de las cuales es —hasta el momento en que escribo estas líneas— *Elogio de la madrastra,* el retrato de dos incestos sumamente atractivos para el propio MVLL: el tabú tradicional que descansa en el fondo de la familia y el social, el literario, esa *parte maldita* del hombre que —como escribía Bataille— escoge la literatura como método constante para ser *absolutamente* libre.

27. Los demonios en la escena
(1981-1986)

Cuando leí *Kathie y el hipopótamo,* en la edición española de Seix Barral, sentí la misma tentación que con *La señorita de Tacna* y la que sentiría después con *La Chunga:* no pude olvidarme en ningún momento de que estaba leyendo unas obras de teatro escritas, sin duda, por un novelista. El ritmo narrativo del teatro de MVLL era evidentemente novelesco. Las historias, llevadas al escenario e interpretadas de variada manera por los actores y actrices, no hacían perder esa sensación: eran las obras de teatro de un novelista. Vi el estreno de *La señorita de Tacna,* en Madrid, con un montaje que dirigió Emilio Alfaro, que había llevado la obra al éxito total en Buenos Aires, con Norma Aleandro como personaje principal. Quizá lo que ocurrió en Madrid fue que la actriz que interpretó los dos papeles femeninos de relevancia no supo estar a la altura. Entre Norma Aleandro y Aurora Bautista hay mucha diferencia. Daniel Dicenta, el Belisario que se piensa a sí mismo como escritor y que, en el fondo de su historia, rememora la vieja memoria de su familia, trata por todos los medios de centrar la acción sobre quien, como un brujo omnisciente, suelta a hablar a los personajes de *La señorita de Tacna* a lo largo de la obra. La tensión dramática, como dicen los críticos profesionales, no pudo sostenerse muchos días y la obra en Madrid no fue precisamente un éxito, todo lo contrario de lo que había ocurrido con ella en Buenos Aires.

Kathie y el hipopótamo la vi interpretada por una compañía profesional, en un teatro de Miami City, en los primeros días de diciembre de 1985. Tampoco me gustó encima del escenario, aunque los actores y actrices trataron de apropiarse la obra con un ropaje pasional digno de encomio. A mi lado estaba MVLL, que atendía con sobriedad e interés contenido el desarrollo de la acción teatral de *Kathie y el hipopótamo,* que ha sido interpretada con más lucidez y espíritu teatral en otras partes del mundo, incluido Londres. Con *La Chunga,* dirigida por Miguel Narros y estrenada en Madrid en octubre de 1987, me pasó otro tanto de lo mismo: no pude olvidar durante toda la representación —con destacados papeles para Nati Mistral, como Chunga, y Emma Suárez, como Meche— que estaba ante una obra de teatro escrita por un novelista. La crítica respetó al escritor, aplaudió con brevedad la interpretación y el montaje teatral, y canceló el interés por la obra.

¿Quiero decir que la cala teatral del novelista MVLL es, en cierto modo, inferior al resto de su producción literaria? He visto también encima del escenario algunas obras de Carlos Fuentes, por ejemplo, escritas —como *Kathie y el hipopótamo,* como *La Chunga* y como *La señorita de Tacna*— directamente para el teatro, pensando en el teatro y considerando que la estructura de la obra no tendría otro desarrollo que el dramático-teatral. Y me ha pasado lo mismo que cuando he visto, sobre el escenario, alguna obra novelesca de García Márquez adaptada para el teatro: algo huele en el interior de la obra, a lo largo de la exhibición interpretativa, que me dice que el autor del relato teatral *no* puede —o no consigue— desatarse de su *temperamento* de novelista, de creador de novelas, al aventurarse en las bambalinas, tramoyas y escenarios teatrales.

MVLL es un gran aficionado al teatro. Sus biógrafos y los estudiosos de su obra saben que la primera de las obras —situada prácticamente en el olvido protohistórico— que MVLL escribió se llamaba *La huida del Inca.* Era una obra de teatro, como hemos dicho ya en este libro, que contenía ciertas dosis de ingenuidad adolescente, determinadas concesiones al factor indigenista y que fue estrenada durante las fiestas de Piura, el 17 de julio de 1952, bajo la dirección del propio MVLL. Sólo veintiséis años después, MVLL intentó de nuevo la aventura del teatro, precisamente con *La señorita de Tacna,* «cuya primera versión fue terminada de escribir en 1978, cuando enseñaba en la Universidad de Cambridge, y corregida para una segunda versión en Washington, D. C., en 1980»[85]. *La señorita de Tacna* fue estrenada en Buenos Aires, el 26 de febrero de 1981, en el teatro Blanca Podestá. Dirigió, como se ha dicho, Emilio Alfaro. La obra obtuvo todo tipo de triunfos, el refrendo del público y el aplauso de la crítica, lo que sirvió además para una especie de ceremonia de conciliación entre el público argentino y MVLL, distanciados —en cierta manera— desde la publicación de *La tía Julia y el escribidor,* relato en el que el novelista hace bromas con la «argentinidad» hasta el punto de parecer un leitmotiv temperamental en la actitud de uno de sus principales personajes: Pedro Camacho. *La señorita de Tacna* se publicó también en 1981, bajo el sello editorial de Seix Barral.

En *La señorita de Tacna,* independientemente de sus valores estrictamente textuales y teatrales, se desarrollan dos *temas,* dos asuntos que se delatan como dos de los demonios fundamentales en toda la obra de MVLL: el papel del escritor —Belisario es su *alter ego,* obsesivo y angustiado encima del escenario— y el revoloteo constante de la memoria histórica de la familia (del mismo escritor, en este caso). Con esos dos demonios el escritor compone una obra teatral, una especie de comedia dramática, a veces muy interesante, en la que al mismo tiempo que recuerda la vieja familia de Tacna —la ciudad fronteriza motivo de peleas entre Chile y Perú—, se interroga, a lo largo de toda la obra, por el objetivo del escritor dentro y fuera de su mundo. Repito que cuando leí la obra de teatro me dije a mí mismo que MVLL (también se lo he comentado a él, aunque —desde luego— nunca me dio la razón) había dejado de escribir una auténtica novela en beneficio de crear una obra de teatro no del todo convincente. Belisario, sin duda, hubiera sido un gran personaje de novela, si no le recordáramos ahora bajo el gesto de ningún actor, sino como la sombra de aquel escritor que también está en Alberto Fernández, llamado el Poeta *(La ciudad y los perros),* Zavalita *(Conversación en La Catedral),* los escribas de *La guerra del fin del mundo,* Pedro Camacho *(La tía Julia y el escribidor),* el escritor que narra en *Historia de Mayta* o el que relata *El hablador* y, en fin, en tantos otros recovecos —más o menos disimulados— de la obra narrativa de MVLL. Belisario es, sin duda, el MVLL más contradictorio dentro de cualquiera de sus obras. Recuerda, escribe, se sumerge en sí mismo, se angustia, se obsesiona: el público, en este caso, lo ve, aunque MVLL quiera distanciarse de los problemas de Belisario colocándose en la distancia, incluso en el patio de butacas, que pretende ser la objetividad máxima desde el teatro clásico hasta nuestros días.

Hoy mantengo esa opinión, como con *Kathie y el hipopótamo,* surgida tal vez del episodio real que acontece en una familia de la *Lima bene* (la misma que, más o menos, podría ser la del entorno del escritor; cualquier otra que se mueva en esa misma pantalla social) y que sirve al novelista convertido en auto teatral para plasmar en escena el conflicto social de los distintos miembros de una familia con ciertas dosis de humana sordidez surtiendo de morbo algunas partes de la obra. Trato hoy de convencerme de mi error: *Kathie y el hipopótamo* posee, me digo, un marchamo de comedia americana, con todo un despliegue magnético que *sólo* puede ponerse en pie en un escenario, *coram populo.* Es decir, no fue concebida por MVLL para ser leída en un acto de soledad, sino para *ser llevada* indefectiblemente al aire en un escenario lleno de gente, con voces alternativas, discusiones en alta voz y resultados muy distintos a los que genera una novela, su incubación y su lectura.

De las seis obras de teatro que MVLL ha publicado y/o estrenado hasta el momento presente, la que más me ha interesado es *La Chunga,* extraordinario personaje que se escapa de las páginas magistrales de *La casa verde* para aparecer, también veintiún años más tarde, encima de un escenario de teatro, en el tablado de la farsa que MVLL le tenía reservado quizá desde hace muchos años. Todas las escenas que se llevan a cabo en el burdel-cantina de Chunga-Chunguita rememoran, sin duda, algunas otras escenas que ya se dibujaban con gran acierto en *La casa verde.* El aliento literario de MVLL —y su gusto por la recuperación de asuntos que andan ahí, anclados en la memoria hasta transformarse en verdaderos demonios, como cemento armado y acero inoxidable al mismo tiempo— vuelve a desplegarse en *La Chunga,* en un texto que consigue interesar al lector precisamente por su temperamento dramático. Dueña de una fuerza vital inexpugnable, y una experiencia que va desbrozando en los distintos tiempos en los que se mueve la obra, Chunga es un fantasma vargasllosiano, clásico entre los demonios del escritor. Estamos nuevamente en Piura, en 1945, esa ciudad «rodeada de arenales en el norte del Perú» en la que MVLL comenzó a fraguarse como espíritu de contradicción; la ciudad en la que conoció las *dos casas verdes,* el burdel del que le hablaron y oyó hablar cuando era pequeño y el burdel al que se aproximaba en los años de su adolescencia. Este espacio escénico sirve para que MVLL eleve parte de aquella memoria —la de Chunga— y la transforme en una obra de teatro, con todos los ingredientes que ya aparecen como constantes de la novelística vargasllosiana: la sociedad tribal y primitiva, la imposible independencia de la mujer, el uso y el abuso de los hombres con respecto a las mujeres, casi siempre prostituidas por el medio social en el que habitan, las prohibiciones tradicionales, los miedos psicológicos, las violencias contenidas, la sordidez.

La Chunga se editó en España en 1986. MVLL escribió un texto introductorio que, en cierta medida, justifica la obra como pieza teatral. El ambiente prostibulario es el mismo que el de *La casa verde.* Ahí están, además de Chunga, algunos de *los inconquistables,* que también serán protagonistas —al menos uno— de ¿*Quién mató a Palomino Molero?* (¿por qué no hubiera sido una pieza teatral de la misma envergadura que, por ejemplo, *La Chunga?* Sólo el autor, deicida, omnisciente, y libérrimo en su voluntad de creador, lo sabe...). Y el texto introductorio de MVLL no hace más que recordarnos que él es un novelista cuyo intento ha sido, también al escribir este texto, «encontrar una técnica de expresión teatral —una corporización— para esta operación tan universalmente compartida, la de enriquecer realmente la vida mediante la fabricación de imágenes, de ficciones...», añadiendo finalmente que «el teatro y su imaginería son, estoy seguro, un género privilegiado para representar el inquietante laberinto de ángeles, demonios y maravillas que es la morada de nuestros deseos»[86]. Efectivamente. El escritor de novelas también *quiere verse* representado y *desea ver,* al tiempo, representados a sus personajes, vivos y evolucionando encima de un escenario: como si, de verdad, existieran en la misma realidad de la que los sacó, en el momento de su consagración literaria, la imaginación del escritor. Creo, sin temor a equivocarme mucho, que ésa fue la mejor intención de MVLL al escribir para el *teatro* tres relatos muy distintos en sus temas que, por otro lado, son también *constantes* (el escritor y su problemática vital, la herencia de la filosofía existencialista de Sartre, en *La señorita de Tacna,* a la que hay que añadir la constante demoníaca de la familia; la crítica a una determinada sociedad a través del filtro de un relato cualquiera provocado tras una anécdota real de otras obras ya escritas, personajes que se siguen escapando de las páginas de algunas de sus novelas como si no hubieran sido definitivamente terminadas y olvidadas, el caso de *La Chunga*) en la obra totalizadora de MVLL.

«¿Por qué necesita el hombre contar y contarse historias? —se pregunta MVLL en "Las mentiras verdaderas", el texto que introduce editorialmente a *La señorita de Tacna*—. Quizá porque, como la Mamaé —personaje central de *La señorita de Tacna*—, así lucha contra la muerte y los fracasos, adquiere cierta ilusión de permanencia y desagravio». A través de ese desagravio que es la literatura, el teatro en este caso, conseguimos «una manera de recuperar, dentro de un sistema que la memoria estructura con ayuda de la fantasía, ese pasado que cuando era experiencia vívida tenía el semblante del caos». Y concluye: «La ficción es el hombre "completo" en su verdad y en su mentira confundidas»[87]. La memoria, entre la verdad y la mentira, tal y como se rememoran siempre las cosas dentro de los recuerdos del escritor, hace el resto. Se sabe que todos los personajes de *La señorita de Tacna* son los recuerdos de quienes, familiarmente, acompañaron la infancia feliz y la no menos controvertida adolescencia del escritor MVLL. Se sabe —se ve— que los personajes que modulan la acción y la presentan al público en *La Chunga* son seres cuya creación es obra —real o imaginaria— del autor, del propio MVLL, que ya se ensayó con esos demonios —o ángeles, como se atreve a llamarlos en la nota introductoria— en *La casa verde,* novela en la que la multiplicidad de historias da pie todavía a que el novelista siga desarrollando *las vidas secretas* e inéditas, así como determinados episodios de ese mismo e inmenso relato, de muchos otros personajes ya aparentemente en calma. Lo mismo se puede decir de *Kathie y el hipopótamo,* donde las sombras de los miraflorinos cuecen la acción, tal como lejanamente o no —según se sepa y quiera— podemos ver en determinadas partes de *La ciudad y los perros, La tía Julia y el escribidor* y, sobre todo, en *Los cachorros. Pichula Cuéllar.*

MVLL no ha abandonado la escritura teatral. En 1991 se anunció la puesta en escena de su obra entonces inédita *El loco de los balcones,* publicada por Seix Barral en 1993. Tampoco entonces, cuando leí el texto de *El loco de los balcones,* superé esa extraña sensación que sufro cada vez que veo en la escena —o leo en la soledad madrileña de mi estudio— una obra de teatro de MVLL: la impresión de estar viendo (o estar leyendo) una ficción teatral que pudo ser, como el resto de su obra, una inmensa novela. Me sucedió lo mismo cuando leí *El loco de los balcones:* como si me hubieran hurtado, tal vez con la mejor intención del mundo, un espléndido cuento donde el protagonista, el profesor Aldo Brunelli, entregado a su loca defensa de los balcones de la Lima histórica, hubiera padecido de la misma embriaguez vital y de la misma ternura novelesca que el Pantaleón de las visitadoras y el Pedro Camacho de *La tía Julia y el escribidor.* Supongo que esa misma rara sensación de lector la seguiré sufriendo conforme MVLL siga empeñándose en consagrar una parte de sus demonios, su vicio de escribir, su solitaria, a esa visión del mundo que Sófocles o Shakespeare convirtieron en la fantasía eterna que llamamos teatro. Pero tal vez lo que sobre todo sucede es que MVLL guarda, como se trasluce en *El pez en el agua,* un irremisible recuerdo de aquella primera escritura y puesta en escena de *La huida del Inca,* de modo que el teatro, el género literario, su tramoya y la emoción de ver a los actores convertidos en sus personajes en carne y hueso, son para él no sólo un paladar juvenil —aquel recuerdo vivo de su primera obra de teatro estrenada en Piura— sino un duelo constante con la literatura que el escritor peruano concibe como una parte importantísima de su trabajo.

IV. Del Chino al Chivo. El regreso del deicida

28. Algunos años después

El 28 de julio del 2001, Alejandro Toledo tomaba posesión de la presidencia de la República del Perú tras diez largos años de fujimorismo, término acuñado política y mediáticamente para definir las prácticas dictatoriales y gangsteriles de Alberto Fujimori y su mano derecha, el —durante todo ese tiempo— todopoderoso Vladimiro Montesinos. Alejandro Toledo fue elegido presidente de la República del Perú porque representa, hasta hoy, la esperanza de un país derrumbado moral y políticamente; un país arruinado que votó al ingeniero Alberto Fujimori en la segunda vuelta de las elecciones generales de 1990 *para que no ganara* MVLL (que confiesa que su oficina electoral no tuvo noticias del Chino hasta quince días antes de los comicios presidenciales); un país que, en el decenio de los noventa, la década fujimorista, fue sometido a todo tipo de vejaciones, corrupciones, abusos, desafueros, latrocinios y crímenes; un país del que, en todos esos años y a pesar de la distancia física, MVLL no sólo no se ha desentendido en ninguna medida sino que es también parte de sus preocupaciones esenciales, como delatan una semana sí y la otra también los polémicos artículos del novelista —con los que se puede estar o no de acuerdo, hasta sobra que lo recuerde— publicados en la prensa española y latinoamericana; un país con el que poco a poco el mismo MVLL se ha ido reencontrando, tras fuertes contenciosos y distancias, desde la madurez de su reflexión y la lejanía geográfica de Londres, París y Madrid; un país que el escritor peruano visita cada vez que lo estima conveniente y que alteró su trabajo de novelista y articulista cuantas veces, que fueron incontables, el fujimorismo cometió las tropelías que hace tiempo habían pasado a ser característica fundamental de sus actuaciones.

En medio de la desmoralización provocada en el Perú por este lamentable y ruinoso estado de cosas, hacia el año 1987 surge la figura del economista Alejandro Toledo al frente de una nueva formación política, Perú Posible, como una rara esperanza de resurrección moral y política para un futuro inmediato. Su decidida, arriesgada y reiterada intervención pública va poco a poco calando en la desorientada opinión de los peruanos. Su estilo de apóstol populista, con gestos efectistas, simbólicos y teatrales a los que acompaña una voz didáctica, de maestro de escuela rural viajado por el mundo, que pasó de limpiabotas en las calles de Lima a economista graduado en la Stanford University, un profesional formado en Washington en las oficinas del Banco Mundial, que añade en cada palabra que pronuncia gestos del rostro y movimientos de manos que recuerdan, gracias también a sus marcados rasgos físicos de indio, a los aborígenes prehispánicos, convierte a Alejandro Toledo en un personaje central para la esperanza del Perú y abre la curiosidad del mundo político internacional por su figura emergente. Y ahí, desde el principio, su antifujimorismo esencial se une al reconocido, esencial e irredento antifujimorismo de MVLL. En ese camino se encuentran MVLL y Alejandro Toledo, y el escritor apoya sin fisuras desde el primer momento, hasta en los más arriesgados y ambiguos, como la sorprendente e intempestiva ruptura de Álvaro Vargas Llosa con Toledo en vísperas de la primera vuelta electoral. Esa reunión, ese apoyo de MVLL a Toledo, propone un añadido de aquella curiosidad inicial para la figura del economista que alcanza no sin muchos problemas la presidencia del Perú frente al candidato del APRA, un no menos sorprendentemente renacido Alan García, en la segunda vuelta de las elecciones presidenciales, el 13 de mayo del 2001, y jura su cargo dos meses y medio después, el sábado 28 de julio, fiesta nacional del Perú.

Ese mismo 28 de julio, cuando Toledo jura el cargo de presidente peruano ante doce jefes de Estado y de Gobierno (el representante español fue el príncipe de Asturias), en las páginas de opinión del diario español *El País,* José Miguel Oviedo, profesor peruano en Estados Unidos —que ha firmado hace más de un cuarto de siglo una de las más lúcidas, literarias y críticas biografías de MVLL, ensayo que ha sido una constante referencia durante todos estos años y después en mis estudios sobre el novelista peruano, su vida y su obra literaria—, publica un artículo titulado «¿Una nueva era toledana?». El primero de los Toledo a los que se refiere Oviedo es al virrey Francisco de Toledo, que gobernó el Perú, o el Virreinato de Nueva Castilla, entre 1569 y 1581. El segundo Toledo del artículo de Oviedo, y el objeto central de su reflexión política, es Alejandro Toledo, un presidente que llega al máximo cargo republicano del Perú sin ninguna experiencia de gobierno, pero con todo un bagaje popular intacto y la leyenda de un luchador democrático contra la dictadura fujimorista. En referencia al primer Toledo y echando la moneda al aire del futuro, José Miguel Oviedo se pregunta: «¿Será capaz su homónimo Alejandro Toledo, presidente electo del Perú, que asume el poder este 28 de julio, de dejar una huella tan significativa en la historia del Perú contemporáneo?». Oviedo termina su reflexión peruana con un recuerdo y una esperanza admonitoria: «Fujimori y Montesinos acabaron con la poca institucionalidad estatal que había y dejaron que los intereses del Gobierno-hampa lo devorasen todo. Tras esta devastación, quizá ésta sea la oportunidad para restaurar las instituciones fundamentales que permiten que un país se identifique con sus leyes y que sus pobladores prosperen y vivan con dignidad. Quizá las virtudes que reconocimos en el virrey Toledo —audacia y prudencia— sean las mismas que necesita hoy el presidente Toledo».

Y ese mismo día, en las páginas del *ABC Cultural* (suplemento donde también aparece la firma de Julio Ortega, crítico literario enfrentado desde hace años a MVLL, citado además entre los *intelectuales baratos* en las páginas de *El pez en el agua*) y bajo el título «La lengua en la llaga. Mario Vargas Llosa. *Conversación en La Catedral* (1969)», Fernando Iwasaki, crítico y lector riguroso y lúcido, publica un artículo donde sostiene que «han transcurrido más de treinta años desde su publicación y, no obstante, *Conversación en La Catedral* no ha envejecido». Escribe Iwasaki que «a *Conversación en La Cate-*

dral le han endilgado los peores lugares comunes del género e incluso ha sido definida como una obra limítrofe dentro de la narrativa de Vargas Llosa, dizque venida a menos desde su ruptura con la Revolución Cubana, como si el valor de una novela apenas radicara en sus presupuestos ideológicos y compromisos varios». Porque sucede, durante todos estos años y después, que muchos de los adversarios y enemigos políticos de MVLL han desarrollado contra su figura intelectual y su obra literaria tal grado de odios africanos, irracionales y enfermizos que se le dio, desde esas mismas fechas de su ruptura con las izquierdas convencionales, por estéril para la literatura, definitivamente agotado en su imaginario literario; y, por ende, incapaz de entender cuantos fenómenos políticos, económicos, intelectuales y sociológicos se estaban produciendo en el mundo entero y, desde luego, en ese microcosmos que es la literatura de MVLL. Por tanto, *ya no servía* MVLL para escribir novelas ni mucho menos artículos de opinión política; de forma que MVLL quedaba limitado a ser un novelista fundamental dentro de la novela latinoamericana y universal de esta última parte del siglo en *La ciudad y los perros, La casa verde* y, precisamente, *Conversación en La Catedral,* títulos los tres que fueron escritos cuando MVLL parecía estar marcado a pasión y fuego por las ideologías izquierdistas al uso en el ámbito latinoamericano y europeo. De manera que, desde *Conversación en La Catedral* en adelante, desde su deserción de los férreos presupuestos y el corsé ideológico marcados por el castrismo y sus socios políticos, universitarios, literarios y mediáticos, toda la literatura escrita por MVLL se quedaba en un mero remedo narrativo muy menor en comparación «con su etapa anterior», un simple recuerdo de quien fue y ya no podía seguir siendo un icono mayor de la literatura latinoamericana. Según la interpretación de quienes durante todos estos años manejaron esta clase de estereotipos, lo que le había ocurrido a MVLL es que no sólo había traicionado a sus otrora amigos y cómplices, que tanto «le habían ayudado» a auparse al sitial de lujo e influencia en el que se había encontrado tan a gusto todos esos años de camaradería izquierdista, sino que se había traicionado tanto a sí mismo que había dejado de ser, desde 1970 en adelante, aquel MVLL al que quisimos tanto para transformarse en una caricatura de sí mismo, a veces cursi, otras veces insolente, pero siempre al servicio del gran capital, el imperialismo y las fuerzas políticas y económicas más reaccionarias del mundo conocido.

Ése había sido el irrevocable e imperdonable origen de sus errores literarios; ése era, en definitiva, su terrible pecado original: haber abandonado sin encomendarse a dioses ni a diablos, y sin pedirle permiso a ninguno de los dioses conocidos ni a sus vicarios políticos, el paraíso terrenal donde se movía como pez en el agua y con todos los reconocimientos, el edénico ámbito ideológico donde los frutos del triunfo literario y el éxito intelectual e internacional le habían sido regalados, para pasarse con armas, bagajes y talentos al peor de todos los enemigos. De modo que el duende ideológico que le concedía tantos benéficos instintos y tantos extraordinarios talentos literarios (los que se constataron con estrepitoso aplauso de tirios, troyanos y contemporáneos en *La ciudad y los perros, La casa verde* y *Conversación en La Catedral*) lo había abandonado definitivamente como justa venganza por el sacrilegio cometido sin previo aviso. Por eso no quisieron entender en sus justas dimensiones la cosmovisión, reflexión y artefacto ideológico que llevaban dentro de las páginas de *La guerra del fin del mundo,* y despreciaron con profuso aparato crítico el retrato de la barbarie que antes había MVLL descrito en *Historia de Mayta,* dos títulos y dos novelas que deberíamos tener siempre en revisión, porque representan una línea recta en la visión del mundo, en los criterios ideológicos, económicos y culturales de MVLL; dos novelas que son, en sí mismas, escritura ideológica, tatuajes certeros de la personalidad y las ideas de un escritor como MVLL, además de completos mecanismos narrativos, de factura muy personal, tanto como la tríada magistral citada profusamente por sus adversarios (para marcar el final del gran novelista y el principio del mal novelista y peor articulista); dos relatos que no se apartan del estilo novelesco de MVLL ni de sus obsesiones, fantasmas y demonios literarios, salvo en las líneas imprescindibles para que distingamos proyectos distintos dentro de una misma obra total y totalizadora.

En los meses precedentes a la toma de posesión de Alejandro Toledo como presidente peruano en julio del 2001, MVLL ha seguido muy de cerca las evoluciones electorales y políticas del Perú. Interviene con innumerables artículos —informativos, documentados, serenos o apasionados— en la crítica al estado de cosas que ha dejado sobre el tapete del territorio peruano el fujimorismo devastador; apoya a Toledo antes y después de la primera y la segunda vuelta de las elecciones presidenciales, pero está fundamentalmente entregado a su quehacer literario y periodístico, a sus conferencias en foros internacionales y universidades del mundo entero. Viaja sin parar por varios países de Europa y América, pero sobre todo trabaja y dice que trabaja en una novela largamente pensada cuya figura central es, en principio, Flora Tristán; una novela de la que yo le había oído hablar fragmentariamente —pero con toda la pasión del mundo— en repetidas ocasiones desde hacía más de quince años; una novela de la que ahora, y no sólo en una sino en varias ocasiones, habla con profusión de detalles hasta llegar a dar a los medios informativos su título definitivo, *El paraíso en la otra esquina,* en alusión no sólo al pensamiento utópico de la protagonista esencial del relato sino a cierto juego infantil peruano, consanguíneo de la rayuela y el escondite. Cuatro horas se encierra MVLL en ese mes de julio del 2001 a hablar con los alumnos y periodistas que asisten en Santander, en la Universidad Internacional Menéndez Pelayo, a su curso magistral. Cuatro horas de verano en las que MVLL despliega una vez más todos esos talentos literarios e intelectuales que, en los últimos tiempos, tienen que volver a admitir, a regañadientes y tal vez sorprendidos por la resurrección, hasta sus más enconados adversarios. Porque lo que se había negado desde esa misma instancia como una simple posibilidad, el regreso de este maduro MVLL a aquel todavía joven MVLL al que ahora hay que añadir toda su experiencia vital, el autor de *Conversación en La Catedral,* se ha producido un año y medio antes de ese mismo mes de julio, en marzo del 2000, con la publicación de la novela *La Fiesta del Chivo,* un texto narrativo, largo, demorado, sumamente estudiado en sus mecanismos literarios e ideológicos, un artefacto novelesco que alcanza e incluso supera (muchos críticos especializados así lo admiten y afirman en sus notas de lectura a la novela) los mejores textos del joven MVLL, aquellos que ni tirios, ni troyanos ni contemporáneos habían puesto nunca en duda, *La ciudad y los perros, La casa verde* y *Conversación en La Catedral*.

Como si se hubiera dado un extraño, inesperado, hegeliano y positivo salto hacia atrás en la evolución narrativa del novelista, el MVLL que algunos —bastantes, para ser justos— juzgaban decadente, y canónico sólo en esa *tríada magistral* tan reverenciada, ha sido capaz de *recordarse tal como era* y consigue escribir una novela polémica e irreverente que logra llamar la atención de cientos de miles de lectores en España y América; una novela que rescata al novelista de aquel supuesto *marasmo* infernal al que se le había condenado en determinados escenarios por sus desvíos y desvaríos ideológicos; una novela en la que MVLL exhibe todo el bagaje de talento y experiencia novelística, literaria e intelectual que ha ido acumulando en todos esos años de desasosiegos, dudas, *impasses* políticos, fluctuaciones, distancias, silencios e indagaciones; una novela en la que por segunda vez en toda su vida de escritor y novelista —la primera fue *La guerra del fin del mundo,* que tiene lugar en un territorio perdido en la inmensidad del Brasil—, MVLL ha dejado de lado el microcosmos esencial que es el objetivo de su literatura, el Perú, para vérselas con ese otro mundo insular que representa y se describe históricamente en la interminable etapa dictatorial de Rafael Leónidas Trujillo en República Dominicana; una extensa novela en la que el maduro novelista MVLL consigue, en un *tour de force* vigoroso y convincente, el ejercicio de plenitud narrativa que catapulta su escritura —y su escritura ideológica— a los mejores y más aplaudidos de sus textos novelescos, *la tríada magistral* ya citada; una novela, en fin, que viene a derrotar una vez más y en su justo tiempo humano a todos los fantasmas, demonios y obsesiones literarias y políticas que ilustran las constantes de la escritura del novelista peruano en cualquiera de sus tramos vitales, incluso en aquellas largas temporadas en las que la crítica más acerada y sus adversarios políticos e ideológicos habían logrado inyectar con menos razón que con ella las más duras dudas literarias en el trabajo del novelista; una novela en la que MVLL, en su papel de deicida teórico y práctico, además de *intruso* y por tanto sospechoso de intromisión en corral ajeno, realiza la síntesis de la historia real del *trujillato* dominicano y reescribe la ficción de esa misma historia insular —la verdad de su mentira— para recalar en línea recta en la descripción de *su* pensamiento literario e ideológico, tal como sucedió, *mutatis mutandis* si se quiere, en *La ciudad y los perros, La casa verde, Conversación en La Catedral, La guerra del fin del mundo, Historia de Mayta, ¿Quién mató a Palomino Molero?* y *Lituma en los Andes,* por citar algunos de los títulos que enlazan uno tras otro con las constantes que desembocan en *La Fiesta del Chivo.*

Y, mientras se desarrollan los actos políticos, en Lima y Machu Picchu, en los que Alejandro Toledo toma posesión de la presidencia del Perú, ¿dónde está y qué hace MVLL?

Como todos los años, MVLL está encerrado en estas fechas en una lujosa clínica de recuperación física de Marbella, en Málaga, a la que acude sistemáticamente entre julio y agosto de cada año, convencido como está de las benéficas *proposiciones* que para su organismo resultan de ese retiro estricto que él explica como *una limpieza general* que le renueva mágicamente todas sus energías vitales y espirituales. Inmediatamente antes de ese retiro, ha viajado a Arlés, tras las huellas de Paul Gauguin, nieto de Flora Tristán, porque —como acaba por descubrir y así se lo confiesa a los alumnos de la UIMP en Santander— hay un curioso y sorprendente paralelismo entre las vidas del excéntrico pintor y su abuela utopista. Y un poco antes ha podido por fin pernoctar, casi sin muebles y después de tres años de rehabilitación, en una casa que ha adquirido en el centro de Madrid para vivir y escribir largas temporadas en una ciudad que siempre le gustó —para escribir y vivir— porque guardó de ella —cuando comenzó allí el primero de los borradores de *La ciudad y los perros*— el más grato de los recuerdos de su juventud al llegar a España; porque a la prima Patricia es la ciudad que más le seduce para vivir y tal vez porque intuye, como ha dicho sagazmente Antonio Muñoz Molina, que es una ciudad que tiene la culpa de todo, no sólo de sus errores sino de los errores de los demás; una ciudad en la que viven dos de sus hijos —Álvaro y Morgana— y algunos de sus nietos y en la que el propio MVLL no había vivido antes tal vez por el temor a perder la intimidad y el tiempo sacral de su trabajo de escritor, gracias a la gran cantidad de amigos que lo requieren e invitan a tenidas, recepciones públicas, reuniones y actividades sociales que resultan a la postre los peores enemigos del escritor; una ciudad que, a pesar de todos los pesares y precisamente por eso mismo, siempre lo trató en grado de excelencia y que, también por eso mismo, sabe respetar el trabajo de cada uno, una vez que ese cada uno ha dejado de ser la novedad que la visita del turista ilustre y viajero cercano y frecuente propone durante unos días o unas semanas.

En medio de los años del fujimorismo, cuando el poder dictatorial estuvo a punto de privarlo de la nacionalidad peruana por boca del general Nicolás de Barí Hermosa, aludiendo a delitos inventados precisamente con ese objetivo (porque se había opuesto públicamente a la guerra entre Ecuador y Perú), MVLL y toda su familia adquieren la nacionalidad española. Para esos trámites no le hizo falta, ni a él ni a ningún Vargas Llosa, *desnaturalizarse,* dejar de ser el mismo peruano que era antes de ser, además, español de nacionalidad adquirida, entre otras cosas porque entre España y Perú existe desde hace muchos años el convenio de *doble nacionalidad.* Pero ese *mal paso* también fue aprovechado por los fujimoristas y algunos otros enemigos ideológicos y políticos para rasgarse las vestiduras ante *la huida definitiva del inca* hacia Europa y tratar, con los mismos medios e idéntica manipulación, de denostar la imagen pública de MVLL. No sólo había abandonado su país sino que se había atrevido a abandonar su nacionalidad de origen *comprando* con influencias la española, olvidándose los atacantes que en todo caso resulta ser —según bastantes de las trazas— la de algunos de sus ancestros extremeños. Durante un par de semanas, el fujimorismo —del que se aprovechaban una vez más quienes no cejaban en la idea de borrar el icono literario de MVLL del prestigio de la literatura latinoamericana— lapidó con todas sus baterías de combate a quien seguía siendo uno de sus peores adversarios dentro y fuera del Perú. Otros peruanos ilustres, entre ellos el también novelista Alfredo Bryce Echenique, decidieron tomar el mismo camino que MVLL y optaron en su momento por la *doble nacionalidad* —peruana y española—, pero en este caso concreto, el de Bryce, y en el de otros peruanos de relevancia política, cultural y social, nadie entendió que ese gesto llevaba implícita una traición al Perú y un pretendido abandono de la memoria patria. No hubo escándalo ni regocijo, no hubo acusaciones ni se publicaron documentos que *probaban,* como sucedió en el caso de MVLL, las aviesas intenciones del traidor que se olvida de su origen en beneficio exclusivo de sus intereses.

En esa *renovada* relación con España, que se acrecienta en estos años de fujimorismo, hay dos hechos esenciales en la biografía del escritor MVLL y en su *regreso a la literatura,* que conviene resaltar en su justa medida y en estos momentos, sin perjuicio de volver a recordarlos en otras páginas de esta parte del relato cada vez que lo consideremos necesario. El primero data de finales de 1994, cuando el jurado del Premio Cervantes reunido en Madrid otorgó a MVLL el galardón que pasa todavía por ser el primero y más importante de los premios institucionales de la comunidad hispánica. El lunes 24 de abril de 1995, MVLL recibió el Cervantes de manos del Rey de España en el Aula Magna de la Universidad de Alcalá de Henares, donde ese acto solemne se celebra todos los años por esas fechas, cercanas a la que conmemora el día de la muerte de Cervantes, el 23 de abril, día del Libro en toda España. En su discurso del Cervantes, titulado significativamente *La tentación de lo imposible,* el escritor peruano hace una vez más un acto de fe al tomar como ejemplo la vida del padre de la novela moderna, el autor del *Quijote;* una vida que puede, en conjunto de sus muchos y contradictorios episodios, emocionarnos o entristecernos, «pero que nos admira» siempre, hasta el punto de que «lo más que nos desconcierta es que de esa vida marcada por la sordidez, hubiera podido surgir una aventura tan generosa como la del Quijote», vida y personaje que «nos enriquece como seres humanos, mostrándonos que a través de la creación artística el hombre puede romper los límites de su condición y alcanzar una forma de inmortalidad». Y, sin perder en ningún momento el hilo de su brillante discurso literario, tras recordar que fue cocinero antes que fraile (lector antes que escritor, «como todo el que escribe historias») y que «mi vocación nació sin duda al conjuro de aquellas otras vidas que me revelaron los cuentos de los abuelos»; después de hacer hincapié una vez más en que, en su criterio, «una ficción es, primero, un acto de rebeldía contra la vida real y, en segundo lugar, un desagravio a quienes desasosiega el vivir en la prisión de un único destino», MVLL confirma que para él «la literatura ha sido el primer y más grande amor, la más querida de las servidumbres, pero sé de sobra que tampoco habría podido tener mi tiempo y mi vocación como lo he hecho, ni escribir lo que he escrito, ni publicar lo que he publicado, ni, por cierto, estar hoy aquí, recibiendo el Premio Cervantes, sin España, la tierra de mis remotos antepasados que es ahora también la mía». Ese largo periplo histórico y familiar lleva al peruano a recordar una figura esencial en su memoria y en su biografía de escritor, la de Carlos Barral, poeta, editor y amigo al que he dedicado este libro que lleva dentro más de veinticinco años de trabajos, lecturas y pasiones; el mismo con quien trabajé —cercano y cómplice— en los últimos veinte años de su vida, el loco lúcido que luchaba también como el Quijote contra los gigantes y los molinos de viento, «compinche queridísimo a quien nunca podremos agradecer bastante lo que hizo por desembotellar la vida cultural de los sesenta y unir, en un gran intercambio de libros, ideas, valores y amistades, a lectores y escritores de ambas orillas del océano. Había algo quijotesco en Carlos Barral —escribe y dice MVLL—, en su flacura con úlceras y en su desprecio al mundo comestible, en su munificencia de señor renacentista y sus desplantes retóricos, pero, sobre todo, en su actitud para desobedecer la realidad, trabajar contra sus intereses, preferir la forma al contenido —el teatro a la vida— y vivir la ficción hasta sus últimas consecuencias, es decir, la derrota y la muerte. Antes de ser derrotado definitivamente se dio maña para abrir las puertas de España a la mejor literatura moderna y para promover una serie de escritores nuevos, yo entre ellos, que sin su aliento, su fe en lo que hacíamos y su maquiavelismo para sortear la censura, jamás habríamos salido del limbo». Sea, porque —como recuerda MVLL— así fueron las cosas y así era Carlos Barral, parte de la memoria y de la rebeldía cultural de aquellos años que, bajo la dictadura del franquismo, trabajó por romper la torpe autocracia política y cultural a la que el franquismo trató por todos los medios de condenar a España por cuatro largas décadas[1].

El segundo de estos acontecimientos se produce el domingo 14 de enero de 1996, dos años más tarde de la concesión del Cervantes, cuando MVLL lee su discurso de ingreso en la Academia de la Lengua Española, que versó sobre «uno de los más elegantes artesanos de nuestra lengua», según la calificación que el nuevo académico otorga a José Martínez Ruiz, Azorín. Los medios informativos de España saludaron con un aplauso la entrada de MVLL en la Academia, no sólo porque el novelista peruano representaba (y representa) una vinculación que va más allá de la retórica consanguinidad histórica entre América y España, sino sobre todo porque con MVLL el español de América regresaba a la Academia de la Lengua, a su sillón necesario en la Academia *madre,* la Docta Casa cuyas virtudes y defectos han sido glosados para bien y para mal en multitud de ocasiones, incluso por académicos que al mismo tiempo poseen una veta viva de heterodoxia gramatical, ideológica y literaria. Al solemne acto de ingreso del escritor peruano, con la Academia llena de gente hasta sus vetustas techumbres, asistieron además los Reyes de España, los ministros socialistas de Educación, entonces Jerónimo Saavedra Acevedo, y de Cultura, Carmen Alborch, ambos amigos personales del *novicio,* los académicos —naturalmente—, cuerpo diplomático, una lista numerosísima de autoridades civiles y relevantes personalidades del mundo de la cultura, los medios informativos, las finanzas y la empresa. Por la naturaleza del acto, por el protagonista y por las presencias que se dieron cita en la Academia, su celebración fue un acontecimiento de la mayor relevancia.

El discurso de ingreso en la Academia de MVLL fue contestado por Camilo José Cela, que, como queda dicho en las primeras páginas de esta nueva edición corregida y aumentada de *Vargas Llosa. El vicio de escribir,* fue el *presentador* oficial en los primeros días de mayo de 1991 de la primera edición de este ya largo viaje literario por la vida del escritor peruano. Cela —que había sido uno de los padrinos de la candidatura del novelista hispanoamericano, junto a Rafael Lapesa y Pedro Laín Entralgo, los más antiguos *inmortales* en ese momento, y tal vez los más *viejos* en saber y gobierno de los miembros de la Española— hizo alusión, entre otras muchas y enjundiosas frases de su discurso, a la lengua española «tan zarandeada... ante la indiferencia de los administradores del procomún», lo que para algunos medios informativos, que recogieron y glosaron en la semana siguiente la noticia del acto, con amplitud de espacio y con importancia de caracteres, tradujeron como una velada crítica a los poderes públicos cuya tarea sería *cuidar* con prioridad los asuntos culturales y sus instituciones, entre las que sin duda se encuentra la Academia de la Lengua. Recuerdo muy bien que, algunos meses antes de este acto académico, Camilo José Cela y su mujer, Marina Castaño, nos invitaron a los Vargas Llosa, a Saso Blanco —mi mujer— y a mí a una cena en la que entonces era su casa en la provincia de Guadalajara, residencia y *viaje a La Alcarria* hasta donde, siendo desde hacía mucho antes una de las referencias y mejores memorias de la obra literaria de Cela, había regresado el Premio Nobel de Literatura en esa nueva etapa de su vida. Recuerdo muy bien que entonces Cela nos leyó, a la hora de la sobremesa, que resultó muy agradable, algunos de los párrafos que redactaba para su discurso de *contestación,* lectura que aderezaba de vez en cuando con *boutades* intelectuales y comentarios domésticos, populares y analógicos —tan del gusto del escritor gallego—, que provocaron una y otra vez nuestras carcajadas a lo largo de toda la velada que acabó casi en horas de la madrugada.

Al margen de los estereotipos del momento y los indiscriminados parabienes que recibió MVLL de parte de la inmensa mayoría de sus compañeros académicos (José Luis Sampedro, por ejemplo, marcó sus distancias ideológicas, al mostrarse en desacuerdo «con su faceta ensayística y política»), que delataban «el afecto y el respeto» por el novelista peruano —tal como explícitamente declaró el director de cine Luis García Berlanga—, lo más relevante de la entrada de MVLL en la Academia lo resaltaba el entontes director de la Docta Casa, Fernando Lázaro Carreter, al afirmar que con MVLL «llegaba a la Academia el conocedor de un trozo muy importante del español de América», porque «su testimonio va a ser constante y su sensibilidad resulta perfecta para estimar lo que queda y lo que pasa en el idioma». De manera que Lázaro Carreter y otros muchos académicos, y tengo para mí que la Academia entera, habían entendido que hablar el español de España *sólo para* España representaba una torpe amputación, una suerte de insolvente soberbia a la que estuvo sometida la mentalidad académica durante largas décadas, cuando, con una excesivamente ávida y al mismo tiempo estrecha visión histórica e intelectual (y, sobre todo, lingüística), se mantuvo en las entradas de una innumerable cantidad de términos, y en múltiples y sucesivas ediciones del DRAE, el obsoleto tópico de *americanismo;* como si América *fuera* un añadido —añadido nada extraño, pero al fin y al cabo un *factor agregado*— a la lengua española y no fuera la misma lengua española, con la misma legalidad que la lengua española de España, con menos tiempo en su existencia —desde luego— pero con un espacio de expansión que sobrepasa ya diez largas veces la de la extensión y el uso del español de España. En todo caso, y eso era lo más relevante según Lázaro Carreter, MVLL no sólo personalizaba, al ocupar la letra L, la integración de las dos partes geográficas, lingüísticas y literarias de una misma lengua, sino que se identificaba su personalidad intelectual y su obra literaria con esa misma integración de la que la Academia hacía profesión de fe.

MVLL tituló su *elogio* a la escritura de Martínez Ruiz —su discurso de ingreso académico— *Las discretas ficciones de Azorín.* Fue sin duda, y así fue interpretado por la mayoría, una reivindicación de la literatura clásica de la lengua española de la que Azorín era no sólo un defensor sino un practicante ejemplar, porque «consagró buena parte de noventa y cuatro años a enriquecer la vida limitada de las gentes comunes con la vida fulgurante de las grandes creaciones del pasado», hasta tal punto que, según MVLL, «su tarea proselitista de la mejor literatura medieval y del Siglo de Oro era serpentina, la de un contrabandista. En sus crónicas, comentarios y evocaciones de los clásicos, no hacía crítica literaria en el sentido académico, ni tampoco aquellas reseñas que tienen como destinatario a un público bien dispuesto y que a menudo emplean fórmulas y referencias esotéricas para el profano...», porque lo que hacía Azorín en sus escritos era «reinventar a los clásicos para el lector desconfiado, el que hojea deprisa los periódicos, rememorándolos en su entorno cotidiano y doméstico, espiando a esos grandes poetas y enjundiosos tratadistas o señores de la prosa novelera en su más desarmada intimidad hogareña, campestre o monacal, y refiriendo sus querellas, miserias y fastos de una manera que los volvía siempre seductores casos de humanidad». El gusto literario de Azorín por el detalle, su austero uso de la palabra, su placer por lo mínimo, el cincelado exhaustivo de su estilo literario y periodístico, habían apasionado tanto a MVLL en sus lecturas —como lector, porque como escritor, novelista, cronista y hasta ensayista a mí me sigue pareciendo hoy, si no todo lo contrario, sí, en bastante medida, su *opuesto*— que se había sumergido en la investigación de la vida y la obra de Azorín, visitando lugares descritos en sus obras y revisando su casa natal, y había terminado por consagrarle a la figura literaria del *Gran Mínimo* su discurso de ingreso en la Academia.

Mientras MVLL leía esa tarde de un domingo de enero de 1996 su discurso en su español peruano, lleno de tonalidades musicales en las que se insertaban irónicas apreciaciones que delataban un maduro y renovado sentido del humor (adquirido tal vez, como me confesaba en broma y en secreto un amigo común, tras sus largas temporadas de residencia en Londres, Inglaterra), recordaba yo al oírlo las páginas de *Reivindicación del conde don Julián,* la novela de Juan Goytisolo que estuvo muchos años prohibida en la España de Franco; novela en la que Álvaro, el protagonista, mientras lee en la biblioteca de Tetuán algunos volúmenes de la literatura castellana, nombra despectivamente a Martínez Ruiz como *Azorón,* y a la *sacral* literatura clásica española como la literatura del *Siglo de Car-*

tón Dorado. De modo que sonreía para mis adentros y buscaba en mi memoria, bastante sorprendido en esta ocasión, dónde a lo largo de mis años de lectura de las obras, novelas y ensayos de MVLL, en qué conferencias pronunciadas y publicadas por el escritor hispanoamericano, en qué lugar del imaginario literario habían aparecido alguna vez aquella pasión y —al mismo tiempo— aquel *amor puro* del nuevo académico por la escritura de Azorín. Debía de estar, me dije por salir del paso, escondido en algunos de esos desvanes de los que MVLL de repente saca de vez en cuando algún trasto *ejemplar* y lo *redescubre* para convertirlo en su estandarte; y le da espacio preeminente en su *carta de batalla literaria e intelectual,* añadiéndolo —aunque no sé si a la misma escala en dimensión e importancia— a otros muchos referentes que son, ésos sí, *los maestros* clásicos y contemporáneos que engrandecen la personalidad intelectual de MVLL y la tiñen benéficamente con sus evidentes influencias, desde Joanot Martorell y la novela de caballerías (con *Tirant lo Blanc* y el *Quijote* en altares de honor) hasta Flaubert, Faulkner o Conrad. Debía de estar Azorín, desde que el novelista lo leyó en los años de formación, juventud y bachillerato, en uno de esos compartimentos olvidados en los que MVLL busca y rebusca como un topo experto en tesoros secretos hasta dar con las claves que a él le valen para hacer también uno de los papeles que más le gusta honestamente representar, el del *anticuario elegante y provocador* que reivindica casi sacralmente ciertas joyas añejas del museo literario que han sido olvidadas o relegadas casi al olvido por propios y extraños. Sea. En todo caso, desde la grandeza de la tentación de lo imposible del *Quijote* hasta las discretas y mínimas ficciones de Azorín, MVLL realiza todo un recorrido, un viaje bastante sorprendente y reivindicativo por la literatura clásica española y se *integra* ostensible y voluntariamente en un ámbito *geográfico* donde ya había sido admitido muchos años atrás, desde que vivió en Barcelona. Esta vez, tras un nuevo regreso a la literatura luego del viaje a la política, MVLL renueva esa voluntad de integración —Cervantes y Azorín son dos puntos culminantes, y en octubre del 2001, en la apertura del II Congreso Internacional de la Lengua Española en Vallado-

lid, hace hincapié en el criterio de integración y mestizaje—
personal y literaria y, siguiendo la idea que le había adelantado
a Lázaro Carreter cuando la Academia le propuso su ingreso,
escoge Madrid —igual que la primera vez que vino a España—, alternándola con Londres, como una de sus residencias
fijas y estables[2].

29. El síndrome Malraux
(1993)

La mañana del 13 de junio de 1990, muy pocos días después de la segunda vuelta de las elecciones presidenciales peruanas, Patricia y MVLL abandonan el Perú y se embarcan de nuevo para Europa. «Cuando el aparato emprendió vuelo y las infalibles nubes de Lima borraron de nuestra vista la ciudad y nos quedamos rodeados sólo de cielo azul, pensé que esta partida se parecía a la de 1958, que había marcado de manera tan nítida el fin de una etapa de mi vida y el inicio de otra, en la que la literatura pasó a ocupar el lugar central», escribe MVLL en las páginas finales de *El pez en el agua*[3], publicado casi tres años después de su salida de Lima. Es el primer libro que el novelista escribe, ya fuera del Perú, tras su fracaso en las elecciones presidenciales frente a Alberto Fujimori; también es el primer libro de *memorias* del escritor peruano.

Para algunos críticos fundamentalmente políticos frente a las actitudes ideológicas de MVLL, la escritura de *El pez en el agua* es un evidente e incluso injusto ajuste de cuentas con la noche borrascosa que ha quedado atrás, el mundo político peruano que abandona en la fecha del 13 de junio de 1990; y, al otro lado de sus recuerdos, la férrea fragua de una vocación literaria que va desde los primeros años de su existencia —y de su propia memoria— en 1946 hasta el primero de sus viajes a París en 1958, gracias a un premio que le otorga *La Revue Française* por el cuento «El desafío», «relato sobre un viejo que ve morir a su hijo en un duelo a cuchillo, en el cauce seco del río Piura, que figura en mi primer libro *Los jefes*»[4]. De manera que *El pez en el agua* alterna sus capítulos conforme la memoria del escritor va tejiendo y destejiendo en su escritura las dos pasiones intelectuales que paradójicamente son exclusivas y excluyentes: la literatura y la política. De la misma forma, la memoria del escritor, escindida en dos partes que se sugieren *opuestas* y no sólo alternas en cada uno de los capítulos de *El pez en el agua,* se enfrenta a sí misma y a todos sus demonios, los mediatos y los inmediatos, hasta recalar en esos dos viajes a Europa, el que marca el principio de su vocación literaria en 1958 y el que viene a marcar el final de su estancia en la política activa. En el momento de la publicación de *El pez en el agua,* en marzo de 1993, no todo el mundo creyó en «la extrema convicción y generosidad de comportamiento personal aquí descrito y su firme y vehemente convicción y energía expresiva», tal como señala el texto de la contraportada del libro, pero casi todos sus lectores y críticos estuvimos de acuerdo, con distintas valoraciones y muchos matices, en que esas memorias, como también afirman sus editores, son «no sólo un testimonio apasionante e ineludible sino también uno de los principales libros de toda la obra de Mario Vargas Llosa».

Esas memorias vienen a describir la evolución de un escritor controvertido desde su adolescencia vital y el descubrimiento de la literatura —junto al otro demonio esencial de su pasión: la política— hasta el instante de madurez en que ese mismo escritor, que ha conseguido ya el reconocimiento internacional de todas sus obras y de su quehacer intelectual y literario, decide lanzarse a la arena de la política activa como si fuera un gladiador al que, de repente, ha atacado el virus de esa pasión política que en tantas ocasiones en su vida ha estado batallando con el vicio de escribir. En ese instante, MVLL había cumplido cincuenta y un años y, tal como nos dice en las primeras páginas de *El pez en el agua,* «todo parecía indicar que mi vida, agitada desde que nací, transcurría en adelante más bien tranquila: entre Lima y Londres, dedicada a escribir y con alguna que otra incursión universitaria por Estados Unidos»[5].

En el mismo momento en que MVLL está a punto de ser picado por el virus de Circe, «esa bruja que convierte a los hombres en cerdos», según cita un tanto excesiva del propio MVLL en el texto de *El pez en el agua,* cinco proyectos, todos literarios, bullen en la cabeza del escritor: « 1) una obra de teatro sobre un quijotesco viejecito que, en la Lima de los años cincuenta, emprende una cruzada para salvar los balcones coloniales amenazados de demolición —referencia a Aldo Brunelli, *El loco de los balcones,* que aparecerá impreso en septiembre de 1993, meses después de la publicación de *El pez en el agua*—; 2) una novela policial y fantástica sobre cataclismos, sacrificios humanos y crímenes políticos en una aldea de los Andes —alusión directa a *Lituma en los Andes,* que obtiene el Premio Planeta de novela y se publica en esa editorial en octubre de ese mismo año de 1993, un mes después de *El loco de los balcones*—; 3) un ensayo sobre la gestación de *Los miserables,* de Victor Hugo —proyecto en estos momentos, otoño del 2001—; 4) una comedia sobre un empresario que, en una suite del Savoy, de Londres, encuentra a su mejor amigo del colegio, a quien creía muerto, convertido en una señora —idea todavía sin realizar y de la que no tenemos más noticia que algunas insinuaciones del escritor en conversaciones privadas y esta cita de *El pez en el agua*—; y 5) una novela inspirada en Flora Tristán, la revolucionaria, ideóloga y feminista franco-peruana, del primer tercio del siglo xix[6] —novela de la que llevábamos bastantes años oyendo hablar al novelista y en cuya documentación y redacción MVLL se enfrasca a partir de la publicación de *La Fiesta del Chivo,* en marzo del 2000—». Si se estudian las fechas de publicación de esos proyectos ya terminados, y se añaden a esos títulos el ensayo *La utopía arcaica. José María Arguedas y las ficciones del indigenismo,* publicado en noviembre de 1996[7]; la novela *Los cuadernos de don Rigoberto,* fechada en Londres, en octubre de ese mismo 1996 y publicada en Lima y Madrid en abril de 1997[8]; *La Fiesta del Chivo,* la novela sobre el trujillato dominicano, publicada en marzo del 2000[9]; y el volumen de artículos periodísticos publicados con anterioridad, en 1994, bajo el título *Desafíos a la libertad*[10], además de *El lenguaje de la pasión,* publicado en el año 2000[11], se verá con suma facilidad el redomado ímpetu vengativo con el que el vicio de escribir irrumpe en la frenética actividad de MVLL tras su paso por la pasión de la política activa. ¿Se trataba de recuperar el tiempo perdido mientras estuvo tentado por la bruja en la isla de Circe, en la política activa? ¿Buscaba MVLL escapar a toda carrera y para siempre del infierno de la tentación política que lo llevó a presentarse a las elecciones presidenciales del Perú en 1990 y recalar, también para siempre, en la libertad de la escritura, en el vicio de escribir, en la asunción exclusiva y excluyente de la literatura como único fuego de su vida? ¿Se trataba de regresar, entonces, a la literatura, territorio pasional de donde por otro lado nunca, ni siquiera en los momentos más pasionales de su amor por Circe, había salido el escritor MVLL?

Las memorias de *El pez en el agua* describen a lo largo de todas sus páginas no sólo la experiencia vital del escritor sino el *tour de force* y en definitiva el duelo a muerte entre la literatura y la política. Porque sucede que, metafórica y analógicamente, esas memorias pueden ser interpretadas como una *novela de caballerías,* género del que MVLL no sólo gusta como lector sino del que se declara deudor como escritor; una *novela de caballerías* con un protagonista único, el novelista que realiza la escritura —su *strip-tease* en plena madurez—, que se debate a brazo partido entre las dos tentaciones máximas de su existencia, enfrentadas en un torneo a lo largo de muchos años, tal como en el cuento «El duelo» de Conrad, sin que ninguno de los dos contendientes logre zafarse del otro a lo largo y ancho de una gran parte de su vida, sino que permanecen en constante litigio hasta el final del relato, la segunda huida del Perú, el 13 de junio de 1990, tres días después de que el protagonista de las memorias haya visto derrotada en las urnas, seguramente pese a sí mismo y a pesar de las dudas expresadas en los meses previos a la segunda vuelta de esas elecciones, la tentación de Circe; una derrota la de Circe que, al mismo tiempo que nos priva de saber qué hubiera pasado con el novelista, con el escritor de esas memorias, seducido por las *novelas de caballerías,* Flaubert, la literatura erótica, Victor Hugo y Faulkner, de haberse convertido en esa misma fecha del 10 de junio de 1990 en presidente constitucional de la República del Perú; una derrota del político MVLL que es, además y paradójicamente, un triunfo del novelista MVLL, que regresa a la literatura con la fuerza renovada del gato escaldado que jura no volver jamás a la cueva de Circe y se entrega de nuevo en cuerpo y alma a su pasión predilecta —exclusiva y excluyente—, el vicio de escribir.

Para entender mejor el torneo esencial de esas dos pasiones que han luchado por imponerse en la vida de MVLL, y al escritor que ha luchado también con ellas, hasta que a sus cincuenta y un años y gracias a la derrota en las urnas presidenciales se decide a tomar un solo camino de los dos que se bifurcan hasta entonces y constantemente en el jardín de su existencia, hay que vincular y enlazar el texto pasional de las memorias en *El pez en el agua* (ajuste de cuentas o no; vindicación personal del escritor o no; venganza de la soberbia de MVLL, como han escrito algunos de sus detractores, o no; tal vez simple testimonio del gato escaldado frente al hipnotismo que Circe le ha provocado durante tantos años) con el texto del prólogo a *La condición humana* de André Malraux que MVLL escribe para la edición del Círculo de Lectores, que aparece en el 2001 en una colección de novelas dirigida por el propio MVLL. En varios de los párrafos de ese prólogo, MVLL se identifica tanto con Malraux, con esa vocación bifronte del francés (siempre entre la política y la literatura), que el síndrome Malraux que ha padecido hasta 1990 queda patente. Refiriéndose a la novela prologada, MVLL escribe que «desde que la leí, de corrido, en una sola noche, y por un libro de Pierre de Boisdeffre, conocí algo de su autor, supe que la vida que hubiera querido tener era la de Malraux. Lo seguí pensando en los años sesenta —añade MVLL—, en Francia, cuando me tocó informar como periodista sobre los empeños, polémicas y discursos del Ministro de Asuntos Culturales de la Quinta República, y lo pienso cada vez que leo sus testimonios autobiográficos o las biografías que, luego de las de Jean Lacouture, han aparecido con nuevos datos sobre su vida, tan fecunda y dramática como la de los grandes aventureros de sus novelas»[12]. Más adelante, tras enumerar la actividad enloquecedora y apasionante de Malraux y la multitud de intrigas y complicaciones de su vida, mientras hacía al mismo tiempo política y literatura, MVLL escribe que «esta vida es tan intensa y múltiple como contradictoria, y de ella se pueden extraer materiales para defender los gustos e ideologías más enconadamente hostiles. Sobre lo que no cabe duda es que en ella se dio esa rarísima alianza entre pensamiento y acción, y en el grado más alto, pues quien participaba con tanto brío en las grandes hazañas y desgracias de su tiempo era un ser dotado de lucidez y rigor creativo fuera de lo común, lo que le permitía tomar una distancia inteligente con la experiencia vivida y transmutarla en reflexión crítica y vigorosas ficciones»[13].

No era en este prólogo, sin embargo, la primera vez que MVLL hablaba y escribía de la vida y la literatura de Malraux en términos tan elogiosos como especulares. En varias ocasiones, en conferencias y coloquios, en reuniones más o menos domésticas y en conversaciones privadas con otros escritores, el nombre —el mito, el icono— de André Malraux aparecía (y sigue apareciendo) en la discusión hasta convertirse en un debate intelectual en el que la política activa y el vicio de la literatura se mezclaban en el dibujo histórico del novelista francés, invariablemente defendido por MVLL como un paradigma del hombre de acción política —fundamentalmente— y apasionado escribidor, que tomaba del mundo que estaba viviendo y que conocía bien (no sólo por experiencia propia, sino por noticia, documentación y reflexión) cuantos asuntos entendía en cada momento que debían ser llevados a la escritura. Y en ese mismo prólogo a *La condición humana,* después de confesarse fetichista literario de los escritores que admira, como es el caso clarísimo de Malraux, MVLL escribe que «estoy, pues, colmado, con la fantástica efusión pública de revelaciones, infidencias, delaciones y chismografías que en estos momentos robustecen la ya riquísima mitología de André Malraux, quien, como si no le hubiera bastado ser un sobresaliente escribidor, se las arregló en sus setenta y cinco años de vida (1901-1976) para estar presente, a menudo en roles especiales, en los grandes acontecimientos de su siglo —la revolución china, las luchas anticolonialistas de Asia, el movimiento antifascista europeo, la guerra de España, la resistencia contra el nazismo, la descolonización y reforma de Francia bajo De Gaulle— y dejar una marca en el rostro de su tiempo»[14].

El síndrome Malraux ataca con cierta frecuencia a multitud de escritores de distintos, lejanos y hasta contradictorios ámbitos culturales que, por emulación, admiración, vocación bifronte —literatura y política, y viceversa— y hasta, en algunas ocasiones, por descuido vital, encuentran en el ejemplo del novelista francés el camino a seguir en sus propias vidas de escritores. MVLL cita a Orwell, Koestler (cuya autobiografía es un evidente ejemplo del escritor metido a político, entre la intriga y la tentación ideológica del compromiso con su tiempo y sus ideas) y T. E. Lawrence, pero la lista de escritores que mezclaron sus vidas aventureras con la política activa, fueran a su búsqueda o se encontraran con Circe en cualquier esquina de sus vidas apasionantes, es muy numerosa. Entre los españoles de nuestra generación, el caso más conocido y admitido es el de Jorge Semprún, cuya vida y evolución política está tanto en sus libros autobiográficos y testimoniales como en sus novelas. Semprún, dirigente comunista, miembro de la resistencia francesa, superviviente de los campos de concentración nazis, llegó a ser Ministro de Cultura en los primeros noventa, durante algunos de los años en los que «fuimos Marilyn Monroe», en expresión lírica de Carlos Fuentes que me sirvió para titular un libro que recorría, entre la crónica y la reflexión, aquella temporada de euforia, cuando todavía el poder político de Felipe González en España no hacía sospechar la caída del PSOE, precisamente por los errores de soberbia política del felipismo. En Semprún el síndrome Malraux es algo más que una huella enquistada durante muchos años en su vida: es, parafraseando a MVLL, un tatuaje de una vida que desea ser además una marca en el rostro de su tiempo.

Parecida fiebre atacó siempre, y a veces con la virulencia de la vocación pasional, al propio MVLL, hasta el punto de que a muy poca gente de su entorno amistoso y, de paso, a quienes le brindan su enconada enemistad, nos sorprendió la determinación del escritor peruano al decidir entrar en la política activa y presentarse como candidato del Frente Democrático a las elecciones presidenciales del Perú en 1990. A los amigos de su literatura, a sus lectores y a muchos de sus admiradores, nos admiró su decisión al margen de matices. A sus enconados enemigos, en la respiración de muchos de los cuales fluye la fábula de la zorra y las uvas, les provocó alarma y rechazo, como no podía ser menos. Otros muchos consideramos esa determinación como una consecuencia lógica de la actividad de MVLL, rozando en múltiples ocasiones el síndrome Malraux hasta caer de lleno en los brazos de la bruja Circe. Se trataba, sin duda, de la asunción de un compromiso político con la democracia de su país, amenazada por el intento de estatalización del gobierno de Alan García, y así lo entendimos muchos de sus amigos, aunque otros muchos (entre los que sigo encontrándome) no estuviéramos del todo seguros de que ese camino fuera uno de los recorridos necesarios del escritor MVLL. Pero esa elección de entrar en la política activa decidió que MVLL cayera también bajo el síndrome Malraux aquella temporada infernal que terminó con la victoria de Alberto Fujimori en las urnas el 10 de junio de 1990, episodio que, también sin duda, es el origen y el resultado de las memorias que se recogen en el texto de *El pez en el agua,* mitad «memoria política», mitad «autobiografía literaria». Nadie puede negar hoy, por otro lado, que la personalidad intelectual, literaria y política de MVLL, en plena madurez creativa y «metido hasta el tuétano en la historia viviente»[15] del Perú, y por extensión en la de América Latina, es ya —*mutatis mutandis* de Malraux— «una marca en el rostro de su tiempo»[16].

En origen, el texto de *El pez en el agua* comenzaba con el capítulo de la creación del Movimiento Libertad que dio lugar después al Frente Democrático con el que MVLL se presentó a las elecciones presidenciales de 1990. Fue Álvaro Vargas Llosa quien convenció al escritor para que el capítulo inicial del libro lo ocupara el sorprendente encuentro de MVLL cuando tenía diez años de edad con su padre, Ernesto Vargas, a quien creía muerto, según noticia que le había transmitido no sólo Dora Llosa, su madre, sino toda la familia. Ese cambio nada sutil impregna *El pez en el agua* desde el principio en la «autobiografía literaria» más que en la «memoria política», hasta el punto de que para los lectores y admiradores del MVLL novelista todos los capítulos que hacen alusión a esa autobiografía literaria son, sin duda, mucho más interesantes y gratificantes que los que tienen que ver con la memoria mediata de su entrada en la política activa. Mientras los capítulos «literarios» desvelan los cimientos y la evolución de una vocación literaria a prueba de las varias brujas y Circes que se van presentando en la vida del escritor (aunque siempre rozando la política), los capítulos políticos de *El pez en el agua,* en bastante medida más locales y «focalizados» que los literarios, desgranan una confesión de parte que interesa mucho menos a los lectores literarios que a quienes ven en MVLL un baluarte ideológico y político fuera y, sobre todo, dentro del ámbito peruano.

En el capítulo IV, «capítulo político» titulado «El Frente Democrático», como en muchas otras páginas del libro, hay una provocadora reflexión intelectual que deja claramente al descubierto el sentimiento de MVLL, «ya metido en candela» y en contraposición a su vocación literaria, sobre la bruja en cuyos brazos ha venido a caer cuando menos lo esperaba. «La política real, no aquella que se lee y escribe, se piensa y se imagina —la única que yo conocía—, sino la que se vive y practica día a día, tiene poco que ver con las ideas, con los valores y la imaginación, con las visiones teleológicas —la sociedad ideal que quisiéramos construir— y, para decirlo con crudeza, con la generosidad, la solidaridad y el idealismo. Está hecha exclusivamente de maniobras, intrigas, conspiraciones, pactos, paranoias, traiciones, mucho cálculo, no poco cinismo y toda clase de malabares. Porque al político profesional, sea de centro, de izquierda o de derecha, lo que en verdad lo moviliza, excita y mantiene en actividad es el poder: llegar a él, quedarse en él y volver a ocuparlo cuanto antes»[17]. Hay excepciones, desde luego, escribe MVLL, pero en el día a día «lo que prevalece en ellos, en los políticos profesionales, es el apetito crudo y a veces inconmensurable del poder. Quien no es capaz de sentir esa atracción obsesiva, casi física, por el poder, difícilmente llega a ser un político exitoso[18]. Ése «era su caso» porque «el poder siempre me inspiró desconfianza, incluso en mi juventud revolucionaria. Y siempre me pareció una de las funciones más importantes de mi vocación, la literatura, ser una forma de resistencia al poder, una actividad desde la cual todos los poderes podían ser permanentemente cuestionados, ya que la buena literatura muestra las insuficiencias de la vida, la limitación de todo poder para colmar las aspiraciones humanas. Era esa desconfianza hacia el poder, además de mi alergia biológica hacia cualquier forma de dictadura, lo que a partir de los años setenta me había hecho atractivo el pensamiento liberal, de un Raymond Aron, un Popper, y un Hayek, de Friedman o de Nozick, empeñado en defender al individuo contra el Estado, en descentralizar el poder pulverizándolo en poderes particulares que se contrapesen unos a otros y en transferir a la sociedad civil las responsabilidades económicas, sociales e institucionales en vez de concentrarlas en la cúpula»[19]. No en vano, la cita de Max Weber que abre como un aviso para caminantes el texto de *El pez en el agua* no deja lugar a dudas de las intenciones de MVLL al escribir el libro de sus memorias tras su derrota política. «También los cristianos primitivos sabían muy exactamente —escribe Weber en *Politik als Beruf* (1919)— que el mundo está regido por los demonios y que quien se mete en política, es decir, quien accede a utilizar como medios el poder y la violencia, ha sellado un pacto con el diablo, de tal modo que ya no es cierto que en su actividad lo bueno siempre produzca el bien y lo malo el mal, sino que frecuentemente sucede lo contrario. Quien no ve esto es un niño, políticamente hablando». ¿MVLL un niño ingenuo que, llevado por sus ínfulas visionarias, pretendiendo sacar al Perú de la miseria a través del desarrollo económico, el respeto político, la integración social y el desarrollo cultural (las mismas promesas que juró solemnemente el actual presidente del Perú, Alejandro Toledo, al tomar posesión de su cargo el 28 de julio del 2001), descubre la maldad intrínseca del poder de la política y de la política del poder, que antes de entrar en la actividad política sólo había vislumbrado desde la lectura de libros de ensayo, episodios históricos y reflexiones intelectuales? ¿MVLL metiéndose en charcos llenos de podredumbre y corrupción manejadas por todos los Cayo Mierda que había imaginado, escrito y descrito en sus novelas y ficciones, un territorio lleno de diablos cuya sórdida geografía desconoce por dentro hasta estar inmerso hasta el cuello en la pasión de la política activa?

Muchos de sus críticos, adversarios o gentes que están en desacuerdo con sus confesadas y reconocidas posturas liberales sugirieron que la escritura de *El pez en el agua* no era más que un desahogo soberbio del escritor derrotado en las urnas; una venganza de MVLL, un niño mimado desde antes de tener uso de razón y hasta que la perdió al entregarse con todas sus fuerzas a los demonios de la política activa, contra todo aquello que en los últimos años, mientras era el pasajero de esa misma política activa, le fue adverso; contra todo aquello que representó un obstáculo en su camino arrollador hacia la presidencia del Perú que nunca alcanzó su meta; intelectual e ideológicamente un texto injusto, sesgado, exculpatorio de sí mismo y muy caprichoso *El pez en el agua,* donde el escritor «le sacaba la madre» a todo y a todos cuantos habían impedido su objetivo de llegar a ser, también en la política activa, el primero de la clase; un libro, *El pez en el agua,* en el que los objetivos del escritor se volvían contra él mismo y lo delataban, describían y dibujaban tal cual sus adversarios políticos habían dicho (y siguen diciendo) que es: un tipo peligroso, ambicioso y egoísta, al servicio de los intereses de las minorías selectas y las oligarquías políticas peruanas, que quisieron sobrevivir a la sombra de su fama internacional, que lo escogieron como icono, parapeto y personificación de sus intereses económicos y políticos más reaccionarios; un dechado de defectos el escritor MVLL, un *ficha con cráneo* —en términos cubanos—, la síntesis de todo mal sin mezcla de bien alguno; incluso un escritor, un novelista más bien mediocre desde que abandonó los postulados del progresismo político, desde que dejó de pertenecer al «comité de apoyo» internacional de la Revolución Cubana, desde que, con la coartada de pensar por sí mismo y ser un hombre libre, se volcó en el apostolado de sus ideas «neoliberales» y se convirtió en cómplice del capitalismo más cruel y del imperialismo más nefasto de la historia entera del mundo, desde los tiempos de la Edad Media, y aun antes, hasta la temporada misma en la que se hizo evidente su verdadera personalidad de reaccionario universal que quería, a través de la llegada a la presidencia del Perú, convertir su país en un infierno capitalista en el que los pobres fueran más pobres y los ricos más ricos. Por eso no había que votarlo nunca en las urnas presidenciales, sino que había que inclinarse por su adversario, el ingeniero Alberto Fujimori Fujimori, el candidato de Cambio 90, el presidente que de verdad necesitaba el Perú en esos momentos, un *self-made-man* humilde en sus expresiones públicas, muy familiar, doméstico —como cualquier peruano que amaba a su país como a sí mismo—, ecuánime y honesto en su actividad privada y profesional, un político nuevo que ofrecía confianza a las grandes mayorías sojuzgadas por la miseria moral y la pobreza económica en el Perú; un verdadero hombre del pueblo que llegaba, providencialmente y como ángel salvador de la patria, a eliminar a Beltenebros, el diablo que disimulaba en sus discursos y apariciones públicas sus verdaderas intenciones políticas, no otras que deshacer definitivamente lo poco que quedaba del país y entregarlo a las multinacionales que, entre otras cosas, le habían prestado sumas muy importantes de dólares para sufragar su movimiento político y su campaña presidencial.

Revisados en la distancia del tiempo los basurales de tópicos y estereotipos que se utilizaron con alevosa profusión antes y después de las elecciones presidenciales de 1990 contra MVLL, y a la luz del resultado de la historia de estos diez años de drama peruano, con la pareja Fujimori-Montesinos bailando sobre el escenario de la corrupción y dirigiendo una película de terror interminable donde tienen cabida todos los imaginarios novelísticos que cada uno de nosotros sea capaz de inventar en momentos de delirio creativo, parece que resultó mucho peor para el Perú el gran remedio de Fujimori que la enfermedad política llamada MVLL. Y, sin embargo, ninguno de los «intelectuales baratos» a los que hace alusión el escritor en el capítulo XIV, algunos de los cuales son citados por su nombre (aunque otros muchos sobrevuelan esa misma definición: la del intelectual barato), se han vuelto atrás de su apostolado frente al diablo en campaña; sino que, triunfantes los ángeles sobre el Beltenebros destructor de tantas ilusiones —el escritor MVLL—, apoyaron el horror político de Fujimori y Montesinos hasta que, al ver que la dictadura mostraba ya la peor de las caras de la corrupción, el latrocinio, la inmoralidad y el asesinato, hicieron mutis por el foro, miraron para otro lado, se dedicaron a sus cátedras de literatura, a sus articulitos de prensa y algunos incluso fallecieron de muerte natural y sus exequias fueron una demostración de dolor amistoso, intelectual y popular, dentro y fuera del Perú. *Sic transit gloria mundi.* O, como repetía con inteligente sarcasmo el poeta Heberto Padilla para describir la farsa del intelectual barato entregado a la molicie de la hipocresía política y moral: «En eso se está, de eso se vive». Ríos de tinta salvadora y frenesí apostólico, entonces, frente y contra MVLL, porque había que derrotar al primero de la clase, que no podía ganar todos los torneos, y mucho menos el duelo con su más grande demonio vital, histórico, familiar y literario: el Perú, su país, la fuente principal de su contradictorio sentimiento amor-odio y, paradójicamente, la fuente de sus triunfos literarios e intelectuales.

Paradigmática pieza de esta suerte de epilepsia literaria resulta el volumen *Vargas Llosa, tal cual,* de Hebert Morote, que obtuvo el Premio Literario de Ensayo Ciudad de Irún 1997[20], otorgado por un jurado compuesto por Ana Basualdo, Mitxel Ezquiaga, José Luis Orella, Santos Sanz y Andrés Sorel, uno de cuyos ejemplares llegó a mis manos enviado por el propio Morote, que «estudió en Lima con Vargas Llosa en el colegio La Salle y en el Colegio Leoncio Prado», según la nota biográfica de la solapa del libro. Morote deja claro, en el colofón de *Vargas Llosa, tal cual,* escrito a raíz de la lectura de *El pez en el agua,* que «no hemos analizado a Vargas Llosa en cuanto escritor ni articulista. Nos hemos limitado, salvo algún exceso que admitimos pudiese existir, a ejercer el derecho y la obligación que tenemos como lectores para interpretar sus memorias tal cual y, a través de ellas, acercarnos al hombre Vargas Llosa»[21]. Fue durante los cursos universitarios de verano de El Escorial, en el año 1992, tomado el Felipe II por la policía y la Guardia Civil, con motivo de la primera aparición pública de Salman Rushdie de la mano de MVLL y Fernando Iwasaki, una operación mantenida en el más alto secreto por motivos de seguridad, cuando MVLL volvió a encontrarse, tras decenios sin haberse visto, con su condiscípulo Hebert Morote. Fui testigo del abrazo de los dos viejos compañeros, del afecto mutuo que parecía haberse mantenido intacto a través de los años y del recuerdo. Y, un año más tarde, llega a mis manos *Vargas Llosa, tal cual,* una interpretación sesgadísima del hombre (no del escritor, según Morote), de la ética personal de MVLL descrita en sus memorias; un texto, el de Morote, autor, entre otros libros, de *Réquiem por el Perú, mi patria,* volumen del que Bryce Echenique, que fue alumno de MVLL durante la temporada ya lejana en la que nuestro novelista impartió clases de literatura en una universidad limeña, dijo que «debería ser lectura obligatoria para todos aquellos que pretenden entrar sin anteojeras ni tapujos en las mil y una falsificaciones de la realidad peruana». De eso se trata una vez más, y no creo que con las mejores intenciones, aunque ejerciendo «el derecho y la obligación» de cada uno: en esas falsificaciones de la realidad peruana, incluido el retrato que Morote hace del hombre MVLL, «se está, de eso se vive». Y se respira. Remito al lector interesado a las curiosas páginas de este *Vargas Llosa, tal cual* de Hebert Morote, porque no dispongo de tiempo (reverso de la vieja y socorrida frase del cubano Juan Marinello, tan usada también por Heberto Padilla) ni de espacio, ni —desde luego— de voluntad crítica, porque no me vale la pena, para diseccionar cada una de las medias verdades del «ensayo» de Morote frente a los cientos de errores en la exégesis del hombre y del político MVLL.

Ocho años después de la publicación de *El pez en el agua,* las memorias de MVLL no son criticadas, para la inmensa mayoría de sus lectores (que lo prefieren como novelista «a secas»: no como comentarista ni articulista político, tampoco como memorialista), como «uno de los principales libros de toda su obra», tal como escribían sus editores en el texto de la contraportada de la primera edición de las memorias. Tengo para mí, sin embargo, que *El pez en el agua* es el texto escrito en el que MVLL acomete la empresa de autodefinirse a través de su propia biografía, un libro que marca la frontera de su memoria y la determinación de regresar a la literatura —la libertad, su libertad— tras esa misma larga temporada en el infierno cuando fue, por una larga temporada, el pasajero de la política. Este MVLL, que se escribe a sí mismo y para que lo lean los demás en *El pez en el agua,* se traduce una vez más como aquel espíritu de la contradicción, díscolo, rebelde y vitalmente pasional, que ya apareció en sus primeros años de aprendizaje en Piura y Lima para quedarse para siempre como una característica del escritor, en su voluntad por caminar solo y solamente por su propio sendero, contra viento y marea, aun a riesgo de equivocarse (como se ha equivocado en multitud de ocasiones: haber entrado en política activa, por ejemplo, al menos desde mi punto de vista), incluso corriendo con todas las inconveniencias ideológicas y personales que tantas veces le acarrean sus actitudes públicas, sus artículos casi nunca *políticamente correctos,* sus textos provocadores de polémicas interminables y casi siempre portadores de un mensaje ideológico que rechazan incluso como debate sus adversarios políticos; el mismo que escribirá, provocativa y provocadoramente, la presentación del panfleto titulado *Manual del perfecto idiota latinoamericano... y español*[22], de Plinio Apuleyo Mendoza, Carlos Alberto Montaner y Álvaro Vargas Llosa, llamados jocosamente por las diferentes tribus de las tradicionales (y hasta conservadoras) izquierdas latinoamericanas *el trío Los Panchos;* terna de escritores amigos de los que hace rato estamos esperando, y yo el primero, otra hazaña semejante, pero esta vez titulada *Manual del perfecto idiota norteamericano,* que seguramente no han acometido todavía porque resulta una tarea intelectual extremadamente fácil de redactar y escribir. Este MVLL de *El pez en el agua* es el escritor que regresa a Europa a la búsqueda de su tiempo perdido, porque regresar a ese territorio ideal es regresar a sí mismo y a su literatura, luego de recordarse tal cual él mismo cree que ha sido, lleno de contradicciones y él mismo constante espíritu de contradicción; es él quien sabe que, en este caso, volver a donde solía no es morir un poco sino regresar a vivir de nuevo, tras sobrevivir a los tan míticos como engañosos encantos de la bruja Circe; regresar a la aventura de la literatura, el tiempo completo de su escritura, el regreso definitivo a la literatura, pese a las dudas de muchos que querrían verlo de nuevo en las charcas de la política activa (y que, en su obcecación, no pierden aún las esperanzas de verlo de nuevo enredado en las patas de los caballos y bajo el síndrome Malraux); es el mismo MVLL que escribió *La ciudad y los perros, La casa verde* y *Conver-*

sación en La Catedral, las novelas que incluso sus enemigos le reconocen como *ejemplares* (para restarle importancia, sobre todo, al resto de su producción literaria, incluyendo *La guerra del fin del mundo* e *Historia de Mayta,* tan mal entendidas y hasta largo tiempo condenadas a cierta muerte civil); el mismo MVLL que, tan sólo algunos años más tarde, exactamente en febrero del año 2000, *regresa* y convence a tirios, troyanos y contemporáneos con la publicación de *La Fiesta del Chivo,* para casi toda la crítica y para casi todos sus lectores, una novela que está literaria e ideológicamente a la altura de las mejores del novelista peruano, las siempre citadas *La ciudad y los perros, La casa verde* y *Conversación en La Catedral,* sus novelas *intocables.*

30. Contra la utopía arcaica
(1996)

A partir de la publicación de *El pez en el agua,* atreviéndonos a parafrasear el título de una de las novelas que mayor conmoción provocó en el joven MVLL, la noche quedó atrás. O fue quedando atrás en el tiempo —aunque seguramente no en el recuerdo— aquella penumbra confusa en la que MVLL se introdujo, según confesión propia, por un deber moral que el escritor se cargó a la espalda como un Quijote que se enfrenta a molinos de viento, espejismos y gigantes, una suerte de determinación personal que convirtió aquella temporada de actividad política en una de sus más arriesgadas cicatrices biográficas. La noche se fue, entonces, quedando atrás y, poco a poco, el escritor regresó a sus lares rutinarios, a Londres, a la escritura disciplinada y cotidiana, a las conferencias que sin cesar le solicitaban en los foros del mundo entero; a las universidades y a los cursos sobre literatura que MVLL se comprometía, también sin cesar, a impartir tanto en América como en Europa. Los premios literarios, los honores y los galardones regresan, aunque no terminaron de irse del todo, a la bibliografía de MVLL a partir del instante en que confiesa que nunca más volverá a intervenir activamente en política, sino que sólo lo hará con todas las consecuencias como antes de su determinación a presentarse como candidato a la presidencia de la República del Perú, exclusivamente como escritor, como personalidad intelectual que permanece atenta a cuanto interesa en el mundo, como escritor en todo caso comprometido consigo mismo y con su propia actitud liberal, a la vieja y tradicional usanza.

Durante una larga y espléndida tarde de conversación en un restaurante de la ciudad de Boston (el Pier4, creo recordar, con *chowder claims,* para rendir culto a la tradición gastronómica norteamericana), junto a Patricia Llosa y mi mujer,

Saso Blanco, me confiesa con irónica certidumbre su irritación al ser constantemente tildado de neoliberal. «Nada de neo, liberal de los de siempre», me dice recalcando cada sílaba. «Libe-ral-liberal», repite separando las sílabas y uniendo con énfasis en una misma dos palabras que son la misma. «Pero, vamos a ver, Mario, ¿liberal como muchos de esos liberales que son tan poco liberales que sólo admiten pensar como piensan los liberales?», le pregunto amistosamente provocativo. «No, no, liberal sin más añadidos, con todo lo que significa tradicionalmente ese término político e intelectual», me contesta sin aspavientos. Las tesis de su actitud liberal, que para muchos intelectuales y políticos de las izquierdas tradicionales resultan más que provocativas verdaderas provocaciones, las ha desarrollado MVLL en numerosas conferencias pronunciadas en multitud de foros internacionales. Por ejemplo, en noviembre de 1999, con motivo del aniversario de CEDIDE en Caracas, tras hablar de la confusión ideológica de nuestros días y de la exacerbación ideológica en la que nos movemos en tantos ámbitos, afirma que «no sólo en Venezuela sino en muchos países de América Latina, se levantan voces estentóreas para asegurar que todos los males que vivimos, la pobreza, la marginación, las grandes desigualdades y los grandes desequilibrios de nuestros países, se deben al neoliberalismo, convertido en el nuevo coco, en el espantajo, en el chivo expiatorio para todos los males de nuestro tiempo... Conozco a muchas personas liberales y a otras que no lo son —añade—, pero hasta ahora no he conocido a un solo neoliberal. El liberalismo añadido de esa partícula que aparece constantemente en la boca de sus impugnadores es una manera de descalificar esta doctrina, esta filosofía, este sistema de pensamiento que está —recordémoslo una y otra vez— detrás del progreso y el desarrollo de los países más avanzados del mundo»[23].

En ese otoño de 1992, los Vargas han llegado de Berlín y están en Boston, porque el escritor, en un viaje universitario por tres ciudades norteamericanas (después vendrán Princeton y Washington), está impartiendo en Harvard, donde también se encuentra en esos momentos el poeta de *Omeros,* Derek Walcott, Nobel de Literatura ese mismo año, un curso sobre una de sus preferencias literarias, una de sus cartas de batalla literarias, el *Tirant lo Blanc,* de Joanot Martorell, a un número reducido de alumnos que asisten a sus clases hipnotizados por la pasión intelectual que MVLL despliega ante esa novela de caballerías, clave vital en sus tesis sobre la novela total y el escritor como deicida. Saso Blanco y yo habíamos llegado a Nueva York el mismo día en que Bill Clinton ganó la primera de sus elecciones presidenciales, el 3 de noviembre de 1992, y nos habíamos instalado en un hotel del corazón de Broadway, a dos cuadras escasas de donde el Partido Demócrata norteamericano tenía su cuartel general de campaña.

A esas horas de la noche, la euforia demócrata llenaba el barrio entero ante las encuestas, los sondeos y las noticias que daban a Clinton como ganador en la confrontación electoral. Y esa misma noche habíamos hablado por teléfono con los Vargas para quedar uno de aquellos días en ir a visitarlos a Harvard. Creo que fue durante esa madrugada neoyorquina cuando me despertó el teléfono de la habitación de mi hotel. Desde Madrid me llamaba José Miguel Santiago Castelo, subdirector del diario *ABC,* notificándome los rumores muy extendidos en los círculos literarios, culturales y periodísticos de toda España según los cuales el jurado del Premio Cervantes, que estaba reunido en esos momentos, iba a otorgar el galardón a MVLL. «Vete preparando una *tercera* sobre Mario», me aconsejó Santiago Castelo. Aunque la cita con los Vargas en Boston era ese mismo día, un par de horas más tarde, todavía de noche en el invierno americano, desperté a Patricia Vargas Llosa con un timbrazo telefónico para repetirle los rumores sobre el inminente Cervantes. «Ni lo sueñes, todos los años se repite la misma historia y nunca se produce de verdad», me contestó Patricia Llosa, desvelada e incrédula. Mi insistencia, que confundía sin duda los rumores generalizados y mis deseos personales con la realidad, no la movió un ápice de su convicción. «Hasta el mediodía, entonces, tengan buen vuelo, los esperamos», se despidió Patricia de nosotros. No habían pasado otras dos horas cuando Santiago Castelo de nuevo me llamaba, cuando yo estaba ya tomando notas tras grabar en mi memoria una hipotética síntesis de la *tercera* que escribiría para el *ABC,* para comunicarme la realidad de la noticia. «Oye, que no, que se lo han dado a Dulce María Loynaz, la cubana», me dijo. «¿Quieres escribir la tercera sobre ella?», añadió. «Preferiría abstenerme —le contesté sin dudarlo—, entre otras cosas porque no hay color». Ciertamente, no lo había (ni lo hay).

MVLL ganaría el Premio Cervantes dos años más tarde, en 1994, pero un año antes se había presentado al Planeta y lo había ganado con *Lituma en los Andes,* que obtiene un año después el Premio Arzobispo San Clemente de Santiago de Compostela. Dos galardones literarios y editoriales más que añadir a su biobibliografía que, desde 1982 y entre otros, había recibido el Premio del Instituto Italolatinoamericano de Roma, el Premio Ritz París Hemingway por su novela *La guerra del fin del mundo* (1985), el Premio Libertad, en Suiza, concedido por la Fundación Max Schmidheiny, el Premio Scanno (1989), en Italia, por su novela *El hablador,* el Premio Castiglione de Sicilia, también Italia, «al mérito a su obra novelística», el Premio Jerusalén (1995), el Mariano de Cavia de periodismo literario (abril de 1977) y el Premio Internacional Menéndez Pelayo (1999). De modo que, entre sus cursos universitarios sobre literatura y su disciplinadísimo trabajo de escritura, con la noche de la política activa dejada atrás, era un hecho demostrable que MVLL había regresado a la literatura como un poseso que sabía, en su fuero interno, que había que recuperar el *tiempo perdido,* porque mientras fue un pasajero de la política había traicionado (así puede decirse, a fuer de dureza interpretativa) su vocación exclusiva y excluyente, la literatura, el vicio de escribir. Rescataba, entonces, su espacio estrictamente literario, y se rescataba él mismo de las miasmas y las heridas notables que le habían dejado en su biografía y su bibliografía la estancia en la política activa. Y en 1993 *Lituma en los Andes* marca el principio del regreso a su literatura, un principio largo que continúa con *La utopía arcaica* (1996) y *Los cuadernos de don Rigoberto* (1997) y termina, según mis propios cálculos, con la publicación en el 2000 de *La Fiesta del Chivo.* Por consiguiente, puede señalarse que la década de los noventa representa en la vida de MVLL un esfuerzo dirigido excluyente y exclusivamente al rescate de su figura y su espacio literarios.

El hecho de que *Lituma en los Andes,* una novela de MVLL, fuera galardonada con el Planeta, premio editorial que otorga una edición millonaria y una lectura masiva a la novela elegida cada año, pero que al mismo tiempo despierta muchas reticencias y de variada índole en el mundo intelectual y literario español e hispanoamericano (lo que no ha impedido que muchos de sus protagonistas más serios, críticos y rigurosos se hayan presentado y casi siempre ganado el premio), tiñó la novela, en determinados círculos y *a priori* de su lectura reposada y crítica, de un tono editorialmente comercial que dificultó en gran medida la interpretación exacta de la novela, seguramente por prejuicios de una parte relevante de ese mismo mundo intelectual, sin descartar los intereses de las cuadrillas editoriales y periodísticas, sus máscaras y sus pasiones encontradas. La obsesión de MVLL por las utopías políticas y su rechazo del *pensamiento mágico* como mecanismos dialécticamente válidos para interpretar razonablemente la realidad más compleja de la historia, obsesión y rechazo que ya había demostrado de sobra en algunas de sus más celebradas y leídas novelas, aunque tampoco siempre bien interpretadas en el debate literario, crítico y político —*La guerra del fin del mundo* e *Historia de Mayta*—, reaparece con toda nitidez en *Lituma en los Andes*[24] y, posteriormente, en el ensayo titulado *La utopía arcaica. José María Arguedas y las ficciones del indigenismo*[25]. Y cuando *Lituma en los Andes* gana el Planeta, un rumor que se había extendido por los medios informativos y culturales de toda España días antes de la concesión del multimillonario galardón editorial (dando al escritor peruano como hipotético autor de la novela ganadora) se lanza, el nunca confirmado rumor, a la calle, en determinados circuitos que no por ser restringidos resultan tan discretos como puede esperarse de su prestigiosa dimensión, e incluso se da por hecho que ya el año pasado, en la convocatoria de 1992, la agente literaria había intentado presentar y ganar el Planeta para MVLL con *El pez en el agua,* aunque la naturaleza y los límites del género literario de este libro de memorias tendría que haberle impedido siquiera la tentación de intentarlo. Esa tarde del Planeta de *Lituma en los Andes,* en el hotel de Barcelona donde se concede esa noche de Santa Teresa el galardón, sólo me costó una exigua cantidad de dinero conocer el nombre del ganador con bastantes horas de antelación. Una apuesta, simplemente: yo negaba la posibilidad del premio a MVLL para que Sánchez Dragó, escritor de Planeta y muy cercano a sus dirigentes editoriales, y al que le gusta ganar todas las apuestas del mundo, incluso las que carecen de importancia, picara el anzuelo y apostara «con total certeza» por el premio para la novela del peruano.

La lectura crítica de *Lituma en los Andes* nos dibuja, desde España y desde muchas urbes de América Latina, ese territorio lejano de las montañas perdidas del Perú en donde se libra una batalla inexplicable con un enemigo —terrorista, Sendero Luminoso, los terrucos— de quien sólo se perciben *a posteriori* sus actos criminales, salvajes, bestiales y masivos, una vez que se han cometido y las sangrientas huellas de sus asesinatos quedan visiblemente esparcidas en ese mismo lejano territorio andino que, por la noticia, se acerca durante un tiempo al mundo civilizado, Lima, en el caso de la ficción de esta novela, donde están los gobernantes, los jefes militares, las clases dirigentes del país. De manera que *Lituma en los Andes* es también la descripción de otra guerra en otro fin del mundo, donde habita la superstición, donde el miedo es una respiración constante, donde el *mal* toma posesión del mito indígena y se hace cargo totalitaria y absolutamente de la *utopía arcaica* con el claro objetivo político de *regresar al pasado,* al mundo indígena, a la mitología y la superstición del buen salvaje que, paradoja sobre paradoja, se reclama como revolucionario e ideológicamente progresista, vengador y destructor de la destrucción y la corrupción que la civilización y el pensamiento de las clases dirigentes —blanquiñosos de Lima y todo el que sigue su forma de vida y sus maneras de entender el mundo— han impuesto por la fuerza al genuino mundo indígena del Perú. «Para el lector, esta novela contiene, casi en quintaesencia —escribe el profesor Fernando Rodríguez Lafuente en el prólogo de la edición de *Lituma en los Andes* en

la discutida y discutible Colección del Mundo²⁶—, el universo
novelístico, político, moral, religioso —en un sentido amplio— e histórico de Mario Vargas Llosa. Todos los conflictos
que han jalonado buena parte de la formidable obra de ficción del autor se encuentran en las páginas de este perturbador relato de los Andes; todos los conflictos y una convicción:
la literatura no es un mero entretenimiento»; afirmación esta
última que coincide con el rechazo que de la literatura con-
ceptuada como una simple *diversión* tiene un escritor de la
talla universal de Saul Bellow, por dar sólo un ilustre ejemplo
literario.

La historia novelística de *Lituma en los Andes* describe
la vida de un grupo de peruanos en un pueblo perdido, dejado
de la mano de Dios y de las fuerzas institucionales del Estado, en la inmensidad de la cordillera andina; un pueblo dimi-
nuto llamado Naccos en donde se enfrentan en tiempos si-
multáneos varios contrarios *realistas,* ideológicos, metafóricos
y analógicos; un pueblo que experimenta en cada instante el
pánico del último minuto, sometido como está a la ley salvaje y arbitraria del terrorismo senderista, los terrucos, cuya
misión destructiva alcanza a todo aquel ser humano que pone
en duda o traspasa la frontera de sus poderes destructores.
MVLL traslada en esta novela a su tiempo contemporáneo sus
obsesiones frente a la *utopía arcaica* y las ficciones y contradicciones del indigenismo. Para desplegar en esta novela sus ya
establecidos procedimientos narrativos, el novelista se sirve
de un viejo personaje, que da en parte nombre al título de la
novela, Lituma, que además luce aquí, en tiempo anterior a su
destino en *La casa verde* como sargento, una mentalidad menos experimentada que en otros relatos de MVLL; un personaje
cuyo punto de vista, la perspectiva, sus temores, reflexiones y
actitudes, no tienen nada que ver con la idiosincrasia del serrano, una manera de ser que Lituma, costeño de Piura, no sólo
no comparte sino que no consigue entender. El choque de
esas dos mentalidades en el pueblo de Naccos, con la sombra
de los senderistas cabalgando sobre las supersticiones de los
serranos —la montaña tiene alma, tiene ángeles protectores
y, naturalmente, tiene diablos malignos dispuestos en cada mo-

mento a la destrucción—, es una de las claves ideológicas de *Lituma en los Andes*. De modo que la mitología y la superstición se dan la mano con el asesinato y la barbarie, de la misma manera que el intento de quienes *razonan de otra forma* por situarse en la piel del serrano resulta completamente estéril.

Naccos, el origen de cuya toponimia nada gratuita se pierde en el tiempo incluso anterior al imperio inca —el tiempo del mito—, es un enclave minero en decadencia por culpa del terrorismo y la dejación del gobierno peruano, que sólo mantiene en ese mundo perdido —que sabe que no controla, sino que es territorio de los terroristas— un pequeño destacamento militar al mando del cual está precisamente Lituma, a quien el profesor Rodríguez Lafuente llega a calificar de *alter ego* del narrador porque, entre otras cosas, es un viejo y resistente personaje de MVLL «pues ya aparece en «El visitante», *La casa verde, Historia de Mayta, La Chunga, ¿Quién mató a Palomino Molero?*»[27]. En cuanto al despliegue de su talento novelístico, no tengo duda en incluir esta novela entre las claves de la escritura ideológica de MVLL, escritor que nunca pierde de vista la necesidad de mantener el discurso narrativo a la misma altura literariamente estética que el discurso ideológico que corre en paralelo por las páginas del relato no exento, tampoco en esta ocasión, de la tentación constante de la novela total, con la incorporación e intercalado de historias distintas y distantes en el tiempo y en el espacio, puntos de vista de los personajes esenciales —también distintos y distantes— y minuciosa y hasta naturalista descripción de geografías lejanas y enfrentadas entre sí —Lima, Piura, Naccos, los Andes, y esa cita final de Santa María de Nieva—, que encubren, como no podía ser menos, mentalidades que irremisiblemente encarnan e invocan universos arcaicos, supersticiosos y mágicos, y los confrontan con los mecanismos de la cosmovisión contemporánea. Es decir, mientras el novelista enfrenta a los personajes y las historias que encarnan y cuenta en el relato, el ideólogo enfrenta las mentalidades que encubren *per se* pensamientos ideológicos *contrarios,* el *pensamiento mágico* —la utopía arcaica que se ampara en el indigenismo y las tesis del buen salvaje masacrado por el progreso— y el pensamiento lógico; la dialéctica de la barbarie y la violencia, y su impulso destructivo y fanático, frente a la dialéctica de la razón y el progreso, con todas las alteraciones y efectos colaterales de variada índole de los fenómenos que lo mantienen y originan respectivamente. Naccos —*Lituma en los Andes*— resulta así una lectura más, y no la menos importante, del novelista MVLL del enfrentamiento constante de Dios y el Diablo en la tierra de nadie, que el escritor sitúa esta vez en la cordillera andina peruana, como años atrás y con notable atrevimiento situó *La guerra del fin del mundo* —el duelo constante entre mentalidades que generan violentos choques en su desarrollo real— en un territorio geográfico e histórico —la inmensidad de Brasil— que hasta ese momento no *le correspondía*.

Por todas esas razones, y teniendo en cuenta su propia trayectoria como escritor de novelas y como conciencia ideológica, es difícil separar en el tiempo, en el espacio y en el pensamiento *Lituma en los Andes* de la escritura del ensayo sobre Arguedas y las ficciones del indigenismo, *La utopía arcaica* (publicado en México y editado por el Fondo de Cultura Económica en 1996, tres años más tarde de la publicación de *Lituma en los Andes*). *La utopía arcaica* está dedicada a la memoria de Raúl Porras Barrenechea, «en cuya biblioteca de la calle Colina aprendí la historia del Perú», y esta escritura sobre Arguedas es resultado de una larguísima reflexión e interés intelectual, político y literario, que comienza en el año 1955, continúa en los sesenta, «cuando escribí artículos y ensayos y di charlas sobre él, y mantuvimos una buena amistad, a la distancia, pues él vivía en el Perú y yo en Europa, y, aunque alguna vez nos escribimos, nos veíamos apenas, en mis anuales visitas a Lima», y termina en dos seminarios (uno durante el curso lectivo 1977-1978, en la Universidad de Cambridge, mientras ocupaba la cátedra Simón Bolívar de Estudios Latinoamericanos y vivía en el Churchill College; y el segundo en la Universidad Internacional de la Florida, en Miami, durante el primer trimestre de 1991) y en «un nuevo curso sobre el conjunto de su obra, en la Universidad de Harvard, dentro de la cátedra John F. Kennedy que tuve a mi cargo en el semestre del invierno de 1992»[28]. Tampoco me caben dudas, al respecto de la cómplice consanguinidad y la cercanía temporal de la escritura de *Lituma en los Andes* y *La utopía arcaica,* de que la experiencia de MVLL en la política activa, como candidato presidencial del FREDEMO a las elecciones peruanas y su *fracaso* en esa campaña (con el consiguiente e inmediato regreso a Europa y a la literatura) aceleraron la escritura de la novela y el ensayo en el mismo tiempo real —casi simultáneo— de la vida de MVLL.

La utopía arcaica representa, en la bibliografía y la escritura ideológica de MVLL, sin perjuicio de su admiración literaria por la obra de Arguedas, una contundente toma de postura frente al *pensamiento mágico* que impregna el indigenismo literario (peruano, en este caso concreto) de José María Arguedas, cuyas obras son analizadas quirúrgicamente por el ensayista MVLL con una virulencia, profundidad y brillantez intelectuales y literarias que no dejan lugar a fisuras sentimentales en los mecanismos utilizados en ese mismo análisis, desde el capítulo inicial del ensayo («Los testamentos de Arguedas») hasta el último tramo del estudio (el XX, «La utopía arcaica y el Perú informal»). De manera que, gracias a esa específica forma de análisis, *La utopía arcaica* deviene también, y no sólo para los lectores peruanos, en un interesantísimo *libro de historia* en cuyas páginas, y teniendo como protagonista esencial a un admirado y mítico escritor peruano con toda su obra a cuestas, un novelista —MVLL— ejerce de reflexivo y polémico intérprete de la historia más reciente de su país, el Perú. Cada uno de los avatares históricos que conmueven y retratan la historia peruana —puesta en relación simultánea y especular con la vida y la obra de Arguedas— son minuciosamente diseccionados por *el profesor MVLL,* siempre desde su punto de vista ideológicamente liberal, con especial hincapié en cuantas ficciones políticas han ido levantando falsas expectativas, tribales, indigenistas, militaristas y nacionalistas en esa misma historia peruana, hasta conducir al país a la situación lamentablemente ruinosa en la que se encuentra en 1996, cuando aparece publicado el ensayo, cuatro años antes de que se verificaran estrepitosamente las profecías del escritor peruano sobre la escandalosa *era Fujimori* y su cómplice Montesinos con las valleinclanescas huidas del Chino a Tokio, según sospechas, algo más que su tierra de origen, y la detención de Vladimiro Montesinos en Caracas y posterior entrega a las autoridades judiciales del Perú.

Cuatro años antes de esa última y vergonzosa opereta, al analizar los evidentes desastres económicos y sociales de la política económica peruana, MVLL escribe en las páginas finales de *La utopía arcaica* que «en la década de los ochenta, otro cataclismo se abatió sobre los Andes peruanos, sobre todo en la región central y sureña, que daría un nuevo impulso —esta vez sangriento— al proceso de desindianización del indio y a la desintegración de la sociedad andina tradicional, es decir, al mundo que alimentó las ficciones y sueños de Arguedas: la insurrección de Sendero Luminoso. La dictadura militar izquierdista, a la que apoyaban con entusiasmo el Partido Comunista pro soviético y la mayoría de las facciones de la izquierda peruana, alimentó la radicalización de los sectores más ortodoxos de ésta —sobre todo, los de tendencia trotskista y maoísta— y su decisión —a fin de marcar distancias con quienes colaboraban con el enemigo de clase y creían que el instrumento de la revolución podría ser una dictadura militar— de pasar a la lucha armada»[29]. Y añade un poco más adelante que «nunca se sabrá, en la sombría cifra de veinticinco mil a treinta mil muertos, cuántos cayeron abatidos por Sendero Luminoso o por la contrainsurgencia —del gobierno de Fujimori, convertido en dictadura real a partir del golpe de Estado del 5 de abril de 1992—, que cometió excesos tan vertiginosos en la represión del terrorismo como los cometidos por el terrorismo»[30]. El hecho fatal, según el análisis de MVLL verificado en la realidad histórica peruana, es que la tan temida pérdida de identidad del indio andino peruano y su huida hacia las ciudades, especialmente Lima, para engordar las bolsas de miseria y sordidez que rodean todavía en gran medida a la capital del Perú, la provocó en gran parte la revolución senderista (una de cuyas dirigentes era Sybila Arredondo, viuda de Arguedas), casi quince años de violencia y muerte —el impulso fanático— terrorista que confirma que «en contra de la imagen que algunos irredentos aficionados al color local quisieron fabricarle, Sendero Luminoso no fue un movimiento indigenista, de reivindicación étnica quechua, antioccidental, expresión contemporánea del viejo mesianismo andino»[31].

El texto de *La utopía arcaica* comienza con una suerte de prólogo titulado «Una relación entrañable» donde el propio MVLL traduce su *interés* por Arguedas, sus libros y sus ideas entroncadas en la tradición indio-andina en la que se crió, la misma que retrata con gran talento literario en casi todas sus obras. Es una constante en MVLL que sus relaciones con el Perú, su país, y con muchos ilustres peruanos, sus compatriotas, vengan impregnadas por un sentimiento de *amor-odio,* contradictorio y sin embargo coherente (aunque parezca paradójico), porque una de las tesis que mantiene el novelista peruano es la de que un escritor debe someter a su país constantemente al bombardeo de su crítica. Como si escuchara de muy cerca la recomendación de Martin Amis (qué menos puede quedarle a un escritor que irritar a miles de gentes que lo leen casi exclusivamente para irritarse con su escritura), las tesis de MVLL levantan polémica en cualquier parte del mundo y la lectura de *La utopía arcaica* no resulta una excepción. Las novelas de Arguedas, ya se sabe, describen un cierto Perú, el indígena, que se mantiene en la memoria del escritor como el recuerdo integral del paraíso perdido. Tanto en *Jawar Fiesta* como en *Todas las sangres* —la más aplaudida de Arguedas dentro y fuera del Perú—, aunque no en la misma dimensión en *El sexto* y mucho menos en *El zorro de arriba y el zorro de abajo* (en cierta medida, su confesión testamentaria, antes del balazo en la sien,«frente a un espejo para no errar el tiro —según recuerda MVLL—, el 28 de noviembre de 1969, en un baño de la Universidad Agraria La Molina, en Lima»[32]), ese universo paradisíaco del mundo indígena, con sus tradiciones, sus costumbres cotidianas y domésticas, sus rituales religiosos y sus leyes —divinas y humanas— dibujan la gran nostalgia de Arguedas por aquel firmamento que vivió en su infancia y juventud y que se tatuó en su alma como si fueran —tal vez lo fueran— sus verdaderas señas de identidad. MVLL analiza la vida de Arguedas desde su misma biografía, en sus puntos esenciales (los que realmente fraguaron su carácter de ser humano, de peruano y de escritor) y en sus creencias ideológicas para desvelar que, debajo de todas estas angustias —que movieron con pasión la vida de Arguedas— y todas esas sangres bulle una gran contradicción, la de hacer compatibles todas las leyes del mundo *antiguo* con el *moderno* para insistir en una demostración imposible: que aquel universo indígena era perfecto, coherente, estable, y que todo cuanto vino después, el mundo de los blancos, la colonización, *el cambio,* vino a representar un retroceso, al principio, y al final la ruina misma del mundo indígena, su memoria y sus raíces profundas. El respeto absoluto a todas las leyes y tradiciones indígenas, al mundo del pasado —que, repetimos, era perfecto, natural y estable para Arguedas—, hubiera conseguido un equilibrio que desapareció para dar paso a la tragedia peruana, especialmente la tragedia indígena. Para MVLL, Arguedas trata inútilmente de unir en una síntesis imposible el *pensamiento mágico* del indígena, con todas sus supersticiones seculares a cuestas convertidas en creencias religiosas, sociales y políticas, y el pensamiento *progresista* de la razón marxista-leninista. De manera que el gran objetivo de Arguedas, *grosso modo,* es demostrar que aquel mundo adorado por el niño y el posterior escritor José María Arguedas es el mundo ideal, el mundo perfecto, el mundo del progreso estable. ¿Cómo se puede, se pregunta MVLL a lo largo de las páginas de *La utopía arcaica,* hacer compatible el *pensamiento mágico* del indigenismo con el pensamiento ideológico marxista, heredado de la visión de José Carlos Mariátegui? Ésa es la cuestión básica, el debate que abre MVLL en *La utopía arcaica,* el mismo que, siempre *grosso modo* y con todos los matices que se quiera, podemos entrever con suma facilidad de lectura en las páginas de la novela *Lituma en los Andes.*

Confinado en su gueto personal e ideológico, en un mundo cerrado fundamentalmente por la utopía arcaica del *pensamiento mágico,* Arguedas entra en constantes contradicciones a lo largo de su vida y su escritura, hasta desembocar en el texto angustiado y angustioso de *El zorro de arriba y el zorro de abajo,* testamento y ajuste de cuentas con todos los escritores del *boom* de la novela latinoamericana, personajes *internacio-*

nales que él sospechaba que, con su influencia editorial e intelectual en las grandes ciudades del mundo donde se toman las decisiones del prestigio, lo habían dejado al margen de *las listas* y los cánones que otorgan la gloria y el reconocimiento literarios. MVLL repasa en el primer capítulo de *La utopía arcaica* esa última crisis de Arguedas que quebró definitivamente su fragilizada psicología en las últimas semanas de su vida. Este capítulo de *La utopía arcaica* resulta especialmente interesante, y hasta discutible (y desde luego polémico) por la interpretación de MVLL, pero también por los documentos que aporta para entender el maniqueísmo intelectual e ideológico que Arguedas utilizó en esa escritura de *El zorro de arriba y el zorro de abajo* en relación con sus filias y sus fobias literarias, en relación, además y sobre todo, con sus relaciones personales más que con su visión crítica de la literatura y del mundo de los escritores contemporáneos.

De la misma manera que MVLL, a pesar de otras burdas interpretaciones —la más socorrida, el ajuste de cuentas—, contra viento y marea y en cierta medida siguiendo la estela de Sebastián Salazar Bondy (autor de *Lima, la horrible* y uno de los escritores peruanos más admirados por MVLL, que además mantuvo una dura polémica con Arguedas en Arequipa, en 1965, durante el Primer Encuentro de Narradores Peruanos), insistió una y otra vez en que su escritura sobre el Perú es sobre todo una apasionada declaración de amor hacia su país, y más claramente a partir de la publicación de la impresionante e inmisericorde *Conversación en La Catedral* en 1969, la escritura de *La utopía arcaica,* su objetivo exegético, literario e ideológico, forma parte inequívoca de la misma pasión del novelista por el Perú y su literatura, a pesar de sus confesiones explícitas —incluso en el texto que prologa *La utopía arcaica*— sobre la escasa influencia que esa literatura peruana ha tenido en su vocación y posterior desarrollo. Hasta el punto de que es la segunda vez —*García Márquez. Historia de un deicidio* fue la primera— que dedica un volumen sólidamente interpretativo a un escritor coetáneo, con el añadido de que en este caso es además peruano, y una de las más idolatradas figuras de la literatura nacional dentro y fuera del Perú; una suerte de tótem que, por eso mismo, viene a representar parte de esa extraña sacralidad que determinados exégetas conceden a los escritores, como si fueran sumos sacerdotes, chamanes, clérigos privilegiados de un mundo del que sólo ellos son capaces de dar una visión exacta con todas sus claves verdaderas.

¿Cabe preguntarse a estas alturas de la biografía, de la bibliografía y de la escritura de MVLL por las oscuras intenciones del novelista al escribir *La utopía arcaica* y por su visión, también críticamente inmisericorde de las ficciones creadas, cultivadas y mantenidas por el indigenismo? Porque el ensayo sobre Arguedas no tiene ni puede tener, desde luego, una única lectura literaria, sino que se inscribe dentro de la inmensa carta de batalla ideológica que MVLL despliega en cada una de sus escrituras, pertenezcan éstas al género literario de la novela, al del artículo de actualidad política o al de los estudios ensayísticos. Es decir, hay abiertamente una clara lectura ideológica, ni más ni menos que la que podemos encontrar, en este caso concreto del pensamiento mágico (en que se basa la utopía arcaica) y la utopía socialista que surge del pensamiento marxista, en *Lituma en los Andes* e *Historia de Mayta*. Y si, como escribe Rodríguez Lafuente, los mitos arcaicos llegan a nuestra actualidad y explican «fenómenos como el salvajismo de Sendero Luminoso o la violencia que entraña la intolerancia y los nacionalismos insurgentes, de los que parecía curada la sociedad contemporánea tras la Segunda Guerra Mundial», ¿qué podemos decir ante los últimos acontecimientos terroristas de los integristas islámicos contra las Torres Gemelas de Nueva York y contra el Pentágono en Washington?

Mientras trataba de terminar la escritura, en mi estudio del centro de Madrid, de este mismo capítulo biobibliográfico sobre MVLL, en el mediodía europeo del 11 de septiembre del 2001, las pantallas de todas las televisiones del mundo nos brindaban en directo las terroríficas imágenes del terrorismo en acción —desde esa fecha en adelante y porque el ataque ha sido contra los Estados Unidos de América, acto de guerra— contra Nueva York y Washington, acercándonos por analogía (*mutatis mutandis,* pero siempre analógicamente) una de las guerras del fin del mundo —Afganistán y los talibanes—

a la más cercana guerra de nuestro mundo más cercano. El *pensamiento mágico* que encierra con toda evidencia el terrorismo integrista islámico, otra variante mortífera de la utopía arcaica, derramaba toda su violencia sobre el *melting-pot* de Manhattan, la isla de todos nosotros, un territorio donde el fenómeno contemporáneo de la integración de ideologías, religiones, razas y clases sociales (por oposición al *integrismo arcaico del pensamiento mágico*) es un hecho de tal dimensión que su evidencia resulta insoportable para quienes quieren seguir adorando al becerro de oro y las máscaras del tribalismo primitivista, sean esas máscaras ideológicas, nacionalistas —*esa manía de primates, según Borges*—, raciales o religiosas.

31. De los viejos demonios: el registro de las fantasías (1997)

Si *Lituma en los Andes* remite en la memoria literaria a *La casa verde,* en la medida en que Lituma, el protagonista con nombre y graduación del principal protagonista del relato, es el mismo Lituma que aparece en las dos novelas (es destinado a Santa María de Nieva en las páginas finales de *Lituma en los Andes,* de modo que esta novela remite a un tiempo anterior en la vida del guardia civil que el de *La casa verde,* aunque la novela sea anterior en su proyecto y edición a los de *Lituma en los Andes*), *Los cuadernos de don Rigoberto* remiten a *Elogio de la madrastra;* al mismo triángulo de aquella fiesta erótica (don Rigoberto, Fonchito y doña Lucrecia, más la comparsa, Justiniana); a similares juegos literarios y a las mismas simbologías plásticas (en este caso la vena biográfica y erótico-artística de Egon Schiele).

Los textos que abren el relato, como casi siempre en las novelas de MVLL, aluden directamente al registro de las fantasías al que se refiere Montaigne cuando escribe: «No puedo llevar un registro de mi vida por mis acciones: la fortuna las puso demasiado abajo: lo llevo por mis fantasías». Alusión, pues, y advertencia para el lector al recordar el canto a la imaginación, a la libertad que significa siempre el ejercicio y la gimnasia de la imaginación que describe Hölderlin en *Hyperion*: «El hombre, un dios cuando sueña / y apenas un mendigo cuando piensa». Y si en *Elogio de la madrastra* la fiesta del triángulo erótico, familiar y doméstico (digámoslo más crudamente: endogámico, rozando tabúes y jugando a veces con la controlada ambigüedad de un cuento infantil, tal como Lewis Carroll juega con la niña Alicia en ciertos pasajes de sus libros llenos de maravillas) acaba con una ruptura matrimonial, con la separación de don Rigoberto y doña Lucrecia gracias a la intervención del niño, el omnipresente Fonchito, *Los*

cuadernos de don Rigoberto termina sus imaginativos juegos eróticos con la reconciliación, la paz familiar, la vida doméstica
que consigue, por encima de otras realidades, imponer sus reglas convencionales. Cuando don Rigoberto y doña Lucrecia
«regresaron al dormitorio a oscuras, tomados de la mano»[33],
cuando ella todavía se atreve a bromear ambiguamente (y le
propone a don Rigoberto, en la penumbra de la alcoba matrimonial y tal vez en el preludio de un nuevo juego amoroso,
que Fonchito los acompañe a Viena), la *madurez del varón* se sa-
cude los malos pensamientos y los recuerdos del pasado inmediato, en los que Fonchito resulta paradójico y fundamental
agente de la ruptura y de la reconciliación matrimonial, con una
pregunta que lleva implícita la respuesta afirmativa y constituye el último sarcasmo y las últimas palabras del relato: «A pesar de todo, formamos una familia feliz, ¿no, Lucrecia?»[34].

Entre una familia feliz, como la que forma el triángulo sobre el que se desarrolla el relato (dos seres adultos, marido y mujer, y un niño tan inquieto, a veces turbio y siempre
revoltoso, que esconde perennemente el as de su perversión en
lo más profundo de sus acciones y en continuo juego de la seducción), y el registro de las fantasías, episodios y aventuras
eróticas y sexuales de los protagonistas (que seguramente son,
en una altísima proporción, las del mismo autor que los inventa, escribe y describe) se desarrolla básicamente la escritura de *Los cuadernos de don Rigoberto,* sin duda también una escritura que forma parte de los viejos demonios literarios de
MVLL. A diferencia del *Elogio de la madrastra,* donde, al margen de los añadidos y referencias plásticas (los artistas citados
y sus cuadros «estudiados»), pueden incluso atribuirse a la arbitrariedad siempre fantasiosa del escritor, el relato en su escritura procede *tradicionalmente,* con procedimientos narrativos
lineales que sirven para situar la historia paso a paso, *Los cuadernos de don Rigoberto* no es sólo una novela que puede ser leída
como una novela *tradicional* en las partes que lo componen,
sino —otra vez Alicia y Lewis Carroll— como un conjunto
de relatos, un amasijo de cuentos que describen cuantas variantes eróticas, pasionales, sexuales y hasta suavemente pornográficas (¿o no hay sexo directo y expreso en bastantes de

estas páginas, sin abalorios, subterfugios ni lencería fina?) se registran en la imaginación del escritor (otra vez la contundente afirmación flaubertiana «Madame Bovary soy yo») durante el proyecto y desarrollo de la escritura para trasvasarla a sus personajes. Además, la redacción —meticulosa, cuidada y llena de guiños y detalles— de los cuadernos de don Rigoberto enmarcados en medio de los capítulos de la novela salpican —y hasta interrumpen, a veces de manera irritante para el lector, aunque sean necesarios para la novela— los cuentos y los relatos eróticos, no como un procedimiento más de la novela sino como *pequeños ensayos* o reflexiones escritas que dibujan el carácter, el modo de ser y los secretos no sólo de alcoba de don Rigoberto.

«Sin erotismo no hay gran literatura», declara una vez más MVLL[35] en testimonios recogidos por Javier Rodríguez Marcos. Con MVLL, como con otros grandes novelistas de los siglos XIX y XX, sucede que el erotismo no es un aditamento más del relato, de la misma escritura, sino uno de los fundamentos esenciales de toda gran literatura, de toda gran novela. Entiende MVLL que «no hay gran literatura erótica, lo que hay es erotismo en grandes obras literarias»; y hasta tal punto que «una literatura especializada en erotismo y que no integre lo erótico dentro de un contexto vital es una literatura muy pobre». Criterios los suyos discutibles y discutidos, pero argumentados desde su opinión de viejo —desde muy joven, quiero decir— lector de novelas eróticas. Porque para el novelista peruano, siempre en la constante de la *novela total,* un texto literario —un relato, un cuento, una novela— será «más rico en la medida en que integre más niveles de experiencia», de manera que «si dentro de este contexto —llamémoslo totalizador— el erotismo juega un papel primordial, se puede hablar de literatura erótica». Aunque algunos críticos y expertos en la obra narrativa de MVLL, al escribir de *Los cuadernos de don Rigoberto,* describen el erotismo de esa novela como una *pendencia* del novelista consigo mismo, con su propio temperamento de escritor, es cierto que, en términos literarios, el erotismo es una vieja tendencia de su escritura, por alusiones constantes y por su procedimiento contrario, por la constancia de sus elisiones, insinuaciones, demoradas descripciones. De modo que es sumamente difícil encontrar una novela o un relato de MVLL, desde el escritor joven hasta hoy, «el respetable abuelo de sesenta y cinco años que ya soy» (como suele irónicamente definirse ante sus más cercanos amigos, mostrando en ese momento su dentadura *profidén* y dibujando una sonrisa supuestamente amable que no es más que una carcajada contenidamente sarcástica), donde no haya claras referencias e historias eróticas, cuya conspicua definición *por escrito* se retrata en *Elogio de la madrastra* y su contraespejo, *Los cuadernos de don Rigoberto*.

Dije antes que el erotismo es un viejo demonio del escritor peruano no sólo porque la huella de *lo erótico* aparece en las páginas de sus novelas hasta transformarse, sobre todo en determinados títulos de sus obras, en cicatrices evidentes y en tatuajes imborrables, además de ser un invitado de honor en el festín desnudo de su literatura, sino porque el propio MVLL ha confesado en multitud de ocasiones haber sido (y seguir siendo) un fervoroso y *devorador,* y por tanto, pasional lector del género de la novela erótica. Ya lo había escrito en *El pez en el agua,* en uno de los capítulos dedicados a la fragua de su vocación literaria y se lo repite a Javier Rodríguez Marcos casi con las mismas palabras que definió su pasión en su texto autobiográfico publicado en 1993. «Descubrí la literatura erótica cuando era estudiante universitario, de una manera casual. Conseguí un trabajo de bibliotecario —confiesa MVLL— de un club social de Lima muy activo, el Club Nacional, el de la gente rica. Mi maestro de historia —se refiere otra vez a Raúl Porras Barrenechea— era el bibliotecario de ese club y me contrató como ayudante. Mi labor consistía en ir dos horas al día a fichar los libros que se adquirían»; pero añade que «en esa época ya no se hacían muchas adquisiciones; así es que yo aprovechaba esas horas leyendo los libros de la biblioteca del club, que en el pasado había adquirido libros eróticos de gran calidad. Tenían la colección completa de *Les Maîtres de l'Amour* (Los Maestros del Amor), una colección que dirigió en Francia Apollinaire, con muchos libros prologados por él mismo, a veces de una manera muy erudita». Entonces, y a partir de la lectura de esos libros, creyó que en la lite-

ratura erótica estaba la gran revolución, llena de hallazgos y secretos que se adquirían precisamente navegando con pasión
por esas páginas únicas de la literatura erótica, para acabar
imponiéndose en él, tiempo después, el criterio según el cual
«los textos que son sólo eróticos» terminan por provocar
«una gran monotonía, los hace caer en la rutina de lo previsi-
ble, sin duda una de las fórmulas seductoras de la mediocridad literaria». Y «por eso el mejor erotismo es el que aparece
en obras que no son sólo eróticas, aquellas en las que lo erótico es un ingrediente dentro de un mundo diverso y complejo.
Y eso nos lleva, de nuevo, a la gran literatura. Y al revés —insiste MVLL— una literatura que es sólo erótica difícilmente
llega a ser grande». De modo que para nuestro novelista la
carga erótica del texto narrativo es siempre superior a la literatura de género erótico. Esa suerte de distinción se basa sin
duda en su propia experiencia como lector y como escritor de
novelas, pero se me antoja en cierta manera arbitraria y muy
personal, en la medida en que, tal como MVLL confiesa al citar
algunos de sus autores predilectos («a la manera tradicional»,
añade) nombra entre otros a Boccaccio, Sade, Cleland, Restif
de la Bretonne y Bataille, tatuajes de MVLL como lector, los
dos últimos parte de sus viejos demonios literarios; Durrell
(aunque su erotismo «es un poco siniestro»), Henry Miller,
cierto Nabokov (fundamentalmente el de *Lolita,* claro) y, «últi-
mamente», Catherine Millet.

Viejos demonios, entonces, imaginados, desarrollados
y tatuados a lo largo de los años en lecturas y escritura, para-
lelamente. Viejos demonios del paraíso festivo del erotismo, el sexo, la pornografía, desde las cartas y las *novelitas eróticas* que el cadete Alberto Fernández (y el novelista en ciernes
MVLL, entonces adolescente) escribía para venderlas a sus con-
discípulos del Leoncio Prado en *La ciudad y los perros,* hasta la
escritura de la madurez que aparece explícitamente en *Elogio
de la madrastra* y *Los cuadernos de don Rigoberto.* Del primero de
esos dos títulos, MVLL, definiendo su propia escritura, dice
que «es un juego con muchas alusiones a las imágenes eróticas de la pintura. Para mí escribir esa novela fue un experimento que me permitió emplear un lenguaje muy rico y pre-

ciosista que no utilizo jamás en mis obras, en las que el lenguaje es muy funcional, siempre en relación con lo que quiero contar»; de manera que en esa novela «había un juego formal que permitía buscar la historia con un lenguaje rebuscado, muy poco realista». Por el contrario, siempre según su propia perspectiva, su propio análisis crítico, en *Los cuadernos...* «el erotismo es más intelectual. Hay juego, pero en menor medida que en el *Elogio.* Allí el lenguaje ya no es el mismo, no podía serlo. La historia tenía más pretensiones realistas y el lenguaje es, no digo más crudo, pero sí que está menos presente. En el *Elogio...* el lenguaje es casi un espectáculo por sí mismo, una presencia que se interpone entre el lector y la historia».

A mis ojos, sin embargo, a mi modo de ver y leer, la distinción que MVLL hace entre estas dos novelas suyas trata de dibujar, en cierta medida, una suerte de frontera invisible, por adjetivarla de alguna manera suave, que sólo se basa en la perspectiva de su autor, una *cosa mentale* más que plástica y literaria, una frontera que sólo podría definirse en términos estéticos, tal como el mismo MVLL distingue entre erotismo y pornografía, términos y conceptos que han hecho derramar mucha tinta y perpetrar muchos errores y estereotipos a los teóricos de la literatura y los movimientos culturales. Al fin y al cabo, *grosso modo,* puede decirse que el erotismo —y ahí está la literatura del género para constatarlo— no es más que pornografía *buena* (por distinguirla, por qué no arbitrariamente, de la pornografía *mala,* la escritura y la imagen del sexo explícito, *puro y duro*), la pornografía disfrazada de arte, tratada con guante de seda, dibujada y vestida con lencería fina (que trata de impedir que el lector vea y lea directamente el sexo explícito y desnudo, el único argumento de la pornografía, procediendo el escritor no por alusiones sino por elisiones), la pornografía dispuesta a asistir a un baile de notables y autoridades, una suerte de subterfugio para *refinar* con delicadeza el verdadero festín del paraíso, la manzana mordida, el pecado más lascivo, la zona oscura y espléndida de la obscenidad prohibida e infernal, maravillosamente robada por el ser humano (Prometeo robando el fuego sagrado) a los dioses; un canto a la libertad absoluta la pornografía, cuya mala prensa secular ha obligado a los teóricos y a muchos practicantes de la literatura (y a muchos obsesos del sexo) a disfrazarse para el baile y para hacer presentable el gran pecado ante sus lectores. «Toda literatura que se refiere al placer sexual y que alcanza un determinado coeficiente estético —distingue MVLL (cuestión de terminología más que de contenidos, digo yo)— puede ser llamada literatura erótica. Si se queda por debajo de ese mínimo que da categoría de obra artística, es pornografía. Si la materia importa más que la expresión, un texto podrá ser clínico o psicológico, pero no tendrá valor literario. El erotismo es un enriquecimiento del acto sexual y de todo lo que lo rodea gracias a la cultura, gracias a la forma estética. Lo erótico consiste en dar al acto sexual un decorado, de una teatralidad para, sin escamotear el placer y el sexo, añadirle una dimensión artística». Cierto, en términos generales, pero no del todo. Convengamos de todas maneras que también en la literatura (sea erótica o pornográfica, clínica o psicológica) la forma y el fondo son *casi siempre* una misma cosa —y doctores múltiples tiene en ese asunto la literatura y la creación artística, en general— porque componen en definitiva un solo asunto, la palabra, cómo se dice y lo que quiere decir (lo que significa), y el texto que *nos dice todo* por alusiones o elisiones. Aunque la mona se vista de seda, mona se queda. Y aunque los teóricos de la literatura erótica se conviertan en diseñadores de trajes glamorosos para bailes de sociedad, es lo cierto —y lo más cierto dentro de tantas aparentes certidumbres de esos mismos teóricos— que debajo de las sedas y las buenas formas de la palabra y del texto literarios luce en toda su brillantez el festín desnudo del sexo, el juego del placer, el deseo sexual y la pasión amorosa sin más distinciones que las que la imaginación del lector libremente quiere añadirle a cada episodio de la novela en el acto libérrimo, personal y absolutamente solitario de la lectura. Añádase al ominoso y perturbador *pecado* del erotismo *el escándalo* del erotismo endogámico que, a simple vista y a lo largo de todos sus contenidos, se desprende de las novelas eróticas de MVLL, *Elogio de la madrastra* y *Los cuadernos de don Rigoberto,* y —siempre en cierta medida, tal vez, por qué no, arbitraria en el análisis, pero no menos arbitraria que otros análisis, incluido el del mismo MVLL—, tendremos el puzle completo y definido de los viejos demonios del erotismo en la vida —la biografía personal y familiar, quiero decir, explícitamente— y en la literatura de MVLL.

La escritura de *Los cuadernos de don Rigoberto* resulta además, en este punto del contexto biográfico y bibliográfico de MVLL, una liberación del escritor con su memoria inmediata, la pasión de la actividad política; y viene a representar un corte temporal en esa pasión no menos amorosa, un *impasse* con el que el novelista peruano sale del túnel obsesivo de la política al que se había sometido durante más de una década, desde que decide presentarse a candidato presidencial en el Perú hasta que escribe y publica el ensayo *La utopía arcaica* y, casi al unísono, escribe y publica la novela *Lituma en los Andes,* una novela que, como hemos querido recordar en el capítulo anterior, pertenece consciente y voluntariamente al mismo ciclo ideológico y a la misma escritura. No es el principio del fin, porque MVLL *no abandona* la obsesión de aquellos otros viejos demonios, los de la política, los de la historia realista, los de la ideología, que reaparecerán en *La Fiesta del Chivo* y, sin duda, en *El paraíso en la otra esquina,* en proceso de escritura en los momentos en que redacto estas líneas, demonios tan viejos y constantes en su quehacer literario y periodístico como los viejos demonios del erotismo, sino que el escritor hace una clara cesura en este momento de su vida y juega, siquiera durante una temporada, a escaparse de aquella pasión obsesiva con la lúdica escritura de *Los cuadernos de don Rigoberto.*

A ese nuevo giro de MVLL en su literatura de creación hay que añadir otro dato esencial en esta temporada de cambios. Salvo *La utopía arcaica,* editada en el Fondo de Cultura Económica, en México, y *Lituma en los Andes,* en Planeta, en Barcelona y con la excepción de *Elogio de la madrastra,* que fue un *regalo* que había comprometido con Beatriz de Moura para editarla en Tusquets, también en Barcelona, la fidelidad de MVLL a Seix Barral había sido completa, como si un antiguo pacto, sellado desde sus orígenes, lo identificaran a él y a todas sus obras con esa casa editorial, la suya hasta la publicación de *Los cuadernos de don Rigoberto,* contrato editorial que lleva aparejada la aparición de toda su voluminosa obra anterior en Alfaguara. De modo que la publicación de *Los cuadernos de don Rigoberto* sugiere también la voluntad de MVLL, y de su agente literaria Carmen Balcells, de experimentar y contratar una nueva relación en su vida editorial. Los textos publicitarios con los que los nuevos editores presentan la novela con la que MVLL ingresa en sus filas son un canto a ese cambio e inciden con efecto multiplicador, una y otra vez, en la definición de la novela en ciertos estereotipos que, sin embargo, llaman la atención a los lectores del peruano. Por ejemplo, «un acontecimiento literario», «de esta novela hablará todo el mundo... en todo el mundo», «es un verdadero elogio del erotismo», «un arte de amar en sus formas más variadas y profundas, en sus niveles estéticos más refinados». Se repiten, como *efecto llamada* y como no podía ser menos, los términos, encendidos como luminosos y guiñando sus múltiples neones en la carretera: «insólita bibliografía del placer», «sucesión de escenarios sensuales», «pinacoteca del deseo, excitante y rica... con el tonificante añadido del humor», «contra las crisis que siempre acechan tras los desenfados amorosos».

El lanzamiento editorial y la salida a librerías de *Los cuadernos de don Rigoberto* se realizó al unísono, galopantemente, en España y en las principales capitales de América Latina, donde la literatura y el nombre de MVLL —citados también al unísono— son un reclamo literario, intelectual y político, además de fenómeno propagandístico y publicitario, siempre en aumento gracias a la capacidad polémica del escritor peruano, que va quedando —estemos o no de acuerdo con todo lo que declara, escribe y publica— como una de las conciencias sociales y literarias (y políticas, claro) más firmes de todo el ámbito de la cultura hispánica y latinoamericana. Ese recorrido geográfico resultó para MVLL un nuevo rescate del espacio literario para la imagen del escritor, el mismo que sin duda nunca había dejado de ejercitar incluso en los instantes más pasionales y duros de su campaña política como candidato presidencial del Perú, tal como se dibuja y describe en las páginas de *El pez en el agua,* libro y memoria claves para el entendimiento y la comprensión del escritor MVLL y lo que representa en cada una de sus escalas como fenómeno político y como fenómeno literario. Cierto que no toda la crítica literaria recibió la novela con los brazos abiertos en un abrazo apoteósico al hijo pródigo que regresaba a su espacio natural, la literatura, y las reseñas de lectura de especialistas y analistas literarios no fueron del todo unánimes en el proyecto y el resultado del texto. Pero tanto Alfaguara como MVLL consiguieron con nitidez su propósito editorial y literario, respectivamente, en España y en América Latina.

Las mayores reticencias (y rechazos) vinieron del puño y la letra de algunos críticos literarios más del lado latinoamericano que del español; críticos que, en su derecho y a veces en su defecto, juzgaron el juego erótico de la novela de MVLL como un texto excesivo empeñado en describir lo que llamaron sexo *vacío de contenido;* un texto que se limitaba exactamente y nada menos que a eso, a construir una serie de juegos malabares, pases de cartas marcadas y trucos de mago novelístico, pero que no acababa de trasladar a los lectores (a los lectores que eran los críticos, quienes tal cosa firmaron en sus reseñas de lectura) la verdadera pasión del erotismo, la pasión sensual y sexual de personajes e historias secretas del amor de la pareja esencial del relato, y del niño Fonchito en el vértice de la tentación, que los lectores no iban a terminar de creerse. De manera que *Los cuadernos de don Rigoberto* no era tampoco una *gran novela* que tuviera que *leer todo el mundo en todo el mundo,* una de esas grandes novelas como las que esperábamos de MVLL, una de esas grandes novelas como *La ciudad y los perros, La casa verde* y *Conversación en La Catedral,* la tríada de títulos que marca para tanta gente contraria a MVLL —no a su literatura, sino a sus actitudes políticas, reiteradas con nitidez meridiana una y otra vez— el perfil del gran novelista que el peruano dejó atrás cuando se empecinó en *meterse excesivamente en política.* Sea. Sea hasta cierto punto, que es donde hay que señalar el derecho a discrepar (a rechazar con o sin argumentos), un derecho incuestionable que forma parte del derecho esencial a la libertad. Pero, en general, la crítica literaria acogió *Los cuadernos de don Rigoberto* como una novedad literaria nada desdeñable en la narrativa de MVLL, una novela que ya venía anunciada, años antes, con la publicación del *Elogio de la madrastra* en 1988. Y, en general, la expectativa abierta por *Los cuadernos de don Rigoberto* se vio reconfortada por la posterior aceptación crítica y lectora de la novela erótica. Y, a pesar de que muchos editores, como una verdad tradicional incontrovertible, aconsejan no fechar la novela al final del texto porque —señalan con énfasis— el libro se resiente en el tiempo y envejece mucho antes, MVLL marca temporal y geográficamente la ejecución de su escritura el 19 de octubre de 1996. Los Vargas, entonces, seguían viviendo en la capital inglesa, en el barrio de Kensington, el retiro londinense donde el escritor afirma todavía (hoy), cuando ya vive entre Madrid y la *City,* que se siente a resguardo de todos los cánticos de sirena que impedirían la monotonía cotidiana de su trabajo, su rutina de obrero de la literatura en medio del gran placer que representa el anonimato.

Entrevista con el primer ministro de Japón en Tokio. Octubre, 1989.

Vargas Llosa y Margaret Thatcher en el número 10 de Downing Street. Octubre, 1989.

La familia Vargas Llosa en su casa de Barranco, Lima, durante la Navidad de 1989.

Firma del acta de formación del Frente Democrático, en abril de 1989. De izquierda a derecha, Luis Bedoya Reyes (PPC), Fernando Belaunde Terry (AP) y Mario Vargas Llosa (Libertad).

Campaña electoral en Cajamarca, 1989. Detrás de MVLL, con gafas oscuras, su guardaespaldas personal, Oscar Balbi.

De izquierda a derecha, Fernando de Szyszlo, Octavio Paz, Damián Bayón, MVLL y Guillermo Cabrera Infante en Leeds Castle, Inglaterra. Mayo, 1989.

El escritor en plena campaña presidencial, en 1989.

Mario Vargas Llosa, Camilo José Cela y J. J. Armas Marcelo en la presentación de la primera edición de *Vargas Llosa. El vicio de escribir.* Mayo, 1991.

Gregorio Salvador, J. J. Armas Marcelo, MVLL y Jerónimo Saavedra. Fundación Areces, Madrid. Seminario sobre mestizaje literario. Junio, 1994.

Saso Blanco (detrás, Raquel de la Concha), J. J. Armas Marcelo, Jerónimo Saavedra, Patricia Llosa, Inocencio Arias y MVLL. Presentación en la SGAE de la novela *Madrid, Distrito Federal.* Madrid, octubre de 1994.

Luis del Olmo, MVLL, Patricia Llosa y Carlos Cano en la presentación de *Madrid, Distrito Federal.*

De izquierda a derecha, Blanca Berasategui, Eduardo Úrculo (de espaldas), MVLL, Patricia Llosa, Vicky Hidalgo y Saso Blanco. Festejo en el Hispano. Madrid, octubre de 1994.

MVLL, Patricia Llosa y Saso Blanco. Madrid, octubre de 1994.

Morgana Vargas Llosa, Patricia Llosa, MVLL y Adolfo Suárez en el hotel Palace de Madrid en la presentación de *Los años que fuimos Marilyn.* Octubre, 1995.

Adolfo Suárez y Mario Vargas Llosa en el hotel Palace de Madrid en la presentación de *Los años que fuimos Marilyn.* Octubre, 1995.

MVLL, J. J. Armas Marcelo y Adolfo Suárez en la presentación de *Los años que fuimos Marilyn.* Hotel Palace de Madrid, octubre de 1995.

Carlos Cano, MVLL, J. J. Armas Marcelo, Eduardo Úrculo y Manuel Gala en el recital de Carlos Cano en Alcalá de Henares en abril de 1998.

María Asunción Ansorena y Mario Vargas Llosa en la Casa de América de Madrid. Septiembre, 2001.

32. Del Chino al Chivo. El efecto 2000

En marzo del 2000, Alfaguara publicaba en Madrid *La Fiesta del Chivo*[36], una novela que relataba, siguiendo en muchos casos —aunque en otros muchos, dejándolos de lado en beneficio de la ficción— los acontecimientos históricos, la conspiración palaciega y militar del asesinato del dictador dominicano Rafael Leónidas Trujillo, el Generalísimo, el Jefe, el Chivo, el dueño absoluto de República Dominicana, artífice y monarca incontestable durante largas décadas de dictadura militar totalitaria en la que el país entero fue despojado de todas sus libertades y derechos, vejado, sometido y humillado bajo la bota del *salvador de la patria*. La historia real del trujillismo no sólo llena una época paradójicamente moderna de República Dominicana, un tiempo lleno de miedos, crímenes, miserias, terribles realidades y supersticiosas leyendas, sino que extendió su pavorosa tradición dictatorial disfrazándola de ribetes democráticos en la persona de José Joaquín Balaguer, protagonista esencial del trujillismo en la realidad histórica y que también en la ficción literaria, según mi criterio de lector, es uno de los verdaderos protagonistas de *La Fiesta del Chivo*.

La novela no sólo describe esos sucesos históricos, deformados por el *elemento añadido* literario que los transforma —en esta ocasión, como han señalado casi unánimemente crítica y lectores, de forma magistral— en un hecho narrativo, en ficción antes que en realidad, hasta cobrar por sí misma sus propios perfiles y realizarse literariamente como una entidad autónoma, independiente y distinta de la verdadera realidad histórica; no sólo nos sitúa hasta hipnotizarnos en ese tiempo y en ese espacio insular de República Dominicana, en la entonces llamada —en honor al Jefe— Ciudad Trujillo; no sólo estudia y desvela las actitudes criminales, los abusos de la dictadu-

ra y el continuo proceso de degradación y corrupción perpe-
tuas que vivió y sufrió República Dominicana bajo la dictadura de Trujillo, sino que nos muestra, en una exhibición poco
común de talento narrativo y literario, la devota servidumbre
al Chivo a la que estaba entregada su clase dirigente, el trujillismo, los *mantenedores* del sistema dictatorial, criada, la élite
cultivada y retroalimentada en el miedo y los privilegios que
emanaban sólo y exclusivamente de la voluntad, la ira y los fa-
vores del Generalísimo. La radiografía del trujillismo es analizada —siempre desde la ficción pero apoyándose en la realidad
histórica cada vez que convenga precisa y exclusivamente al
texto literario— y descrita en *La Fiesta del Chivo* en una fantástica y hasta sorprendente síntesis de documentación histórica y de invención narrativa.

La crítica literaria al uso, y los cientos de miles de lectores de MVLL que inmediatamente se hicieron con la novela para devorarla página a página, saludaron efusivamente
las formas literarias, los procedimientos narrativos y los contenidos de *La Fiesta del Chivo,* hasta el punto de producirse con
esta novela el fenómeno conocido por *la paradoja del lector.* Sometido por la historia que está leyendo y subyugado por la
forma de relatarnos literariamente esa misma historia, el lector
acelera su acción de lectura, no puede dejar de leer, quiere conocer en su integridad el relato que lo *ha poseído,* hasta que cae
en la cuenta de que sólo le quedan unas pocas páginas para terminar la novela; entonces, siente la angustiosa cercanía del final —*la paradoja del lector*— y trata, por todos los medios a su
alcance aunque inútilmente, de *detener* su lectura sin dejar de
leer; trata de demorar la lectura —leer a cámara lenta— como
mecanismo de defensa ante el inminente fin de la lectura de la
novela. Esa paradoja le sucede al lector en muy contadas ocasiones, pero cuando ocurre ese mismo lector sabe que tiene en
las manos, mientras lee, un artefacto literario de dimensiones
extraordinarias, una obra de arte que teme terminar de leer
porque no sabe cuándo va a volver a tener esa misma o parecida sensación de plenitud con otra novela distinta a la que está
terminando de leer. El asiduo lector de las novelas y, en general, de los libros de MVLL es de uno u otro modo un adicto a su

literatura, que busca en ella la satisfacción de la lectura, aunque no siempre ni de igual y profunda manera la haya encontrado en los textos literarios del peruano. Pero *La Fiesta del Chivo* actúa como un revulsivo en la memoria del lector, como *el efecto 2000* del propio MVLL, resulta un festín desnudo para los lectores de novela y, sobre todo, para quienes conocen de mucho antes las novelas de MVLL, saben del talento del novelista y esperaban que, alejado de la pasión de la política activa, recalara de nuevo en la mejor de sus memorias, una suerte de regreso a los orígenes del novelista que fue y que para muchos, precisamente por su actividad política, había dejado de ser al menos durante una larga temporada.

Con *La Fiesta del Chivo*, MVLL no sólo traduce literariamente su voluntad definitiva de alejarse de la política activa, sino que además aleja del Perú *su acción narrativa* por segunda vez en su vida —la primera, como se sabe, fue *La guerra del fin del mundo*— para instalarla en un territorio que, aunque conoce bien, no le es en principio nada familiar, República Dominicana, un microcosmos insular donde el escritor no posee —que se sepa— *demonios* familiares, literarios e históricos, a no ser esa triste y constante consanguinidad histórica y geográfica de toda Latinoamérica —y, por tanto, motivo de memoria y escritura para cualquier latinoamericano, continental o insular— con la dictadura como régimen político, una irritante recurrencia a la que la torpeza de las clases dirigentes latinoamericanas condenan criminalmente una y otra vez a sus países.

Esa historia real —la de la dictadura, sus métodos, sus antecedentes y consecuentes— está presente en muchas de las novelas de MVLL y ninguno de sus críticos y lectores puso en duda su talento literario ni en *La ciudad y los perros,* ni en *Los cachorros,* ni en *La casa verde,* ni —sobre todo— en *Conversación en La Catedral.* Por el contrario, *La guerra del fin del mundo* y, en mayor medida, *Historia de Mayta, ¿Quién mató a Palomino Molero?* e, incluso, *Lituma en los Andes,* no fueron leídas con el mismo espíritu de entrega ni la misma voluntad de seducción, ni siquiera con el mismo interés que las citadas anteriormente. De manera que el bosque no dejaba ver los árboles, uno por uno, sino que fueron uno tras otro juzgados por críticos y lectores como un conjunto de obras de un gran novelista que, probablemente por despistarse de su vocación exclusiva y excluyente y enamorarse de otros espejismos —sobre todo el político, la política activa— con la pasión debida sólo a la literatura, no conseguía la misma traducción en ellas que en las escritas en plena juventud y, algunas, casi en la adolescencia. Dicho de otro modo, mítica y metafóricamente, la literatura había tenido a bien vengarse contra uno de sus mayores talentos porque se sentía abandonada por ese mismo talento. El regreso del hijo pródigo fue, en todo caso, el resultado de un largo proceso de alejamiento de otros cantos de sirena y la inmersión total del escritor en su líquido elemento, no sólo la literatura sino, sobre todo, *su literatura.* De modo que, después de diez largos años y tras la travesía del desierto, *ecce La Fiesta del Chivo, ecce* la literatura. *Ecce,* como escribieron muchos de los críticos literarios tras la lectura de *La Fiesta del Chivo, ecce* de nuevo el mismo —literariamente maduro— deicida de *La ciudad y los perros, La casa verde* y *Conversación en La Catedral,* Odiseo al final escapado de las garras hipnóticas de la bruja Circe y envuelto pasionalmente otra vez en su verdadera navegación de cabotaje y en la aventura de su interminable viaje a Ítaca.

Cualquier comparación analógica sirve *mutatis mutandis* para entender el fenómeno literario, editorial y sociológico que vino a representar la publicación en marzo del 2000 de *La Fiesta del Chivo.* Porque cualquiera de ellas, las ya inventadas y escritas y las que todavía quedan por inventarse, justifican también a todos los críticos y lectores que con la lectura de las páginas de esta novela llegaron a la reconciliación con MVLL. Pero nunca llueve a gusto de todos. Algunos historiadores e investigadores universitarios de la historia reciente del Caribe y, en concreto, de la historia política de República Dominicana se quejaron del desconocimiento y hasta de la ignorancia que el novelista peruano tenía de la historia que, intruso al fin y al cabo, había osado narrar. Se le notaba demasiado lo que, de todas maneras, ya todos sabíamos, que no era dominicano ni había estudiado a fondo la historia real que había escrito. Todas esas quejas de políticos e historiadores, de académicos e ilustrados dominicanos y de estudiosos de la historia de República Dominicana, algunos de ellos anclados en sus propios prejuicios nacionalistas, mostraban una irritación que hubiera tenido algún sentido desde su punto de vista si, en todo caso, la pretensión del intruso hubiera sido escribir un *ensayo y sólo un ensayo histórico, político y sociológico* sobre República Dominicana bajo Trujillo y el trujillismo, y no —lo que desde el principio fue el objetivo del novelista— escribir una *novela* a partir de una realidad histórica que *grosso modo* pertenecía *sólo* a la memoria de los dominicanos. En todo caso, hay gente que sostiene, con un muy desarrollado sentido patrimonial de su memoria, que el alma de la interpretación y la descripción de la historia sufrida y vivida por cada pueblo pertenece a ese mismo pueblo y sólo legítimamente a él, lo que sin duda sigue siendo una materia de discusión y debate para especialistas e historiadores. Pero en el campo de la literatura y, por tanto, en el caso de la novela, y por tanto en *La Fiesta del Chivo,* aunque en origen el material con el que el intruso trabaja no le corresponda por su propia historia ni su propia naturaleza nacional, termina por ser su propietario a través de su literatura, de la acción directa de su escritura literaria. De manera que aquel mundo en origen histórico acaba siendo suyo gracias a la literatura, exclusivamente suyo en el proceso de creación de las historias y sus personajes novelescos; y pasa, en el instante mismo de la lectura de ese texto, a manos de miles de propietarios que la hacen tan suya como el escritor, los miles y hasta millones de lectores que, por encima de territorios nacionales, de historias domésticas y privadas y de apropiaciones exclusivas, leen la novela y la convierten en objeto predilecto de su propiedad.

Cuando Gabriel García Márquez se atrevió a escribir y publicar en 1989 *El general en su laberinto,* la novela en la que trató de abordar a su modo y manera —pero siempre desde la literatura de ficción— la dimensión humana de Simón Bolívar, el intocable Libertador al que toda la historia oficial —y, por tanto, todos los historiadores que se adscriben en América y en todo el mundo a la escuela bolivariana— ha deificado a partir de sus hazañas de guerra y de su epopeya política, no faltaron autoridades históricas que le reprocharon con acritud excesivamente académica su frivolidad intelectual para con la *historia real* —es decir, la historia oficial— y salieron al paso del Bolívar de García Márquez proclamando los inequívocos errores históricos que eran plaga en el texto novelesco. El ejemplo de Germán Arciniegas, máxima autoridad colombiana en la historia bolivariana de América, nos da una vez más la clave de la confusión en la que caen con irritante facilidad y sorprendente frecuencia los historiadores cuando leen una novela —que es, fundamentalmente, escritura de ficción— como si estuvieran leyendo un *ensayo histórico*. Hasta el punto de que cuando, ungido con toda su autoridad académica, Arciniegas proclama que «la novela de García Márquez es un libro de historia lleno de inexactitudes», no sólo está diciendo la verdad, sino que ni siquiera cae en la cuenta de que está conformando una de las definiciones más claras de lo que ayer, hoy y mañana es el género literario de la novela: un libro de historia (o de historias, añadiría yo) lleno de inexactitudes. Nunca García Márquez dijo que su idea fuera escribir un ensayo histórico sobre Bolívar, sino una novela sobre el leyendario libertador de América en su más frágil condición humana. Pero el hecho de que un novelista tan importante —Nobel de Literatura unos años antes y, del mismo palo, colombiano— reclamara y demostrara su derecho a escribir una novela sobre tal personaje histórico, irritó tanto a tantos historiadores —Arciniegas, entre ellos— que les velaba la reflexión sobre la tan clara y hasta escolar diferencia entre la historia y la novela, nada más y nada menos que la misma distancia que hay entre la realidad de la verdad —que puede, aunque no siempre, ser la historia— y la verdad de las mentiras que es siempre la literatura de ficción, la novela, el relato, los cuentos. Otro tanto ha ocurrido siempre con muchos novelistas, al fin y al cabo, revoltosos que vienen, como confirmaba Fernando del Paso hace muchos años, a *voltear la historia* y a cambiar la realidad de los hechos históricos por y a través de la magia de la escritura novelesca. Exactamente lo mismo hizo durante toda su vida el heterodoxo venezolano Francisco Herrera Luque, entrar a saco en la historia oficial de su país, la cuna del Libertador, y en la historia sacral del propio Simón Bolívar a través de tres novelas extraordinarias para entender Venezuela ayer, hoy y mañana (*Los amos del Valle, En la casa del pez que escupe el agua* y *Boves, el Urogallo*), tres novelas que merecen sin duda, por su calidad literaria y por su atrevimiento intelectual, un destino superior al del consumo local y para especialistas al que se han visto condenadas.

Ésa es, pues, una de las virtudes añadidas de *La Fiesta del Chivo,* la reapertura de un debate nunca cerrado —enquistado, más bien— por el empecinamiento de los historiadores al no comprender que la historia no es un código inalterable por los siglos de los siglos, ni una religión intocable —con sus dioses, santos, sacerdotes y jefes ceremoniales— ni una superstición que sólo puede ser alterada por quienes son los dueños de sus *secretos internos* (los historiadores); y que, por esa misma razón, no debe resultar para un novelista y, sobre todo, para un novelista realista, un texto sagrado e intocable que provoca, al entrar en él como origen de la escritura de ficción, el pecado de sacrilegio y la inexactitud histórica. Para escribir *La Fiesta del Chivo,* MVLL *se contaminó* voluntariamente leyendo los libros que muchos de sus amigos dominicanos, comenzando por los editores de la novela en República Dominicana, Lourdes y José Israel Cuello (a quienes, junto «a tantos amigos dominicanos» está dedicada la novela). No podía ser de otra manera, más que leyendo y devorando cuanto libro de historia, literatura y sociología le iban recomendando quienes conocían bien la realidad histórica y política de República Dominicana, en un novelista realista cuyos métodos literarios y planteamientos narrativos, en cuanto al tema o a los temas esenciales de la novela se refiere, obligan a una exhaustiva *documentación* que, por evidente diferencia con el historiador, se ordena no en función de la investigación estrictamente histórica sino en beneficio exclusivo del texto narrativo que el intruso tiene en sus manos en el momento de la creación literaria. Es cierto que muchos novelistas realistas, al querer escribir una novela cuyo origen son los hechos históricos, se sumergen tanto en la *documentación* que terminan por confundirla con la *información,* hasta el punto de que el exceso de datos históricos y la descripción de determinados episodios esenciales se comen la ficción —no la ocultan, sino que literalmente se la tragan— y terminan por quebrar no sólo el proyecto de la novela, sino también el resultado narrativo para entrar de lleno en lo que la crítica al uso llama *crónica histórica,* un género literario más o menos híbrido —depende de cómo y en qué grados se mezclan sus ingredientes— que goza del mayor prestigio en el periodismo pero que, por contrapartida, merece casi siempre injustamente el menosprecio intelectual de los historiadores y de los novelistas.

¿Es *La Fiesta del Chivo,* en una u otra medida, una crónica histórica del trujillismo, llena de *información* y datos históricos y en cuyo texto la *documentación,* que en una novela se encuentra al servicio y sólo al servicio de la ficción narrativa, no es más que una máscara de la verdad histórica en este caso invalidada por las inexactitudes históricas del texto? Ésa sería, en todo caso, la lectura interesada de algunos historiadores académicos, como queda dicho más arriba. Y —en sentido estricto— de algunos historiadores —dominicanos o no— de República Dominicana, que pudieron *sentir* que el novelista peruano, en su evidente osadía de intruso, venía a meter las manos en el santoral de una historia —la nacional dominicana— que no le correspondía ni por origen ni por conocimientos profesionales. Pero, para cualquier lector de cualquier parte del mundo que habla y lee español y, sobre todo, para los lectores de otros ámbitos lingüísticos y geográficos, *La Fiesta del Chivo* es el esfuerzo narrativo de un novelista que lleva siempre el timón del relato según sus métodos y sus mecanismos literarios. De modo que *La Fiesta del Chivo* es, también en este caso acercándonos una vez más a la idea que Balzac (tan cara a MVLL) tiene de este género literario, la historia privada de una nación o un pueblo en determinado momento de su vida según el escritor que la escribe. Ésa es, entre otras muchas, también la idea de Albert Camus al escribir *La peste,* donde el novelista no es sólo ni fundamentalmente un cronista histórico, sino un escritor que, a través de la ficción, *reinventa* a su manera esa historia real para transformarla en *otra* historia que, sin dejar de basarse en hechos reales, deroga la verdad de la historia para escribir la verdad de la mentira. Cosas y asuntos, por otro lado, sumamente sabidos y estudiados, de modo que resulta un sinsentido extenderse en un debate que, por su propia naturaleza, carece de discusión a estas alturas de la historia y del siempre *moribundo* género literario de la novela. Pero por eso es sorprendente, y hasta improcedente, el empecinamiento académico por seguir estableciendo jerarquías, aduanas fronterizas y dominios sobre la escritura de la novela cuyos objetivos no tienen, ni en el proyecto ni en el resultado, nada que ver con el objetivo de la escritura de la Historia, en este caso con mayúsculas.

Si *La Fiesta del Chivo* resultó una intrusión de ribetes intolerables para determinadas autoridades académicas de la historia dominicana, no otra cosa sucedió en los predios políticos de República Dominicana que siguen hasta el día de hoy, enmascarados o no, adscritos y vivos a los ámbitos del trujillismo. La presentación de la novela y la presencia de MVLL en Santo Domingo fue todo un acontecimiento literario y editorial. Y también, por la naturaleza del asunto tratado en el texto novelesco, se tiñó de ínfulas políticas que llegaron a amenazar de muerte al escritor visitante a la isla. En los días precedentes a la visita de MVLL a Santo Domingo para presentar la novela, el rotativo *El Nacional* dijo que «el escritor conoció informes de amigos dominicanos sobre la versión de que adinerados del país pagarían para darle de tal forma que no pudiera escribir jamás. El supuesto desquite —continúa el diario— se produciría en una de las apariciones públicas del escritor» porque MVLL había irritado «a miembros de familias poderosas que se sienten casi retratadas en personajes de la novela envueltos en orgías sexuales durante la dictadura». Lourdes de Cuello había confirmado que, ante las amenazas de su posible atentado y desde que MVLL llegó al aeropuerto de Las Américas en Santo Domingo, contó con un servicio de guardaespaldas para su protección personal y la de la gente de su familia que lo acompañaba. Sucedía que en la isla la novela no había dejado a nadie indiferente. Tanto trujillistas como antitrujillistas *habían revivido* en su conciencia y en su memoria episodios ocurridos hacía cuarenta años, determinados acontecimientos vergonzosos a lo largo y ancho del trujillato, la conspiración para matar al dictador Trujillo y los detalles del magnicidio, una historia maldita que parecía olvidada y enterrada desde hacía tres décadas. Y ¿con qué objetivo y con qué legitimidad llegaba ahora un novelista peruano a resucitar aquellos viejos demonios de los dominicanos que los mismos dominicanos habían enterrado con tanto esfuerzo? Se recrudecieron las críticas contra el escritor y contra su novela, porque MVLL no era, según algunos ámbitos políticos e intelectuales de la isla, precisamente el indicado para escribir una historia sobre Trujillo.

El novelista se confesó fascinado por la lectura de los periódicos de la época (un *atrezzo* que en el texto novelesco juega un papel fundamental), documentación que había obtenido gracias a la colaboración desinteresada de Ramón Font Bernard, «afín al trujillismo» y director del Archivo Nacional Dominicano y una de las personas que mayor documentación había brindado a MVLL para escribir la novela sobre Trujillo y José Joaquín Balaguer, el *Maquiavelo del Caribe,* como se le denomina popular y políticamente en República Dominicana. Después de leer *La Fiesta del Chivo,* la reacción de Font Bernard fue tan contundentemente airada que, tras decir una obviedad —que MVLL es peruano—, arremetió contra el escritor, de quien dijo que «no conoce la realidad del país, de modo que ni siquiera el lenguaje que utiliza es propio de aquí. Ha manejado muy mal ciertos personajes», de manera que la novela para él resulta «una alcantarilla de inmundicias. No se puede —añadió— estar removiendo la hediondez de la dictadura». En parecidas dimensiones de rechazo se expresó la familia de Antonio de la Maza, que históricamente encabezó el atentado contra Trujillo, al protestar por el tratamiento que MVLL había dado a su familia y a su hermano. «Nunca fuimos trujillistas... Su pluma —dijo Dulce de la Maza en alusión a la novela de MVLL— nos transporta hacia lugares y situaciones que no se ajustan a la verdad... envolviéndolos en hechos que no sucedieron como usted los describe...», de manera que «nunca fuimos trujillistas. Simulamos serlo para que no nos degollaran. Aquello me costó muy caro: perdí a seis hermanos. Sólo

quedamos vivos un varón y seis hembras». Y su hija Lily añade que el escritor peruano nunca habló del asunto con su familia antes de escribir la novela, salvo un día que estuvo en Mo-
ca, «de donde somos nosotros, y alguien le dijo que a la vuelta
de la esquina vivía una tía nuestra. Fue a hablar con ella diez
minutos y eso fue todo».

El miércoles 26 de abril del 2000, en medio de grandes medidas de seguridad —más propias de un aeropuerto en
alerta roja que de un acto literario-editorial— se presentó *La
Fiesta del Chivo* en el hotel Jaragua de Santo Domingo, donde
el escritor se había hospedado durante la última redacción de
la novela y en los viajes en los que acudió a República Dominicana en busca de documentación. Ahí, en pleno bautizo de
la novela, MVLL arrancó un gran aplauso del público asistente,
más de mil personas que abarrotaban el local, al comenzar su
discurso con una afirmación tan contundente como las protestas que habían levantado las primeras lecturas de su novela
entre trujillistas y antitrujillistas. «Trujillo no debe repetirse
jamás», dijo, para pasar luego a defenderse de algunas de las
críticas más duras contra su novela y del tratamiento que
había dado a algunos de los denominados «héroes del 30 de
mayo», fecha del magnicidio de Trujillo en 1961. Con sus palabras, no consiguió MVLL tal vez el objetivo de aplacar las
iras de los encartados en la novela y sus familias, sino que el
escándalo, entre derivaciones intelectuales, ideológicas y políticas, subió el tono hasta *resucitar,* en efecto, un tiempo pasado que, sin embargo, no fue mejor sino mucho peor que el
que los dominicanos estaban viviendo en esas mismas fechas
del año 2000. Y ese mismo escándalo, azuzando la curiosidad
de los dominicanos, ayudó a la distribución y la lectura de la
novela, hasta el punto de que en los días finales de ese mes de
mayo ya se habían vendido diez mil ejemplares de *La Fiesta
del Chivo* en República Dominicana y el texto se había convertido en materia de discusión, de debate político y de actualidad en la conversación de la gente. «Creo que nada de lo
que cuenta la novela es mentira —azuzó José Rafael Lantigua,
presidente del comité organizador de la III Feria Internacional del Libro en Santo Domingo—, y si la novela logró poner

en contra a trujillistas, antitrujillistas y neotrujillistas, entonces ha triunfado»[37]. En todo caso, y aunque MVLL no podía desconocer desde el principio de su proyecto literario que se metía en «una alcantarilla de inmundicias», según la definición de Font Bernard, y la posibilidad de provocar un grande aunque circunstancial escándalo cuando la novela se publicara, tengo para mí que el escritor, como peruano y latinoamericano, sabe que lo que él mismo llama «la quimera del siglo XXI» (la dictadura y su hipotética desaparición en el tiempo que inicia el nuevo milenio) no es, por desgracia, un caso insólito y propio *sólo* de República Dominicana en tiempos del general Rafael Leónidas Trujillo, sino que forma, informa y, sobre todo, deforma una gran parte de la historia de Latinoamérica, hasta el punto de que es fácil y normal que cualquier escritor hispanoamericano *escoja* este mismo asunto, el de la dictadura y su protagonista, el dictador, para desarrollar su trabajo literario. Los casos y los ejemplos son tan numerosos y variados que, al menos en esta ocasión, les ahorro una minuciosa enumeración de los títulos que tratan esa terrible lacra de la historia de América, cuya última y feliz disección literaria es *La Fiesta del Chivo*.

El escándalo interior —el debate dominicano de la novela con todas sus connotaciones políticas e históricas— venía precedido de una casi total unanimidad crítica en España y en los países latinoamericanos, cuyos miles de lectores habían conseguido en poco más de un mes hacer de *La Fiesta del Chivo* no sólo un *best-seller* sino un festín de lectura esencialmente literario. «Es difícil encontrar a alguien que la haya leído y no esté deseando transmitir su satisfacción, convertir su gusto en consejo, plantar cara a esa legión de escépticos que habían encerrado al de Arequipa en el desván de la política o de la literatura sensual»[38], afirma Antonio Losantos al describir el inmediato triunfo de la novela entre el público lector y la crítica literaria. Añade que, en su opinión, esta vez no necesitaba MVLL y su novela «la marabunta mediática», porque en ocasiones el destino de un libro, de una novela, se corresponde con el proyecto del escritor, con su esfuerzo literario y artístico, y consigue la difícil unanimidad de los críticos, lectores profesionales, casi siempre interesados en buscarle —como debe ser— tres patas al gato, y de un multitudinario público lector. Losantos hace un somero repaso de la exaltación de la crítica literaria tras la lectura de *La Fiesta del Chivo* para recordar que Juan A. Masoliver, en un par de páginas de *La Vanguardia* y bajo el título «Sangre con el mar al fondo», afirma que MVLL «recupera —con *La Fiesta del Chivo*— la potencia de sus mejores obras»; Miguel García-Posada, en *Babelia-El País,* habla de «narración poderosa»; en el *ABC Cultural,* Rafael Conte, uno de los críticos literarios españoles que mejor conoce la obra y la personalidad de MVLL (no en vano lo conoce también personalmente desde los felices sesenta de París), cataloga la novela como una obra literaria que contiene «la fuerza de siempre», además de hablar en su extenso comentario de lectura del parentesco que, sin duda, tiene la novela de Trujillo con uno de los títulos fundamentales de la tríada intocable, *Conversación en La Catedral;* poco tiempo después, el 31 de mayo, el profesor Rodríguez Lafuente, en su nota de lectura a la novela titulada «Una espeluznante precisión» y publicada en el periódico de Madrid *El Mundo,* recordaba la pregunta que a principios de los noventa se hacía a propósito de Karl Popper en su artículo «Historicismo y ficción» en *La Nación* de Buenos Aires: «¿Qué es, entonces, la Historia?». «Y contestaba —escribe Rodríguez Lafuente—: Una improvisación múltiple y constante, un animado caos al que los historiadores dan apariencia de orden... que desborda siempre los intentos racionales e intelectuales». La nota crítica de Lafuente concluía diciendo que, además de presentar a Trujillo como algo muy cercano al ser humano, «el máximo hallazgo de Vargas Llosa» era «recordar al lector cómo alguien así, una situación así, forma parte del laberíntico espacio de lo humano. Historia, ficción, política, vida cotidiana, diversos y enigmáticos ámbitos que conforman la realidad o, mejor, restablecen la memoria y muestran los contornos y perfiles de un tiempo miserable»[39]. Decenas de reportajes sobre la novela de MVLL y la realidad de la historia de Trujillo, notas de prensa que recordaban episodios a los que el novelista peruano había prestado atención especial en la novela, añadidos de aplausos tras la lectura del relato, declaraciones del escritor a los medios informativos y presentaciones en muchas ciudades de España y América Latina acompañaron a MVLL por toda una geografía que, en los últimos años y aunque no del todo escabrosa con su presencia y la de sus novelas, no le había demostrado tanta aprobación ni entrega; entrega y unánime aprobación que, tal como sucedió con ribetes de escándalo en Santo Domingo, produjeron una nada artificial *marabunta mediática* que situó *La Fiesta del Chivo* en la conversación de la gente y bajo palio. La lectura de *La Fiesta del Chivo* por un público mayoritario, dentro de la minoría que se proclama lectora (que confiesa leer por costumbre y no por moda) en nuestros países, provocó entre otras cosas un *cambio cualitativo* en el tratamiento público para con el escritor peruano.

A quien, durante las múltiples entrevistas y actos públicos realizados con motivo de la publicación de la novela, le reprochaba en repetidas ocasiones la diferencia entre la escritura de sus artículos y la escritura de sus novelas, estableciendo —en muchos casos— una frontera de supuestos gustos ideológicos, MVLL le daba una amable, cercana e irónica respuesta: «Lea mis novelas y evite mis artículos, ensayos, conferencias y entrevistas». Sucedía entre los lectores de *La Fiesta del Chivo* una segunda paradoja, porque mientras veían en el novelista MVLL un escritor cuya escritura ideológica derivaba sobre todo en los contenidos —en los temas— hacia lo que tradicionalmente se llama progresismo (y perdonen, otra vez, la paradoja), su escritura periodística, sus ensayos y sus conferencias rezumaban una escritura que contenía todos los tópicos y estereotipos ideológicos del reaccionario. De modo que, entre el cielo y el infierno de sus *dos escrituras,* venía a darse en MVLL una suerte de transformación mágica, una metamorfosis fantásticamente química, semejante a la que se producía, *mutatis mutandis,* entre Mister Hyde y el Doctor Jeckyll, o viceversa. Durante el proceso de escritura ocurría entonces en MVLL una especie de mutación tan fantástica y extraña que cuando el escritor asumía su papel de *pensador crítico* en artículos, ensayos, conferencias y opiniones políticas era *uno* (el reaccionario), pero en cuanto entraba el mismo escritor en la escritura de la ficción se transformaba en *otro distinto,* «uno de los nuestros» (según los sectores convencionales progresistas). Hasta el punto de que se podría concluir, para no entrar a fondo en el dicotómico maniqueísmo de la falacia (lo que resultaría aquí una pérdida de tiempo y, en cualquier caso, una demostración claramente escolar), que la escritura literaria haría de MVLL un escritor de ideología progresista, mientras que en su escritura periodística, sus conferencias y ensayos políticos y hasta literarios cambia tanto de piel y de alma que el mismo escritor acaba convertido en un reaccionario en materia ideológica. Estoy seguro de que esa discusión sobre los dos MVLL, el MVLL novelista y el MVLL articulista, conferenciante y ensayista continuará por mucho tiempo. Ni es la primera vez ni será la última que un icono mayor de la literatura universal sea el objeto y al mismo tiempo el sujeto de este desdoblamiento ideológico (siempre, a mi modo de ver, discutible: según el color del cristal y de con *qué verdad* ideológica se le mire). Pero, en el caso concreto de MVLL, me inclino a pensar que el humo de los prejuicios de todo tipo —y también los ideológicos— velan más de la cuenta los perfiles exactos con respecto a un escritor que siente su conciencia crítica e ideológica de una misma manera, a pesar de las apariencias que los prejuiciosos —y ésa es otra mágica metamorfosis en la que se cae con mucha frecuencia— transforman en evidencias palpables para su propia satisfacción moral y beneficio de criterio político.

Al escándalo interior dominicano y al debate exterior sobre literatura, escritura y política provocados por la publicación de *La Fiesta del Chivo,* se añadió a principios de mayo, tan sólo días después de la presentación de la novela en el dominicano hotel Jaragua, una inquietante noticia de la agencia EFE fechada también en Santo Domingo. «El escritor dominicano Lipe Collado —comenzaba el suelto de EFE— acusó ayer al peruano Mario Vargas Llosa de saqueo intelectual de una novela suya para documentar *La Fiesta del Chivo.* Lipe Collado atribuye sorprendentes coincidencias entre la obra de Vargas Llosa y su novela *Después del viento,* ganadora del Premio de Literatura Quinto Centenario». La nota añadía que el dominicano Lipe Collado resaltaba la asombrosa similitud de los protagonistas de ambas novelas: en la suya, *Después del viento,* un hombre que regresa al país tras una larga ausencia y después de haber roto con su pasado; en La *Fiesta del Chivo,* una mujer, Urania Cabral, que *también* regresa al mismo país en parecidas circunstancias que el protagonista de su novela, *Después del viento.* Collado advirtió, en la misma nota de prensa, que MVLL «resolvió su problema usando mi trabajo como un instrumental de su trabajo, hasta convertirlo en un saqueo intelectual». «Difícilmente puedo haber estado influido por una obra que no he leído», contestó MVLL a las acusaciones de Lipe Collado, dando por zanjado un incidente en el que ya llovía sobre mojado, porque para entonces algunos historiadores de cuyos libros se había servido el novelista para su trabajo de ficción lo habían amenazado con llevarlo a juicio bajo la acusación de plagio de sus obras. Nada nuevo bajo el sol. Al fin y al cabo, este territorio pantanoso del plagio ya había sido conocido antes por MVLL, cuando se publicó *La guerra del fin del mundo*[40], de la misma manera que lo sufrieron —tormenta en un vaso de agua— antes y después muchos novelistas y escritores de reconocido renombre universal. Como colofón, cabe siempre en estos casos, con la mejor intención intelectual, y al margen de las hipotéticas derivaciones legales y judiciales, recomendar a los interesados y estudiosos la lectura y el cotejo directo de los textos implicados, a fin de que cada uno pueda sacar, conociendo de primera mano las posibles y *sorprendentes coincidencias,* las conclusiones adecuadas en cada caso.

En los meses siguientes a la publicación de *La Fiesta del Chivo,* la polémica —que sin duda ayudaba a la difusión y lectura de la novela— creció dentro y fuera de República Dominicana. En la isla, por ejemplo, comenzó a publicarse en el suplemento sabatino *Cultura* del diario *El Siglo* una serie de artículos firmados por Pedro Conde Sturla que habían sido rechazados por otros medios de prensa dominicanos por su virulencia analítica y por su indudable agresividad intelectual. A la altura de la cuarta entrega, titulada «Los cortesanos de

Vargas Llosa», como el propio Conde Sturla confirma en documento privado que obra en mi poder gracias al envío de Milagros Naval Garavilla, «la libertad de prensa se resintió y dio por terminada la publicación de la serie. La libertad de prensa en la República Dominicana —escribe Conde Sturla— todavía no permite que se hable de los crímenes de Balaguer y de las bellaquerías de los cortesanos de la Era Gloriosa. Se confirma, pues —sigue diciendo Conde Sturla—, lo que planteo en el segundo de estos artículos: Trujillo vive y manda, su herencia vive y manda. Sus sucesores han detentado y detentan posiciones de poder y mandan, influyen, determinan, manipulan, inciden en todos los capítulos de la sociedad. Hoy como ayer, nos parece escuchar su grito de guerra: ¡Rompan filas, viva el Jefe!»[41].

El primero de los documentos de Conde Sturla comienza, bajo el título de «Conversación en la catedral» (en este caso de Santo Domingo), con un encuentro fortuito con MVLL, «que andaba de turista en compañía de Soledad Álvarez, y yo estaba de juerga en el Palacio de la Esquizofrenia», la cafetería restaurante El Conde, «en compañía de Víctor Villegas y Alfredo Pierre», el primero de los cuales relató, a cuento de Trujillo, su detención por Johnny Abbes, el jefe policíaco del Jefe, y cómo se salvó del desastre gracias a la ocurrencia que tuvo de glorificar ante «aquel monstruo» un poema inmundo que el policía ¡había publicado recientemente! «A Vargas Llosa —escribe Conde Sturla coincidiendo con los muchos detractores de su escritura periodística y sus opiniones políticas— había jurado odiarlo, metafóricamente, a raíz de su discurso liberal y, sobre todo —sobre todo— a partir de un artículo contra Robin Hood, el héroe de mi infancia»; para luego confesar su admiración dentro de aquella sensación de esquizofrenia ante su escritura literaria de la que antes hablábamos, «pero es difícil odiar al autor de *La casa verde* y *La ciudad y los perros*. Difícil, incluso odiar a Borges sin amarlo, aun para un perfecto idiota latinoamericano».

En el segundo documento, titulado «Mario Vargas Llosa contra los magos del ritmo», Conde Sturla sostiene que «la novela es inagotable como fuente de inspiración... De la novela se habló y escribió antes de ser escrita, y antes de ser novela se novelaba sobre ella, pobre criatura. Se la concibió como infamia antes de ser concebida, y durante el proceso de gestación corrieron rumores perversos. Antes de nacer —dice con humor caribe Conde Sturla— enfrentó resistencia, y el parto, ya se sabe, fue seguido con morbosa curiosidad». Pero «el clímax se produjo con la publicación del segundo capítulo en el *Listín Diario*. Fue un acto sádico, de refinado sadismo, por parte del editor dominicano, que dejó en ascuas a millares de lectores. (Esto no se hace, por Dios, poner un bocadillo en boca de hambrientos y demorar el banquete)». Tras hacer chistes —nada absurdos ni superfluos— sobre el Trujillo de Vargas Llosa porque «se ajusta perfectamente al esquema del intelectual arquetípico del perfecto idiota latinoamericano», Conde confirma que ese Trujillo de Vargas Llosa «es un monstruo sin legitimación ni justificación posibles. No es el resultado de la necesidad de la historia, ni de la incapacidad de un pueblo, no es el tirano que nos merecíamos y ni siquiera es neoliberal. En la construcción del personaje hay, apenas, errores de diseño, problemas de léxico». Pero «donde se equivocó de plano el autor fue, quizás, en su apreciación del trujillismo como fenómeno histórico actual, error de perspectiva», porque MVLL «vino al país a documentarse y a escribir sobre Trujillo pensando que Trujillo estaba muerto y enterrado, y se desató un escándalo —tamaño escándalo— porque Trujillo vive y manda... Sus herederos y discípulos son todavía los dueños del país, son los magos del ritmo... La corte y los cortesanos lo recibieron a Vargas Llosa como un príncipe, lo mimaron, trataron de asimilarlo como bufón del rey. Quizás le recordaron aquello de que la mierda no se bate y Vargas Llosa la batió, muy selectivamente por cierto, y el olor es terrible. Rompan filas».

El tercero de estos documentos, «Mario Vargas Llosa y el enmascarado de plata», es una discusión dialéctica con los detractores —trujillistas o no— de la novela que, por sus propios intereses, quieren hacerla pasar por historia para descalificarla desde sus inexactitudes, mientras de paso Conde Sturla aprovecha para descalificar muchos de los estereotipos históricos elevados al santoral canónico de los intocables. Tras confirmar que el único Santo de verdad es el enmascarado de plata, un personaje de las tiras cómicas mexicanas «con las cual me di un banquete en mi infancia», Conde Sturla confirma que «Balaguer inventó un Duarte místico en *El Cristo de la libertad,* ni más ni menos, y de paso se inventó a sí mismo como proyección de Duarte y Cristo. ¿Por qué no? Como cortesano, al fin, Balaguer es un mago del desdoblamiento. Si alguna vez declaró que no era hijo de la sangre, pero sí de la estirpe de Trujillo, ahora se puede imaginar depositario del más puro pensamiento libertario y cristiano». Tras escribir que MVLL no merece la repulsa de los familiares y dolientes de quienes llevaron a cabo el magnicidio en la persona de Trujillo, Conde Sturla, siempre *dentro de la lectura política de la novela* que informa toda su reflexión escrita, dice que «para quien quiere ver y sepa ver, si algo caracteriza a *La Fiesta del Chivo* es el extraordinario fenómeno de empatía que allí se produce. Es decir, el proceso de participación afectiva del narrador en las vicisitudes de estos personajes, su plena disponibilidad. Todo el entramado de la novela vibra de admiración por el destino de los héroes», de modo que MVLL no quiso ni hizo «hagiografía, historia de santos», afirmación del novelista peruano en este mismo sentido y en esta misma polémica, sino «historia de gente que actúa sin vacilación en un clima de terror inaudito y se realiza en la acción».

El cuarto documento, objeto ya de la censura de los diarios y publicaciones dominicanas, titulado «Los cortesanos de Vargas Llosa», es una reflexión, enumeración y descripción de los personajes de la historia real dominicana, el *entourage sacré* de Trujillo, que se mueven en las páginas de *La Fiesta del Chivo* y sus figuras analógicas. Tras decir que a MVLL se le escapó en la novela —«o dejó escapar», sugiere— por lo menos uno «de los cortesanos más indignos de la era gloriosa (...) personaje abominable por derecho propio (...) personaje más bien surrealista (...) que a su antojo, por ejemplo, ha manejado, manipulado, depurado el archivo de Trujillo para lavar la honra de familias patricias, incluyendo la propia». No cita Conde Sturla el nombre de referencia, sino que lo deja

—consumo interno— a la fácil adivinanza de los dominicanos; mientras que, al hablar del cortesano Henry Chirinos, y decir que son varios en un solo y único personaje con nombre y apellido cambiado, como en otros casos hace MVLL en esta y otras novelas, no sabe o no recuerda que el nombre —en inglés en este caso— y el apellido corresponden a uno de los colaboradores políticos más cercanos a MVLL en tiempos del FREDEMO, pasado luego en flagrante traición a las filas de Fujimori, Montesinos y el peor de los fujimorismos morales y políticos. «La gente de cierta edad —escribe Conde Sturla— se pregunta por Chirinos, los conocedores indagan sobre Chirinos y no lo identifican, porque Chirinos es, a todas luces, un prototipo, el prototipo de varios cortesanos... ¡Chirinos es un menjurje, un cóctel, una batida de cortesanos, una batida de indignidad!». En cuanto a la imagen de Balaguer en la novela, Conde Sturla es tan serio como contundente en sus afirmaciones: «Sólo Balaguer es —en la novela de MVLL— único, inequívoco, apabullantemente igual a sí mismo. El misterio no radica en su identidad, sino en su personalidad», y por eso «se lleva en parte la atención, el morbo, la curiosidad, se lleva un poco la admiración del narrador, y de seguro la mayoría de los adjetivos no laudatorios de la novela»; hasta el punto de que el autor ensaya con él «todas las alusiones despectivas que puedan imaginarse... Curtido en el ejercicio demoníaco del poder, él creó las condiciones para el establecimiento de un régimen basado en la corrupción, él llevó a la moral pública un estado de putrefacción del que no ha podido recuperarse hasta ahora. Pudo haber consagrado por lo menos una parte —dice Conde Sturla inmisericorde— de su existencia a una causa decente, medianamente justa, y la consagró entera a la maldad. Para eso ha vivido casi un siglo. Nada conserva tanto como el odio, ha dicho un autor del que no puedo acordarme, y ahí está Balaguer para demostrarlo», concluye su demoledor discurso.

En «Los imposibles de Vargas Llosa», el quinto y último capítulo de la lectura política de *La Fiesta del Chivo*, Conde Sturla habla del *muro insalvable* con el que suele tropezar el novelista que «asume el riesgo de escribir sobre un tema ajeno a sus vivencias y a su cultura, tanto más si es extranjero». El ensayista se refiere entonces al *habla del país* del que se va a escribir un relato con personajes naturales de ese país, para lo que debe —el novelista— no sólo estar atento a ese habla cotidiana que *no le es propia,* sino a la suya misma, que no debe interferir inopinadamente en la lengua de los personajes que se mueven en la novela. «Escribe de lo que sabes, dicen los clásicos —escribe Conde Sturla—, escribe de lo que te rodea, escribe sobre lo que te ha tocado vivir de cerca», porque la novela es «por excelencia vivencial» y por esa misma razón «Sartre escribía sobre intelectuales y neuróticos existencialistas, que es lo mismo, y Gorky escribía sobre los pobres. Kafka, por supuesto, escribía sobre fracasados. Dostoievski sobre alienados, Faulkner sobre degenerados y borrachones, Hemingway sobre aventuras salpicadas con abundante humor, y Miller sobre mujeres y sexo. Sólo Tolstoi —el gigante— podía escribir la historia del *mujik* y la historia del oficial de caballería, manejar quinientos cincuenta y nueve personajes en una sola novela y escribir la historia de Rusia durante la campaña napoleónica». Literatura de la experiencia —vivencial— frente a literatura intelectual, que es como Conde Sturla define *La Fiesta del Chivo,* como novela intelectual, literariamente hablando, «un mito frío —dice—, una reconstrucción histórica, un poco como *La guerra del fin del mundo,* salvando las distancias». Nadie más que Valle-Inclán, en los ámbitos de la literatura de lengua española, supo «atravesar impunemente la barrera del habla», de modo que en el caso de *La Fiesta del Chivo* hay flagrantes pecados de habla demasiado evidentes para un lector dominicano, además de «cosas más graves, como señaló Diógenes Céspedes, incluyendo horrores de sintaxis y otras faltas garrafales» que, sin duda, «pudieron ser corregidas contratando los servicios de un corrector de estilo». Y, además de todos esos *imposibles* de MVLL, «lo peor de la novela es su exceso de crónica, su apego a la crónica de Diederich y a la de Crassweller». Diederich es el autor de *The dead of goat,* que en República Dominicana circula con el título de *La muerte del dictador,* «tal vez el mejor libro sobre el atentado del 30 de mayo», mientras que Crassweller escribió una «muy documentada biografía titulada *Trujillo, la trágica aventura del poder personal*».

Es verdad confirmada que MVLL se sirvió, como fuente de documentación histórica, de estos dos títulos, y otros muchos (además del estudio de las hemerotecas de la época que trata la novela) que consultó con el rigor y la avidez voluntaristas que son características en el deicida peruano. Es verdad —también evidente para los lectores dominicanos— que en asuntos del hecho de *habla* resulta siempre demasiado complicado seguir el *oído cotidiano* de términos, dichos y frases populares, expresiones, imprecaciones o simples modismos que, tanto en Santo Domingo como en La Habana —capitales de islas caribes al fin y al cabo—, cambian de barrio a barrio, de esquina a esquina y de semana en semana, porque el *modo de decir* —es decir, la *manera de hablar*— resulta en esos lugares de una vivísima agilidad felina. Y cierto que a cualquier cazador, a lo largo de una extensa temporada de *faena,* se le escapa una paloma, lo que no puede servir para invalidar, y mucho menos por parte de otros cazadores, el proyecto cinegético en su totalidad ni en su resultado. Una novela como *La Fiesta del Chivo* no ha sido escrita *sólo y exclusivamente* para que la juzguen los lectores dominicanos, sino todo lo contrario: parte de la isla y de una época determinada, como un microcosmos que se extiende por todos los ámbitos de la lengua española y se traduce a decenas de otras lenguas que la entienden de igual o parecida manera. ¿Crónica novelada *La Fiesta del Chivo* y *sólo* crónica novelada, tal como sostuvo Conde Sturla y una parte de la crítica literaria en República Dominicana? O, por el contrario, ¿una novela y sólo una novela *La Fiesta del Chivo,* desde luego con todas las servidumbres de este género literario, tal como han sostenido los críticos y los lectores del resto del mundo que habla y escribe español? «En términos literarios, el valor de *La Fiesta del Chivo* es relativo —concluye Conde Sturla, pero añade—: Felizmente, la importancia de la literatura no se reduce a lo literario, no es sólo un hecho de lengua, como se pretende, un hecho de pensamiento, es también un dato histórico y sociológico: pertenece al ámbito de la ideología que es un poco como pertenecer a todos los ámbitos».

Si he escogido los textos de Pedro Conde Sturla, para esta parte final de la diatriba en torno a *La Fiesta del Chivo,* lo hice con la intención de mostrar a quienes no son dominicanos, la inmensa mayoría de los lectores de las novelas de MVLL, «ciudadano de la patria grande iberoafroamericana» (como lo define el mismo Conde Sturla), la gran batalla que en el interior de República Dominicana, entre sus élites políticas e intelectuales, provocó inmediatamente la lectura de la novela: «No ha desatado una guerra, por fortuna, pero ha provocado al menos un conato de incendio, una llamarada de indignación y reflexión en la conciencia de los dominicanos», dice Conde Sturla. Y no sólo en los dominicanos, sino en todos los lectores que se encontraron y reencontraron en las páginas de *La Fiesta del Chivo* con el mismo MVLL que muchos estaban buscando desde *Conversación en La Catedral*. En efecto, la inmensa mayoría de esos lectores —y de la crítica literaria— ha recogido el *guante* literario que MVLL nos ha lanzado a la cara como una suerte de lúcida y muy sólida reflexión sobre la barbarie que representa el poder absoluto, libre de todo otro control que el que emana del totalitarismo engendrado por el sistema dictatorial del Jefe Único.

Esa lección ideológica que se deriva de la escritura de *La Fiesta del Chivo* es paralela, a mi modo de ver, la lección literaria que surge de la misma escritura del deicida que consigue con esa novela una síntesis rotunda de la dicotomía de sus *dos escrituras,* a la del articulista de los *Desafíos a la libertad* y *El lenguaje de la pasión*[42]: es la misma escritura la que vemos en el ensayista de *La utopía arcaica* y la que leemos en sus novelas cuya culminación, hasta este mismo momento, es precisamente *La Fiesta del Chivo*. Con estas *dos escrituras* de MVLL —cuya síntesis es, en mi criterio, y me permito repetirlo, *La Fiesta del Chivo*— no es necesario, y quizá tampoco muy saludable, mostrar un acuerdo absoluto ni una admiración desmedida. Lo justo, desde el punto de vista del lector crítico, sería despojarnos de nuestros propios prejuicios —ideológicos y literarios, que a veces son los mismos— para llegar a entender los criterios del articulista y el ensayista —para compartirlos o no, en el todo, en parte o en nada— y los del novelista que, para tantos de sus lectores, tal vez por prejuicio ideológico, parece que no es el mismo en la primera escritura y en la segunda. Y, sin embargo, se mueve MVLL en la misma dirección en sus *dos escrituras,* vayan o no de la mano, coincidan o no en el tiempo de su escritura y su publicación, porque son dos escrituras —en una sola, al fin y al cabo— que se deben a una misma *realidad ideológica y literaria.* Cierto también que el talento y hasta el genio literario, y ha sido confirmado decenas de ocasiones, no necesariamente coinciden con la lucidez ideológica y política, hasta el punto de que grandes escritores que encontraron en la literatura el Santo Grial de su propio destino vital resultaron en sus criterios políticos grandes desastres de opinión.

¿Es este último el caso de MVLL, un excepcional escritor cuando escribe novelas y un verdadero desastre ideológico en sus criterios políticos y su escritura periodística y ensayística? Los lectores de sus novelas que ideológicamente no coinciden con MVLL dirán que, en efecto, lo que les gusta y admiran del escritor son sus novelas; por el contrario, quienes en una u otra medida coinciden con sus actitudes y visiones liberales ante la política, la vida, la misma literatura, añadirán la admiración de sus artículos y ensayos al de sus mejores novelas. Dentro ya del tercer milenio, tras los criminales atentados terroristas del 11 de septiembre del 2001 a las Torres Gemelas de Nueva York y al Pentágono en Washington, y con la nueva guerra contra el terrorismo y los Estados que lo cultivan y amparan, los debates político y cultural sobre nuestro mundo, sobre nuestra civilización, sobre la realidad y los conceptos de libertad —individual y colectiva—, ideología, democracia, religión, superstición, barbarie y justicia, han cobrado una dimensión inusitada, propia de una situación límite, fronteriza con el caos y la incertidumbre. Y, una vez dejada atrás la noche de la política activa, la temporada del pasajero de la política, estemos de acuerdo —en todo, en algunas cosas o en nada— con sus *dos escrituras* o con alguna de las dos, no caben ya dudas de que MVLL se ha convertido en uno de los escritores cuya intervención en el periodismo de actualidad, en los foros universitarios y políticos y, sobre todo, en la literatura, es una constante piedra de toque, una llamada de atención que no pasa inadvertida a la opinión pública del mundo entero, una suerte de conciencia literaria en la que casi siempre coinciden, pese a lo que sostienen encarnizadamente sus adversarios ideológicos y personales, su mundo literario y su universo ideológico, su escritura novelística, sus planteamientos políticos y sus criterios ideológicos. Al menos, hasta el momento presente y en la inmensa mayoría de los casos. Ahí siguen abiertas sus novelas, sus artículos, sus ensayos, sus conferencias escritas. Ahí sigue el escribidor, el deicida, el articulista provocador, el liberal que detesta por igual las hipocresías de las izquierdas convencionales como los postulados vetustos y tradicionales de las derechas convencionales. Ahí sigue, al pie del cañón, el joven Cadete convertido, tras muchos años de duelos y esfuerzos, en un mosquetero experimentado y maduro, enfrentado todos los días a sus muchos *demonios* personales, históricos y literarios. Ahí sigue, todos los días, escribiendo, en Londres, en Madrid o en París, con esa frenética disciplina, entre el voluntarismo y la obsesión —el vicio de escribir— que lo ha llevado a ser tal cual es hoy, un *abuelo respetable* (ésa es su última autodefinición) que trabaja su *escritura* —o, en fin, sus *escrituras*— con la misma vitalidad y la misma ilusión que el joven escritor peruano que, una mañana de enero de 1958, viajó por primera vez a París para acometer la insólita aventura que se había fraguado en sus sueños de adolescente en Lima, la de convertirse en un escritor de verdad que se llamara Mario Vargas Llosa.

Bibliografía de Mario Vargas Llosa

Los jefes, cuentos, Ediciones Roca, 1959.

La ciudad y los perros, novela, Seix Barral, 1963.

La casa verde, novela, Seix Barral, 1966.

Los cachorros. Pichula Cuéllar, relato, Lumen, 1967.

Conversación en La Catedral, novela, Seix Barral, 1969.

García Márquez. Historia de un deicidio, ensayo, Barral, 1971.

Historia secreta de una novela, ensayo, Tusquets, 1972.

Pantaleón y las visitadoras, novela, Seix Barral, 1973.

El combate imaginario. La carta de batalla de Joanot Martorell, ensayo en colaboración con Martín de Riquer, Barral, 1973.

La orgía perpetua: Flaubert y Madame Bovary, ensayo, Seix Barral / Taurus, 1975.

La tía Julia y el escribidor, novela, Seix Barral, 1977.

La señorita de Tacna, teatro, Seix Barral, 1981.

La guerra del fin del mundo, novela, Plaza y Janés / Seix Barral, 1981.

Contra viento y marea (1962-1982), artículos, Seix Barral, 1983.

Historia de Mayta, novela, Seix Barral, 1984.

Kathie y el hipopótamo, teatro, Seix Barral, 1984.

La Chunga, teatro, Seix Barral, 1986.

¿Quién mató a Palomino Molero?, novela, Seix Barral, 1986.

El hablador, novela, Seix Barral, 1987.

Elogio de la madrastra, novela, Tusquets, 1988.

Contra viento y marea (III), artículos, Seix Barral, 1990.

La verdad de las mentiras, ensayos, Seix Barral, 1990.

El loco de los balcones, teatro, Seix Barral, 1993.

El pez en el agua, memorias, Seix Barral, 1993.

Lituma en los Andes, novela, Planeta, 1993.

Desafíos a la libertad, artículos, El País-Aguilar, 1994.

Ojos bonitos, cuadros feos, teatro, Peisa, 1996.

*La utopía arcaica. José María Arguedas y las ficciones del indige-
nismo,* ensayo, Fondo de Cultura Económica, 1996.
Los cuadernos de don Rigoberto, novela, Alfaguara / Peisa, 1997.
Carta a un joven novelista, ensayo, Planeta, 1997.
La Fiesta del Chivo, novela, Alfaguara, Editora Taller de José
Cuello, 2000.
El lenguaje de la pasión, artículos, ediciones El País, 2000.

Bibliografía consultada

LIBROS Y COLECCIONES DE CRÍTICA SOBRE MVLL

Agresión a la realidad: Mario Vargas Llosa, Inventarios Provisionales, Las Palmas, 1972.

Boldori de Baldussi, Rosa, *Vargas Llosa: un narrador y sus demonios,* Fernando García Cambeiro, Buenos Aires, 1974.

Cano Gaviria, Ricardo, *El buitre y el ave fénix: Conversaciones con Mario Vargas Llosa,* Anagrama, Barcelona, 1972.

Díez, Luis Alfonso (ed.), *Asedios a Vargas Llosa,* Editorial Universitaria, Santiago de Chile, 1972.

Fernández Castro, M., *Aproximación formal de la novelística de Vargas Llosa,* Editora Nacional, Madrid, 1977.

Giacoman, Helmy F. y José Miguel Oviedo, (eds.), *Homenaje a Mario Vargas Llosa,* Las Américas, Madrid, 1972.

Iwasaki, Fernando, *Mario Vargas Llosa, entre la libertad y el infierno* (prólogo de Jorge Edwards), Editorial Estelar, Barcelona, 1992.

Martín, José Luis, *La narrativa de Vargas Llosa. Acercamiento estilístico,* Gredos, Madrid, 1974.

Oviedo, José Miguel, *Mario Vargas Llosa: la invención de una realidad,* Seix Barral, Barcelona, 1982. Primera edición en Barcelona: Barral Editores, 1970.

Semana de Autor: Mario Vargas Llosa, Ediciones Cultura Hispánica, ICI, Madrid, 1985.

Setti, Ricardo A., *Diálogo con Mario Vargas Llosa,* Intermundos, Madrid, 1989.

Tusell, Javier, *Retrato de Mario Vargas Llosa,* Círculo de Lectores, Barcelona, 1990.

Vargas Llosa, Álvaro, *El diablo en campaña,* El País-Aguilar, Madrid, 1991.

NÚMEROS ESPECIALES DE REVISTAS

World Literature Today, Mario Vargas Llosa Issue. Norman, Oklahoma, vol. 52, núm. 1, 1978. Textos de: Ivar Ivask, MVLL, J.M.O., Alexander Coleman, Gregory Rebassa, Luis Harss, Ronald Christ, George McMurray, Wolfgang A. Luchting, Luis A. Díez y J. J. Armas Marcelo.

OBRAS GENERALES

Castro Arenas, Mario, *La novela peruana y su evolución social,* José Godard 84 Editor, Lima, 1966.

Consalvi, Simón Alberto, «Un premio inobjetable» (discurso en el acto de entrega del Premio Rómulo Gallegos), *MunN,* núm. 17, noviembre 1967, pp. 92-93.

Dorfman, Ariel, «José María Arguedas y Mario Vargas Llosa: dos visiones de una sola América», en *Imaginación y violencia en América,* Editorial Universitaria, Santiago, 1970, pp. 193-223.

Escobar, Alberto, *La narración en el Perú* (estudio y antología), Librería-Editorial Juan Mejía Baca, Lima, 1956.

Franco, Jean, *The Modern Culture of Latin America: Society and the Artist,* Pall Mall Press, Londres, 1967.

—, «El viaje frustrado en la literatura hispanoamericana contemporánea», *Casa,* núm. 53, marzo-abril 1969, pp. 119-122.

Luchting, Wolfgang A., «Recent Peruvian Fiction: Vargas Llosa, Ribeyro, and Arguedas», *RS,* vol. 35, núm. 4, diciembre 1967, pp. 271-290.

—, «Preocupaciones recurrentes en la reciente novelística hispanoamericana», *VP,* núm. 3, abril 1969, pp. 43-47.

—, *Mit Jimmy in Paracas. Peru* (antología), Horst Erdmann Verlag, Tübingen, 1968.

Núñez, Estuardo, *La literatura peruana en el siglo XX (1900-1965),* editorial Pormaca, México, 1965.

463

Oviedo, José Miguel, *Narradores peruanos* (antología), Monte
Ávila, Caracas, 1968.

Rodríguez Monegal, Emir, «Los nuevos novelistas», *MunN,*
núm. 17, noviembre 1967, pp. 19-24.

Sánchez, Luis Alberto, *La literatura peruana,* Ediciones de
Ediventas S.A., vol. V, pp. 1.649-1.650, Lima, 1965-
1966.

TRABAJOS, ARTÍCULOS Y RESEÑAS[*]

Agosti, Héctor P., «Las mujeres de Vargas Llosa» y «Alerta a
Vargas Llosa», en *La milicia literaria,* Ediciones Sílaba,
Buenos Aires, 1969, pp. 179-186.

Alonso, María Rosa, *«La casa verde* y el idioma», *Nac,* 1 de
agosto, 1967, p. A-4.

Alonso González, Eduardo, «Montaje, tipos y formas de *La
casa verde»*, *Arch,* vol. 18, 1968, pp. 203-232.

Avaria, Antonio, reseña de *La casa verde, Anales,* núm. 138,
1966, pp. 220-223.

—, «Topografía de *La casa verde»*, *Zona,* núm. 41, enero
1967, pp. 53-55.

Badosa, Enrique, reseña de *Los jefes, Glosas,* núm. 65, noviembre 1959.

Batis, Humberto, reseña de *La casa verde, CulM,* núm. 232,
julio 1966, p. XVI.

Batlló, José, reseña de *La ciudad y los perros, CHA,* núm. 178,
octubre 1964, pp. 199-203.

Benedetti, Mario, «Vargas Llosa y su fértil escándalo», en *Letras del continente mestizo,* Arca, Montevideo, 1967.

Bergonzi, Bernard, «Anything Goes», *NYRB,* 6 de octubre,
1966, pp. 28-29.

Boldori, Rosa, *«La ciudad y los perros,* novela del determinismo ambiental», *RPC,* núms. 9-10, diciembre 1966, pp.
92-113.

---

* Se señalan con un asterisco los más importantes y recomendables.

—, «Mario Vargas Llosa: angustia, rebelión y compromiso en la nueva literatura peruana», *Let,* núm. 78-79, 1er. y 2° semestres 1967, pp. 26-45.

—, *Mario Vargas Llosa y la literatura en el Perú de hoy*: Edición del Instituto Argentino de Cultura Hispánica de Rosario, Santa Fe, 1969, p. 84.

Calderón, Alfonso, «Vargas Llosa: asedio a la realidad», *Erc,* núm. 1.627, 10 de agosto, 1966, p. 35.

Castro Arenas, Mario, «Vargas Llosa en la encrucijada», *7D,* febrero 1970, pp. 28-29.

Castroviejo, Concha, «Vargas Llosa: *Los cachorros*», *Ins,* núm. 248-249, julio-agosto 1967.

Coleman, Alexander, reseña de *The Green House, NYTRB,* 12 enero, 1969.

Colmenares, Germán, reseña de *La casa verde, Eco,* núm. 77, septiembre 1966, pp. 552-554.

—, «Vargas Llosa y el problema de la realidad en la novela», *Eco,* núm. 82, febrero 1967, pp. 403-415.

Conde Sturla, Pedro, «El Chivo de Vargas Llosa»; las primeras tres entregas (de cinco) aparecieron publicadas en el diario *El Siglo,* en junio del 2000.

Conte, Rafael, «El dictador y las dictaduras», *ABC Cultural,* 18 de marzo, 2000.

Concha, Edmundo, reseña de *Los jefes, Merc,* 2 de julio, 1966, p. 5.

—, reseña de *La casa verde, Merc,* 29 de julio, 1966.

Cornejo Polar, Antonio, «Significación de la novelística de Vargas Llosa», *Epo A,* 31 de mayo, 1965, pp. 14-15 y 34.

R. C. [Rubén Cotejo], «Explicación de un fracaso», *El País,* agosto 1966.

Couffon, Claude, «Mario Vargas Llosa et le roman de la réalité péruvienne», *LF,* 10 de septiembre, 1969, pp. 11-12.

Donoso, José, «*La ciudad y los perros.* Novela que triunfa en el mundo», *Erc,* núm. 1.530, 16 de septiembre, 1964, pp. 12-13.

Dofman, Ariel, «Réquiem para un animal», *Erc,* núm. 1.591, 1 de diciembre, 1965, p. 36.

Edwards, Jorge, reseña de *La ciudad y los perros, Anales,* núm. 133, enero-marzo 1965, pp. 188-192.

Elissalde, Enrique, «*La casa verde:* una lección del arte de amar» [sic], *EpoM,* 15 de junio, 1966.

*Escobar, Alberto, «Impostores de sí mismos», *RPC,* núm. 2, julio 1964, pp. 119-125.

—, «Vargas Llosa y la condición turbadora», *CorrL,* 12 de septiembre, 1964.

Escobar, José, reseña de *La ciudad y los perros, RO,* vol. 9, núm. 26, mayo 1965, pp. 261-267.

España Smith, Jorge, «Mario Vargas Llosa o el problema literario», *DíaR, Artes y Letras,* 23 de julio, 1967, p. 7.

Estrella, Ulises, reseña de *La ciudad y los perros, BS,* núms. 3-4, marzo-julio 1966.

Faraggi, Claude, reseña de *La maison verte, NO,* 29 de septiembre, 1969, p. 40.

Fell, Claude, reseña de *La maison verte, Monde,* 22 de marzo, 1967, p. VII.

Fevre, Fermín, reseña de *La ciudad y los perros, Crit,* vol. 38, 1965, p. 318.

Figueroa Amaral, Esperanza, «*La casa verde* de Mario Vargas Llosa», *RI,* núm. 65, enero-abril 1968, pp. 109-115.

—, reseña de *Los cachorros, RI,* núm. 68, mayo-agosto 1969, pp. 405-408.

Fornet, Ambrosio, reseña de *La ciudad y los perros, Casa,* núm. 26, octubre-noviembre 1964, pp. 129-132.

Fox, Lucía, «Vargas Llosa y su novelística», *R y F,* núm. 11, enero-febrero 1969, pp. 39-44.

Fressard, Jacques, «Adolescentes en uniforme», *QL,* 1-15 octubre, 1966, pp. 10-11.

—, «Le Pérou tout entier», *QL,* 16-31 octubre, 1969, pp. 9-10.

Fuentes, Carlos, «La nueva novela latinoamericana», *CulM,* núm. 129, 29 de julio, 1964, pp. I-VII, XIV-XVI.

*—, «El afán totalizante de Vargas Llosa», en *La nueva novela hispanoamericana,* Cuadernos de Joaquín Mortiz, México, 1969, pp. 35-48.

García-Posada, Miguel, «Vargas Llosa y el tiranicio», *Babelia-El País*, 11 de marzo, 2000.

—, «Vargas Llosa, el triunfo de la imaginación», *Babelia-El País*, 12 de abril, 1997.

Goytisolo, Juan, «L'école des mâles», *NO,* núm. 89, julio-agosto 1966, pp. 31-32.

Hamilton, Ian, «Savage Squealer», *List,* 21 de septiembre, 1967, p. 377.

*Harss, Luis, «Mario Vargas Llosa, o los vasos comunicantes», en *Los nuestros,* Sudamericana, Buenos Aires, 1966, pp. 420-462.

*Lafforgue, Jorge Raúl, «Mario Vargas Llosa, moralista», *Cap,* núm. 1, mayo-junio 1965, pp. 48-72.

*Lastra, Pedro, «Un caso de elaboración narrativa de experiencias en *La ciudad y los perros*», Anales, núm. 134, abril-junio 1965, pp. 211-216.

Loayza, Luis, «El Premio Biblioteca Breve para Mario Vargas Llosa», *Exp,* 3 de diciembre, 1962.

*—, «Los personajes de *La casa verde*», *Am,* núm. 1, enero 1967, pp. 84-87.

López, César, reseña de La *ciudad y los perros, Unión,* vol. 3, núm. 1, enero-marzo 1965, pp. 159-163.

Luchting, Wolfgang A., «Crítica paralela: Vargas Llosa y Ribeyro», *MunN,* núm. 11, mayo 1967, pp. 21-27.

—, «Constantes en la obra de Mario Vargas Llosa», *R y F,* núm. 12, marzo-abril 1969, pp. 36-45.

—, «Hispanoamerican Literature: Today», en *To Find Something New,* Henry Grosshans, ed., Pullman: Washington State University Press, 1969, *pp.* 30-55.

Lundkvist, Artur, «Tva peruaner: Arguedas och Vargas Llosa», en su *Utlyker med Utländska forfaltare,* Bonniers, Estocolmo, 1969.

Marco, Joaquín, «La Fiesta del Chivo», *El Cultural,* 5 de marzo, 2000.

Martínez Moreno, Carlos, «Vargas Llosa confirma su talento», *Mañ,* 21 de junio, 1966, p. 9.

—, «Vargas Llosa en Montevideo», *EpoM,* 13 de agosto, 1966.

*—, «Una hermosa ampliación», *Am,* núm. 3, julio-septiembre 1967, pp. 84-86.

Masoliver Ródenas, Juan A., «Sangre con mar al fondo», *La Vanguardia,* edición Madrid, 3 de marzo, 2000.

Matilla Rivas, Alfredo, reseña de *Los cachorros, Asom,* vol. 24, núm. 3, 1968, pp. 99-102.

McMurray, George R., «The Novels of Mario Vargas Llosa», *MLQ,* vol. 29, núm. 3, septiembre 1968, pp. 329-340.

Ortega, Julio, «Los cachorros», en *La contemplación y la fiesta,* Editorial Universitaria, Lima, 1968, pp. 59-69.

Osorio Tejeda, Nelson, «La expresión de los niveles de realidad en la narrativa de Vargas Llosa», *Aten,* vol. 166, núm. 419, enero-marzo 1968, pp. 123-133.

Oviedo, José Miguel, «Mario Vargas Llosa: visión de un mundo angustiado y violento», *SupDom,* 1 de marzo, 1964, pp. 6-7.

—, «Tres nuevas cuestiones sobre *La ciudad y los perros»,* *ComG,* 26 de agosto, 1964.

—, «El fastuoso encuentro de la realidad con la fabulación», *SupDom,* 31 de julio, 1966, pp. 22-23.

—, «Juventud, atroz tesoro», *SupDom,* 17 de septiembre, 1967, p. 30.

—, «La dictadura como podredumbre y mutilación», *SupDom,* 22 de febrero, 1970, pp 30-31.

*Pacheco, José Emilio, «Lectura de Vargas Llosa», *RUM,* vol 22, núm. 8, abril 1968, pp. 27-33.

—, «Vargas Llosa: el sentido y razón de la novela», *CulM,* 4 de marzo, 1964.

Promis Ojeda, José, reseña de *Los jefes, Anales,* vol. 124, núm. 137, enero-marzo 1966, pp. 191-196.

—, «Algunas notas a propósito de *La ciudad y los perros* de Mario Vargas Llosa», *Signos,* vol. 1, núm. 1, segundo semestre 1967, pp. 63-69.

Rama, Ángel, reseña de *La ciudad y Los perros, L y S,* vol. I, núm. 1, octubre-diciembre 1965, pp. 117-121.

—, «De cómo sobreviene lo humano», *Marcha,* núm. 1.194, 21 de febrero, 1964, pp. 29-30.

*—, «Vargas Llosa: las arias del virtuoso», *Marcha,* núm. 1.316, 13 de agosto, 1966, pp. 30-31.

Ramírez, Sergio, reseña de *Los cachorros, PrenLit,* 17 de agosto, 1969, pp. 1B-2B.

Rodríguez Lafuente, Fernando, «La niebla del mito» (texto del prólogo a la edición de *Lituma en los Andes*), El Mundo del Siglo XXI, Madrid, 12 de marzo, 2001. p. 44.

Rodríguez Monegal, Emir, «Los sucesores de Colón», *El País,* 31 de mayo, 1964.

—, «Madurez de Vargas Llosa», *MunN,* núm. 3, septiembre 1966, pp. 62-72.

Rojas Herazo, Héctor, reseña de *La casa verde, LecDom,* El *Tiempo,* 14 de agosto, 1966, p. 4.

Sainz, Gustavo, «Un libro cínico, un alegato demoledor contra el militarismo y la crueldad», *CulM,* 26 de abril, 1964.

— «*Los cachorros* de Vargas Llosa, el más radical experimento con el lenguaje», *CulM,* núm. 320, 3 de abril, 1968, p. XII.

Salazar Bondy, Sebastián, «Mario Vargas Llosa y su mundo de rebeldes», *SupDom,* 4 de octubre, 1959.

Sanz Villanueva, Santos, «Canto absoluto al erotismo», *El Mundo del Siglo XXI,* 12 de abril, 1997.

Siso Martínez, J. M., «Gallegos y Vargas Llosa: dos testimonios de la realidad latinoamericana», *RCN,* núm. 181, julio-agosto 1967, p. 103.

Skármeta, Antonio, «El último realista», *Erc,* núm. 1.804, 14-20 de enero, 1970, pp. 68-69.

Valente, Ignacio, reseña de *Los cachorros, Merc,* 20 de abril, 1969, p. 3.

Villanueva, Darío, «Los cuadernos de don Rigoberto», *ABC Cultural*, 11 de abril, 1997.

Notas

1. Vargas Llosa, Mario, *La literatura es fuego, Antología mínima de Mario Vargas Llosa,* editorial Tiempo Contemporáneo, Buenos Aires, 1969.
2. Oviedo, José Miguel, *Mario Vargas Llosa: la invención de una realidad,* Barral Editores, Barcelona, 1970. [Cito por primera edición en Seix Barral, Barcelona, 1982, p. 27.]

I. EL ESPÍRITU DE LA CONTRADICCIÓN

1. Oviedo, José Miguel, *Mario Vargas Llosa: la invención de una realidad,* Barral Editores, Barcelona, 1970. [Cito por primera edición en Seix Barral, 1982, p. 20.]
2. *Semana de Autor: Mario Vargas Llosa,* Ediciones Cultura Hispánica, ICI, Madrid, 1985, p. 31.
3. *Ibídem.*
4. Calderón, Alfonso, «El hombre y sus demonios», *Ercilla,* núm. 79, p. 433. [Cito por Oviedo, José Miguel, *op. cit.,* p. 21.]
5. Harss, Luis, *Los nuestros,* s. d., p. 433. [Cito por Oviedo, José Miguel, *op. cit.,* p. 21.]
6. *Ibíd.,* p. 422.
7. *Ibídem.*
8. *Ibíd.,* p. 433.
9. *Ibídem.*
10. Vargas Llosa, Mario, *Sebastián Salazar Bondy y la vocación del escritor en el Perú, Revista Peruana de Cultura,* núm. 7-8, junio 1966, pp. 21-54. [Cito por Vargas Llosa, Mario, *Contra viento y marea,* Seix Barral, Barcelona, 1983.]
11. *Ibíd.,* p. 92.
12. Oviedo, José Miguel, *op. cit.,* p. 25 [Los datos sobre *La huida del Inca* se deben a Luis Alfonso Díez, citado por Oviedo.]

13. Vargas Llosa, Mario, *La orgía perpetua,* Taurus, Madrid, 1975, p. 16.

14. Vargas Llosa, Mario, *Contra viento y marea,* Seix Barral, Barcelona, 1990, vol. III. [*Madrid cuando era aldea* aparece en *Le Temps Stratégique,* Ginebra, núm. 13, verano 1985, pp. 27-32.]

15. *Semana de Autor: Mario Vargas Llosa, op. cit.,* p. 13.

16. Vargas Llosa, Mario, *Contra viento y marea, op. cit.*

17. *Ibíd.,* p. 9.

18. Oviedo, José Miguel, *op. cit.,* p. 28.

19. Oviedo, José Miguel, *Mario Vargas Llosa: la invención de una realidad,* Barral Editores, Barcelona, 1970.

20. *Ibíd.,* p. 46.

21. Cano Gaviria, Ricardo, *El buitre y el ave fénix, conversación con Mario Vargas Llosa,* Ed. Anagrama, Barcelona, 1972, pp. 24-25.

22. Vargas Llosa, Mario, *Los cachorros. Pichula Cuéllar,* Ed. Lumen, Barcelona, 1967. Con fotografías de Xavier Miserachs.

23. Vargas Llosa, Mario, *Sebastián Salazar Bondy y la vocación del escritor en el Perú, Revista Peruana de Cultura,* núm. 7-8, junio 1966, pp. 21-54. [Cito por Vargas Llosa, Mario, *Contra viento y marea,* Seix Barral, Barcelona, 1983.]

24. Vargas Llosa, Mario, *El escritor y la crítica,* ed. de José Miguel Oviedo, Taurus, Madrid, 1981, p. 307.

25. *Ibídem.*

26. *Ibíd.,* p. 308.

27. *Ibídem.*

28. Setti, Ricardo A., *Diálogo con Vargas Llosa,* Intermundos, Madrid, 1989, p. 115.

29. *Ibíd.,* p. 118.

30. *Ibíd.,* p. 117.

31. *Ibíd.,* pp. 112-113.

32. Oviedo, José Miguel, *Mario Vargas Llosa: la invención de una realidad,* Seix Barral, Barcelona, 1982, p. 41.

33. Setti, Ricardo A., *Diálogo con Vargas Llosa,* Intermundos, Madrid, 1989, p. 119.

34. *Ibíd.,* pp. 119-120.

35. Poniatowska, Elena, y otros, *Antología mínima de Mario Vargas Llosa,* editorial Tiempo Contemporáneo, Buenos Aires, 1969, p. 46.

36. *Ibídem.*

37. Setti, Ricardo A., *op. cit.,* p. 113.

38. *Ibíd.,* pp. 113-114.

39. Vargas Llosa, Álvaro, *El diablo en campaña,* El País-Aguilar, Madrid, 1991.

40. Vargas Llosa, Mario. «My son, the Rastafarian», *The New York Times,* Nueva York, 16-2-86, pp. 20-30, 41-43 y 67, traducción al inglés de Alfred J. MacAdam. [Cito por Vargas Llosa, Mario, «Mi hijo, El Etíope», *Contra viento y marea,* Seix Barral, Barcelona, 1990, vol. III.]

41. *Ibíd.,* pp. 310-311.

42. *Ibíd.,* pp. 311-312.

43. *Ibíd.,* p. 331.

44. Vargas Llosa, Álvaro, *op. cit.,* pp. 216-217.

45. Vargas Llosa, Mario, *García Márquez. Historia de un deicidio,* Barral Editores, Barcelona, 1971.

46. *Ibíd.,* p. 81.

47. *Ibíd.,* pp. 81-82.

48. Vargas Llosa, Mario, *Contra viento y marea,* Seix Barral, Barcelona, 1990.

49. Setti, Ricardo A., *Diálogo con Vargas Llosa,* Intermundos, Madrid, 1989, pp. 17-35.

50. Vargas Llosa, Mario, *Contra viento y marea, op. cit.*

51. Vargas Llosa, Mario, *La verdad de las mentiras,* Seix Barral, Barcelona, 1990.

52. Armas Marcelo, J. J., *Las naves quemadas,* Círculo de Lectores, Barcelona, 1983. Introducción de Mario Vargas Llosa.

53. Oviedo, José Miguel, *Mario Vargas Llosa: la invención de una realidad,* Seix Barral, Barcelona, 1982, p. 49.

54. Setti, Ricardo A., *Diálogo con Vargas Llosa,* Intermundo, Madrid, 1989, p. 39.

55. Vargas Llosa, Mario, *El escritor y la crítica,* ed. de José Miguel Oviedo, Taurus, Madrid, 1981, p. 311.

56. Vargas Llosa, Mario, «El Lunarejo en Asturias», discurso leído con motivo del Premio Príncipe de Asturias. Apareció en *El País* el 23-11-86, y en Vargas Llosa, Mario, *Contra viento y marea,* Seix Barral, Barcelona, 1990, vol. III.

57. Vargas Llosa, Mario, «:El país de las mil caras», *Contra viento y marea, op. cit.*

58. *Ibídem.*

II. EL PASAJERO DE LA POLÍTICA

1. Para más detalles, véase Setti, Ricardo A., *Diálogo con Vargas Llosa,* Intermundo, Madrid, 1989, pp. 146-150.
2. Padilla, Heberto, *La mala memoria,* Plaza & Janés Editores, Barcelona, 1989, pp. 261-262.
3. Cabrera Infante, Guillermo, *Holy Smoke,* Harper and Row, Londres, 1985.
4. Vargas Llosa, Mario, *Contra viento y marea,* Seix Barral, Barcelona, 1990, vol. III. Véase especialmente «Sangre y mugre en Uchuraccay».
5. Vargas Llosa, Mario, «Historia de una matanza», *The New York Times Magazine,* Nueva York, 31-7-1983, pp. 18-23, 33, 36-37, 42, 48-51 y 56. [Su título en inglés es *Inquest in the Andes,* y el texto completo aparece en español en el tercer volumen de *Contra viento y marea,* pp. 156-192.]
6. Vargas Llosa, Mario, «Contra los estereotipos», *ABC,* Madrid, 16-6-1984. [Texto reproducido en el tercer volumen de *Contra viento y marea.*]
7. Vargas Llosa, Mario, «El Gatopardo. La mentira del Príncipe», *La verdad de las mentiras,* Seix Barral, Barcelona, 1990.
8. Vargas Llosa, Mario, «Respuesta a Günter Grass», *El País,* Madrid, 29-6-1986. [Texto reproducido en el tercer volumen de *Contra viento y marea,* pp. 394-440.]
9. *Ibídem.*
10. *Ibídem.*
11. *Semana de Autor: Mario Vargas Llosa,* Ed. Cultura Hispánica, ICI, Madrid, 1985, pp. 10-14.
12. Vargas Llosa, Álvaro, *El diablo en campaña,* El País-Aguilar, Madrid, 1991.
13. *Ibídem.*
14. *Ibíd.,* pp. 14-15.
15. *Ibíd.,* p 15.
16. Texto íntegro incluido en Vargas Llosa, Mario, *Contra viento y marea,* Seix Barral, Barcelona, 1990, vol. III, pp. 429-443.
17. Vargas Llosa, Álvaro, *op. cit.,* p. 22.
18. Vargas Llosa, Álvaro. *op. cit.,* p. 22.
19. Revel, Jean-François, *El conocimiento inútil,* Planeta, Barcelona, 1989, p. 127.

473

20. *Ibíd.*, p. 132.
21. *Ibídem.*
22. Vargas Llosa, Mario, *Historia secreta de una novela,* Tusquets Editores, Barcelona, 1971.
23. Vargas Llosa, Álvaro, *El diablo en campaña,* El País-Aguilar, Madrid, 1991, p. 151.
24. *Ibíd.*, p. 153.
25. *Ibídem.*
26. *Ibíd.*, pp. 155-156.
27. *Ibíd.*, p. 157.
28. *Ibíd.*, pp. 156-158.
29. *Ibídem.*
30. *Ibídem.*
31. *Ibíd.*, p. 159.
32. *Ibídem.*
33. Tusell, Javier, *Retrato de Mario Vargas Llosa,* Círculo de Lectores, Barcelona, 1990, pp. 81-82.
34. *Ibídem.*
35. Vargas Llosa, Mario, «Una montaña de cadáveres (Carta abierta a Alan García)», *El Comercio,* Lima, 23-6-1986. [Texto íntegro en el tercer volumen de *Contra viento y marea.*]
36. Vargas Llosa, Mario, *Contra viento y marea,* Seix Barral, Barcelona, 1990, vol. III.
37. Vargas Llosa, Mario, «La revolución silenciosa», prólogo al libro de Hernando de Soto *El otro sendero,* Ed. El Barranco, Lima, 1986.
38. *Ibíd,* pp. XVII-XXIX. [Texto íntegro en el tercer volumen de *Contra viento y marea,* pp. 335-348.]
39. Vargas Llosa, Álvaro, *El diablo en campaña,* El País-Aguilar, Madrid, 1991, pp. 156-157.
40. *Ibídem.*
41. *Ibíd.*, p. 216.

III. «MADAME BOVARY C'EST MOI»

1. Oviedo, José Miguel, *Mario Vargas Llosa: la invención de una realidad,* Seix Barral, Barcelona, 1982, pp. 33-34.

2. Barral, Carlos, *Cuando las horas veloces,* Tusquets Editores, Barcelona, 1988, pp. 44-46.
3. Promis Ojeda, José, «Algunas notas a propósito de *La ciudad y los perros* de Mario Vargas Llosa», *Signos* 1:1, 1967, pp. 63-69.
4. Oviedo, José Miguel, *Mario Vargas Llosa: la invención de una realidad,* Barral Editores, Barcelona, 1970, p. 117.
5. Harss, Luis, *Los nuestros,* Ed. Sudamericana, Buenos Aires, 1966, pp. 420-462. [Citado por Oviedo, José Miguel, *op. cit.,* p. 95.]
6. Boldori, Rosa, «*La ciudad y los perros,* novela del determinismo ambiental», *Revista de Cultura Peruana,* núms. 9-10, diciembre 1966, pp. 92-113. [Citado por Oviedo, José Miguel, *op. cit.,* p. 96.]
7. Boldori, Rosa, *Vargas Llosa: un narrador y sus demonios,* Ed. Fernando García Cambeiro, Buenos Aires, 1974, p. 25.
8. McMurray, George, «The novels of Mario Vargas Llosa», *Modern Language Quarterly,* 29:3, septiembre 1968, p. 328.
9. Quizá este código de valores es una reminiscencia del «todos para uno y uno para todos» de *Los tres mosqueteros,* de Alejandro Dumas (padre). Ambos, autor y novela, son admirados por MVLL. [Cf. Christ's, Ronald, «Rhetoric of the Plot», *World Literature Today,* invierno 1968, p. 38.]
10. Estos párrafos críticos son parte del ensayo publicado originalmente en inglés en *World Literature Today,* University of Oklahoma, 1978, pp. 68-70. Posteriormente este ensayo se publicó en mi libro *Tirios, troyanos y contemporáneos,* y en *El libro menor,* Academia de la Historia, Caracas, 1986, pp. 211-214.
11. Cano Gaviria, Ricardo, *El buitre y el ave fénix, conversación con Mario Vargas Llosa,* Ed. Anagrama, Barcelona, 1972, p. 111.
12. Oviedo, José Miguel, *op. cit.,* p. 136.
13. *Ibídem.*
14. Vargas Llosa, Mario, «El país de las mil caras», en *Contra viento y marea,* Seix Barral, Barcelona, 1990, vol. III.
15. *Ibídem.*
16. *Ibídem.*
17. Vargas Llosa, Mario, *Historia secreta de una novela,* Tusquets Editores, Barcelona, 1971.
18. *Ibíd.,* pp. 7-8.
19. Oviedo, José Miguel, *Mario Vargas Llosa: la invención de una realidad,* Seix Barral, Barcelona, 1982, pp. 141-144.

20. Vargas Llosa, Mario, *Historia secreta de una novela, op. cit.,* p. 51.

21. *Ibíd.,* pp. 52-53.

22. *Ibídem.*

23. Vargas Llosa, Mario, *La verdad de las mentiras,* Seix Barral, Barcelona, 1990.

24. Fuentes, Carlos, «La nueva novela hispanoamericana», *Cuadernos de Joaquín Mortiz,* Ed. Joaquín Mortiz, México, 1969, pp. 37-44.

25. *Ibídem.*

26. Rodríguez Monegal, Emir, «Madurez de Vargas Llosa», *Mundo Nuevo,* núm. 3, septiembre 1966, p. 71.

27. Dauster, Frank, «Vargas Llosa y el fin de la hidalguía», *Homenaje a Mario Vargas Llosa,* Giacoman y Oviedo, eds., Ed. Anaya, 1971, p. 199. [Apareció en *Book Abroad,* 1967.]

28. Benedetti, Mario, «Vargas Llosa y su fértil escándalo», *Letras del continente mestizo, s. d.,* y *Homenaje a Mario Vargas Llosa, op. cit.,* pp. 247-262.

29. Martín, José Luis, *La narrativa de Vargas Llosa,* Ed. Gredos, Madrid, 1974, p. 125.

30. Castañeda, Lillian, «Técnica y estructura en *La casa verde* de Mario Vargas Llosa», *Homenaje a Mario Vargas Llosa, op. cit.,* pp. 314-322.

31. Harss, Luis, *Los nuestros,* Ed. Sudamericana, Buenos Aires, 1975, pp. 420-462.

32. Vargas Llosa, Mario, *Historia secreta de una novela, op. cit.,* pp. 53-54.

33. *Historia secreta de una novela* es, de todos modos, la perspectiva más clara que se haya escrito sobre *La casa verde.* Remito al lector a esa confesión para el total entendimiento de la obra y las intenciones del autor.

34. Harss, Luis, *op. cit.*

35. Rodríguez Monegal, Emir, «Madurez de Vargas Llosa», *op. cit.,* p. 67. [Citado por José Miguel Oviedo.]

36. Vargas Llosa, Mario. *Historia secreta de una novela, op. cit.,* p. 59.

37. Oviedo, José Miguel, *op. cit.,* p. 149.

38. Autores varios, *Asedios a Vargas Llosa, Letras de América,* Editorial Universitaria, Santiago de Chile, 1972.

39. Calderón, Alfonso, «El hombre y sus demonios», entrevista con Mario Vargas Llosa, *Ercilla,* núm. 14-20, mayo 1969, pp. 52-53. [Citado por Oviedo, José Miguel, *Mario Vargas Llosa: la invención de una realidad,* Seix Barral, Barcelona, 1982, pp. 209-210.]

40. Cano Gaviria, Ricardo, *El buitre y el ave fénix, conversación con Mario Vargas Llosa,* Ed. Anagrama, Barcelona, 1972, pp. 107-108.

41. Díez, Luis A., «*Conversación en La Catedral:* saga de corrupción y mediocridad», *Asedios a Vargas Llosa, op. cit.,* pp. 169-192.

42. Cano Gaviria, Ricardo, *op. cit.,* pp. 51-52.

43. Setti, Ricardo A., *Diálogo con Vargas Llosa,* Intermundos, Madrid, 1989, pp. 70-71.

44. Oviedo, José Miguel, *Mario Vargas Llosa: la invención de una realidad,* Seix Barral, Barcelona, 1982, p. 220.

45. Cano Gaviria, Ricardo, *op. cit.,* pp. 73-74.

46. Vargas Llosa, Mario, *La verdad de las mentiras,* Seix Barral, Barcelona, 1990.

47. *Ibídem.*

48. Luchting, Wolfgang A., *Mario Vargas Llosa, desarticulador de realidades,* Plaza & Janés, Barcelona, 1978, pp. 125-126.

49. Alonso, María Rosa, «Sí a *Conversación en La Catedral*», *Mario Vargas Llosa; Agresión a la realidad,* Inventarios P. Editores, Las Palmas de Gran Canaria, 1972, p. 25.

50. Vargas Llosa, Mario, «Yo, un negro», *Contra viento y marea,* Seix Barral, Barcelona, 1990, vol. III.

51. Vargas Llosa, Mario, *La orgía perpetua,* Taurus, Madrid, 1975.

52. Flaubert, Gustave, *Madame Bovary,* traducción de Consuelo Bergés, Alianza Editorial, Madrid, 1974.

53. Vargas Llosa, Mario, *La verdad de las mentiras,* Seix Barral, Barcelona, 1990.

54. Setti, Ricardo A., *Diálogo con Vargas Llosa,* Intermundos, Madrid, 1989, pp. 65-66.

55. *Ibídem.*

56. Fuentes, Carlos, «La nueva novela hispanoamericana», *Cuadernos de Joaquín Mortiz,* Ed. Joaquín Mortiz, México, 1969, pp. 35-48.

57. Vargas Llosa, Mario, *Pantaleón y las visitadoras,* Seix Barral, Barcelona, 1973.

58. Oviedo, José Miguel, *Mario Vargas Llosa: la invención de una realidad,* Seix Barral, Barcelona, 1982, p. 278.

59. Oquendo, Abelardo, «Intromisión en Pantilandia», *Textual,* núm. 8, diciembre 1973, p. 88. [Citado por Oviedo, José Miguel, *op. cit.,* p. 279.]

60. Setti, Ricardo A., *op. cit.,* pp. 87-88.

61. «... de una manera muy general y un poco inexacta, quiere decir cursi... una forma peruana de la cursilería... Creo que si en algo hemos sido creativos los peruanos —después de la cocina—, en lo que somos profundamente creativos, es en lo *huachafo,* en la *huachafería...*», *Semana de Autor* (varios), Ed. Cultura Hispánica, Instituto de Cooperación Iberoamericana, Madrid, 1985, pp. 52-53.

Téngase en cuenta el contexto distendido del coloquio, claramente irónico, en el que tienen lugar las palabras de MVLL, pronunciadas además para criticar la obra de Manuel Scorza. En el mismo texto, MVLL termina diciendo que «Oscar Wilde es pretencioso, por ejemplo, pero es tan pretencioso que termina siendo divertido», que puede ser una de las claves del desnudo integral de *La tía Julia y el escribidor.*

62. Oviedo, José Miguel, *Mario Vargas Llosa: la invención de una realidad,* Seix Barral, Barcelona, 1982, pp. 286-287.

63. Updike, John, *A conciencia* (Memorias), Tusquets Editores, Barcelona, 1989, pp. 274-275.

64. Vargas Llosa, Mario, *La tía Julia y el escribidor,* Seix Barral, Barcelona, 1977. [Citado por Oviedo, José Miguel. *op. cit.*]

65. De Riquer, Martín, y Vargas Llosa, Mario, *El combate imaginario. Las cartas de batalla de Joanot Martorell,* Barral Editores, Barcelona, 1972, p. 15.

66. Vargas Llosa, Mario, *op. cit.* [Citado por Oviedo, José Miguel, *op. cit.*]

67. Setti, Ricardo A., *Diálogo con Vargas Llosa,* Intermundos, Madrid, 1989, pp. 64-65.

68. Oviedo, José Miguel, *op. cit.*

69. Oviedo, José Miguel, *Mario Vargas Llosa: la invención de una realidad,* Seix Barral, Barcelona, 1982, p. 324.

70. Setti, Ricardo A., *Diálogo con Vargas Llosa,* Intermundos, Madrid, 1989, p. 48.

71. *Ibíd.,* p. 50.

72. *Ibíd.,* p. 41.

73. Vargas Llosa, Mario, *El escritor y la crítica,* ed. de José Miguel Oviedo, Taurus, Madrid, 1981, p. 311.

74. Oviedo, José Miguel, *Mario Vargas Llosa: la invención de una realidad, op. cit.*

75. Vargas Llosa, Mario, *Historia de Mayta.* Seix Barral, Barcelona, 1984.

76. Setti, Ricardo A., *Diálogo con Vargas Llosa,* Intermundos, Madrid, 1989, p. 58.

478

77. *Ibídem.*
78. Vargas Llosa, Mario, *El hablador,* Seix Barral, Barcelona, 1987.
79. Setti, Ricardo A., *op. cit.,* p. 72.
80. Vargas Llosa, Mario, *Los jefes. Los cachorros,* Seix Barral, Barcelona, 1980.
81. Cano Gaviria, Ricardo, *El buitre y el ave fénix, conversación con Mario Vargas Llosa,* Ed. Anagrama, Barcelona, 1972, p. 107.
82. Vargas Llosa, Mario, *Elogio de la madrastra,* Col. La sonrisa vertical, Tusquets Editores, Barcelona, 1988.
83. Vargas Llosa, Mario, «Bataille o el rescate del mal», prólogo a *El verdadero Barba Azul,* de George Bataille, Tusquets Editores, Barcelona, 1972, pp. 17-18.
84. *Ibíd.,* p. 27.
85. Oviedo, José Miguel, *Mario Vargas Llosa: la invención de una realidad,* Seix Barral, Barcelona, 1982, p. 356.
86. Vargas Llosa, Mario, *La Chunga,* Seix Barral, Barcelona, 1986.
87. Vargas Llosa, Mario, *La señorita de Tacna,* Seix Barral, Barcelona, 1981.

IV. DEL CHINO AL CHIVO. EL REGRESO DEL DEICIDA

1. *La tentación de lo imposible,* discurso pronunciado por MVLL en la entrega del Premio Cervantes, 24 de abril de 1995, publicado íntegramente en *El País* (pp. 36 y 37) y el *ABC* (pp.53-55) del martes 25 de abril de 1995, de donde han sido tomadas todas las citas.
2. Las fuentes de todas estas citas están tomadas de *El País,* pp. 33-37, martes 16 de enero de 1996.
3. Vargas Llosa, Mario, *El pez en el agua,* p. 529, Seix Barral, Barcelona, 1993.
4. *Ibíd.,* p. 455.
5. *Ibíd.,* p. 34.
6. *Ibíd.,* p. 34.
7. Vargas Llosa, Mario, *La utopía arcaica. José María Arguedas y las ficciones del indigenismo,* Fondo de Cultura Económica, México, 1966.
8. Vargas Llosa, Mario, *Los cuadernos de don Rigoberto,* Alfaguara / Peisa, Madrid / Lima, 1997.
9. Vargas Llosa, Mario, *La Fiesta del Chivo,* Alfaguara, Madrid, 2000.

10. Vargas Llosa, Mario, *Desafíos a la libertad,* El País-Aguilar, Madrid, 1994.

11. Vargas Llosa, Mario, *El lenguaje de la pasión,* ediciones El País, 2000.

12. Malraux, André *La condición humana,* prólogo de MVLL, Círculo de Lectores, Barcelona, 2001, p. 10.

13. *Ibíd.,* p. 11.

14. *Ibíd.,* p. 10.

15. *Ibíd.,* p. 12.

16. *Ibíd.,* p. 10.

17. *El pez en el agua, op. cit.,* p. 90.

18. *Ibíd.,* pp. 90-91.

19. *Ibíd.,* pp. 90-91.

20. Morote, Herbert, *Vargas Llosa, tal cual,* Fundación Kutxa, San Sebastián, 1998, 238 pp.

21. *Ibíd.,* p. 238.

22. Montaner, Carlos Alberto; Apuleyo Mendoza, Plinio; Vargas Llosa, Álvaro, *Manual del perfecto idiota latinoamericano...,* introducción de MVLL, Plaza & Janés, Barcelona, 1996, 332 pp.

23. Conferencia pronunciada en Caracas, noviembre de 1999.

24. Vargas Llosa, Mario, *Lituma en los Andes,* Planeta, Barcelona, 1993, 312 pp.

25. Vargas Llosa, Mario, *La utopía arcaica. José María Arguedas y las ficciones del indigenismo,* Fondo de Cultura Económica, México, 1993, 360 pp.

26. Vargas Llosa, Mario, *Lituma en los Andes,* con prólogo de Fernando Rodríguez Lafuente, Ediciones de El Mundo del Siglo XXI, Madrid, 2001.

27. *Ibídem.*

28. V. nota 25, en este mismo capítulo.

29. *Ibíd.,* p. 329.

30. *Ibíd.,* p. 330.

31. *Ibíd.,* p. 330.

32. *Ibíd.,* p. 13.

33. Vargas Llosa, Mario, *Los cuadernos de don Rigoberto,* MVLL, Alfaguara / Peisa, Madrid / Lima, 1997, p. 383.

34. *Ibíd.,* p. 384.

35. *Babelia,* núm. 506, *El País,* Madrid, sábado 4 de agosto del 2001. pp. 2-3.

36. Vargas Llosa, Mario, *La Fiesta del Chivo,* Alfaguara, Madrid, 2000, 518 pp. Hay edición dominicana publicada por Editora Taller de José Cuello, Santo Domingo, 2000.

37. Delgado, Lola y Lozano, Daniel, con ilustraciones y fotografías de Ignacio Ramírez: «Vargas Llosa amenazado», *Interviú,* 1 de mayo del 2000, Madrid.

38. Losantos, Antonio, «El eco unánime», *Diario de Teruel,* 23 de marzo del 2000.

39. Rodríguez Lafuente, Fernando, «Una espeluznante precisión», *El mundo del siglo XXI,* 31 de mayo del 2000.

40. *Vid.* capítulo «El regreso a la novela total», *La guerra del fin del mundo.*

41. Conde Sturla, Pedro, *«El Chivo de Vargas Llosa»* ; se publicaron tres de las cinco entregas en el diario *El Siglo,* de Santo Domingo, en junio del 2000. A las dos últimas entregas se les negó el derecho a su publicación.

42. MVLL, *Desafíos a la libertad,* El País-Aguilar, Madrid, 1994, 319 pp., y *El lenguaje de la pasión,* ediciones El País, Madrid, 2000, 336 pp.

Índice onomástico

Este libro
se terminó de imprimir
en los Talleres Gráficos
de Palgraphic, S. A.
Humanes, Madrid (España)
en el mes de mayo de 2002

ALFAGUARA

SI EL DEMONIO EXISTE, SE ENCARNÓ EN EL PROTAGONISTA DE ESTA NOVELA

Es éste el relato de una dictadura terrible y sangrienta: la de Leonidas Trujillo. Es la novela de una mujer, Urania Cabral, que regresa a la isla que juró no volver a pisar para ajustar cuentas con su misterioso pasado.

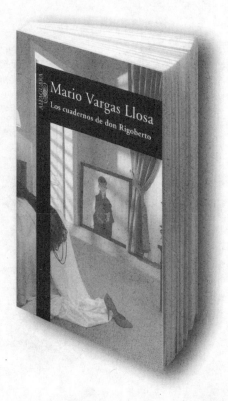

BIBLIOTECA VARGAS LLOSA

MARIO VARGAS LLOSA

CONVERSACIÓN EN LA CATEDRAL

EDICIÓN DEFINITIVA

MARIO VARGAS LLOSA

HISTORIA DE MAYTA

EDICIÓN DEFINITIVA

MARIO VARGAS LLOSA

LA CASA VERDE

EDICIÓN DEFINITIVA

MARIO VARGAS LLOSA

LA CIUDAD Y LOS PERROS

EDICIÓN DEFINITIVA

MARIO VARGAS LLOSA

LA GUERRA DEL FIN DEL MUNDO

EDICIÓN DEFINITIVA

MARIO VARGAS LLOSA

LA TÍA JULIA Y EL ESCRIBIDOR

EDICIÓN DEFINITIVA

MARIO VARGAS LLOSA

PANTALEÓN Y LAS VISITADORAS

EDICIÓN DEFINITIVA

MARIO VARGAS LLOSA

OBRA REUNIDA Narrativa breve

EDICIÓN DEFINITIVA

MARIO VARGAS LLOSA

OBRA REUNIDA Teatro

EDICIÓN DEFINITIVA